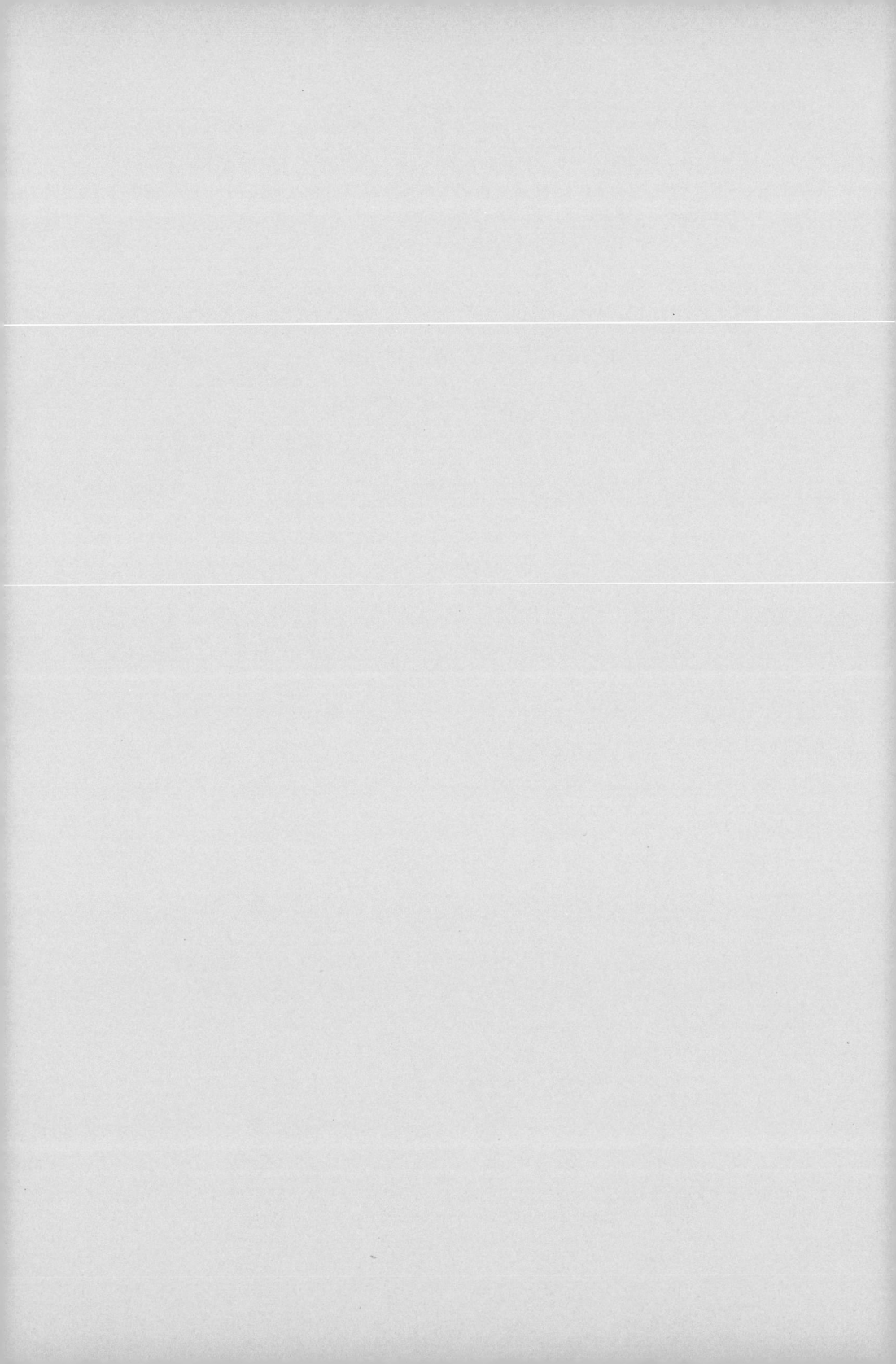

장로교 예배의
정신과 원리

이현웅 지음

한국장로출판사

The Spirit and Principles of Presbyterian Worship
ⓒ *2015 by* Hyun Woong Rhee, Th. D.
(Professor of Worship and Preaching, Hanil University & Presbyterian Theological Seminary, Jeonju, Korea)
Published by Publishing House The Presbyterian Church of Korea, Seoul, Korea

장로교 예배의
정신과 원리

초판인쇄	2015년 1월 30일
초판발행	2015년 2월 10일
지은이	이 현 웅
펴낸이	채 형 욱
펴낸곳	한국장로교출판사
주소	110-470 / 서울 종로구 대학로3길 29 한국교회100주년기념관 별관
전화	(02) 741-4381 / 팩스 (02) 741-7886
영업국	(031) 944-4340 / 팩스 (031) 944-2623
홈페이지	www.pckbook.co.kr
등록	No.1-84(1951. 8. 3.) / Printed in Korea

ISBN 978-89-398-4079-9
값 17,000원

편 집 장 정현선
교정 · 편집 원지현   표지디자인 김보경
업 무 차 장 박호애   영 업 차 장 박창원

※ 이 출판물은 저작권법에 의해 보호를 받는 저작물이므로 무단전재와 무단복사를 할 수 없습니다.

서 문

오늘의 기독교 예배는 매우 다양한 형태들로 나타나고 있다. 이러한 현상은 하나님께 드리는 예배의 다양성을 표현한다는 점에서 긍정적이라 할 수 있지만, 한편으로 많은 사람들은 어떤 것이 진정한 기독교 예배인가를 물으면서 혼란스러워하기도 한다.

이러한 시대적 상황 속에서 교회가 해야 할 우선된 일은 기독교 예배의 본질을 바로 이해하고, 자신이 속한 교회의 예배 전통에 보다 충실하고자 하는 노력이라고 본다. 오늘의 기독교 예배는 어느 한순간에 갑자기 만들어진 것이 아니고, 2,000년이라는 긴 시간을 거쳐서 형성된 역사적 유산이다. 이 과정 속에서 각 교회들은 고유한 신학적 입장에 따라서 자신들의 특징적인 면들을 예배 속에 반영하며 표현해 왔던 것이다.

장로교회는 전통적으로 예배와 관련하여 두 가지 중요한 축을 가지고 있다. 하나는 장로교회가 드리는 예배 형식(form)들을 만들어서 제시하는 "예배서"(Book of Worship 또는 Worshipbook)요, 또 하나는 장로교 예배의 정신과 원리를 제시하는 '예배모범'(禮拜模範, Directory for Worship)이다. 즉, 예배서가 장로교 예배의 하드웨어(hardware)라고 한다면 예배모범은 장로교 예배의 소프트웨어(software)와 같은 것이라고 하겠다.

장로교회는 그 출발과 함께 일찍이 자신들의 예배에 대한 정신과 원리를 문서로 작성하여 이를 지키며 지금까지 보존해 왔는데, 그것이 바로 '예배모범'(또는 예배지침)이다. 그러나 어느 때부터인가 장로교 헌법 안에 포함되어 있는 이 예배모범은 교회와 목회자들의 관심에서 벗어나 있었고 하나의 장식품 정도로 취급되어져 왔다. 그러면서 한국 장로교회의 예배는 그 정체성을 상실하고, 개교회나 목회자의 입장에 따라 임의로 순서와 내용이 바뀌는 결과를 가져오게 되고 말았다. 그 결과 한국 장로교회 예배의 특징이 무엇인가라고 물을 때, 누구도 그 대답을 쉽게 할 수 없는 형편이 된 것이다. 이와 같이 한국 장로교회가 예배에 있어서 그 정체성을 상실하게 된 데는 자신들 스스로 자신들의 전통을 소홀히 한 것이 가장 큰 원인 중의 하나라고 하겠다.

이제 한국 장로교회는 자신들의 예배 전통에 대한 관심을 새롭게 할 때가 되었다. 기독교 예배가 가져야 하는 본질적인 면과 보편성을 고려하되, 한편으로는 장로교 예배가 갖는 고유성을 회복할 수 있어야 한다. 저자는 그 첫걸음이 장로교회 예배의 정신과 원리를 규정한 예배모범으로부터 시작되어야 한다고 본다. 본디 장로교회는 예배를 어떻게 정의하였으며, 그리고 어떤 자세로 예배하였는가를 알 때, 오늘 한국 장로교회의 예배가 어떠해야 하는가를 바로 알 수 있을 것이다.

본서는 이 일에 조금이나마 보탬이 되고자 하는 목적에서 발간하게 되었다. 이 책은 저자가 박사학위 논문("장로교 예배모범의 역사와 전망에 관한 연구")으로 썼던 내용을 다시 보완하고 정리하여서 책으로 출판하게 된 것이다.

이 한권의 책이 나오기까지 많은 분들의 도움이 있었음을 기억하면서, 깊은 감사의 말씀을 드린다. 무엇보다 한국 장로교회의 예배가 더욱 하나님을 기쁘시게 하며, 은혜와 감격이 가득한 예배로 회복되기를 소망하면서, 이 책을 한국교회 앞에 내어놓는다.

2015년 1월
한일동산에서
이현웅

차 례

The Spirit and Principles of Presbyterian Worship

서문 / 3

제1장 장로교 예배의 뿌리를 찾아서 | 7

제2장 다시 생각해 보는 기독교 예배 | 18
    1. 예배의 성서적 이해 / 20
    2. 기독교 예배의 원천 / 37
    3. 기독교 예배의 신학적 통찰 / 49

제3장 장로교와 예배 | 61
    1. 장로교의 출현과 발전 / 63
    2. 장로교회의 신학과 직제 / 70
    3. 장로교회의 예배 / 75

제4장 장로교 예배모범의 효시 웨스트민스터 예배모범 | 100
    1. 시대적 배경 / 102
    2. 웨스트민스터 예배모범의 작성 / 119
    3. 웨스트민스터 예배모범의 내용 분석 / 131

제5장 미국 장로교 예배모범 | 149
    1. 미국 장로교회의 정착과 성장 / 151
    2. 미국 장로교회의 예배 역사 / 159
    3. 미국 장로교 예배모범의 형성 과정과 내용 / 169
    4. 미국 장로교 예배모범에 대한 평가 / 201

제6장 한국 장로교 예배모범 | 209
    1. 한국 장로교회의 역사적 배경 / 211
    2. 한국 장로교 예배모범의 형성과 신학적 배경 / 217
    3. 1919년 예배모범의 구조와 내용 / 228
    4. 1934년 예배모범의 구조와 내용 / 252
    5. 1983년 예장(통합) 예배모범의 구조와 내용 / 266
    6. 2002년 예장(통합) 개정판 예배모범 / 278
    7. 한국 장로교 교단별 예배모범의 변천과 비교 / 293
    8. 장로교 예배 순서 비교 / 307

제7장 예배모범의 비교 분석과 새로운 전망 | 321
    1. 예배모범에 대한 신학적 분석과 평가 / 322
    2. 새로운 세기 새로운 예배 / 370
    3. 21세기 한국 장로교 예배모범(안) / 381

제8장 마치면서 | 401
    1. 장로교 예배, 그리고 예배모범 / 405
    2. 한국 장로교 예배를 위한 제언 / 408

참고 문헌 / 415

제1장

장로교 예배의 뿌리를 찾아서

The Spirit

and Principles

of

Presbyterian

Worship

장로교 예배의 뿌리를 찾아서

눈에 보이는 나무는 눈에 보이지 않는 뿌리가 있음으로 존재가 가능하다. 오늘 우리 주변에서 일어나는 현상들은 단지 눈에 보이는 것들만이 아니라 눈에 보이지 않는 배경과 근원이 있기에 실재(實在)할 수 있는 것이다.

이는 기독교 예배 역시 예외가 아니다. 오늘 우리들이 눈으로 보고, 함께 참여하고, 함께 체험하는 예배는 모두 그 역사적 기원과 전통 속에서 이루어진 것들이다. 구약의 예배가 있었기에 신약의 예배가 가능했고, 성서적 예배가 있음으로 이를 뿌리로 해서 기독교 예배는 형성되고 발전되는 역사적 과정을 거쳐 오늘에 이를 수 있었던 것이다.

장로교 예배 역시 마찬가지다. 초대교회와 중세교회를 거치면서 기독교 예배는 형성되어 왔었고, 종교개혁이라는 역사적 사건을 통해서 개혁적인 신학 사상과 함께 장로교 고유의 예배가 만들어질 수 있었던 것이다.

그러므로 오늘 장로교회가 자신들의 예배의 근원을 찾고, 그 예배가 어떻게 형성이 되었으며, 어떤 변천의 과정을 거쳐 왔는지를 아는 것은 자신들의 예배를 바로 이해하는 것과 함께 미래 장로교 예배가 나아가야 할 방향을 가늠할 수 있다는 점에서 매우 중요한 일이 될 것이다.

1. 본서의 목적

> πνεῦμα ὁ θεός, καὶ τοὺς προσκυνοῦντας αὐτὸν ἐν πνεύματι καὶ ἀληθείᾳ δεῖ προσκυνεῖν. (하나님은 영이시니 그분께 예배하는 자들은 반드시 신령과 진리 안에서 예배하여야 한다.)[1]

기독교의 역사는 끊임없는 변화와 개혁의 과정 속에서 오늘에 이르렀다. 때로는 건전한 교회와 신학의 틀 위에서 기독교는 그 토대를 견고히 세우기도 하였으며, 그런가 하면 쇠퇴의 나락에서 교회 갱신을 위한 시대적 몸부림과 고귀한 희생이 따르기도 하였다. 전통에 집착한 교회가 제도화될 때 또 다른 곳에서는 거기에 대한 개혁을 부르짖으며, 교회는 오늘까지 스스로에 대한 변화를 멈추지 않고 지속해 왔다.

이것은 기독교 예배에 있어서도 예외는 아니다. 기독교회는 하나님의 말씀인 성경과 바른 신학에 근거한 예배를 위해서 끊임없는 변화를 시도해 왔다. 새로운 시대는 언제나 새로운 예배를 요구하였던 것이다. 따라서 하나님께 드리는 예배가 예배되지 못하고, 예배로서의 의미와 가치를 상실할 때 교회는 무엇보다도 바른 예배를 회복하기 위해 모든 노력을 기울여 왔다.

특별히 기독교 역사에서 중세교회는 무엇보다도 예배에 있어서 많은 탈선과 문제점들을 안고 있었다. 하나님의 말씀이 부재(不在)된 예배 현장은 예배의 본질을 벗어나게 함으로써, 성만찬 예전이 하나의 극적인 구경거리(dramatic spectacle)로 전락하고, 예배에 미신적 요소들이 가미되며, 하나님의 말씀인 성경과 설교가 있어야 할 자리에는 인간의 말과 이야기가 난무하게 되었다.[2] 이러한 예배 현장의 변질과 타락은 기독교 예배에 대한 새로운 변혁을 필연적으로 요구할 수밖에 없었다. 이제 예배에 있어서 하나님의 말씀이 다시 회복되어져야 할

---

1) 요 4 : 24. Kurt Aland et al., ed., *The Greek New Testament* (Stuttgart : United Bible Societies, 1983) 참조.
2) William D. Maxwell, *A History of Christian Worship : An Outline of Its Development and Forms* (Grand Rapids : Baker Book House, 1982), p. 72.

뿐만 아니라 그 예배 자체가 하나님의 말씀에 근거해야 한다는 것이 교회와 신학의 중요한 이슈(issue)로 등장하게 되었다. 결과적으로 중세 말기의 기독교 예배는 "새 술을 새 부대에"(οἶνον νέον εἰς ἀσκοὺς καινούς)[3] 담아야 한다는 시대적 요청에 다시 한번 직면하게 된 것이다.

따라서 16세기 종교개혁가들이 개혁의 기치로 내건 "sola scriptura"(오직 말씀으로)는 예배에서 말씀을 회복하자는 의미도 있었지만, 사실은 하나님의 말씀인 성경(말씀)에 근거한 예배를 만들어서 드려야 한다는 동기가 크게 작용한 것이기도 하였다. 즉, 기독교 예배 자체도 성경으로 돌아가야 한다는 것이었다. 특별히 이러한 입장은 존 칼빈(John Calvin)에게서 더욱 두드러졌으며, 그 후에 존 낙스(John Knox), 그리고 이들의 전통을 이어받은 개혁교회(the Reformed Church)나 청교도(Puritanism) 등에서 예배의 중요한 준거(準據)가 되었다. 칼빈에게 있어서 예배는 성서적 원리(biblical principle)와 초대교회의 예배(early church practice)를 근거로 하여 만들어졌으며,[4] 그는 성경에서 가르치는 것만이 예배에서 사용되어져야 한다고 강하게 주장할 정도였다.[5]

칼빈의 이러한 예배신학과 주장은 그 후 영국의 존 낙스와 청교도들에게 지대한 영향을 미치게 되었으며, 이들에 의해서 1644년 영국에서 장로교 예배의 최초 지침이 되는 「웨스트민스터 예배모범」(*A Directory for the Publique Worship of God*)이 탄생하게 되었던 것이다. 이로써 중세교회의 예배가 그 본질을 벗어나 성경에서 떠난 예배를 드리게 되었을 때, 성경에 근거한 예배를 회복하고자 한 칼빈과 낙스로 이어지는 개혁교회 그룹은 기독교 예배 역사에 또 하나의 새로운 전환과 이정표를 제시하게 되었다.

현재 개혁교회의 일원인 장로교는 이와 같은 역사적으로 위대한 예배 유산을

---

3) 마 9 : 17.
4) James F. White, "Reformed Worship" in *The Complete Library of Christian Worship*, vol. 2, ed. Robert E. Webber (Nashville : Star Song Publishing Group, 1994), p. 196.
5) 위의 책, p. 76.

가지고 있다. 따라서 장로교회는 이렇게 귀중한 유산을 오늘의 예배 현장에서 보존하고 그 전통을 계승해 나가야 할 책임과 사명이 주어져 있다고 하겠다. 그러나 우리의 현실을 볼 때 대부분 지금의 장로교회들은 여기에 대한 가치를 제대로 인식하지 못하고, 오히려 장로교 예배 정신과 원리를 상실한 채 표류하고 있음을 보게 된다.

특별히 지금의 한국 장로교회는 무엇이 장로교 예배의 본질인지조차도 제대로 인식하지 못한 채 혼잡스런 예배의 거리에서 방황하고 있지 않는가 생각한다. 우리는 지금 새롭게 시도되는 몇 가지 예배 모델들을 외국으로부터 도입하여 그 의미와 신학에 대한 별다른 질문도 없이 무턱대고 사용함으로써, 예배의 현장을 더욱 혼란스럽게 만들고 있지는 않은가 깊이 반성해 보아야 할 것이다. 예배에 대한 근본적 이해와 역사에 대한 통찰 없이 시도되는 것들은 즉흥적인 동시에 인간 중심적 감정주의에 빠지기 쉽다. 이러한 것들은 잠시 어떤 효과가 있을지 모르나 그것이 오래 지속될 수 없다는 데 근본적인 문제가 있다.

이러한 현상을 바로잡을 수 있는 길은 우리들 스스로가 예배의 역사와 전통에 대한 기본적 이해와 적극적 관심을 가질 때만이 가능할 것이다. 역사에 대한 배타적 사고와 무관심, 그리고 그릇된 편견들은 오늘 우리의 예배 현장을 더욱 혼란스럽게 할 뿐이다.

이제 기독교 예배는 보다 근본적인 데서 출발을 새롭게 해야 할 때다. 장로교 역시 근본으로 돌아가야 한다. 이것은 우리 장로교회가 장로교회로서의 본질을 회복하는 것이요, 장로교회가 장로교회 되는 길이기 때문이다.

그런 의미에서 장로교 예배의 지침이 되는 "예배모범"(또는 "예배 지침")[6]은 오늘 우리에게 예배가 무엇인가를 다시 한번 깨닫게 하는 중요한 토대가 될 것이다. 오늘 우리는 성경으로 돌아가 기독교 예배의 근거를 찾으려 했던 "예배모범"

---

6) 필자의 입장에서는 "예배모범"보다 "예배 지침"(Directory for Worship)이 더 적합하다고 본다. 왜냐하면 "예배모범"이 예배(형식)에 관한 모델을 제시하고 있는 것이 아니라 예배에 관한 원리와 지침을 제공하고 있기 때문이다. 그러나 현행 장로교 헌법에 이를 "예배모범"으로 사용하고 있기 때문에 본서에서는 "예배모범"이란 용어를 쓰고자 한다. 참고로 한국 장로교회 중 고신 측은 "예배 지침"으로 사용하고 있다.

속에서 기독교 예배의 본질과 장로교 예배의 정체성을 다시 발견할 수 있어야 할 것이다. 웨스트민스터 예배모범 이후 세계 장로교회는 각각 자기 나라의 "예배모범"을 작성하여 장로교 예배의 본질과 정신, 그리고 원리와 기준을 삼고 이를 지키려는 노력들을 계속해 왔다. 지금 한국 장로교회 예배가 바로 서기 위해서는 그 무엇보다도 장로교 예배의 근본이 되는 "예배모범"에 대한 새로운 관심과 이해와 적용이 필요한 때라고 여겨진다.

본서는 이와 같은 중요성에 비추어 다시 한 번 기독교 예배가 무엇인가라는 근본적 질문을 하면서 먼저 그 정의와 기본적 이해를 한 후, 오늘 장로교 예배모범의 효시가 되는 웨스트민스터 예배모범의 배경과 신학과 내용을 분석하고, 그것이 미국 장로교회로 건너가서 변화와 수정을 거친 다음 다시 한국으로 전해져 오는 역사적 과정들을 살피고, 그 내용과 신학 등을 비교 분석하면서, 오늘 한국 교회에 있어서 예배모범의 중요성에 대한 새로운 인식과 전망과 그 적용에 대하여 연구하려고 한다. 즉 장로교 예배의 근본을 다시 한 번 살피고 역사적 과정을 연구함으로써 장로교 예배의 본질을 파악하고, 더 나아가 이러한 역사적 통찰을 통해 오늘 우리의 예배를 재조명함으로써 하나님께서 진정으로 원하시는 예배가 무엇인가 그 방향을 생각하며 제시해 보고자 하는 데 그 목적이 있다.

2. 본서의 내용

본서를 연구하고 기술함에 있어서 필자는 먼저 다섯 가지 예배학적인 관점을 가지고 모든 내용을 고찰하고 서술해 나가려고 한다. 즉 예배의 성서적, 역사적, 신학적, 교회적 측면과 함께, 문화적인 측면을 고려하면서 본서를 쓰고자 한다.

먼저 기독교 예배는 무엇보다도 그것이 하나님의 말씀인 성서에 근거하여야 한다는 점에서 '성서적'이어야 한다. 성서의 원리와 정신에 벗어난 예배는 이미 기독교 예배로서의 본질을 잃어버린 것이다. 그러므로 성서적 관점에서 모든 내용을 보고, 이를 분석하면서 평가하려고 한다.

둘째로 기독교 예배는 2,000년의 역사와 함께 변천하여 왔다는 점에서 역사성을 갖는다. 이 역사는 기독교 예배의 전통으로 이어져 오고 있다. 따라서 역사가 없는 예배는 존재할 수 없다는 점에서 기독교 예배가 갖는 '역사적인' 면을 언제나 중요하게 고려하면서 이론을 전개해 나가려 한다.

셋째로 기독교 예배는 '신학적'이어야 한다. 기독교 예배는 신학적 근거가 있어야 함과 동시에 그것은 신학적 조명과 비평을 받음으로써 합리성을 인정받게 된다. 신학이 없는 예배는 그 존립 근거가 위태로운 것이기 때문에 예배에 있어서 신학적 측면을 고려하는 것은 매우 중요한 일이 될 것이다.

넷째로 기독교 예배는 '실천적'이어야 한다. 기독교 예배는 교회라는 실천의 장과 직접적으로 연관을 맺고 있다. 교회의 현장을 떠난 예배란 존재할 수가 없다. 그러므로 기독교 예배는 이론적인 면에서 바르게 만들어져야 할 뿐만 아니라 언제나 교회를 통한 실천을 고려해야 한다. 너무 교회 현장을 우선하는 것도 문제지만, 교회에 대한 고려가 없는 예배 역시 문제가 아닐 수 없다. 기독교 예배는 언제나 이론적인 측면과 함께 실천 현장으로서의 교회에 대한 이해와 고려가 함께할 수 있어야 한다.

마지막으로 기독교 예배는 교회의 장을 통한 실천을 고려해야 함과 동시에 더 나아가 교회 밖으로 그 시대의 문화와 상관관계를 가질 수 있어야 한다는 점에서 '문화적'이라 하겠다. 세상 속에 존재하는 교회는 세상의 문화와 동떨어질 수 없다. 어떤 형태로든 기독교 예배는 이 세상 문화와 상호 관계를 맺을 수밖에 없는 것이다. 필자는 이런 점에서 본 논문에 대한 모든 주제들을 기독교 예배의 성서적, 역사적, 신학적, 실천적, 그리고 문화적 관점을 기본적 바탕으로 깔고 본서를 정리하고 진행하고자 한다.

본서는 장로교 예배의 본질을 이해함으로써 오늘의 장로교회가 자신의 예배의 정체성을 재인식하고 회복하는 데 조금이나마 기여하고자 하는 목적을 두고 있다. 이를 위해서 필자는 먼저 '장로교 예배모범'이 형성되고 변천되어 온 역사적 배경과 과정을 이해하는 데 일차적 관심을 두고자 한다. 모든 역사적 사건과 작품들은 반드시 그 시대의 배경 속에서 나오게 된 산물들이다. 거기에는 반드시 우연이 아닌 필연적 동기가 작용하고 있다. 따라서 장로교 예배모범을 바로 이해하기 위해서는 무엇보다도 먼저 역사적 동기와 배경을 이해해야만 할 것이며, 이것들은 당시의 기록과 자료와 저서와 사건들을 고찰함으로써 가능할 것이라 본다.

다음으로 가져야 할 관심은 장로교 예배모범의 내용과 신학을 비교 분석하는 작업이다. 기독교 역사에 나타난 모든 신조(creed)나 문서(document)들에는 반드시 그 시대 내지는 개인의 신학적 배경과 의도가 담겨 있다. 이것은 장로교 예배모범에 있어서도 예외는 아니다. 장로교 예배모범이 나오기까지는 당시의 역사적 배경이 있었을 뿐만 아니라 거기에는 당시 개혁을 원했던 사람들과 그 시대의 신학이 반영되어 있다. 따라서 필자는 이러한 신학적 배경과 내용을 비교 분석함으로써 장로교 예배모범의 의미를 보다 깊이 이해하고자 한다.

그리고 예배라는 것은 이론만이 아니라 실천의 장이 되어야 하기 때문에 장로교 예배모범에 대한 이론적 이해를 바탕으로 오늘 우리의 예배 현장에 대한 적용 가능성과 그 한계성도 함께 고려하고자 한다. 교회의 현장을 외면한 신학 이론은 한낱 사변적이거나 허구에 불과할 수 있기 때문에 본서는 예배 현장에서의 실천을 염두에 두면서 서술해 나가고자 한다. 따라서 본 연구는 예배 신학적 측면과 함께 실천적 측면을 동시에 고려하는 관점에서 정리하고자 함을 밝혀 둔다.

먼저 제Ⅰ장은 서론 부분으로서 본서의 저술 동기와 목적, 내용과 방법 등에 대해서 서술하고, 제Ⅱ장에서는 기독교 예배에 대한 기본적 이해를 하고자 한다. 이를 위해서 기독교 예배의 성서적, 신학적 의미를 살피고, 기독교 예배의 원천(source)으로서의 성서와 역사와 교회와 문화에 대한 이해를 한 후 오늘 우리가 예배에 대하여 가져야 할 신학적 통찰들이 무엇인가를 기술하고자 한다.

다음으로 제Ⅲ장에서는 장로교의 예배를 이해하기 위해서 장로교의 출현과 역사적 발전 과정, 장로교의 신학과 직제, 장로교 예배의 정신과 원리, 그리고 장로교 예배의 기본 요소 등에 대하여 고찰한 후, 제Ⅳ장부터 장로교 예배모범으로 그 초점을 맞추면서, 우선적으로 장로교 예배모범의 효시인 "웨스트민스터 예배모범"이 나오게 된 시대적 배경을 살피고, 그것이 형성된 과정과 함께 그 내용과 신학을 비교 분석하려고 한다.

제Ⅴ장에서는 웨스트민스터 예배모범이 영국에서 작성된 이후 그것이 미국 장로교로 전이되는 과정과 함께, 미국 장로교회의 예배모범이 변천된 역사적 과정과 그 신학적 배경들을 알아보게 될 것이다.

그리고 제Ⅵ장에서는 미국 장로교회가 한국에 선교를 한 후 그들의 예배모범이 한국에 전해지면서, 한국 장로교회가 예배모범을 작성하게 되고, 또한 그것이 오늘에 이르기까지 발전 변화되어 온 과정을 내용 분석과 함께 하게 되며, 제Ⅶ장에서는 장로교 예배모범에 진술된 주요 항목들을 비교하면서(웨스트민스터-미국-한국 장로교 예배모범) 신학적으로 분석 평가하고, 오늘의 시대적 문화적 상황 속에서 새로운 예배의 방향과 함께 21세기를 향한 새로운 예배모범을 제안하고자 한다.

그리고 마지막 제Ⅷ장에서 오늘 우리 한국 장로교회가 예배모범에 대한 새로운 인식과 함께 자신의 예배에 대한 정체성을 회복하도록 하기 위한 적용과 실천 방안을 제언함과 동시에 그것이 갖는 한계성에 대해서 함께 기술하면서, 본서의 결론을 맺고자 한다.

자, 이제 장로교 예배의 뿌리를 찾아서 긴 여행을 함께 떠나도록 하자.

제 2 장

다시 생각해 보는 기독교 예배

The Spirit

and Principles

of

Presbyterian

Worship

다시 생각해 보는 기독교 예배

"너희는 알지 못하는 것을 예배하고 우리는 아는 것을 예배하노니……"(요 4 : 22).

이 말씀은 예수님이 수가성 우물가에서 만난 사마리아 여인에게 하신 말씀이다. 당시 사마리아인들 역시 하나님을 섬기고 하나님께 예배를 드린다고 생각하였다. 그러나 예수님께서 보실 때 그들의 예배는 잘못된 것이었다. 그들은 하나님께서 원하시는 온전한 예배가 무엇인지를 알지 못하고, 자신들의 생각과 방법으로 하나님께 예배를 드렸다. 그도 그럴 것이 당시 사마리아인들은 구약성경 39권 전체를 정경으로 믿는 것이 아니라, 모세오경만을 정경으로 받아들이고 믿으면서 거기에 근거하여 예배를 드리고 있었다. 그 결과 그들의 예배는 매우 제한적이고 편협된 이해를 가지고 드려질 수밖에 없었다. 오늘 예수님께서는 바로 이 점을 지적하고 계신 것이다.

예배에 대한 바른 이해가 없이 드리는 예배는 하나님께 대한 참된 예배가 될 수 없다. 즉, 하나님께서 계시해 주신 하나님의 말씀에 대한 온전한 지식이 없이 드려지는 예배는 하나님이 원하시는 예배와는 거리가 멀 수밖에 없다는 것이다. 예배에 대한 올바른 이해와 지식만이 하나님께 드리는 예배를 온전히 예배되게 한다.

 기독교 예배에는 양면이 존재한다. 예수님께서 예배에 대하여 직접 언급하신 요한복음 4장 24절은 기독교 예배가 "성령과 진리"로 드려져야 함을 말씀하고 있다.[1] 이것을 우리는 기독교 예배가 갖는 양면성이라고 할 수 있는데, 여기서 말하는 "성령"은 하나님께서 우리 인간을 향하신 측면이요, "진리"는 우리 인간이 하나님을 향하는 측면이라고 할 수 있겠다.

 하나님께서는 성령으로 예배 가운데 임재하시고, 성령으로 그 예배를 역동적으로 이끄시며, 성령을 통해 예배자들로 하여금 하나님께 응답하게 하신다.[2] 그런가 하면 인간은 하나님께서 성경을 통해 계시해 주시고, 역사와 신학을 통해서 개발토록 해 주신 진리를 따라서 그 하나님 앞에 예배를 드린다. 그러므로 예배가 진리를 갖추기 위해서는 우리 인간의 예배에 대한 성서적, 역사적, 신학적 이해가 필수적으로 전제되어야 하므로, 이에 대한 이해와 연구가 따라야 하는 것이다. 기독교 예배는 예수님께서 말씀하신 이 양면을 언제나 동시적으로 고려하면서, 오늘의 교회는 예배에 대한 바른 지식을 가지고 하나님이 기뻐 받으시는 진리가 있는 예배를 드리기 위해 힘써야 할 것이다.

 그러면 기독교 예배란 무엇인가? 본 장에서는 하나님께 드리는 예배가 무엇인가를 먼저 이해하기 위해서, 예배의 성서적, 신학적 의미들과 예배의 원천(source), 그리고 오늘 우리가 기독교 예배를 생각하며 가져야 할 신학적인 통찰

---

1) 개역 성경에서는 헬라어 "πνεύματι καὶ ἀληθείᾳ"를 "신령과 진정"으로 번역하고 있지만, 1993년 판 표준새번역 성경전서에서는 "영과 진리"로 번역하고 있다. 참고로 New International Version 역시 "영과 진리 안에서"(in spirit and in truth) 예배하여야 한다고 번역하고 있다. 관주 성경전서 개역한글판(대한성서공회, 1956), 성경전서 표준새번역(대한성서공회, 1993), *Holy Bible New International Version*(American Bible Society, 1978) 참조.
  πνεῦμα는 "바람, 숨, 생명, 영, 성령"의 의미를 가지며, ἀλήθεια는 "사건에 대한 온전하고 사실적 진술, 진실(veracity), 확실성(reliability), 진리(truth)" 등의 의미로 사용되었다. Gerhard Kittel, *Theologisches Wörterbuch zum Neuen Testament*, bd. Ⅵ, hrsg. von Gerhard Friedrich (Stuttgart : W. Kohlhammer GmbH, 1990), p. 330 ; Gerhard Kittel, hrsg., *Theologisches Wörterbuch zum Neuen Testament*, bd. Ⅰ (Stuttgart : W. Kohlhammer GmbH, 1990), pp. 233-42.
2) 정장복, 『예배학 개론』(서울 : 예배와 설교 아카데미, 1999), p. 23 이하.

들은 무엇인가를 기본적으로 살펴보도록 하겠다.

1. 예배의 성서적 이해

1) 예배의 어원적 의미

언어라는 것은 언제나 시대와 함께 변하는 것이며, 그것이 갖는 의미 또한 달라질 수 있다. 그러므로 어떤 단어의 의미를 정확히 파악하기 위해서는 그 단어가 최초에 어떤 의미로 사용되었는가를 확인하는 것이 필수적인 과정이라고 하겠다.

따라서 예배가 무엇인가를 이해하기 위해서는 먼저 예배라는 단어가 성경에서 어떤 의미로 쓰였는가를 알아보는 것이 선행되어야 하리라 본다. 하나님께서는 예배를 말씀하실 때 어떤 의미로 말씀하셨으며, 예수님께서도 예배라는 단어를 사용하실 때 어떤 뜻으로 사용하셨는가, 그리고 그 후 사도 시대 등을 거치면서 예배라는 단어는 어떻게 사용되었는가를 살피는 작업은 오늘 우리가 예배라는 단어의 원의(原義, original meaning)를 파악하는 데 중요한 일이라고 아니할 수 없다. 그러면 기독교에서 사용하고 있는 예배라는 단어는 최초에 어떤 의미로 사용되었는가를 구약과 신약성경을 통해서 알아보도록 하겠다.

(1) 구약성경의 어원

기독교 예배학자인 일리온 존스(Ilion T. Jones)는 구약과 신약의 예배가 갖는 연관성을 다음과 같이 설명하고 있다.

> 바울은 "율법이 우리를 그리스도에게로 인도하는 몽학 선생"(갈 3 : 24)이라고 말하였다. 이것은 곧 전체 구약성경이 우리를 신약의 예배로 인도하는 몽학 선생(schoolmaster)이라는 사실과 같은 의미라고 말할 수 있을 것이다.[3]

---

3) Ilion T. Jones, *A History of Approach to Evangelical Worship* (New York : Abingdon Press, 1954), p. 13.

구약이 없는 신약이란 존재할 수 없듯이 구약의 예배에 대한 이해가 없이 신약의 예배를 이해한다는 것은 불가능한 일이다. 적어도 신약의 기독교 예배가 출현하기 전 약 15세기 동안 이미 히브리인들은 자신들의 다양한 신앙 경험을 예배라는 형식을 통해서 표현해 왔었다.[4]

예수님 역시 구약의 예배를 부정하지 않으셨으며, 예수님 자신이 유대인으로서 그들 백성의 관습을 따라서 성전과 회당에 가서서 예배를 드리셨다.[5] 기독교 예배는 구약의 단절이 아니라 계승이다. 물론 형식적인 것은 변하였지만 예배의 본질과 원리는 그대로 이어져 왔던 것이다.

그러면 구약에서 예배라는 말은 어떻게 사용되었는가 그 어원을 중심으로 알아보도록 하겠다. 구약에서 예배와 관련하여 가장 자주 등장한 대표적인 단어는 עָבַד('ābad)와 חָוָה(ḥāwā)이다.[6]

먼저 עָבַד라는 단어는 셈족(Semitic) 언어들 대부분에서 나타나고 있는데, 우갈어(Ugar)나 히브리어나 아랍어 등에서는 "봉사하다, 섬기다(serve), 노동하다(labor)"는 의미로 쓰이고 있으며, 아람어나 시리아어에서는 "하다(do), 만들다(make)" 등의 의미로 나타나고 있다.[7] 일반적으로 이 단어가 사용되는 의미는 일하다(work), 경작하다(cultivate),[8] 실행하다(perform), 봉사하다(serve), 예배하다(worship), 수행하다(carry out), 존경을 표하다(honor) 등 다양한 의미를 가지고 있다.[9] 이 단어는 구약에서 271회 정도 쓰이고 있는데,[10] 세상적으로

---

4) 위의 책. 여기서 15세기라고 함은 모세를 통해서 이스라엘의 예배가 체계화된 이후(B.C. 15세기)부터 신약 시대까지의 기간을 말한다.
5) 눅 2:41-42(유월절에 성전에 가심), 눅 4:16(나사렛 회당에서 메시야의 사역을 선포), 막 11:15(성전 정화 사건), 요 7:14(초막절에 성전에 가심) 등 참조.
6) 그동안 חָוָה 대신 שָׁחָה(shāchāh)라는 단어가 "예배하다, 경배하다, 부복하다"의 어원으로 사용되었다. 그러나 최근에 이에 대한 해석이 구약 성서학자들에 의해서 달라지면서, 샤하 대신 하와라는 단어를 어원으로 보고 있다.
7) G. Johannes Botterweck, Helmer Ringgren, und Heinz Josef Fabry, hrsg., Theologisches Wörterbuch zum Alten Testament, bd. V (Stuttgart : W. Kohlhammer GmbH, 1986), p. 985.
8) William L. Holladay, A Concise Hebrew and Aramaic Lexicon of the Old Testament (Leiden : E. J. Brill, 1971), pp. 261f.
9) Willem A. VanGemeren ed., New International Dictionary of Old Testament Theology and Exegesis, vol. 3 (Grand Rapids : ZondervanPublishing House,

나 종교 신학적으로 중요한 의미를 함축하면서 사용되고 있다.[11] 무엇보다도 이 단어는 이스라엘의 제의(cult)에 대한 경의를 나타내기 위하여 신학적으로 사용되었는데, 성막(tabernacle)이나 성전, 또는 거기에 있는 성구(appurtenance), 그리고 성직자와 같은 사람들을 돌보고 섬기는 일(service)을 말할 때 사용되기도 하였다.[12]

성경에서 사용되는 곳들을 보면, 먼저 "일을 하다(work)"(출 20 : 9 ; 신 5 : 13-모든 일을 행하다), 사람을 위해서 "봉사하다(serve)"(창 29 : 18-야곱이 라헬을 위하여 봉사하다), 땅을 "경작하다(cultivate)"(창 3 : 23-땅을 갈다), 종과 주인 사이에서 "섬기다(serve)"(출 21 : 6-상전을 섬기리라), 그리고 여호와 하나님이나 또는 다른 신들을 섬기는 종교적 의미에서 사용이 되고 있다. "너희가 이 산에서 하나님을 섬기리니……"(출 3 : 12), "네 하나님 여호와를 섬기지 아니함을 인하여"(신 28 : 47), "기쁨으로 여호와를 섬기며"(시 100 : 2) 등은 עָבַד(아바드)라는 단어가 하나님을 "섬기다"는 의미로 사용되고 있으며, 기타 이 단어는 이방 신들을 섬긴다는 의미로도 사용되고 있다(시 97 : 7-조각 신상을 섬기며, 출 20 : 5-그것들을 섬기지 말라).[13]

그러므로 예배학적 관점에서 볼 때 עָבַד(아바드)라는 단어는 구약 이스라엘 백성들이 하나님 앞에 나아와서 그분께 예배하며 섬기는 것과 함께 제사장이나 레위인들이 성전에서 봉사하는 활동(민 3 : 7-8 ; 4 : 23, 30, 47 ; 8 : 11, 19 이하)[14] 등 예배에 있어서 "섬긴다"는 의미가 강조된 단어라고 하겠다.

1997), p. 304.
10) 위의 책. G. Johannes Botterweck, Helmer Ringgren, und Heinz Josef Fabry, hrsg., *Theologisches Wörterbuch zum Alten Testament*, bd. V, p. 987.
11) Willem A. VanGemeren, ed., *New International Dictionary of Old Testament Theology and Exegesis*, vol. 3, p. 304.
12) 위의 책, p. 305.
13) G. Johannes Botterweck, Helmer Ringgren, und Heinz Josef Fabry hrsg., *Theologisches Wörterbuch zum Alten Testament*, bd. V, pp. 988-94.
14) R. Laird Harris, ed., *Theological Wordbook of the Old Testament* vol. 2 (Chicago : The Moody Bible Institute, 1981), p. 639.

다음으로 구약에서 예배와 관련하여 자주 쓰이고 있는 단어가 חָוָה(ḥāwā)인데, 이것은 구약성경에서 "예배하다(worship), 부복하다(prostrate oneself), 절하다(bow down)" 등의 의미로 사용되는 הִשְׁתַּחֲוָה(hishtaḥăwâ)의 어원이 되는 단어이다.[15] *아바드*가 예배에 있어서 봉사의 개념이 강조된 것이라면 *하와*는 경외의 대상이 되시는 하나님 앞에 자신을 최대한 낮추어 그분을 높여 드리며 숭배하는 것이라고 하겠다. 이 단어는 신하의 예(禮)로 군주나 상관 등에게 절하거나 부복하는 동작, 하나님 앞에서 예배를 드리는 것, 또는 다른 신들 앞에 절하거나 예배하는 것을 표현할 때 사용되었으며,[16] 단순한 외형적 자세만을 말한 것이 아니라 내적인 마음의 자세를 외적으로 정중히 표현(external sign)하는 것을 내포하였다.[17]

히스타하와(hishtaḥăwâ)는 구약에서 약 170회 나오고 있는데(모세오경 45회, 역사서 55회, 예언서 31회, 시편 17회, 역대기와 느헤미야 17회, 룻기와 에스더와 욥에서 5회),[18] 성경에서 이 동사가 처음 나오는 곳은 창세기 18 : 2에서 사라가

---

15) "경배하다, 부복하다"의 의미로 쓰인 הִשְׁתַּחֲוָה는 이제 חָוָה의 강의형(Piel) 수동태(hishtaphel, "……하게 되었다.", 2002년 5월 28일 장신대 구약학 강사문 교수 전자메일)로 새롭게 정리가 되었으며, 이러한 결론은 이제 구약 학계의 정설로 자리를 잡게 되었다. G. Johannes Botterweck und Helmer Ringgren, hrsg., *Theologisches Wörterbuch zum Alten Testament*, bd. Ⅱ (Stuttgrat : W. Kohlhammer GmbH, 1977), p. 785 ; Willem A. VanGemeren, ed., *New International Dictionary of Old Testament Theology and Exegesis*, vol. 2, p. 42 ; Ernst Jenni, Claus Westermann, ed, *Theologisches Handwörterbuch zum Alten Testament*, trans. by Mark E. Biddle, *Theological Lexicon of the Old Testament*, vol. 1 (Peabody : Hendrickson Publishers, 1997), p. 398 ; R. Laird Harris, ed., *Theological Wordbook of the Old Testament* vol. 1 (Chicago : The Moody Bible Institute, 1981), p. 267.
참고로 최근에 발간된 *Concordance*에서 John R. Kohlenberger and James A. Swanson는 "예배하다"라는 어휘들과 관련하여 아예 שָׁחָה 는 사용하지 않고 대신 חָוָה 만 소개하고 있는 것을 볼 수 있다. *The Hebrew English Concordance to the Old Testament* (Grand Rapids : Zondervan Publishing House, 1998), pp. 2,064f.
16) William Gesenius, trans. Edward Robinson, *The New Hebrew and English Lexicon* (Lafayette : Associated Publishers and Authors, 1978), p. 1,005.
17) Willem A. VanGemeren, ed., *New International Dictionary of Old Testament Theology and Exegesis*, vol. 2 (Grand Rapids : ZondervanPublishing House, 1997), p. 43.
18) 위의 책, p. 42.

아이를 갖게 될 것이라고 알려주러 온 세 사자들에게 아브라함이 "몸을 땅에 굽혀" 영접하는 장면에서다. 그리고 다윗이 사울에게 "땅에 엎드려 절하고"(삼상 24 : 8), 룻이 보아스 앞에서 "땅에 엎드려 절하고"(룻 2 : 10), 요셉의 형들의 곡식 단이 요셉의 단에 "절하였다."(창 37 : 7, 9-10) 등에서 쓰이고 있다. 무엇보다도 이 용어는 예배 속에서 하나님 앞에 나아가는 것에 대하여 구약에서 가장 일반적으로 사용되는 단어였다(삼상 15 : 25-나로 여호와께 경배하게 하소서, 렘 7 : 2-여호와께 경배하러 이 문으로 들어가는 유다인아). 그런가 하면 이방신이나 우상을 숭배할 때도 이 단어를 사용하고 있다(사 2 : 20-사람이 숭배하려고 만들었던 그 은 우상과 금 우상을……, 44 : 15-그것으로 신상을 만들어 숭배하며, 17-자기의 우상을 만들고 그 앞에 부복하여 경배하며).[19] 이와 같이 *하와*라는 동사는 종교적 신이나 존경하는 대상에 대하여 숭배하거나 경의를 표하는 의미로 사용되었다.

구약에서 예배와 관련하여 쓰이고 있는 단어들은 그 외에도 몇 가지가 있는데, 존 코렌버거(John R. Kohlenberger)에 의하면 חָוָה가 약 170회,[20] עָבַד가 약 291회,[21] יָרֵא(yārē)가 332회,[22] סָגִד(segid) 12회,[23] פְּלַח(pelaḥ) 10회[24] 등이 나오

---

19) Merrill F. Unger and William White, ed., *Nelson's Expository Dictionary of the Old Testament* (Nashville : Thomas Nelson Publishers, 1980), p. 482.

20) John R. Kohlenberger and James A. Swanson, *The Hebrew English Concordance to the Old Testament* (Grand Rapids : Zondervan Publishing House, 1998), pp. 513-14.

21) 위의 책, pp. 1,158-60. Willem A. VanGemeren와 G. Johannes Botterweck, Helmer Ringgren, und Heinz Josef Fabry 등은 271회 나오는 것으로 주장하고 있으나, John R. Kohlenberger는 291회로 주장하고 있는데, 차이가 나는 것은 코-렌버거의 책은 영어 성경 The New International Version을 기준으로 한 것이기 때문이라 본다. 여기에 비해서 Claus Westermann은 구약 히브리어 271회, 아람어 19회가 사용되어진 것으로 주장하고 있다. Willem A. VanGemeren, ed., *New International Dictionary of Old Testament Theology and Exegesis*, vol. 3 (Grand Rapids : Zondervan Publishing House, 1997), p. 304 ; G. Johannes Botterweck, Helmer Ringgren, und Heinz Josef Fabry, hrsg., *Theologisches Wörterbuch zum Alten Testament*, bd. V, p. 987 ; Ernst Jenni, Claus Westermann, ed., *Theologisches Handwörterbuch zum Alten Testament*, trans. by Mark E. Biddle, *Theological Lexicon of the Old Testament*, vol. 2 (Peabody : Hendrickson Publishers, 1997), pp. 820f. 표 참조.

22) 위의 책, pp. 731-33. 이 단어는 주로 "경외하다"(fear, afraid, awesome)라는 의미로

고, 특별히 구약의 희생제사와 관련하여서는 "제사를 드리다"는 의미로 זָבַח (zābaḥ)가 사용되고 있다(창 31 : 54-야곱이 산에서 제사를 드리고……).

(2) 신약성경의 어원

신약성경에서 예배와 관련하여 사용되고 있는 단어는 대표적으로 세 가지가 나타나고 있다. 먼저 헬라어에서 "예배하다"(worship)라는 말과 관련하여서 등장하고 있는 단어는 προσκυνέω(proskyneō)다. προσκυνέω는 "예배하다(worship), 경의를 표하다(do obeisance to), 부복하다(prostrate oneself), 존경을 표하다(do reverence to)" 등의 의미를 가지고 있으며,[25] 70인역(LXX, Septuagint)에서는 구약의 הִשְׁתַּחֲוָה(hishtaḥăwâ)를 προσκυνέω로 번역하여 사용하고 있다.[26] 신약성경에서는 이 동사가 59회 정도 사용되고 있는데, 특별히 요한계시록에서 24회, 요한복음에서 11회, 마태복음에서 9회 정도 나타나고 있다.[27] 신약에서 이 단어는 윗사람들에게 경의를 표할 때(마 20 : 20-그때에 세베대의 아들들의 어미가 예수께 와서 절하며……), 하나님께 예배를 드리다는 의미로(요 4 : 20-우리 조상들은 이 산에서 예배하였는데……), 예수님께 대하여 절하다(마 14 : 33-배에 있는 사람들이 예수께 절하며……), 그리고 사탄에 대하여 경배하다(마 4 : 9)는 의미로 사용되고 있다.

다음으로 신약성경에서 예배와 관련된 단어는 λατρεύω(latreuō)다. 이 단어는 "임금"이나 "보수"(wages)를 의미하는 λάτρον(latron)에서 온 것인데,[28] 그

쓰이고 있다.
23) 위의 책, pp. 1,705f. 이 단어는 주로 "예배하다"(worship)와 "영광을 돌리다"(paid honor)라는 의미로 사용되고 있다.
24) 위의 책, p. 1,709.
25) Colin Brown, ed., *The New International Dictionary of New Testament Theology*, vol. 2 (Grand Rapids : Zondervan Publishing House, 1981), p. 875.
26) Gerhard Kittel, *Theologisches Wörterbuch zum Neuen Testament*, bd. Ⅵ, hrsg. von Gerhard Friedrich, p. 761. 정확히 말하면 구약에서 הִשְׁתַּחֲוָה가 171회 사용되고 있는데, 그 중에서 164회가 70인역에서 προσκυνέω로 번역되고 있다.
27) Colin Brown, ed., *The New International Dictionary of New Testament Theology*, p. 877.

의미는 "봉사하다"(serve)는 의미로 주로 쓰이며, 70인역에서는 구약의 עָבַד ('ābad)를 이 단어로 번역하여 사용하고 있다.[29]

이 용어는 헬라 문헌에서는 "임금을 받기 위해서 일하다" 또는 "임금 없이 봉사하다"는 의미로 사용되고 있으며, 어떤 경우는 육체적인 일뿐만 아니라 제의적 봉사(cultic service)를 위해서 사용되기도 하였다.[30]

구약에서는 하나님과 인간의 관계에서 그분을 섬기는 제의적 의미(cultic meaning)로 사용되고 있으며, 이것은 참 신이신 하나님이나 거짓 신들에게 예배할 때도 사용되고 있다.[31] 신약에서는 하나님을 섬기는 의미로(마 4:10-다만 그를 섬기라), 우상을 섬긴다는 표현에서(행 7:42-하늘의 군대 섬기는 일에 버려두셨으니), 그 외에 봉사의 의미로(빌 3:3-하나님의 성령으로 봉사하며) 사용되고 있다. 참고로 λατρεύω의 명사형은 λατρεία(latreia)인데, 이것은 주로 제사장이나 레위인들의 제의적 봉사를 표현할 때 사용되었다.

헬라어로 예배와 관련된 또 하나의 단어는 λειτουργέω(leitourgeō)이다. 이것은 백성 또는 국가 공동체(people or national community)를 의미하는 헬라어 λῆϊτος(lēitos)와 일을 의미하는 ἔργον(ergon)의 합성어로서,[32] "섬기다"는 의미를 가지며, 명사형은 λειτουργία(leitourgia)로서 "봉사나 섬김"(service)을 의미한다.[33]

이 용어는 정치적으로 사회적 봉사와 공적인 임무 수행, 타인에 대한 봉사,

---

28) Gerhard Kittel, hrsg., *Theologisches Wörterbuch zum Neuen Testament*, bd. Ⅳ (Stuttgart : W. Kohlhammer GmbH, 1990), p. 58.
29) 위의 책, p. 59. 70인역에서는 약 90회 정도 이 단어가 나타나고 있다.
30) Colin Brown, ed., *The New International Dictionary of New Testament Theology*, vol. 3 (Grand Rapids : Zondervan Publishing House, 1986), p. 549.
31) 위의 책, p. 550.
32) Gerhard Kittel, *Theologisches Wörterbuch zum Neuen Testament*, bd. Ⅵ, hrsg. von Gerhard Friedrich, pp. 222f. λῆϊτος의 ηι는 B.C. 300년 경 코이네(koine)에서 후에 ει로 바뀌어진다.
33) 70인역에서 λειτουργέω는 100회 정도 나오는데 구약의 שֵׁרֵת(šērēt)를 번역한 것이며, λειτουργία는 40회 정도 나오는데 עֲבֹדָה('ăbôdâ)를 번역한 것이다. 위의 책, pp. 225-28 참조.

더 나아가서는 제의적인 임무를 수행하는 데 사용되었고,[34] 구약에서는 주로 성전에서 제사장들이나 레위인들의 봉사사역을 일컫는 말로 사용되었으며(출 29 : 30 ; 민 4 : 37,39 ; 겔 40-46장 등), 후기에는 회당이나 디아스포라(diaspora)에 의해 이 봉사의 개념이 더욱 발전되면서 차츰 봉사(또는 예배, service)의 개념이 영성화(spiritualizing)하는 면을 볼 수 있는데, 이러한 면은 기도를 하나의 "희생 제사"(sacrifice)로 해석하고 있는 것에서 발견할 수 있다.[35] 신약에서는 타인(이웃)에 대한 봉사(롬 15 : 27), 국가적인 직무(롬 13 : 13), 천사들의 사역(히 1 : 7), 제의적인 의미(히 8 : 2-그리스도께서 대제사장으로서 하늘 성소에서 직무를 행하심, 롬 15 : 16-바울이 그리스도의 종으로서 이방인들에게 복음의 제사장이 됨) 등으로 사용되고 있다.[36]

이상과 같이 성경에서 나타나고 있는 예배에 관한 용어는 크게 두 줄기, 즉 경배의 의미(worship)와 섬김의 의미(service)를 가지고 사용되고 있음을 보게 된다. 이것은 오늘 우리의 기독교 예배에서도 중요한 의미요 예배의 정신과 원리가 되어야 할 것이다.

우리는 하나님 앞에 감히 설 수 없는 죄인들이다(사 6 : 5 ; 눅 5 : 8). 그러기에 우리는 그분 앞에 나갈 때에 감히 얼굴을 들지 못했던 세리와 같이(눅 18 : 9-17) 삼가 겸손과 경외심을 가지고 나가야 하며, 한편으로는 그러한 죄인을 받아주시고 용납하신 하나님의 은혜에 말할 수 없는 감사와 감격을 가지고 영광과 존귀를 돌려드려 경배해야 한다.

그럴 뿐만 아니라 예배는 하나의 섬김과 봉사의 행위이다. 하나님 앞에 부름받은 종들로서, 그분이 부여하신 직분을 따라 맡은바 사명을 잘 수행할 수 있어야 한다. 특별히 거룩한 예배를 위해서 제사장으로 부름받은 목회자나 예배에 봉사

---

34) 위의 책, pp. 223-25.
35) Colin Brown, ed., *The New International Dictionary of New Testament Theology*, p. 551.
36) Ceslas Spicq, *Theological Lexicon of the New Testament* vol.2, trans. and ed. by James D. Ernest (Peabody : Hendrickson Publishers : 1996), pp. 381-84.

하는 사람들은 하나님을 진정으로 섬기는 행위가 예배에서부터 시작됨을 잊지 않고 그 사명에 충실할 수 있어야 할 것이다. 하나님을 섬기되 청결한 양심으로 섬기고(딤후 1 : 3), 경건과 두려움으로 기쁘시게 섬기며(히 12 : 28), 성결과 의로 섬겨야 한다(눅 1 : 75).

더 나아가 섬김의 의미는 하나님을 향한 것일 뿐만 아니라 세상을 향한 것이기도 하다. 예배를 통해서 하나님을 섬긴 사람들은 나아가서 이웃을 섬기고 봉사할 수 있어야 한다. 바울은 이방을 섬기는 사도로서 복음을 위해 자신의 사명을 다하였으며, 초대교회들은 궁핍한 자들을 돌보기 위해서 구제를 위한 봉사의 직무(고후 9 : 12 ; 롬 15 : 27)를 넘치도록 하였다.

특별히 장로교 예배의 근간을 제시하고 있는 존 칼빈(John Calvin)은 자신의 예배에서 이와 같은 섬김을 실천하고 있다. 칼빈은 사도행전 2장 42절의 말씀("저희가 사도의 가르침을 받아 서로 교제하며 떡을 떼며 기도하기를 전혀 힘쓰니라")을 초대교회 예배의 기본 요소(말씀, 교제, 성찬, 기도)로 보고, 여기에 근거하여 자신의 예배 형식을 만들었다.

그런데 그는 "교제"라는 개념을 이웃 사랑의 실천으로 보고, 이 교제는 교회 안에서뿐만 아니라 교회 밖으로도 이어져야 한다는 주장을 하면서, 그 실천을 위해 예배 중 "구제 헌금"(alms)을 드려 이것을 세상의 가난한 이웃들에게 나누는 일을 하였다.[37]

특별히 오늘의 한국교회 위기를 생각하면서, "예배를 통한 섬김과 나눔"은 한국교회가 실천해야 할 매우 중요한 요소라고 본다. 진정한 예배는 먼저 하나님을 섬기고, 성도 서로 간을 섬길 뿐만 아니라 그 섬김은 세상으로까지 이어질 때 온전한 것이 될 것이기 때문이다.

2) 성서 시대의 예배

기독교 예배의 근원은 성경이다. 그러므로 기독교 예배는 언제나 성경에 근거

---

37) 여기에 대한 자세한 내용은 필자의 책을 참조하라. 이현웅, 『21세기에 다시 본 존 칼빈의 설교와 예배』(서울 : 이레서원, 2009), pp. 171-85.

하여 그 원리와 본질을 찾아야 한다. 어떠한 예배 형태라도 성경의 원리와 정신에 벗어난 것이라면 그것은 이미 기독교 예배가 될 수 없다.

물론 예배의 형태(form)는 시대를 따라서 변하는 것이다. 그러나 그 원리와 본질은 변하지 않는다. 이것은 마치 복음을 전하는 형식이 시대와 문화에 따라서 바뀔 수는 있지만 복음의 본질은 어느 시대 어느 나라에서도 변할 수 없는 것과 마찬가지다. 그러므로 기독교 예배를 이해하기 위해서는 무엇보다도 먼저 성서로부터 출발을 해야만 한다.

그러나 여기서 간과해서는 안 될 중요한 것이 성서에 나타난 예배를 바로 이해하기 위해서는 구약과 신약을 연관하는 전반적이고 종합적인 통찰력이 필요하다는 점이다. 진정한 의미에서 기독교 예배의 출발은 물론 예수 그리스도로부터이다. 그러나 그것은 예수 그리스도에 의해서 갑자기 출현된 것이 아니다. 즉 기독교 예배가 예수 그리스도에 의해서 시작된 것은 분명하지만, 그것은 구약의 배경 속에서 태어나게 되었다는 것을 잊어서는 안 된다. 마치 예언으로서의 구약이 성취된 말씀인 신약과 불가분리의 관계에 있듯이 구약의 제사 의식과 신약의 기독교 예배 역시 같은 관계에 있다.

기독교는 구약 유대교와의 단절로 나타난 것이 아니라 유대교의 배경 속에서 새로운 종교로 출발하게 되었다. 따라서 구약에 나타난 유대교의 종교적 요소들이 기독교에 많은 영향을 주게 되었고, 그것은 예배에 있어서도 결코 예외는 아니었다. 고대 이스라엘의 예배를 연구한 라우리(H. H. Rowley)의 언급은 구약 예배의 중요성을 우리에게 새삼 강조하고 있다.[38]

> 구약의 제사가 신약의 예배를 이해하는데 별로 중요한 것이 아니라고 여기는 것은 잘못이다. 분명히 그것들은 히브리인들에게 보내는 서신을 이해하는데 있어서도 매우 중요한 것들이다. 제사에 관한 내용들이 구약에 광범위하게 나타나고 있다는 것은 부정할 수 없다. 그러므로 성경을 전체적으로 다루

---

38) H. H. Rowley, *Worship in Ancient Israel : Its Forms and Meaning*(London : S.P.C.K., 1981), p. 1. H. H. Rowley의 저서는 구약의 예배에 대하여 시대적으로, 그 장소들과 함께 정리하여 소개하고 있다.

려는 작업에서는 그것들에 대한 설명을 피할 수 없다. 구약의 종교를 더 깊이 연구하려 한다면 제사에 대한 설명도 더욱 많이 취할 수밖에 없는 것이다.

그러면 구약과 신약에 나타난 예배의 특징들은 어떠한지 간단히 살펴보도록 하겠다.

(1) 구약 시대의 예배

구약 시대의 예배는 단(altar)을 중심한 원시 족장 시대, 성막(tabernacle)을 중심한 모세 시대, 성전(temple)을 중심한 왕정 시대, 그리고 포로 후기의 회당(synagogue) 예배로 나누어 보는 것이 예배를 이해하는 데 도움이 되리라 본다.

먼저 구약의 가장 원시적인 형태의 예배는 창세기에 나오는 족장들이 드린 형태이다.[39] 이들은 자신들에게 찾아와 계시하신 하나님께 단(altar)을 쌓아서 예배를 드렸다. 이때 예배의 특징은 다신교적인 이방 종교들과는 다르게 유일신 하나님을 예배하였다는 점, 그리고 인간에게 찾아오셔서 자신을 계시하신 하나님께 대한 인간들의 인격적인 응답에 의해서 예배가 드려졌다는 점이다.[40]

성서에 나오는 최초의 예배에 대한 기록은 아담의 아들인 가인과 아벨이 하나님께 예배를 드렸다는 내용이며(창 4 : 3-4), 이어서 노아가 하나님께 단을 쌓고(창 8 : 20), 그 후 아브라함, 이삭, 야곱 등으로 계속하여 단을 쌓아 드리는 예배가 이어진다. 물론 이 당시 제단을 쌓는 곳은 일정한 곳이 아니었으며, 하나님께서 계시하실 때 어느 곳에서나 거기에 대한 응답으로서 예배를 드렸다. 라우리는 족장 시대의 예배는 간단하고 개인적 차원에서 이루어졌으며, 그 형식은 제사와 기도였다고 말하고 있다.[41]

다음으로 이스라엘 예배에 있어서 중요한 변화가 모세의 시대를 통해서 이루어진다. 족장 시대의 예배가 개인과 가족을 중심한 제단에서 드려졌다면(individual

---

39) Ilion T. Jones, *A Historical Approach to Evangelical Worship*, p. 14.
40) 정장복, 『예배학 개론』, 46쪽.
41) H. H. Rowley, *Worship in Ancient Israel : Its Forms and Meaning*, p. 36.

worship), 모세 시대 이후의 예배는 그 범위가 확대되어 민족적 차원의 이스라엘 공동체로 확대가 된다(corporate worship).[42] 이러한 계기가 된 사건이 바로 출애굽인데, 출애굽 사건은 이스라엘의 신앙과 활동뿐만 아니라 그들의 예배를 결정하는 결정적인 사건이 되기도 하였다.[43] 모세 시대를 통해서 하나님은 이스라엘의 제사 제도를 체계적으로 확립하게 하신다. 지금까지 족장 시대는 정해진 형식 없이 드려진 예배의 시기였다면, 모세 시대 이후는 모든 예배 형식과 제도들이 확립된 시기라고 할 수 있다. 여기서 우리는 하나님께서 모세 시대를 통해서 보여주신 예배 형식에 대한 관심을 간과해서는 안 될 것이다.

최근 예배 형식(liturgy)을 부정하면서, 자유로운 예배를 주장하는 입장에 선 사람들은 이 시대의 예배를 생각하면서, 하나님께서 얼마나 예배 의식 하나하나를 소중하게 여기셨는가를 기억해야 할 것이다. 당시 예배학 교과서라고 할 수 있는 레위기를 보면, 하나님께서는 제사(예배) 형식뿐만 아니라 제사장들이 입는 옷(제의)에 다는 구슬 하나까지도 간과하지 않으시고 말씀하시는 것을 볼 때 하나님께서 예배에 대해서 갖는 관심이 얼마나 지대하신가를 알 수 있지 않겠는가?

특별히 하나님께서는 모세 시대를 통해서 두 가지 중요한 것을 계시하셨는데, 그것은 곧 예배 의식(제사)과 십계명이다. 이것은 모세 시대의 이스라엘에게 주신 가장 중요한 것들로서, 이스라엘 신앙의 두 축이 되었다. 하나님께서는 이스라엘 백성들로 하여금 한편으로는 하나님을 향한 정성스러운 예배를, 또 한편으로는 삶의 현장에서 윤리적 삶의 실천을 요구하셨던 것이다. 하나님께 대한 진정한 예배와 십계명을 통한 윤리적 삶의 실천은 오늘의 예배자들 또한 마땅히 배우고 실천해야 될 예배 정신이라고 하겠다. 성막 안에서의 경건한 예배, 그리고 삶의 현장에서의 윤리적 삶의 실천은 모세 시대 이스라엘이 광야를 걸으면서 우리에게 보여준 예배의 소중한 단면이라고 하겠다. 오늘 역시 하나님 앞에 거룩한 예배를 드린 무리는 세상에 나아가서 거룩한 삶을 살아야 할 것이다.

모세가 지도한 출애굽 시대는 이스라엘이 광야를 이동하는 시기였다. 그러므

---

42) 위의 책, p. 37.
43) William Nicholls, *Jacob's Ladder : The Meaning* (Richmond : John Knox Press, 1958), p. 26.

로 이 시기 예배 장소는 이동이 가능한 천막 형식이었다. 우리는 이곳이 하나님께 예배를 드리는 거룩한 곳이기 때문에 "성막"(거룩한 천막)이라고 부른다.

그런데 이때 성막과 관련하여 이스라엘은 신앙적으로 매우 중요한 모습을 우리에게 교훈해 주고 있다. 구름기둥을 따라 이동을 하다가 그것이 멈추면 이스라엘은 그곳에 진을 치게 되었다. 그때 이스라엘은 성막을 진 중앙에 두고, 성막을 중심으로 하여 동서남북에 각각 세 지파씩 열두 지파가 위치하도록 하였다. 그들은 머무를 때 성막을 중심으로 하여 생활하였다. 즉 그들의 삶의 중심에는 언제나 하나님께 예배하는 장소가 자리하고 있었다는 사실이다.

그런가 하면 구름기둥이 움직여 이동을 하게 될 때면, 이스라엘은 언제나 성막을 앞세우고 그 뒤를 따랐다. 하나님의 임재의 상징인 성막이 언제나 그들 앞에 서서 이스라엘을 인도하였다는 사실이다. 하나님께서 앞서 가시고 그들은 그 뒤를 따랐다. 오늘 우리들의 신앙 역시 하나님을 앞서는 것이 아니라 하나님께서 앞서가시도록 해야 할 것이다.

하나님을 섬기는 자의 삶의 중심에는 언제나 예배가 자리하고 있어야 한다. 그리고 예배하는 사람들의 삶은 언제나 하나님께서 앞서 가시도록 해야 한다. 이것이 광야 생활을 통해서 이스라엘이 우리에게 보여준 신앙적 교훈이다.

모세의 출애굽 시대를 지나 이스라엘은 가나안 땅에 정착을 하게 된다. 그동안 모세의 시대는 광야 40년 동안 이동식 성막을 중심한 예배를 드려왔지만, 이제 이스라엘은 자신들의 땅을 소유하게 되었으므로 예배 장소 역시 일정한 자리에 세울 수 있는 요건을 갖추게 되었는데, 그것이 바로 솔로몬 왕조 때에 세워진 성전(temple)이다.

이스라엘이 정착을 하면서 성전을 건축하게 되는 과정은 오늘 우리들에게 예배학적인 측면에서 매우 중요한 통찰력을 제공한다. 예배는 언제나 문화적 상황과 긴밀히 관련된다는 사실이다. 이스라엘 백성이 이동을 할 때 하나님께 예배하는 장소는 이동 천막(성막)이었다. 그러나 이제 이스라엘이 정착을 하면서 더 이상 이동할 필요가 없어지게 되자, 하나님께 예배하는 장소 역시 이동식이 아닌 고정된 장소에 건축하게 된 것이다. 이스라엘의 문화적 상황이 그들이 예배하는 장소 역시 변화하도록 만들었다는 사실이다. 예배는 언제나 문화와의 관계 속에서 영향을 주고받으며 형성된다는 점을 보여주는 좋은 예라고 하겠다.

이제 예배 중심 장소가 성막 대신 화려한 성전이 되면서, 모세 시대에 제정된 제사 의식들이 보다 엄격히 적용됨으로써, 성전 예배는 그 내용과 의식에 있어서 절정에 이르게 되었다. 예루살렘 성전은 이스라엘 전 민족의 예배 중심지가 되면서, 정교한 제사 의식과 찬양, 기도 등의 의식들이 이루어지게 되었다. 당시의 성전에서는 주로 이스라엘의 3대 절기(유월절, 맥추절, 초막절)와 5대 제사(번제, 소제, 화목제, 속죄제, 속건제)가 주요한 의식들로서 드려지게 되었다.[44]

성전을 중심한 예배는 바벨론 포수 이전까지 잘 진행되어 오다가 다시 한번 포로기를 통해서 변화를 맞게 되는데, 여기서 등장한 것이 바로 회당(Synagogue)이다.[45] 이스라엘이 멸망당하면서 예루살렘 성전이 파괴되었고, 바벨론으로 잡혀간 이스라엘 백성들은 이제 제사를 통한 예배를 더 이상 하나님께 드릴 수가 없게 되었다.

여기서 대신 나타나게 된 것이 바로 제사 대신 말씀을 중심한 회당 예배였다. 따라서 이제는 예배가 제사 형식보다는 말씀을 중심한 예배 의식으로 자연스럽게

---

44) H. H. Rowley, *Worship in Ancient Israel : Its Forms and Meaning*, pp. 71-110.
45) 회당(synagogue)에 대한 정확한 기원은 알 수 없다. 구약에서는 회당에 관한 언급이 나오지 않는다(시편 74 : 8에서 회당이라는 단어가 나오지만, 이것에 대한 해석은 synagogue가 아니라 meeting place라고 본다). 회당의 기원에 대하여는 (1) 족장 시대 기원설 : 온켈로스 탈굼(Targum of Onkelos)에서 야곱이 회당 봉사자로 기록. (2) 모세 시대로 보는 경우 : 대표적으로 요세푸스(Josephus)와 필로(Philo) 등으로, 이들은 이때 회당이 율법을 가르치고 기도하는 곳이었다고 본다. 그러나 이상의 두 견해는 별로 타당성이 없다. (3) 포로기 전 기원설(R. W. Moss) : 포로기 전에 회당이 존재했는데, 이것은 예배 장소이기 전에 학교나 지방 정부의 재판소였으며, 포로기에 종교적으로 중요한 장소가 되었다. (4) 포로기 후 기원설(Solomon Zeitlin) : 회당의 기능은 처음에 세속적 모임을 위한 것이었다가 후에 종교 중심 장소로 변하였다는 점에서는 모스와 견해를 같이 하나 회당의 기원에 대해서는 포로에서 돌아온 후에 만들어진 것으로 주장하고 있다. (5) 헬라 시대 디아스포라(Diaspora)들에 의해서 만들어졌다는 설(Bousset, Gressmann). (6) 그러나 일반적인 견해는 예루살렘 성전이 파괴된 후인 포로기를 중심으로 회당이 세워진 것으로 보고 있다(Sigonio, Winer, Wellhausen 등). 회당에 대하여서는 H. H. Rowley, *Worship in Ancient Israel : Its Forms and Meaning*, pp. 213-45 참조.

만들어지게 되었다. 그리고 성전에서는 제사를 인도할 제사장이 필요하였지만, 이제 회당에서는 제사장보다는 성경 말씀을 읽고 해설을 해줄 사람이 필요하게 되었는데, 여기서 등장한 사람이 바로 랍비(Rabbi)이다.

포로기 후에 귀환한 유대인들은 이 회당 제도를 그대로 가지고 고향으로 돌아오게 되었는데, 이때부터 이스라엘은 예루살렘에 재건된 성전과 각 지역의 회당이 공존하는 시대를 맞게 된다. 무엇보다도 이 회당 예배는 후에 기독교 초기의 예배 형식에 지대한 영향을 주게 되었음을 예배 역사를 통해서 발견할 수 있다.[46]

구약 시대의 예배에 대하여 이스라엘의 역사를 연구한 롤랑 드 보(Raland de Vaux)는 다음과 같이 그 전체적 특징을 언급하고 있다.[47]

(1) 이스라엘은 유일신 하나님을 예배하였다.
(2) 이스라엘은 역사를 주관하시는 인격적인 하나님께 예배하였다.
(3) 이스라엘은 자신들의 예배에서 신의 형상을 갖고 있지 않았다.

이러한 예배의 원리는 신약 시대로 이어지면서, 기독교 예배는 지금도 유일신이신 하나님만을 예배의 대상으로 섬기며, 역사와 개인의 삶 속에 함께하시는 인격적인 하나님을 믿고, 그리고 그 하나님은 우리 인간이 형상화할 수 없는 절대자이시기에 아무런 형상을 만들지 않고 영이신 하나님께 신령과 진정으로 예배를 드리는 것이다.

(2) 신약 시대의 예배

기독교 예배의 중심은 예수 그리스도이시다. 예수 그리스도의 성육신 사건(Incarnation)은 기독교 예배의 새로운 출발을 의미한다. 그러므로 이제 예배 가운데 예수 그리스도가 없다면 그것은 더 이상 기독교 예배가 될 수 없다. 이제

---

46) I. T. Jones, *A Historical Approach to Evangelical Worship*, p. 35.
47) Roland de Vaux, *Ancient Israel : Its Life and Institutions*, trans. John McHugh (London : Darton, Longman & Todd, 1974), pp. 271-73.

기독교 예배는 예수 그리스도에 의해서 새로운 의미로 출발을 하게 되었으며, 예배의 중심에 예수 그리스도가 서게 되었다. 이것이 구약의 예배와 신약의 예배를 나누는 가장 중요한 구분이라고 할 수 있다.[48]

그러나 예수님이 활동하신 시대에 기독교 예배가 정식으로 출현한 것은 아니었다. 예수님은 유대교 성전과 회당에 드나드시면서 예배에 참석하셨고, 말씀을 전하기도 하셨다. 이러한 모습 속에서 예수님은 성전 예배나 회당 예배를 거부하지 않으시고, 오히려 하나님께 드리는 구약의 예배를 수용하시면서 그 예배의 틀 속에 자신이 조화를 이루려 하셨음을 볼 수가 있다.[49] 예수님은 구약과 단절하기보다는 그것을 계승하면서 거기에 새로운 의미를 부여하여 재해석함으로써 기독교 예배를 출발하게 하셨다고 보는 것이 타당할 것이다.

하지만 예수님은 예배에 대하여 몇 가지 중요한 것들을 분명하게 언급해 주고 계신다. 무엇보다도 하나님께 드리는 예배는 외적인 형식과 함께 내적으로 신령과 진정한 예배가 되어야 한다는 것을 강조하시고(요 4 : 24), 성전 제사와 관련하여서는 자신의 새로운 질서가 완성되면 낡은 제사 제도는 완전히 사라질 것을 예견하시고,[50] 예배의 초점도 예수님 자신에게 맞추어져야 할 것이라고 보았다.[51]

예수님은 십자가에서 단번에 영원한 제사를 이루심으로써(히 9 : 12) 구약 시대에 양이나 소를 가지고 반복적으로 드렸던 제사를 이제 더 이상 드리지 않게 하신 것이다. 이것은 앞으로 기독교 예배 형식이 완전히 변화될 수밖에 없음을 단적으로 보여주는 것이라고 하겠다. 그리고 더 나아가 예수님께서 기도 형식과 관련하여서 주기도문을 가르치신 것과 기독교 성례전인 세례와 성만찬을 제정하신 것은 이제 기독교 예배의 새로운 출발을 알리는 신호라고 할 수 있는 것들이다.

---

48) 로버트 웨버(Robert E. Webber)는 여기에 대하여, 기독교 예배의 내용은 예수 그리스도, 곧 그를 통한 구약의 성취, 탄생, 생애, 죽음, 부활, 승천, 그리고 재림이라고 한다. Rpbert E. Webber, *Worship Old and New* (Grand Rapids : Zondervan Publishing House, 1982), p. 56.
49) Gerhard Delling, *Worship in the New Testament*, trans. Percy Scott (Philadelphia : The Westminster Press, 1962), p. 3.
50) I. T. Jones, *A Historical Approach to Evangelical Worship*, p. 46.
51) Robert E. Webber, *Worship Old and New*, p. 34.

특별히 주목해야 할 것은 예수님께서 기도문을 가르치셨다는 점이다. 현재 개신교인들 가운데는 기도에 대해서 잘못된 이해를 가지고 있는 사람들이 더러 있다. 즉 개신교는 기도문을 사용해서는 안 되고, 기도문은 가톨릭교회에서나 사용하는 것으로 생각하는데, 우리 개신교 역시 예수님께서 친히 가르치신 기도문, 즉 주기도문을 사용하고 있다는 사실을 알면서, 기도문에 대한 거부감이 없도록 해야 할 것이다. 개신교 역시 필요하다면 얼마든지 예배에서 기도문을 사용할 수 있다는 점을 인식할 수 있어야 한다.

또 하나 참고로 기억해야 할 것은 가톨릭교회나 동방정교회, 성공회 등은 칠성사(일곱 가지의 성례전)[52]를 지금도 갖고 있지만, 대부분 개신교회들은 세례와 성찬 두 가지만을 성례전으로 지키고 있다는 점이다. 그 이유는 예수님께서 세례와 성찬을 친히 행하시고, 이를 지키라고 말씀하셨기 때문이다.

예수님 승천 이후에 사도들 역시 성전과 회당에 참석을 하였다. 그러면서 그들은 그리스도인들만의 모임을 별도로 가지고 있었다. 그러다가 예루살렘에서 박해가 시작이 되면서, 기독교인들은 성전에 출입할 수 없게 되었다. 그 결과 기독교인들의 예배가 자연스럽게 분리되어 드려지게 되었는데, 이 당시의 예배에 대한 근거는 미약하지만 사도행전이나 서신서들에서 그 자취들을 찾아볼 수가 있다.

사도 시대의 기독교 예배는 극히 간단하고 원시적인 형태였는데, 주로 기도와 찬송, 말씀 봉독, 설교, 그리고 성만찬 정도의 순서로 진행이 되었다. 그리고 안식일 대신 주님께서 인류 구속을 이루시고 부활하신 일요일을 주일(Lord's Day)로 지키게 됨으로써 예배의 시간에 대한 변화가 오게 되었고, 기독교인이 되는 입문 예식으로서 세례가 중요한 의식으로 집례되어졌다.

신약 시대의 예배의 특징을 정리하면, (1) 예수 그리스도께서 유대교의 제사와

---

52) 칠성사는 성세(세례)성사, 견진성사, 성체(성찬)성사, 고해성사, 혼인성사, 병자성사, 성품(신품)성사를 말한다.

의식의 끝을 선언하심으로써, 기독교 예배가 새롭게 출발될 것임을 알리셨다. (2) 기독교 예배의 원천은 예수 그리스도의 사건에 근거한다. 기독교 예배는 그 중심에 예수 그리스도가 계신다. (3) 그러나 신약성경에 예배의 완전한 형태는 보이지 않는다.[53] 따라서 신약 시대의 기독교 예배는 하나의 태동기(胎動期)라고 볼 수 있겠다. 즉 그 형태는 아직 나타나지 않았으나, 이미 새로운 예배가 잉태되고 있었다는 사실이다.

2. 기독교 예배의 원천

하나님께서는 우리를 그분께 예배하도록 창조하셨기 때문에 우리는 하나님께 예배한다. 예배는 우리 인간의 실존의 중심(the center of our existence), 즉 우리가 존재하는 이유의 중심(the heart of our reason for being)에 위치하고 있다.[54]

기독교 예배는 네 가지 요소를 그 원천으로 한다. 즉 하나님의 말씀인 성경, 예배의 전통으로서의 역사, 예배의 실천 현장인 교회, 그리고 예배의 상황적 요인으로 작용하는 문화가 그것들이다.

교회는 예배를 드리는데 있어서 언제나 이 네 가지 요소를 동시에 고려해야 한다. 그럴 때 예배는 온전해질 수 있게 된다. 만일 예배의 근원이 되는 성경을 무시한다거나, 2,000년 역사를 통해서 형성된 예배의 역사를 경시한다거나, 예배가 드려지는 교회의 현장을 고려하지 않고, 교회가 함께 하는 문화적인 요소를 배제한다면 그것은 바른 예배가 될 수 없다.

따라서 예배는 먼저 하나님의 말씀인 성경에서 그 원리와 정신을 찾아야 하고, 그것이 역사적으로 어떻게 형성되고 변천되어 왔는가에 대한 전통을 고려해야 하며, 나아가 그 예배가 적용 실천되는 교회와 오늘의 문화적 상황에 대한 이해를

---

53) 위의 책, p. 43.
54) Hughes Oliphant Old, *Guides to the Reformed Tradition : Worship* (Atlanta : John Knox Press, 1984), p. 1.

필요로 한다. 상황 논리를 앞세워 성경이나 역사를 무시하거나, 성경만을 앞세우면서 역사와 문화를 도외시하는 자세, 신학적 이론만을 내세운 채 실천의 장인 교회와 괴리된 예배, 그리고 역사적 전통만을 앞세워 오늘의 상황에 바로 적응하지 못하는 경직성 등은 모두 기독교 예배에 장애 요인이 될 수 있다.

그러므로 기독교 예배는 이러한 요소들을 바로 이해하고, 균형 있게 조화시킴으로써만이 하나님이 원하시는 진정한 예배를 이룰 수 있다는 사실을 잊지 않아야 할 것이다. 그러면 이 네 가지 요소들이 왜 예배에 있어서 중요한 것인지를 그 의미와 함께 살펴보면서, 오늘의 교회와 예배인도자들이 이와 관련하여 생각해야 할 것들이 무엇인지를 자세히 살펴보도록 하자.

1) 예배의 근원으로서의 성경

종교개혁가 칼빈은 "하나님은 그 자신에 관한 바른 지식(actual knowledge)을 오직 성경을 통해서 우리에게 부여하신다."[55]고 말하였다. 즉 성경은 인간이 하나님을 알 수 있는 가장 중요한 근원이 된다는 것이다. 그런 면에서 인간이 하나님을 예배하는 지식 역시 성경에서 찾을 수 있다. 성경은 하나님께 드리는 예배에 대한 많은 지침과 예들을 보여주고 있기 때문에 "성경(the Bible)은 그 기원과 활용 면에 있어서 예배서(liturgical book)"[56]라고 부를 수 있을 것이다.

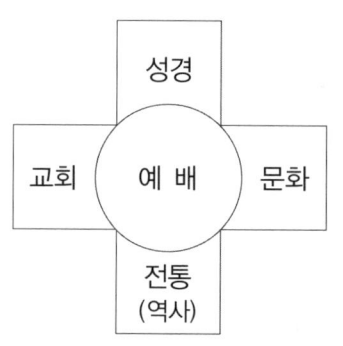

이미 앞부분에서 잠깐 언급했지만 예수님께서 수가성 우물에서 사마리아 여인과 대화를 하시는 중 예배에 관해서 말씀하신 것은 오늘 우리로 하여금 예배를 어떻게 보아야

---

55) *Calvin's Institute*. I.vi.1. John T. McNeill, ed., *The Library of Christian Classics* vol. XX, *Calvin : Institutes of the Christian Religion* 1, trans. Ford Lewis Battles (Philadelphia : The Westminster Press), p. 69.
56) Evert H. van Olst, *Bijbel en Liturgie*, trans. John Vriend, *The Bible and Liturgy* (Grand Rapids : William B. Eerdmans Publishing Company, 1991), p. x.

할 것인가 하는 중요한 단서를 주고 있다. 예수님께서는 당시 사마리아인들의 예배가 갖는 문제점을 지적하시면서, "너희는 알지 못하는 것을 예배하고"(요 4 : 22)라고 말씀하셨다. 사마리아인들도 하나님께 예배를 드린다고 하였지만 그것은 하나님께서 원하시는 방법이 아니었다. 그들은 하나님께서 원하시는 예배가 무엇인지를 알지 못했기에 자기들의 생각과 방법에 따라서 드렸던 예배에 불과했다. 이것은 진정한 의미에서 예배가 아니었다.[57] 그들은 성경에서 말하는 참된 예배 지식을 가지고 예배하는 것이 아니라 자신들의 지식으로 예배하였던 것이다. 그래서 예수님은 그들을 향하여서 "신령과 진리"(요 4 : 24)로 예배를 드리라고 말씀하신다. 여기서 진리라고 하는 것은 하나님께서 말씀을 통해서 가르쳐 주신 참된 지식을 가지고 예배를 드리라는 의미이다.

성경은 기독교 예배의 가장 기본적인 안내서(text)이다.[58] 성경이 기독교의 모든 신학과 실천의 근거가 되듯이 이것은 예배에 있어서도 예외가 아니다. 기독교 예배의 출발은 언제나 성경에서 이루어져야 한다. 어떠한 예배도 성경의 원리와 정신을 벗어난 것은 결코 기독교 예배가 될 수 없다. 이미 보았듯이 신약의 예배는 구약을 계승하고 있으며,[59] 그 후 모든 기독교 예배는 언제나 성경에

---

57) 당시 사마리아인들은 종교적으로 예루살렘 성전을 중심으로 한 유다인들과 분리되어 있었다. 그들은 그리심산(Gerizim)에 성전을 세워서 예배를 드리고 있었다. 무엇보다도 문제는 사마리아인들이 구약의 예언서나 성문서나 역사서 등을 인정하지 않고 오직 모세 오경만을 하나님의 말씀인 성경으로 받아들였다는 것이다. 이것은 결국 하나님의 말씀에 대한 보다 완전한 지식을 갖지 못하게 제한함으로써 그들의 예배 생활에도 많은 문제점들을 안게 되었다. 하나님의 말씀에 바로 근거하지 못할 때 예배는 진정한 예배가 될 수 없음을 보여주는 예라고 하겠다.
John Bright, *A History of Israel* (London : SCM Press LTD, 1960), pp. 393-95 ; Martin Noth, *The History of Israel* (New York : Harper and Row Publishers, 1960), pp. 346-56 ; Antonius H.J. Gunneweg, *Geschichte Israel bis Bar Kochba*, 문희석 역, 『이스라엘 역사』(서울 : 한국신학연구소, 1986), 236쪽 이하.
58) 이런 의미에서 올스트(E. H. van Olst)는 성경이 예배의 근원(origin)이면서, 예배를 위한 활용에 있어서 기본이 되는 "예배서"(liturgical book)라고 주장하고 있다. Evert H. van Olst, *Bijbel en Liturgie*, pp. x-xi.
59) 물론 이것은 형식적인 면을 말하는 것이 아니다. 형식적인 면에서 구약의 희생 제사와 신약의 예배는 완전히 다르다. 그러나 형식은 바뀌었을지라도 예배의 정신, 자세, 원리 등은 시대에 관계없이 계속 이어져 오고 있다. 신약의 예배 형식에 변화가 오게 된 것도 구약의 약속들이 그리스도 안에서 성취되었기 때문이다. 구약의 희생 제사를 예수님은 십자가에서 단번에 영원한 제사를 이루어 버리심으로써(히 10 : 10-14), 이제

근거를 두면서 형성되어 왔던 것이다. 물론 예배의 형식(form)은 시대를 따라 변화되어 왔지만, 성경에 나온 예배 정신과 원리(principle)는 오늘까지 변함없이 이어져 오고 있다.

성경은 오늘 우리에게도 여전히 예배에 관한 많은 내용들을 제공해 주고 있으며, 예배의 기본적 방향을 제시해 주고 있다. 로버트 웨버(Robert E. Webber)는 성경은 오늘 우리 예배의 근원이 됨을 언급하면서, 다음과 같이 말하고 있다.

> 예배의 원리들은 신·구약성경에서 다 같이 가져올 수 있다. 구약성경에서 예배에 관한 기록들은 신약성경에서 보다 훨씬 많이 나타나고 있다. 구약성경에서 하나님은 자신의 백성들이 언제, 어떻게, 왜 예배를 통하여 자신을 만나야 하는 것에 관한 특별한 지침들을 주고 계신다. 이러한 지침들은 기독교에서도 폐지될 수 없는 원리들을 담고 있다.[60]

특별히 성경에 근거한 예배 전통은 개혁교회(the Reformed Church)의 예배에서 두드러졌다. 개혁교회 예배 전통을 연구한 올드(Hughes Oliphant Old)는 개혁교회 예배의 가장 첫째 되는 특징은 "성경에 근거한"(according to Scripture) 예배라고 말하고 있다.[61] 개혁교회의 예배는 언제나 성경에 근거를 두어야 하며, 성경에 계시된 하나님의 말씀에 순종하는 것이어야 한다는 것이다.

종교개혁 초기에 스트라스부르크(Strassburg)의 개혁자였던 마틴 부처(Martin Bucer)는 이 원리에 충실하려 하였다. 그는 하나님이 우리에게 요구하시는 방법을 따라 섬기는 것이 참된 예배라고 주장하면서, 하나님은 우리에게 말씀의 선포나 헌금, 성만찬 집례, 그리고 기도 등 예배에 관한 모든 지침을 주고 계신다고 그는 믿었다.[62] 특별히 그는 초대교회의 예배에 대한 기록을 말해

더 이상 죄를 위해서 속죄 제사를 드려야 할 이유가 사라졌기 때문에 그 형식에 변화가 오게 된 것이다.
60) Robert E. Webber, *Worship Old and New*, p. 14.
61) Hughes Oliphant Old, *Guides to the Reformed Tradition : Worship*, p. 3.
62) 마틴 부처는 예배의 정신이나 원리뿐만 아니라 예배의 형식까지도 성경에 근거하여 실천하려 하였던 것이다.

주는 사도행전 2 : 42, "저희가 사도의 가르침을 받아, 서로 교제하며, 떡을 떼며, 기도하기를 전혀 힘쓰니라"(가르침, 교제, 떡을 뗌, 기도)는 본문을 자신이 고안한 예배 모델의 기초로 삼고 실천을 하였다.

마틴 부처의 이러한 입장은 존 칼빈(John Calvin)에게로 그대로 이어지는데, 칼빈 역시 자신의 예배 신학에 있어서 가장 중요한 두 가지 근본 원리는 성서(biblical principles)와 초대교회 예배(early church practice)에서 찾았다.[63] 따라서 이들은 가장 올바른 예배를 위한 요소는 성경에 있다고 믿었으며, 초대교회 성도들의 예배를 요약해 놓은 것으로서 사도행전 2 : 42의 "사도의 가르침, 떡을 뗌, 교제, 기도"를 중요시했다.

이러한 성서적 양식에 따라 칼빈 계열의 예전에서는 반드시 "말씀 선포, 성찬의 집례, 기도, 그리고 공동체적인 사랑의 표현"이 포함되어야 한다는 입장을 견지하였다.[64] 예배학자 니콜스(J. H. Nichols) 역시 "말씀이 선포되지 않고, 기도가 드려지지 않으며, 성만찬이 집례되지 않고, 구제 헌금이 없는 것은 교회의 모임이 아니다"라는 칼빈의 주장에 따라, 개혁교회 예배가 갖는 필수적인 요소로서 "말씀, 기도, 성만찬, 헌금" 순서가 있었다고 기술하고 있다.[65]

기독교 예배는 인간의 생각이나 방법을 앞세워 만들어지거나 드려질 수 없다. 기독교 예배는 언제나 하나님의 말씀인 성경에 근거해서 하나님께서 원하시는 예배가 무엇인가를 배우고, 하나님이 원하시는 방법을 따라 드려져야 한다. 예배는 인간이 중심이 아니고 하나님 중심의 거룩한 의식이기 때문이다.

2) 예배의 전통으로서의 역사

교회사가인 필립 샤프(Phillip Schaff)는 역사는 두 가지 측면, 곧 신적인 면

---

63) James F. White, "Reformed Worship" in *The Complete Library of Christian Worship*, vol. 2, ed., R. E. Webber (Nashville : Star Song Publishing Group, 1994), p. 196.
64) 위의 책.
65) J. H. Nichols, *Corporate Worship in the Reformed Tradition* (Philadelphia : The Westminster Press), pp. 29-51. 이미 언급했듯이 칼빈은 "교제"를 "이웃 사랑의 실천"으로 해석을 하면서, 그 방법의 하나로 구제헌금을 예배 중에 드려서 이것을 가난한 이웃들에게 나누도록 하였다.

(divine side)과 인간적인 면(human side)을 동시에 갖는다고 하면서, 하나님의 편(the part of God)에서 역사라는 것은 시간 속에 나타난 그분의 계시를 말하는 것이고, 인간 편(the part of man)에서의 역사라는 것은 인간들이 행한 것을 기록한 전기(biography)라고 기술하고 있다.[66] 그런 의미에서 보면 기독교의 하나님은 역사의 하나님(the God of History)이요, 기독교는 역사의 종교(historical religion)라고 할 수 있다.[67]

기독교의 예배는 성경에서 출발을 했지만 2,000년이라는 역사와 함께 오늘에 이른 것이다. 교회는 자신의 역사를 통해서 성경적인 예배의 원리들을 해석하고 적용하면서 그 변천을 거듭해 왔다. 따라서 오늘의 교회는 그동안 역사적 과정을 통해서 형성되어 온 기독교 예배 전통과 유산을 소중히 여기고, 여기서 오늘의 예배를 위한 교훈과 방향을 얻을 수 있어야 한다.

그동안 반역사적인 입장에 선 사람들은 이러한 가치를 부정하면서, 마치 개혁은 과거를 전부 부정하는 것인 양 착각을 하는 경우도 많았다. 특별히 이런 역사는 종교개혁기에 두드러지는데, 쯔빙글리(Huldrych Zwingli) 같은 경우는 종교개혁 이전의 예배에 대하여 거의 부정하려는 입장을 취하였다. 그는 예배에서의 음악적인 요소들을 배제하고, 많은 의식과 상징들을 예배에서 제거하여 버렸다.[68] 그러나 이러한 결과는 그로부터 약 4세기가 지난 후 잃어버린 예배 의식을 다시 회복하자는 운동(Liturgical Movement)이 제기되는 결과를 가져오기도 하였다. 역사에 대한 잘못된 인식이나 편견은 또 다른 오류를 불러올 수 있다는 교훈을 주는 일이라고 하겠다.

오늘의 예배를 진단하고 미래의 방향을 설정하기 위해서도 과거 예배에 대한 역사를 이해하는 것은 매우 중요한 작업이다. 역사적 긴 여정을 통해서 지역별, 시대별, 교파별로 예배가 형성된 데에는 그만한 문화적 배경과 신학적 이유들이

---

66) Phillip Schaff, *History of the Christian Church*, vol. I (Grand Rapids : WM. B. Eerdmans Publishing Company, 1978), p. 2.
67) H. Butterfield, *Christian and History* (New York : Charles Scribner's Sons, 1950), pp. 1-3.
68) Bard Thomson, *Liturgies of the Western Church* (Philadelphia : Fortress Press, 1961), pp. 141-56.

있었다. 따라서 우리는 이러한 예배 유산들을 소홀히 여기지 않고 연구하고 이해함으로써 오늘의 기독교 예배가 더욱 온전해지도록 노력해야 할 것이다.

성령은 성경 시대에만 역사한 것이 아니고, 교회의 역사와 함께 계속 역사해 오셨다. 그러므로 우리는 전체 교회를 긍정하고, 역사 속에서 이어져 온 유산들을 통해서 오늘의 교훈을 배우려고 노력해야 할 것이다. 다행스럽게도 현대에 들어서 예배에 대한 역사적 연구들이 수많이 이루어졌기 때문에 이러한 것들은 기독교 예배를 이해하는데 좋은 자료로서 기여하게 될 것이다. 이제 우리는 이러한 연구 결과들을 토대로 해서 더 나은 미래를 향해 나가야 한다.

지금도 간혹 현대식 예배라는 포장을 씌우고 과거의 전통적 예배를 배격하거나 경시하는 경향들을 볼 수 있는데, 이것은 크게 잘못된 것이다. 현대 문화에 적합한 예배는 과거의 전통과 단절된 것이 아니라 과거의 전통과 연결된 예배여야 한다. 과거 전통에 대한 이해를 바탕으로 하여 오늘의 문화에 적합한 예배는 무엇인지를 고려하고 시도하는 것이 바람직한 자세이다.

특별히 예배를 인도하는 목회자들은 과거 기독교 2,000년을 통해 진행되어 온 예배 역사에 대한 지식을 가지고 있어야 하며, 또한 자신이 속한 교회나 교파의 예배 전통에 대한 이해도 함께 가지고 있어야 한다. 뿌리가 없는 나무에서 어떤 열매를 기대하는 것은 어리석은 일이 아니겠는가?

일반 역사학자인 에드워드 카(Edward Hallet Carr)의 역사에 대한 인식은 오늘 기독교 예배와 관련해서도 우리들에게 시사하는 바가 크다 하겠다.

> 역사는 전통의 계승(the handing down of tradition)과 함께 시작되며, 전통은 과거의 습관과 교훈을 미래에 전달하는 것을 의미한다. 과거의 기록은 미래의 세대를 위해서 보존되는 것이다.[69]

---

69) Edward Hallett Carr, *What is History?* (Harmondsworth : Penguin Books, 1961), p. 108.

3) 예배 현장으로서의 교회

기독교 예배는 그 현장인 교회와 동떨어질 수 없다. 기독교 예배는 본질적으로 공동체의 활동(corporate activity)이므로, 이것은 고립된 개인들의 의식이 아니라 전체 교회(whole Church)의 의식이다.[70] 따라서 예배란 교회론적인 (ecclesial) 것으로써 그것은 그리스도의 몸인 교회 공동체를 통해서 언제나 이루어지는 것이다.[71]

기독교 예배가 교회론적이어야 한다는 의미에서 우리는 두 가지를 언제나 고려할 수 있어야 한다. 먼저 기독교 예배는 이론적인 동시에 실천적이어야 하는 바, 그것은 언제나 예배의 실천 현장인 교회와 연관되어야 한다. 자칫 교회의 장을 무시한 이론은 한낱 공허한 사변에 치우칠 뿐이다. 예배가 진정한 예배되기 위해서는 성서와 역사와 신학적 이론에 근거한 것이어야 할 뿐만 아니라 그것은 언제나 교회라는 실천의 장과 연결되어 있어야 한다. 한 가지 예로 중세 기독교 예배가 변질되게 된 중요한 이유는 예배가 교회 공동체와는 너무 무관한 상태로 진행되어 왔다는 사실이다. 즉, 그들은 가장 기본적이라고 할 예배 용어마저도 회중이 알아들을 수 없는 라틴어(Latin)를 사용함으로써, 회중의 예배에 대한 참여를 근본적으로 차단해 버리고 말았다. 이러한 결과는 예배가 오직 사제 중심으로 전락되게 하였고, 회중은 단지 구경꾼에 불과하도록 만들어 버렸던 것이다.

이런 중세 예배에 대하여 조셉 융맨(Joseph Jungmann)은 "예배는 오직 성직자들만의 예배였다…… 사람들은 구경꾼에 불과했다. 이러한 현상은 주로 언어, 즉 라틴어의 이질감에서 기인했다…… 사람들은 귀머거리가 되었던 것이다."[72] 라고 지적하고 있다. 결국 중세의 화려한 예배 의식들은 아무리 그 내용이나

---

70) Raymond Abba, *Principles of Christian Worship* (New York : Oxford University Press, 1957), p. 9.
71) Robert E. Webber, *Worship Old and New*, p. 17.
72) James F. White, *Protestant Worship* (Louisville : Westminster/John Knox Press, 1989), p. 25, quoted in Joseph Jungmann, "The State of Liturgical Life on the Eve of the Reformation," *Pastoral Liturgy* (New York : Herder and Herder, 1962), pp. 67f.

신학이 훌륭한 것이었다고 할지라도 실제 교회 현장에서는 무의미한 것이 되어 버렸으며, 예배 현장을 타락하게 하는 요인이 되고 말았다. 오늘 우리는 여기서 기독교 예배가 실천 현장과 단절될 때 가져오게 되는 불행을 보면서 중요한 교훈을 얻을 수 있어야 한다. 그것은 기독교 예배는 이론인 동시에 언제나 실천 현장인 교회를 염두에 둘 수 있어야 한다는 사실이다.

다음으로 생각해야 할 문제는 예배의 공동체성이다. 오늘의 문화적 현상은 공동체보다는 개인이 우선된 개인주의적 경향에 깊이 함몰되어 가고 있다. 그래서 성경은 그리스도인들이 이러한 세대를 본받지 말 것을 말씀하고 있다(롬 12 : 2). 그러나 현대 교회의 실체적 모습은 불행하게도 개인주의적인 세상 풍조들이 교회 안에도 만연하고 있다는 점이다. 여기서 우리는 예배의 본질적인 면을 다시 한번 생각하면서, 기독교 예배의 공동체성을 회복함으로써 오늘의 교회가 진정한 의미에서 "하나님의 백성들"(the People of God)의 모임이 되도록 해야 할 것이다.

전통적으로 예배의 공동체적 특성(community character)은 성만찬에서 강조가 되었다.[73] 성찬을 통해서 각각 개인으로서 모인 그리스도인들은 "한 피 받아 한 몸 이룬" 공동체를 체험하게 되었다. 그런 면에서 성만찬 예전을 소홀히 하고 있는 개신교회들은 다시 한번 성찬의 진정한 의미를 생각하면서, 그 회복을 위한 노력을 아끼지 않아야 할 것이라고 본다. 성만찬(Eucharist) 예전을 매 주 예배에서 거행하고 있는 교회들에 비해서, 성만찬을 소홀히 하고 공동체 정신이 약화된 개신교회들이 오늘날 수많은 교파들로 나뉘어져 있다는 사실에서 우리는 중요한 교훈을 얻어야 할 것이다.

기독교 예배는 각각의 개인들이 교회 공동체라는 주님의 몸을 통해서 하나님을 만나고 그분께 응답하면서 예배를 드릴 뿐만 아니라, 하나님을 만나고 예배드린 무리들은 함께 예배한 이웃들과 만나고 교제하는 가운데서 진정으로 주님의 몸을 함께 이룰 수 있어야 한다.

---

73) 위의 책, p. 18.

4) 예배 상황으로서의 문화

> 종교는 문화의 의미를 부여하는 본질(the meaning-giving substance)이며, 문화는 종교 자체의 기본적 관심을 표현하는 형식이다. 즉, 종교는 문화의 본질(the substance of culture)이며, 문화는 종교의 형식(the form of religion)이다. 이러한 견해는 종교와 문화를 이원론적으로 보는 것을 방지하도록 한다.[74]

문화에 대하여 신학적 접근을 시도한 폴 틸리히(Paul Tillich)의 문화와 종교의 관계에 관한 견해는 오늘의 기독교회에 매우 중요한 관점을 제공해 주고 있다. 물론 종교(교회)와 문화가 대등한 것은 아니나, 상호의존적인 것만은 부인할 수 없다. 하나님의 나라는 교회와 문화를 초월해 있으면서도 반면에 이 둘을 포함하고 있기 때문이다.[75]

때로는 교회가 세상에 대하여 반문화적인 입장을 취하는 경우도 있었고, 때로는 세속 문화가 기독교에 적대적이고 대립적인 관계를 취하는 경우도 있었지만, 그러나 기독교의 역사는 결코 문화와 단절되어 홀로 발전되어 온 것이 아니다. 교회는 원하든 원하지 않든 지금까지 문화와 상호 영향을 주고받으며 지내 오게 되었다. 이런 불가분의 관계를 리처드 니이버(H. Richard Niebuhr)는 자신의 저서 『기독교와 문화』에서 "하나님의 아들 자신이 또한 종교적 문화의 아들(child of a religious culture)"[76]이었다는 사실로 기독교와 문화의 상호관계를 설명하고 있다. 즉 예수님도 하나님의 아들이셨지만 유대라는 종교적 문화 속에 오셔서 그 문화 속에서 사셨으며, 그 문화적인 형식이나 내용들을 이용하여서 복음을 전하셨다는 것이다.

기독교의 많은 영역들 중에서도 문화와 가장 밀접한 관계를 가지고 형성되어

---

74) Paul Tillich, *Theology of Culture* (London : Oxford University Press, 1972), p. 42.
75) 위의 책, p. 51.
76) H. Richard Niebuhr, *Christ and Culture* (New York : Harper and Brothers, 1951), p. 39.

온 것이 있다면 그것은 예배라고 할 수 있을 것이다. 예배의 형식, 예배를 위한 의상, 건축, 음악, 미술, 교회의 절기 등은 그 시대의 문화와 관련을 가지면서 만들어지고 꾸준하게 발전되어 왔다. 예를 들면 초기 기독교 예배가 히브리 문화의 영향을 받은 것이라거나, 그 후 동방 교회와 서방 교회들의 예배 형식에 헬라 문화(Hellenism)와 라틴 문화(Latin Culture)가 반영된 것, 교회 건축과 음악 등에 언제나 그 시대나 지역의 사조가 표현되고 있는 점, 그리고 교회력에 있어서 그 절기의 시기(성탄절, 오순절)나 이름(부활절) 등이 그 당시 지역 문화나 관습과 서로 연결되어 있는 것들이 대표적이라고 하겠다.[77]

예배와 문화의 상호 관계를 연구한 프랑크 센(Frank C. Senn)은 "기독교 예배의 역사는 곧 예배 의식(cult)과 문화(culture) 사이에서 주고받은 이야기"[78]라고 기술하고 있다. 그만큼 예배와 문화는 떨어질 수 없는 관계에서 상호 영향을 주고받으며, 오늘까지 그 관계를 지속하고 있는 것이다. 그러므로 기독교 예배를 이해하고 연구하는 사람은 문화에 대한 이해가 필연적으로 따라야 한다. 복음의 본질은 언제 어디서나 변할 수 없는 것이로되 그것을 표현하는 양식은 그 시대와 공간의 문화에 따라서 다양하게 표출될 수 있어야 한다.

과거 문화에 대한 이해를 제대로 하지 못한 서구 선교사들은 복음과 문화를 일치하는 것으로 생각하여, 복음을 전하면서 그것을 서구의 문화로 포장하여

---

77) 오순절의 경우는 유대인들이 지킨 오순절과 관련을 가지고 있으며, 성탄절은 이방인들이 지켜왔던 태양신의 축일과 관련을 가지고 있고, 부활절이라는 영어 이름 "Easter"는 앵글로-색슨족(Anglo-Saxson)의 봄의 여신인 "Eastre"와 그의 축일로부터 유래하였다. Hoyt L. Hickman et al., *The New Handbook of the Christian Year* (Nashville : Abingdon Press, 1992), pp. 16-25 ; J. C. J. Metford, *The Christian Year* (New York : The Crossroad Publishing Co. 1991), pp. 9-23 ; Thomas J. Talley, *The Origins of the Liturgical Year* (Collegeville : The Liturgical Press, 1991) ; Adolf Adam, *The Liturgical Year* trans. Matthew J. O'Connell (New York : Pueblo Publishing Co. 1981) ; Harry Boone Porter, *Keeping the Church Year* (New York : The Seabury Press, 1977) ; A. Allan McArthur, *The Evolution of the Christian Year* (Greenwich : The Seabury Press, 1953) ; James White, *Introduction to Christian Worship* (Nashville : Abingdon Press, 1983), pp. 44-65.

78) Frank C. Senn, *Christian Worship and Its Cultural Setting* (Philadelphia : Fortress Press, 1983), p. 3.

전하였다. 이러한 현상은 한국의 경우에도 예외가 아니었다. 초기 선교사들은 복음을 서구 문화와 일치한 것으로 전하여, 우리 문화의 옷을 입고 복음이 표현될 수 있는 길을 막아 버렸다. 복음이 우리의 문화 속에서 표현될 수 있어야 한다는 것을 자각한 것은 최근에 들어서의 일이다. 이제 우리는 이러한 인식을 바탕으로 하여 예배 의식이나 음악, 미술, 건축, 절기 등에서 우리 문화를 나타내려고 노력하게 되었다.

문화는 종교의 본질을 표현할 수 있는 형식이요, 예배는 기독교 복음과 신앙을 표현할 수 있는 형식이다. 그러므로 기독교 예배는 자신의 복음과 신앙을 보다 효과적으로 표현하기 위해서 문화의 형식을 빌어 사용할 수 있어야 한다. 교회가 시간과 공간 속에 존재하는 독특한 문화 양식들을 예배에 적극 활용할 때, 기독교 복음과 신앙은 사람들로 하여금 훨씬 깊은 차원에서 하나님과의 만남을 이룰 수 있게 할 것이다.

사도 바울은 일찍이 이것을 간파하였다. 그는 인간의 문화가 대립하거나 싸워야 할 적으로 보기보다는 기독교의 목적을 성취하기 위한 수단으로 생각하면서 이를 복음 전파에 적극 활용하였던 것이다.

> "내가 모든 사람에게 자유하였으나 스스로 모든 사람에게 종이 된 것은 더 많은 사람을 얻고자 함이라 유대인들에게는 내가 유대인과 같이 된 것은 유대인들을 얻고자 함이요…… 율법 없는 자에게는 내가 하나님께는 율법 없는 자가 아니요 도리어 그리스도의 율법 아래 있는 자나 율법 없는 자와 같이 된 것은 율법 없는 자를 얻고자 함이요…… 약한 자들에게는 내가 약한 자와 같이 된 것은 약한 자들을 얻고자 함이요 여러 사람에게 내가 여러 모양이 된 것은 아무쪼록 몇몇 사람들을 구원코자 함이니"(고전 9 : 19-22).

모든 인간들은 문화 속에서(within) 생활하고 움직이고 자신의 존재를 향유하게 되며, 문화는 매 순간 모든 사람들을 접촉하고(touch) 있다.[79] 따라서 기독교의 복음은 문화 속에 사는 인간의 삶을 이해할 수 있어야 하고, 이것을 기독교적으로 재해석하여 문화라는 양식을 통해서 표현하게 될 때 훨씬 내면의 깊이를 더할 수 있다는 사실을 잊지 않아야 할 것이다.

예를 들어 한국인에게 있어서 서구 문화의 옷을 입은 복음보다는 한국 문화의 옷을 입은 복음을 접하게 될 때 사람들은 훨씬 빠르게 복음을 이해하고 친근감 있게 받아들일 수 있으며, 그러한 복음은 한국 문화에 깊이 뿌리내리게 될 것이다. 문화의 한 방편인 언어의 문제를 생각해 봐도 한국 사람이 영어를 사용하는 곳에서 예배를 드리는 것과 한국어를 사용하는 곳에서 드리는 예배의 친밀감은 완전히 다르다. 자신들의 문화와 괴리된 복음은 이질감을 더해 줄 뿐이며 깊은 내면과의 만남을 방해할 수밖에 없기 때문이다.

다시 말하지만 기독교 예배는 기독교 복음과 신앙의 외적 표현이다. 따라서 기독교 예배는 어디서나 문화의 다양함과 독특성을 이해하면서 그 문화를 기독교적으로 재해석하여 표현하려는 노력을 아끼지 않아야 할 것이다. 그럴 때 예배를 통해 모든 민족과 족속들이 자신의 문화적 배경 속에서 역사하시는 하나님을 예배라는 형식 속에서 보다 깊은 감격으로 만나게 될 것이다. 기독교 예배는 문화에 배타적인 입장이 아니라 적극적으로 문화를 이해하고 기독교적으로 재해석하여 표현함으로써, 모든 족속과 민족들의 종교로 자리잡을 수 있어야 할 것이다.

3. 기독교 예배의 신학적 통찰

기독교 예배는 실천적이면서 동시에 신학적이어야 한다. 즉 신학적 이론을 무시한 예배는 기독교 예배의 본질에서 언제나 탈선할 가능성이 있으며, 실천을 무시한 신학 이론 또한 공허한 사변에 치우칠 뿐이다. 그러므로 예배는 언제나 신학적 뒷받침이 있어야 하며, 이러한 신학은 예배를 위한 봉사자인 동시에 비판자로서의 기능을 충실히 할 수 있어야 한다. 그러면 기독교 예배를 생각하면서 우리가 가져야 할 몇 가지 신학적 통찰들은 어떠한 것들이 있는지 살펴보도록

---

79) Charles H. Kraft, *Christianity in Culture* (Maryknoll : Orbis Books, 1980), p. x.

하겠다.

1) 계시와 응답의 현장으로서의 예배

기독교가 다른 종교들과 근본적으로 갖는 차이는 무엇인가? 그것은 다른 종교가 인간 편에서 자기들의 신을 일방적으로 찾아가는 것이라면, 기독교는 하나님 편에서 먼저 인간을 찾아오셨고(계시), 인간은 거기에 대하여 응답하는 형태로 그 신앙이 이루어진다는 점이다. 아브라함이 하나님을 먼저 찾아 나선 것이 아니라 하나님 편에서 아브라함을 찾아오셨고, 아브라함은 그 하나님께 응답을 한 것이다. 또한 하나님은 예수 그리스도의 성육신을 통해서 친히 우리에게 자신을 계시하셨고, 우리 인간은 거기에 응답하여 하나님께 나아가는 것이다.

기독교 예배의 출발은 여기서 시작이 된다. 기독교 예배는 우리가 하나님을 찾아가는 의식이 아니라 이미 우리에게 자신을 계시해 주신 하나님께 나아가 응답을 하는 것이 바로 기독교 예배인 것이다. 그래서 예배학자인 폴 훈(Paul W. Hoon) 교수는 기독교 예배를 정의하기를 "기독교 예배는 예수 그리스도 안에서 하나님 자신의 계시(God's revelation)와 인간의 응답(man's response)"[80]이라고 말하면서, "기독교 예배는 예수 그리스도 안에 있는 인간의 영을 향한 하나님의 역사(the reality of the action of God)와 예수 그리스도를 통하여 하나님께 응답하는 인간의 행동(man's responsive action)에 근거한다."[81]라고 주장하고 있다.

그러므로 기독교 예배는 먼저 우리에게 계시하신 하나님에 대하여 바로 이해하는 것이 중요하다. 이것은 하나님께서 우리 인간에게 주신 말씀을 통해서 가능하다. 하나님은 말씀을 통해서 우리에게 자신을 계시하신다. 말씀에 바로 서지 못하여 예배를 드린 사마리아인들을 향한 주님의 말씀은 이것을 증명해 주고 있다. "너희는 알지 못하는 것을 예배하고 우리는 아는 것을 예배하노니……"(요 4 : 22).

---

80) Paul Waitmann Hoon, *The Integrity of Worship* (Nashville : Abingdon Press, 1971), p. 77.
81) 위의 책.

하나님의 계시를 바로 이해하는 것은 하나님의 말씀에 대한 이해가 전제되어야 한다. 그러므로 폴 훈 교수는 기독교 예배가 "하나님의 계시와 인간의 응답"이라는 것은 곧 "말씀(the Word)을 통한 하나님과 인간의 대화(dialogue)"라고 설명하고 있다.[82]

예배에 나아가는 인간은 말씀을 통하여 우리에게 계시하신 하나님은 누구이시며, 그 하나님은 과거에 우리를 위해서 무엇을 하셨으며, 지금은 무엇을 하고 계시고, 앞으로 무엇을 하실 것인가를 알아야 한다. 그러므로 기독교 예배에는 인간이 응답하는 순서 전에 먼저 하나님의 말씀에 대한 선포가 필수적으로 따라야 한다.[83] 그리고 그 계시에 대하여 우리 인간은 순종함으로 응답할 수 있어야 한다. 순종함이 없는 제사는 결코 하나님을 기쁘게 할 수 없기 때문이다(삼상 15：22).

기독교 예배는 먼저 하나님의 계시에 근거한다. 예배는 인간들의 목적에서 시작되는 것이 아니라 하나님의 목적에서 시작되어야 한다. 그러므로 예배는 하나님의 주도(initiative) 아래 있는 것이지 인간이 주도권을 갖는 것이 아니다. 우리가 하나님께 나아가는 것은 하나님께서 예수 그리스도 안에서 우리에게 먼저 찾아오셨기 때문이며, 우리가 하나님을 사랑하는 것은 하나님께서 먼저 우리를 사랑하셨기 때문이다. 그러므로 우리는 예배를 통하여 그분 앞에 최상의 가치를 돌려드리는 것이다.[84] 예수 그리스도 안에서 자신을 계시하신 하나님께 우리는 겸손히 나아가 그분의 은혜와 사랑과 구속에 감사와 찬양과 영광을 돌려드릴 수 있어야 한다.

예배가 "계시와 응답의 현장"이라는 것은 예배의 주도권이 하나님께 있다는 사실, 그 하나님의 계시를 바로 알기 위해서는 말씀에 대한 이해가 필수적이라는 것, 그리고 우리는 그 하나님 앞에 오직 겸손과 순종의 자세로 응답해야 한다는 것을 의미한다.

---

82) 위의 책.
83) Raymond Abba, *Principles of Christian Worship*, pp. 5f.
84) 위의 책., p. 5.

2) 신령과 진리의 예배

예수님께서 예배의 가장 기본적인 원리와 정신으로 말씀하신 것은 신령과 진리 (πνεύματι καὶ ἀληθείᾳ)로 예배하는 것이다(요 4 : 24). 그러나 기독교 예배의 역사를 보면 이 두 가지 측면이 조화를 이루기보다는 대립하고 나뉘어진 경우가 적지 않았다.

예배는 인간적인 활동(human work)인 동시에 하나님의 거룩한 사역(divine work)이기 때문에 거기에는 언제나 성령의 역사(spiritual work)가 발생될 수 있어야 하며, 동시에 예배가 하나님의 말씀(성서)과 역사적 전통, 그리고 신학적 진리에 기초되어져야 한다.[85] 그러나 지금까지 기독교 예배 역사를 보면 신령을 강조하느라 진리를 소홀히 하는 경우와 진리를 강조하다가 신령을 도외시하는 현상들이 없지 않았다. 지금도 성령의 역사의 자유함만을 강조한 나머지 예배에 있어서 역사와 전통을 철저히 배격하는 그룹들이 있다. 이들의 주장은 성서와 역사 속에서 형성된 예배 형식들은 성령의 자유스러운 역사(役事)를 방해한다고 하면서 전통적인 예배 의식들을 거부하는 입장이다. 그런가 하면 한편에서는 중세교회처럼 경직된 예배 형식만을 고수하면서 예배의 영적인 면을 소홀히 하는 그룹들도 없지 않다. 이제 기독교 예배는 예수님께서 말씀하신 대로 하나님의 성령이 임재하여 역사하시고 성경과 바른 신학에 근거한, 즉 "신령과 진리"가 균형을 이루어 조화롭게 발전할 수 있는 예배가 되어야 한다.

참된 예배는 성령의 역사하심(activity)으로부터 발생하게 된다.[86] 성령이 임재하시고, 성령이 감동하심으로써 참된 예배가 이루어지는 것이다. 그러므로 예배는 성령론적(pneumatological)이다.[87] 성령의 역사하심이 없는 예배는 한낱 인간들만의 활동에 불과하다. 하나님은 그분의 영으로 예배 가운데 임재하신

---

85) 여기서 성령은 예배의 영적인(spiritual) 면을, 진리는 예배의 성서적, 역사적, 신학적인 면을 말한다고 하겠다. 예배는 이 두 가지 측면이 언제나 조화를 이룰 수 있어야 한다.
86) 위의 책, p. 7.
87) Robert E. Webber, *Worship Old and New*, p. 18.

다. 그러므로 성령을 무시하는 것은 곧 하나님을 무시하는 것이다. 성령은 예배 가운데 임재하실 뿐만 아니라 그 예배에 함께한 사람들을 감동시키시고 변화시키신다. 오늘 우리는 현대 교회를 향한 한 예배학자의 경고에 귀를 기울여야 할 것이다. "예배에 있어서 성령님에 대한 현대의 가장 큰 이단은 성령님의 임재와 그 능력을 무시하는 데 있다."[88]

예배는 성령의 역사와 함께 진리로 드려져야 한다. 여기에는 예배에 대한 성서적, 역사적, 신학적 지식들이 포함된다. 성서는 교회의 생명의 책으로서 예배를 위한 객관적 내용들을 제공하며, 교회의 구원과 생활의 안내서이면서 하나님의 언약에 관하여 알 수 있는 지식의 원전(原典)이기 때문에 교회의 예배에서 그 중심이 되어야 한다.[89] 따라서 교회는 성경을 통해서 하나님께서 말씀하신 예배에 관한 온전한 지식을 얻어야 하며, 더 나아가서는 예배의 역사를 통해서 교훈을 배워야 한다. 교회의 역사를 통해서 만들어진 예배들은 우리에게 남겨진 소중한 유산이다. 교회는 이러한 유산을 계승하면서, 예배의 역사를 통해서 오늘의 예배를 진단하고 미래 기독교 예배의 방향을 찾을 수 있어야 한다. 그리고 언제나 모든 예배는 신학적 검증을 거침으로써 그것이 예배의 정신과 원리에 벗어나지 않는가를 확인할 수 있어야 한다. 이렇게 함으로써 오늘의 교회는 하나님의 성령이 역사하시는 신령한 예배와 진리로 가득한 예배를 통하여 하나님이 기뻐 받으시는 거룩한 산 제사를 드릴 수 있을 것이다.

3) 전통과 상황의 조화

기독교 예배에 있어서 제기될 수 있는 문제 중의 하나가 전통이 먼저냐 상황이 먼저냐 하는 것이다. 이런 논쟁은 물론 예배학에서뿐만 아니라 기타 분야에서도 끊임없이 논란이 되고 있는 이슈(issue)들이다. 예를 들어 성서학에서 성경 본문(text)이 먼저냐 인간의 상황(context)이 먼저냐의 문제나, 기독교 신학 사상에서 전통 신학과 상황 신학(해방 신학이나 민중 신학 등)의 인식의 차이, 선교학에

---

88) Franklin M. Segler, *Christian Worship : Its Theology and Practice*, 정진황 역, 『예배학 원론』(서울 : 요단출판사, 1984), p. 80.
89) 위의 책, p. 83.

서 개인 구원(personal salvation)과 사회 구원(social salvation)의 우선권의 문제 등이 이런 경우라고 하겠다.

전통을 강조하는 입장에서는 상황론자들이 지극히 현실론에 입각하여 인간 중심적인 사고를 가지고 있다고 비판한다. 그들은 역사적 전통에 대하여 무관심할 뿐만 아니라 인간을 앞세움으로써 신앙의 본질로부터도 멀어질 위험성을 가지고 있다고 본다. 여기에 비해서 인간의 상황을 강조하는 입장에서는 전통을 우선하는 사람들이 오늘의 인간과 사회로부터 외면당할 수 있음을 역설하고 있다. 전통에 사로잡혀 신학과 신앙이 경직됨으로써 오늘 현대인들에게 아무런 호소력을 갖지 못한다는 것이다.

최근 기독교 예배에서도 이러한 입장의 차이를 볼 수 있다. 전통적인 예배가 하나님 중심의 의식(liturgy)에 치중하고 있다면, 상황적 예배는 인간 중심의 비의식적 형태로 그 모습을 나타내고 있다. 전통적 예배가 경건과 이성적 차분함의 분위기라면, 상황적 예배는 감정적 열정의 분위기가 지배한다. 전통적 예배가 참석하는 회중들에게 수동적 측면이 더 있다면 상황적 예배는 보다 회중들의 능동적 참여를 강조한다. 전통적 예배가 예배 자체에 초점을 두고 있다면, 상황적 예배는 예배를 통한 선교적 차원에 초점을 맞추고 있다. 예를 들어서 미국의 '구도자 예배'(Seeker' Service, 일명 열린 예배라고 불림)가 후자에 속하는 대표적인 것이라고 할 수 있다.[90]

그러면 이런 입장들 사이에서 바람직한 예배를 위해 우리가 가져야 할 자세는 어떤 것인가? 먼저 우리는 전통의 중요성을 인식할 수 있어야 한다고 본다. 전통은 역사적 과정을 통해서 형성되고 발전되어 온 소중한 유산이다. 예배학자인 로버트 웨버(Robert E. Webber)는 자신의 저서를 통해서, 예배에 대한 반역사적 자세가 가져오는 심각한 문제를 언급하였다.[91] 그러면서 그는 예배를 갱신하기

---

90) 전통적 예배는 가톨릭, 동방정교회, 성공회, 루터교, 그리고 기타 예전을 중요시하는 입장에 있는 개신교들을 들 수 있겠고, 상황적 예배는 개신교권 안에서 일어나는 비예전적 운동, 즉 오순절, 찬양과 경배, 구도자 집회 등을 들 수 있을 것이다.

91) Robert E. Webber, *Worship Old and New*, pp. 12f. 웨버는 여기서 역사적인 관점을

위해서는 누구나 기독교 예배의 기원과 그 발전 과정에 주의를 기울여야 한다고 강조하고 있다.[92]

예배에 있어서 상황, 즉 문화의 반영은 필요한 것이지만 그것이 기독교 전통에 위배되는 것이 되어서는 안 된다. 가령 한국의 문화를 기독교 예배에 반영한다고 하여서 한국 문화 속에 깊이 뿌리내려져 있는 샤머니즘(shamanism)적인 요소를 예배에 첨가할 수는 없는 일이다. 그것은 기독교의 전통성에 위배되기 때문이다. 그러므로 상황적인 요소는 언제나 기독교 전통에서 벗어난 것이 되어서는 안 된다. 전통은 본질을 지키게 하는 중요한 요인이다. 2,000년의 시간을 거쳐 형성된 기독교의 전통은 기독교 복음을 변질시키지 않고 보존토록 하는 그릇이 된다. 그러므로 오늘의 예배에 우리의 상황과 문화를 반영하되 그것은 어디까지나 기독교 전통을 지키는 범위 안에서 이루어져야 함을 기억해야 할 것이다.

다음으로 문화적 상황에 대한 수용성의 문제다. 기독교 예배에 있어서 전통주의에 사로잡혀 오늘의 상황을 무시하거나 배격하는 자세는 경계해야 한다. 복음의 본질은 변할 수 없는 것이지만 복음의 형식(form)은 변해 왔고, 또 변해야 한다. 2,000년 전의 초대교회와 오늘의 시대적 상황은 다를 수밖에 없고, 마찬가지로 구미와 한국의 문화적 상황도 다를 수밖에 없다.

그러므로 시대에 따라서, 지역에 따라서 복음을 표현하는 방식은 변해야 한다는 사실을 알고, 오늘의 문화에 대하여 가슴을 넓게 열고 그것을 수용할 수 있는 자세가 필요하다. 중세교회 예배의 문제점은 동일한 예배 의식을 언제 어디서나 사용했다는 점이다. 로마 교황청이 인정한 예배 의식이 어느 시대, 어느 나라에서나 똑같이 사용되었다. 그것은 시대적, 지역적, 문화적 요소를 전혀 고려하지 않았던 것이다. 그 결과 예배는 생명력을 잃어버리고, 회중들과는 거리가 먼 의식의 껍데기만 남게 되었다. 회중들의 언어, 음악, 건축, 미술 등 문화적 요소가 예배에 반영될 때 그 예배는 훨씬 생동감을 가지고 사람들과 함께 호흡하게 될

배척하는 것은 오늘의 예배를 더욱 제약시키는 결과를 가져오게 된다는 사실을 언급하고 있다.
92) 위의 책, p. 13.

것이다. 그러나 여기서도 하나 주의해야 할 것은 상황을 앞세운 나머지 기독교의 전통을 무시해 버려서는 안 된다는 점이다. 상황을 지나치게 앞세우다 보면 본질을 잃어버릴 수가 있다. 그런즉 기독교 예배는 언제나 예배의 역사적 전통과 오늘의 문화적 상황, 즉 전통성과 상황성의 조화를 지혜롭게 이룰 수 있어야 한다는 사실을 잊지 않아야 할 것이다.

4) 예언적 요소와 제사적 요소의 균형

기독교 예배는 크게 볼 때 예언적(prophetic) 요소와 제사적(priestly) 요소로 구성되어 있다. 예언적 요소는 말씀과 관련된 것이고, 제사적 요소는 예배 의식과 관련된 것이라고 보면 되겠다.

그러나 여기에 대한 교회들의 입장은 어느 것을 중심으로 할 것이냐에 따라서 둘로 나뉘어져 있다. 즉 어느 한쪽은 예언적 요소를, 다른 한쪽은 제사적 요소를 강조하고 있다. 동방정교회나 가톨릭, 성공회 등은 예배에 있어서 제사적 요소를 중심으로 한 입장에 있고, 대부분의 개신교는 예언적 입장에 있다.

이러한 현상은 목회자를 보는 관점에서도 바로 차이가 나는데, 예배의 제사적 기능을 강조하는 측에서는 목회자를 제사장적인 기능을 감당하는 사제(priest)로 부르고, 말씀을 우선하는 측에서는 목회자가 설교자로서의 이미지를 더 크게 가지고 있다. 물론 이러한 현상은 역사적 측면에서 비롯된 것이다. 과거 중세교회가 지나친 의식의 강조 속에서 말씀을 잃어버리고 타락하고 부패한 것을 본 종교개혁가들은 무엇보다도 예배에 있어서 하나님의 말씀의 부재를 타락의 원인으로 보고, 예배에서 이것을 회복하는 데 진력을 다하였다. 그 결과 그들은 예배에서 말씀이 최우선 시 되었으며, 예배나 목회자의 기능은 또한 말씀에 초점을 두었다. 자연히 말씀에 우선을 둔 교회들은 예배 의식에 대하여 소홀히 하는 경향이 나타나게 되었는데, 그것은 무엇보다도 성만찬 예전을 예배 가운데서 분리시킨 데서 잘 나타나고 있다. 또한 예배의 의식적인 측면에 초점을 맞춘 교회들은 지금도 매 주일 성찬 의식을 행하지만, 한편으로는 말씀을 예배에서 소홀히 하고 있다.

이제 우리는 이러한 문제를 보다 종합적인 관점에서 보아야 한다. 예배는 의식과 말씀이 함께 있어야 한다. 어느 하나가 중요한 것이 아니라 두 요소가 모두 중요하다. 그러나 지금까지 기독교 내의 예배는 이 둘을 분리하여 옴으로써, 서로가 불완전한 예배를 드리고 있었던 것이다. 그러나 다행스럽게도 개신교 안에서는 말씀에 치우친 자신들의 예배의 문제점을 깨닫고, 잃어버린 예배 의식들을 다시 회복하자는 운동(Liturgical Movement, 예전 회복 운동)이 일어남으로써 변화가 오게 되었다.[93] 로마가톨릭교회 역시 20세기 후반에 들어서면서 예배에 대한 새로운 변화가 오게 되는데, 그것은 바로 제2차 바티칸공의회(Vatican Ⅱ, 1962-1965년)의 결과였다. 제2차 바티칸공의회를 통해서 이들은 예배에서 말씀의 중요성을 새롭게 인식하면서, 예배에서의 강론(설교)을 강화할 것을 공표하였다.[94] 이러한 결과는 이제 기독교 예배의 본질을 회복하는 계기로 작용하게 되었을 뿐만 아니라 세계 교회들의 일치를 위한 발판이 되기도 하였다.[95]

그러므로 현대 교회는 이제 기독교 예배의 중요한 요소가 무엇인가를 바로 이해하고 그동안 말씀에 치우친 교회들은 예배 의식의 회복과 함께 성찬에 대한 관심을 더욱 기울일 수 있어야 하겠고, 전례(liturgy)에 치우친 교회들은 예배에서의 말씀을 회복함으로써, 기독교 예배의 두 핵심 부분이 온전히 균형을 이루도록 해야 하겠다. 기독교 예배는 분리나 한편만의 강조가 아니라 전체로서의 통합

---

93) 장로교에서의 예전 회복 운동은 1855년 찰스 베어드(Charles W. Baird)가 『장로교 예배 의식』(The Presbyterian Liturgies)이라는 책을 펴내면서, 이것이 발단이 되어 예배 의식에 대한 새로운 관심을 불러일으키게 되었다. 이 운동의 결과로 예배 의식(예전), 예배 음악, 미술, 상징, 건축 등에 새로운 변화가 일어나게 되었다. Charles W. Baird, The Presbyterian Liturgies : Historical Sketches (New York : M. W. Dodd Publisher, 1855).
94) "거룩한 전례에 관한 헌장"(Sacrosanctum Concilium) 35항. 한국천주교중앙협의회, 『제2차 바티칸공의회 문헌』(서울 : 한국천주교중앙협의회, 1992), p. 15.
95) 이러한 배경에서 나온 것이 "리마 문서"(Lima Documents)이다. 이것은 동방 교회, 로마가톨릭, 개신교회가 함께 참여하여 "세례, 성만찬, 사역"(Baptism, Eucharist, and Ministry)이라는 이름으로 1982년 페루 리마에서 발표되었다. 종교개혁 이후 분열된 교회들이 일치를 이루게 된 역사적인 문서로서, 이것이 바탕이 되어 "리마 예전"(Lima Liturgy)이 나오면서, 세계 교회는 하나의 공동 예배 의식을 마련하는 기적을 이루게 되었다. World Council of Churches, Baptism, Eucharist and Ministry (Geneva : WCC, 1982).

과 균형이 더욱 중요하기 때문이다.

5) 예배의 신학적 측면과 실용적 측면의 고려

기독교 예배의 현장에서 고려해야 할 두 가지 요소가 있다. 하나는 예배의 신학적 측면이요, 하나는 예배의 실용적 측면이다. 예배인도자는 먼저 하나님께 드리는 예배가 성서적으로나 신학적으로 바르고 합당한 것인지를 묻고 확인해야 하며, 나아가 그것을 예배 현장에 적용하는 데 문제가 없는지, 또는 어떻게 그것을 현장에서 시행할 수 있는지를 생각해야 한다.

먼저 예배인도자는 언제나 예배의 신학적 측면을 고려해야 한다. 아무리 좋은 의식이라도 그것이 기독교 신학에 위배된 것이라면 그것은 기독교 예배에서 사용되어서는 안 된다. 얼마 전 세계교회 대표들이 모이는 자리에서 한국의 한 신학자가 한국의 전통 문화적인 요소를 예배에 반영하고자 하는 뜻으로 초혼제 의식을 빌어 예배를 드려 문제가 된 적이 있다. 그 사람은 우리 문화를 반영하여 세계교회에 소개를 한다는 동기는 좋아 보이지만, 기독교 예배는 언제나 기독교 신학과 예배 신학적 측면에서 문제가 없는 것이어야 한다는 사실을 생각하지 못한 것이다. 아무리 좋아 보인다고 할지라도 기독교 예배에 불교 의식을 가져다가 예배를 드릴 수는 없는 것이다.

다시 말하지만 기독교 예배는 언제나 기독교 신학과 예배 신학적인 면에서 합당한 것이어야 한다. 예배학자 프랭클린 지글러(Franklin M. Segler)가 말했듯이 신학이 없는 예배는 자칫 인간들의 욕구를 충족하거나 감상적인 것이 되기 쉽다. 그러므로 기독교 예배는 언제나 신학(교리)에 의해서 규정되고 결정되어야 한다.[96] 기독교 예배는 인간이 원하는 것이 아니라 하나님께서 원하는 것이어야 한다는 점에서 언제나 신학적이어야 함을 잊지 않아야 한다.

둘째로 생각해야 할 것은 예배의 실용적인 측면이다. 아무리 의미 깊은 의식이라 할지라도 실제 예배 현장에서 사용하기 어려운 것이라면 그것은 활용할 수 없는 것이다. 그러므로 기독교 예배는 언제나 신학에 근거하되, 예배가 행해지는

---

96) Franklin M. Segler, *Christian Worship*, p. 47.

현장을 생각해야 한다.

중세 이후 로마가톨릭교회는 제2차 바티칸공의회(Vatican Ⅱ, 1962-1965) 때까지 모든 예배를 어디서나 라틴어로 드리도록 하였다. 유럽이나 아메리카, 아프리카, 아시아를 불문하고 모든 나라에서 라틴어를 예전 용어로 사용했던 것이다. 그 결과 라틴어를 알고 예배를 집례하는 사제 외에 예배에 참석하는 사람들은 예배를 온전히 이해할 수도 없었고, 방관자가 될 수밖에 없었다. 이것은 예배의 현장, 예배의 실용적인 측면을 고려하지 않은 잘못된 일이었다.

똑같은 세례를 주더라도 어른에게 세례를 주는 것과 어린아이에게 세례를 주는 방법에는 차이가 있어야 한다. 이 말은 의식 자체가 달라야 한다는 말이 아니라 똑같은 의식이지만 어른에게 세례를 줄 때와 어린아이에게 세례를 줄 때는 받는 사람들의 상황에 따라서 거기에 적절히 변할 수 있어야 한다는 말이다. 마찬가지로 똑같이 하나님께 예배를 드리지만 어른들이 드리는 예배와 어린아이들이 드리는 예배는 차이가 있어야 한다. 예배인도자는 바로 이런 점들을 고려해야 한다는 사실이다.

따라서 예배인도자는 전체 예배가 예배를 드리는 회중들에게 적절한가를 생각해야 하고, 또한 예배 중에 있는 의식 하나하나까지도 회중들이 참여하기에 적절한 것이어야 한다는 점을 언제나 생각해야 한다.

예배는 신학적인 측면과 실용적인 측면이 언제나 동시에 고려되어야 한다. 신학만 강조하고 현장을 무시하는 것도 문제요, 실용적인 면만을 생각하고 신학을 무시하는 것 역시 문제다. 신학만을 강조하다 보면 현장과 괴리된 예배가 되기 쉽다. 또한 실용만 강조하다 보면 하나님보다는 인간이 좋아하는 방법, 인간에게 편리한 방법을 추구하기 쉽다. 그래서 기독교 예배는 언제나 현장을 고려하는 신학, 신학이 기반된 실용적인 것이 되어야 한다.

결론적으로 예배에 대한 이해는 한 개인이나 교회의 예배 방향을 결정하게 된다는 점에서 매우 중요하다. 그동안 기독교 예배의 오류는 사실 기독교 예배에 대한 근본적인 이해가 없었던 데서 대부분 기인하고 있었다. 그 결과 예배를 하나님보다는 인간에게 초점을 맞추거나, 과거를 부정하면서 오직 시대적 조류에 편승을 하거나, 아니면 과거에 대한 무조건적인 집착으로 인해 현실감을 상실한 예배를 고집하기도 하였고, 심지어는 자신의 잘못된 독단이나 편견을 가지고 예배에 대한 재단(裁斷)을 거리낌 없이 행하기도 하였다.

　기독교 예배는 마땅히 예배에 대한 성서적, 역사적, 신학적 이해를 바탕으로 하여 진행되어야 한다. 성서에서 말하여 주는 예배의 기본 정신과 원리, 2,000년의 역사를 통해서 형성된 전통과 유산, 예배에 대한 신학적 통찰, 그리고 이러한 요소들을 토대로 하여 오늘의 시대와 문화에 대한 적극적 수용 내지는 기독교적 재해석을 통해서 예배가 보다 조화와 균형감을 갖추도록 해야 한다.

　이론이 없는 실천은 본질을 벗어나기 쉽다. 실천이 없는 이론은 공허한 사변에 치우칠 수 있다. 역사와 전통을 부정한 예배는 뿌리가 없는 나무와 같다. 현실을 무시한 전통은 메마른 화석에 불과할 수 있다. 따라서 기독교 예배는 이론과 실천, 성서와 문화, 그리고 역사적 전통과 오늘의 현실을 조화롭게 엮어 냄으로써, 하나님이 보시기에 심히 좋고(창 1 : 31) 인간이 보기에도 심히 좋은 예배를 이루어 나갈 수 있어야 할 것이다.

제3장

장로교와 예배

The Spirit and Principles of Presbyterian Worship

장로교와 예배

전 장에서 우리는 기독교 예배에 관한 일반적인 내용과 의미들을 살펴보았다. 기독교 예배 전반에 대한 이해를 기초로 하여 이제 초점을 장로교 예배로 전환하여, 장로교회의 출현과 신학, 그리고 장로교회가 갖는 예배의 정신과 원리들을 살펴봄으로써, 장로교 예배모범을 이해하는 데 기본적 지식을 갖도록 하고자 한다.

기독교는 어느 교회나 교파를 막론하고 기독교로서의 보편성을 전체 교회와 함께 공유하면서 동시에 자신의 특수성을 살려 나갈 수 있어야 한다. 기독교의 보편성을 외면하고 자신이 속한 교회나 교파의 특수성만을 강조하다 보면 거기에는 독단이나 신학적 오류가 있을 수밖에 없다. 반대로 자신의 특수성을 발전시키지 못한 채 기독교의 보편성만을 강조하다 보면 교회나 교파의 정체성을 상실할 수 있다. 그러므로 교회는 이 두 가지를 적절히 조화시켜 나가는 지혜가 언제나 필요한 것이라 하겠다.

장로교는 기독교회의 일원으로서 기독교의 보편성을 지켜 나가면서 또한 장로교회로서의 특수성을 잘 살림으로써 자신의 정체성을 확립해 나갈 수 있어야 한다. 이것은 예배에 있어서도 마찬가지다. 장로교 예배는 기독교 예배가 갖는 보편성을 세계 교회와 함께하면서, 한편으로는 장로교 예배의 독특한 면들을 살려 나감으로써 장로교 예배의 본질과 정체성을 지켜 나갈 수 있어야 한다. 그러기 위해서는 기독교 예배에 대한 기본적 이해가 있어야 할 뿐만 아니라 장로교 예배의 기원과 역사, 신학과 원리 등에 대한 바른 지식이 있어야 할 것이다.

1. 장로교의 출현과 발전

1) 장로교회의 출현

장로교는 16세기 종교개혁을 통해서 형성된 개신교(Protestantism)의 한 줄기이다. 더 정확히 말하면 개신교 내에서 쯔빙글리(Huldrych Zwingli)-칼빈(John Calvin)-낙스(John Knox)로 이어지는 개혁교회(the Reformed Church)에 속하는 한 그룹이라고 말할 수 있다.

처음 종교개혁이 시작될 무렵에는 함께 출발한 개신교가 나중에는 독일을 중심하여 루터의 신학과 교리를 따르는 루터 계열(Lutheran)과 독일 이외 지역, 특히 스위스를 중심한 쯔빙글리와 칼빈의 교리를 따르는 개혁교회 계열로 나뉘게 된다.[1] 그 결과 개혁교회 계열은 독일 이외의 많은 나라들, 스위스, 프랑스, 네덜란드, 영국, 스코틀랜드 등으로 확산되게 되었고, 여기서 개혁교회 교리를 따르는 그룹들이 형성되었는데, 프랑스의 위그노(Huguenots), 영국의 청교도(Puritan) 등이 그 대표적인 것들이다.[2] 대륙에서는 특별히 프랑스의 위그노와 네덜란드를 중심으로 장로교가 발전하게 되었고, 영국에서는 청교도들을 중심으로 장로교가 형성되었다. 영국에서 청교도들은 칼빈의 교리를 철저히 따르면서 영국 국교회(성공회)의 신학과 교리와 예배에 대해서 반대하게 되는데, 장로교는 이러한 청교도와 관련을 가지면서 나중에 그 체제를 갖추고 본격적으로 출발하게 되었던 바 그곳이 바로 존 낙스를 중심한 스코틀랜드였다.[3] 그러므로 지금도 장로교의 발원지를 스코틀랜드로 인정하고, 존 낙스를 장로교의 아버지라 부르는 것이다.[4]

---

1) Thomas M. Lindsay, *A History of the Reformation* (Freeport : Books for Libraries Press, 1972), pp. 6f.
2) Lefferts A. Loetscher, *A Brief History of the Presbyterians* (Philadelphia : The Westminster Press, 1983), p. 34.
3) 위의 책, p. 37.

장로교는 신학적인 면에 있어서는 칼빈의 신학을 기본으로 하여 따르고 있다. 장로교의 설립자인 낙스는 제네바에 가서 칼빈의 영향을 받게 되었는데, 그는 칼빈의 이러한 교리와 신학을 따라서 스코틀랜드에서 교회의 제도를 조직하게 되었던 것이다. 이와 같이 칼빈의 신학이 장로교를 지배하고 있기 때문에, 많은 사람들은 칼빈을 장로교회의 이론적 설립자(theoretical founder)로 여기고 있다. 그러므로 낙스가 장로교의 실제적인 면에서 설립자(practical founder)라면, 칼빈은 이론적인 면에서 설립자라고 할 수 있다.[5] 장로교의 대표적인 신학적 이론은 "하나님의 주권"(sovereignty of God), "성서의 절대 권위", 그리고 "예정설"(predestination of the elect) 등이라고 할 수 있다.

그러나 장로교(Presbyterian)라는 명칭이 붙게 된 것은 신학이나 교리적인 것보다는 교회의 조직 체계(Church Government)에 기인하고 있다고 보는 것이 타당하다.[6] 종교개혁은 교회의 신학과 사상뿐만 아니라 교회의 조직과 제도에 관한 전반적 변화까지도 함께 진행하도록 하였다. 그동안 로마가톨릭교회는 교황을 중심한 감독제 형태를 취해 왔으나, 교회의 부패와 타락의 주요 원인이 여기에 있다고 생각한 개혁가들은 교회의 제도에 대한 개혁도 함께 시도하였던 것이다.[7] 따라서 종교개혁 그룹 안에서는 교회 정치 제도상 크게 세 가지 입장으로 나뉘어지게 되는데, 하나는 감독제(Episcopacy)를 그대로 지켜 나가는 그룹과, 감독제에 적극 반대하여 회중이 중심된 회중제(Congregationalism)와 그리고 이 둘의 절충적 입장이라고 할 수 있는 장로제(Presbyterianism)가 그것이었다. 그중 장로교회는 바로 이 장로제를 교회의 정치 제도로 채택한 그룹이었다.[8]

---

4) Michael J. Taylor, *The Protestant Liturgical Renewal* (Westminster : The Newman Press, 1963), p. 186.
5) 위의 책.
6) R. C. Reed, *History of the Presbyterian Churches of the World* (Philadelphia : The Westminster Press, 1905), p. 1.
7) 교회의 정치 제도적인 측면에서 보면 기독교는 성직자를 중심한 감독제, 회중이 중심이 된 회중제, 중간적인 성격의 장로 제도로 크게 나눌 수 있다.
8) John H. Leith, *Introduction to the Reformed Tradition* (Atlanta : John Knox Press, 1981), pp. 155-71.

2) 장로교회의 발전

(1) 종교개혁가 존 칼빈

장로교회의 이론적 설립자는 존 칼빈(John Calvin, 1509-1564)이다. 그는 1509년 7월 프랑스의 노용(Nonyon)에서 태어났다.[9] 그의 아버지 제랄 꼬뱅(Gerard Cauvin)은 교회의 서기직과 주교의 비서로 일하기도 하였으며, 그의 어머니 쟌느 르 프랑(Jeanne Le Franc)는 매우 경건한 신앙의 소유자였다.[10] 그는 본래 변호사가 되기 위하여 대학에서 법학을 공부하였었다. 그러나 칼빈이 대학에서 공부하기 위하여 파리로 가기 전 이미 유럽에서는 종교개혁이 일어나 확산되고 있었다. 1517년 마틴 루터는 비텐베르크(Wittenberg) 교회 문에 종교개혁을 위한 95개 조항을 내걸었고, 1519년 스위스 쮜리히(Zürich)에서는 쯔빙글리가 종교개혁을 외치기 시작하였다. 이러한 시대적 영향은 칼빈에게도 자연스럽게 미치게 되어, 그로 하여금 로마가톨릭을 반대하고 개혁의 대열에 참여하게 하였던 것이다.

칼빈의 회심에 대하여는 정확한 자료가 없지만, 그의 『시편 주석』(1557)의 서문에서 "갑작스런 회심"(subita conversione)을 경험하였음을 언급하고 있는데, 이것은 하나님의 감추어진 섭리에 의해서 이루어졌다고 한다.[11] 대략 이 시기는 그가 대학을 마친 1533년에서 1534년 사이로 보고 있다. 칼빈이 종교개혁 대열에 본격적으로 합류할 수밖에 없게 된 계기는 1533년 파리 대학의 총장 취임 연설 때문에 프랑스 정부가 종교개혁 세력에 대한 박해를 시작한 사건이었다.[12] 그는 박해를 피해 다니다가 1535년 개신교의 나라 바젤(Basel)로 피신하여

---

9) Ronald S. Wallace, *Calvin : Geneva and the Reformation* (Edinburgh : Scottish Academic Press, 1990), p. 2.
10) 칼빈의 본명은 쟝 코뱅(Jean Cauvin)이었다. 그러나 대학 무렵 그는 자신의 이름을 라틴어식으로 Johannes Calvinus라고 하였다가 다시 Calvin으로 바꾸었다.
11) John T. McNeill, *The History and Character of Calvinism* (New York : Oxford University Press, 1954), pp. 107-18, Chapter Ⅶ. Calvin's Conversion 참조.
12) 칼빈과 교분을 가지고 있었던 콥(Nicholas Cop)이 파리 대학의 총장이 되면서, 그는 에라스무스(Erasmus)와 루터의 개혁을 지지하는 내용으로 연설을 하여 가톨릭 교회의 반발을 사게 되었다. 이 연설문의 작성을 칼빈이 하였다는 설도 있으나 그것은 근거가

안전을 지킬 수 있었다. 칼빈이 구교와 결별을 하고 개신교의 대열에 확실하게 서게 된 것은 1534년이었다.[13]

이 무렵 칼빈은 16세기 종교개혁의 걸작품이요, 인류 역사의 방향에 깊은 영향을 준 몇 권의 책 중의 하나라고 할 수 있는 『기독교 강요』(Institutes of the Christian Religion)를 쓰게 되는데, 이 작품이 바젤의 토마스 플라터 출판사(Thomas Platter's Press)에서 세상에 나온 것은 1536년 3월의 일이었다.[14] 칼빈은 이 책을 쓰게 된 목적이 개신교의 경건과 신학을 분명히 제시하고, 프랑스 정부로부터 박해를 당하고 있는 개신교도들을 변호하기 위하여 쓰였음을 책머리에 나오는 "프랑스 왕 프란시스(Francis) I세에게 보내는 글"에서 밝히고 있다. 칼빈은 『기독교 강요』의 출판으로 이제 26세의 나이에 명실상부한 개신교의 지도자로 부각이 되었다.[15]

칼빈은 1536년 봄 이탈리아를 여행한 후 프랑스로 왔다가 제네바(Geneva)를 가게 되었는데, 이때 제네바에서 개혁을 하고 있던 파렐(Farel)의 간곡한 권유로 제네바에 머무르게 된다. 그는 처음 거기서 성경을 가르치는 교사로서 지내다가 파렐과 함께 개혁에 착수하게 되었다. 그러나 그들의 개혁은 시의회의 반대파들로 인해서 저항에 부딪쳤고, 결국 칼빈과 파렐은 1538년 4월 23일 부활절에 제네바에서 추방을 당하고 말았다. 제네바에서의 1차 종교개혁은 이렇게 실패로 끝나고 말았다. 그 후 칼빈은 1541년 9월 다시 제네바의 초청을 받기까지 스트라스부르크(Strasbourg)에서 지내게 되었다.[16]

스트라스부르크에 머무르는 동안 칼빈은 그곳에서 종교개혁을 하고 있던 마틴 부처(Martin Bucer)를 만난다. 그는 그곳에서 프랑스 피난민 교회에서 목회를 하였는데, 스트라스부르크에서의 생활은 칼빈의 사상과 태도에 지대한 영향을 미쳤다. 당시 스트라스부르크는 루터 계열, 쯔빙글리 계열, 재세례파 등과 같은

없으며, 어떤 형태로든 칼빈이 그 연설에 영향을 미친 것만은 분명한 사실로 받아들여지고 있다. Ibid., p. 110.
13) 위의 책.
14) 위의 책, p. 119, Chapter Ⅷ. The Institutes of the Christian Religion 참조.
15) 이형기, 『세계 교회사』(Ⅱ) (서울 : 한국장로교출판사, 1994), p. 121.
16) Ronald S. Wallace, Calvin : Geneva and the Reformation, pp. 12-20.

다양한 전통들이 만나는 자리였고, 그들은 다른 어느 지역보다도 관대한 분위기에서 서로 교류를 하고 있었다.[17] 그는 이곳에서 3년 동안 머무르면서 어느 때보다도 행복한 시절을 보냈다. 1540년에 그는 재세례파 출신의 과부 이들렛 드 뷔레(Idelette de Bure)와 결혼을 하였고, 『기독교 강요』 제2판을 썼으며, 로마서 주석과 함께 성경 전체에 대한 주석을 쓰기 시작하였다. 무엇보다도 그는 마틴 부처가 행하고 있던 예배에 대하여 많은 것을 배워서, 제네바로 온 후에는 부처의 예배 형식을 따라서 예배를 개혁하기도 하였다.

그는 1541년 9월 13일 다시 제네바로 돌아오게 되었다. 그러면서 칼빈의 개혁은 이제 본격적인 단계로 접어들게 된다. 그해 11월 20일 그는 "교회 규범"(L'Ordonnances Ecclésiastiques, the Ecclesiastical Ordinances of the Church of Geneva)을 제네바 시의회에 제출하였고, 거기서 공식적으로 승인을 받게 되었다. 그는 여기서 특별히 교회의 직제를 규정하는데, 그리스도께서는 목사(pastor), 교사(teacher), 장로(elder), 집사(deacon)라고 하는 4중직을 교회에 제정해 주셨다고 주장하였다.

그 외에도 그는 새 요리 문답(Catechism of the Church of Geneva)을 작성하였고, 스트라스부르크에서 사용했던 예배를 제네바에 소개하여 사용하였다. 그는 더 나아가 교회뿐만 아니라 제네바 시가 기독교 공동체의 모델이 될 수 있도록 하는 계획을 추진하기도 하였다. 1559년에는 제네바 아카데미를 세워서 개혁교회 신학의 중심이 되도록 했는데, 여기서 신학 수업을 받은 목사들이 프랑스, 네덜란드, 영국, 스코틀랜드, 독일, 이탈리아 등으로 파송됨으로써, 칼빈의 영향력은 이제 제네바를 넘어 유럽 전체로 확산이 되었다. 그의 『기독교 강요』를 통한 신학 사상, 제네바 교회의 정치 구조, 제네바 아카데미, 그리고 성경 주석 등은 개혁교회의 사상과 체제를 형성하면서 유럽의 여러 나라에 영향을 미치게 된 것이다.

자신에게 부여된 종교개혁이라는 시대적 사명을 완수한 칼빈은 1564년 5월 27일 세상을 떠나게 되었으나, 그의 영향력은 개혁교회(the Reformed Church)

---

17) 위의 책, p. 20.

라는 기독교의 새로운 전통을 이 땅에 남기게 하였다.

(2) 장로교회의 발전과 확산

"칼빈의 사상(Calvinism)은 스위스의 작은 도시 제네바로부터 시작되어 유럽의 대부분, 즉 남부의 다뉴브강에서부터 북쪽의 스코틀랜드까지 확산되었다."[18] 루터의 개혁 사상(Lutheranism)이 종교개혁 초기에는 급속하게 퍼져갔지만, 그러나 그 영향력은 곧 독일 이외의 지역에서는 퇴조하기 시작하였다. 반면에 칼빈의 사상이 루터의 사상을 대신하면서, 그 영향이 프랑스, 스코틀랜드, 네델란드, 헝가리 등 유럽 전 지역으로 크게 확대되어 나갔다.

먼저 프랑스에서는 종교개혁의 영향을 받은 개신교 회중의 모임이 1555년에 있었다. 그 후 4년이 지나면서 프랑스 개혁교회(the French Reformed Church)의 대회(synod)를 조직하기에 충분할 정도의 신자들이 생기게 되었다. 이들은 칼빈에 의하여 작성된 신앙고백을 채택하여 사용하였다. 또한 이들은 제네바의 것보다도 훨씬 발전한 장로교 치리서(book of discipline)를 만들었는데, 거기서 그들은 네 단계의 치리회, 즉 당회(consistory, session), 노회(colloquy, presbytery), 대회(provincial synod, synod), 그리고 총회(National Synod, General Assembly)를 조직하여 운영하도록 하였다.[19] 프랑스에서 개혁교회의 계열에 속한 신자들은 위그노(Huguenots)[20]라는 이름으로 불려졌다.

다음으로 대륙에서 개혁교회의 영향이 나타난 곳으로 네덜란드를 들 수 있다. 종교개혁 당시 네덜란드는 화란(Holland)과 벨기에가 단일 국가로 있으면서 스페인 왕이 통치하고 있었다. 스페인 왕은 개신교에 대하여 가혹한 박해를 하였다.

---

18) W. Stanford Reid, "The Transmission of Calvinism in the Sixteenth Century," in *John Calvin : His Influence in the Western World*, ed. W. Stanford Reid (Grand Rapids : The Zondervan Corporation, 1982), p. 33.
19) Lefferts A. Loetscher, *A Brief History of the Presbyterians*, pp. 29f.
20) 이 명칭은 중세 소설에 나오는 성자 유고(saintly King Hugo)라는 왕의 이름에서 유래한 것으로, 왕의 영혼이 밤에 떠돌아다닌다는 전설에 따라 당시 신자들이 신앙적 박해를 피해서 밤에 비밀리에 모이는 것에 빗대어 이름을 붙인 것으로 보인다. James H. Smylie, *A Brief History the Presbyterians*, 김인수 역, 『간추린 미국 장로교회사』 (서울 : 대한기독교서회, 1998), p. 35.

당시 네덜란드에서 개신교 지도자들은 "거지들"(Beggars)이라는 이름으로 모멸을 받기도 하였다.

그러나 네덜란드는 많은 박해 속에서도 끊임없이 투쟁함으로써, 마침내 종교의 자유를 누리게 되었으며, 이곳은 다른 나라에서 박해받은 개신교 신자들의 피난처가 되기도 하였다. 네덜란드 개혁교회는 1566년 그들 자신의 예배 형식인 『벨기에 신앙고백서』(Belgic Confession)와 대회제 정치 제도를 채택하여 발전시키기도 하였다.[21]

장로교회에서 가장 중요한 역할을 한 곳은 스코틀랜드이다. 300년 이상 스코틀랜드는 유럽에서 장로교의 중심이 되어 왔다. 그리고 이 스코틀랜드 장로교의 영웅은 존 낙스(John Knox)이다. 낙스는 망명 중 제네바로 가서 칼빈을 만나게 되었는데, 이것은 낙스와 함께 스코틀랜드 교회에 칼빈의 영향이 미치게 되는 중요한 계기가 되었다. 낙스는 칼빈의 신학 사상과 함께 예배, 교회 정치 등에 대하여 배우고, 이것을 그대로 스코틀랜드 교회에서 시행하였다.

1560년 스코틀랜드 교회는 로마가톨릭을 완전히 금지하고, 자신들의 종교로서 장로교회를 세워 나가게 되었다.[22] 그 후 그들은 영국 정부와 국교회(성공회)와의 갈등과 탄압을 받기도 하였지만 장로교회를 굳건히 지켜 나갔고, 1643년 웨스트민스터 회의를 통해서 장로교회의 예배, 신조, 직제 등을 보다 완벽하게 확립하게 되었다. 그리고 이러한 것들은 그 후 미국 등 장로교회에 지대한 영향을 줌으로써 스코틀랜드는 장로교회의 중심지로 불리게 되었다.

영국에서는 칼빈의 개혁 사상이 청교도들에게 많은 영향을 주게 되었고, 그 안에서 장로교를 지지하는 그룹이 형성되게 되었다. 아일랜드와 웨일즈에서도 장로교회가 세워지게 되었고, 신대륙으로의 이주와 함께 장로교회는 미국에 정착하게 되었다. 그리고 계속하여 캐나다, 오스트레일리아, 뉴질랜드, 남아프리카, 아시아 등으로 장로교회는 확산되어 나가면서 오늘에 이르게 되었다.

---

21) 위의 책, p. 37.
22) Lefferts A. Loetscher, *A Brief History of the Presbyterians*, p. 38.

2. 장로교회의 신학과 직제

1) 장로교회의 신학

"장로교 신학의 특징은 무엇인가?"라는 질문에 대한 대답은 그렇게 간단하지만은 않다고 본다. 그러나 장로교회가 취해 온 신학적 입장은 칼빈 이후 형성되어 온 개혁교회의 신학적 전통을 따르고 있다고 보는 것이 일반적이라고 하겠다. 이는 장로교회가 믿는 신조(Creed)에 대하여 연구하여 『장로교 신조』라는 책을 저술한 잭 로저스(Jack Rogers) 역시 그의 책 서문에서 장로교 신조에 대한 기본적 텍스트(text)로 존 라이스(John Leith)의 『개혁교회 입문』(An Introduction to the Reformed Tradition)이라는 책을 사용했음을 밝히고 있는 것이 좋은 예라고 하겠다.[23] 따라서 여기서는 라이스가 자신의 저서를 통해서 언급한 개혁교회 신학의 특징들을 중심으로 하여, 장로교회의 신학을 정리하고자 한다.[24]

먼저 장로교 신학의 특징은 **하나님 중심 신학**(theocentric theology)이다.[25] 개혁교회 신학의 중심은 인간이 아니라 창조자시며 예수 그리스도를 통하여 자신을 계시하신 하나님이시다. 개혁교회 신학에 있어서 신앙의 대상은 삼위일체 하나님이시다. 그리스도인들이 예배하는 하나님은 하늘과 땅을 창조하신 주 하나님이시요, 위로를 주시는 성령님이시요, 그리고 예수 그리스도 안에서 그 백성들을 만나고 구속하는 하나님이시다. 삼위일체 하나님은 하늘과 땅의 주인(the Lord)이시다.

그러므로 칼빈에 의하면 그리스도인의 생활은 하나님과 그분의 뜻에 대한 충성이라고 보았다. 하나님은 절대자로서 어떤 존재에 의하여 영향을 받지 않으신다. 그분은 스스로 계신 분이시다. 그러므로 우리 인간은 그 높으신 하나님의 영광과 위엄을 높여 드려야 한다. 하나님의 위엄과 영광을 나타내지 않는 곳에 개혁교회

---

23) Jack Rogers, *Presbyterian Creeds : A Guide to the Book of Confessions*, 차종순 역, 『장로교 신조』(서울 : 한국장로교출판사, 1995), p. 11.
24) John H. Leith, *Introduction to the Reformed Tradition*, pp. 96-112.
25) 위의 책, pp. 97-100.

의 신학은 있을 수 없다(There is no Reformed theology that does not articulate the majesty and glory of God).

둘째로 장로교 신학은 성경의 권위를 무엇보다도 앞세우는 **성경 중심 신학**(theology of the Bible)이라고 할 수 있다.

> 개혁 신학은 언제나 철저히 성서적이었다. 개혁주의 신학자들이 중세 가톨릭과 논쟁을 하면서 내세운 첫 번째 주제는 신학에 있어서 성경이 결정적인 권위를 가진다는 것을 단호히 선언하는 것이었다.[26]

따라서 장로교 전통은 언제나 하나님의 말씀인 성경의 권위를 최우선시 하였다. 교회나 신학, 예배, 생활 등에 있어서 성경은 언제나 그 근거로서 역할을 하였다. 칼빈은 "성경은 우리가 알아야 할 필요가 있는 것들과 유용한 것들을 하나도 빠뜨리지 않고 있으며, 알아서 유익이 되지 않는 것은 하나도 가르치지 않는 성령의 학교(the school of the Holy Spirit)다."[27]라고 하면서, 성경은 기독교 진리의 유일한 근원이요 규범임을 말하고 있다.[28] 장로교 신앙고백의 모체라고 할 수 있는 『웨스트민스터 신앙고백』에서도 이러한 입장이 잘 반영되고 있는데, 웨스트민스터 신앙고백서는 다른 어떤 항목에 우선하여 "성경"에 관한 권위와 내용을 제일 먼저 제1장에서 기술하고 있다.

따라서 개혁 신학의 특징은 철학적이라기보다는 항상 성경적이었고, 16세기 초부터 20세기 칼 바르트(Karl Barth)에 이르기까지 개혁교회 신학자들은 어느 누구보다도 성경에 정통한 신학자(theologian of the Bible)들이었다.[29]

셋째로 장로교 신학의 가장 큰 특징 중의 하나인 **예정론**(Predestination)을

---

26) 위의 책, p. 100.
27) Calvin's Institute. Ⅲ. xxi. 3. John T. McNeill, ed., *The Library of Christian Classic* vol. XXⅠ, *Calvin : Institutes of the Christian Religion* 2 (Philadelphia : The Westminster Press), p. 924.
28) J. L. Neve, *A History of Christian Thought*, 서남동 역, 『기독교 교리사』(서울 : 대한기독교서회, 1983), p. 436.
29) John H. Leith, *Introduction to the Reformed Tradition*, p. 103.

들 수 있다.

개혁교회 신자들은 보편적으로 예정론과 연관되어 있다. 이런 관계는 신학, 신앙고백, 그리고 전통에 관한 논쟁들에서 그 토대가 되고 있다. 그러므로 예정론은 개혁교회 신학의 큰 특징이라고 할 수 있다.[30]

예정론은 모든 인간의 삶이 하나님의 뜻과 계획에 그 근거가 있음을 주장한다. 하나님은 모든 만물의 주인이시요 또한 그것들을 통치하시는 창조자이시다. 우리의 신앙은 우리의 인간적인 노력에 의해서가 아니고, 하나님의 역사에서 출발한다. 하나님은 모든 사람들을 존재하게 하실 뿐만 아니라 그들을 선택하시는 분이시다. 그렇기 때문에 어떤 사람은 하나님의 선택을 받는 사람이 있는가 하면, 어떤 사람은 하나님으로부터 버림을 받은 것이다. 그러나 이 예정론은 성경적인 근거가 분명함에도 불구하고 많은 논쟁의 주제가 되어 온 것도 사실이다.[31] 기독교 내 다른 교파에서는 예정론 대신 의지론을 주장하고 있기도 하기 때문이다.

그 외에도 창조주이신 하나님과 피조물인 인간의 차이와 이에 따른 하나님의 주권, 죄인 된 인간의 타락과 타락한 인간에게 베푸신 하나님의 은총론 등이 개혁교회가 갖는 신학적 요소들이라고 하겠다.

2) 장로교회의 직제

장로교회(Presbyterian)라는 용어는 사실 신학이나 교리, 예배의 차이에서 만들어진 것이 아니라 교회의 정치 구조(Church Government)에 기인한 것이라는 점을 이미 언급하였다. 현재 교회의 행정 구조는 크게 세 가지, 감독제와 회중제, 그리고 장로제로 나눌 수 있다. 감독제가 성직자 중심이라면, 회중제는 평신도 중심의 제도라고 할 수 있으며, 장로제는 이들의 절충적 입장이라고 할 수 있다. 대표적으로 로마가톨릭교회나 동방정교회, 그리고 영국 성공회 등은

---

30) 위의 책.
31) Ronald S. Wallace, *Calvin : Geneva and the Reformation*, pp. 270-81.

감독제를 유지하고 있는데, 이런 교회들은 성직자의 직급, 교구제, 성직자와 평신도 사이의 구분 등이 분명함을 볼 수 있다. 거기에 비하여 회중제는 성직자의 계급을 없앰으로써 성직자 간의 동등한 지위를 인정하며, 나아가 개 교회의 독립적인 재판권을 인정하고 있다. 장로제는 성직자들의 평등권을 인정하지만, 행정권이나 사법권 등은 조직된 회의들을 통해서 행사하도록 하는 형태를 취하고 있다. 그러면 장로교회의 직제와 정치 구조는 어떻게 되는지 살펴보도록 하겠다.

(1) 장로교회의 직제

중세교회가 감독제에 의한 많은 문제점들을 갖게 되면서, 개혁가들은 교회의 직제(職制)에 대하여도 개혁의 필요성을 느끼게 되었다. 칼빈 역시 교회의 직제를 어떻게 변혁할 것인가를 생각하다가, 그는 장로제를 생각하게 되었다. 그는 교회의 직분을 네 가지, 즉 목사, 교사, 장로, 집사로 나누었다. 성직자는 그 위에 감독 조직이 없도록 함으로써 서로 평등하게 하였으며, 평신도인 장로들은 12명으로 구성되었는데, 시 집행위원들 중에서 뽑도록 하였다. 그리고 장로들은 성직자들과 함께 교회 정치를 담당하도록 하였다.[32]

먼저 각 직분의 임무를 보면 목사(pastor)는 말씀을 설교하고, 가르치고, 훈계하고, 성례를 집례하고, 장로들과 함께 형제들을 바로 세우도록(fraternal corrections) 한다. 그리고 박사 혹은 교사(doctor or teacher)의 직무는 칼빈에 의하면 목사들과는 구별이 되었다(엡 4:11 참조). 교사들의 임무는 교리의 순수성을 지키고, 잘 준비된 목사들을 훈련하여 배출하는 것이었다. 장로(elder)의 직무는 신자들의 생활을 살피고, 규모 없는 자들을 훈계하며, 필요할 경우 치리회에 보고하고, 목사와 함께 치리회의 구성원이 되는 것이었다. 그리고 집사(deacon)는 두 종류가 있는데, 하나는 교회의 재정을 관리하고, 하나는 병자와 가난한 자들을 돌보는 구제의 일을 하였다.[33]

지금도 장로교는 교사의 직분이 없어진 점 말고는 이러한 제도를 거의 그대로

---

32) Lefferts A. Loetscher, *A Brief History of the Presbyterians*, p. 25.
33) John T. McNeill, *The History and Character of Calvinism*, pp. 160-65.

유지하면서, 교회의 직분을 형성하고 있다.[34] 참고로 한국 장로교회는 항존직으로서 목사, 장로, 집사, 권사를 두고 있으며, 임시직으로 전도사와 서리 집사를 두고 있다.

(2) 치리회

현재 장로교회는 교회의 치리를 위해서 교회 내에 당회를 두고 있으며, 그 위에 노회, 대회, 총회의 구조를 갖추고 있다. 일반적으로 당회(session)는 지교회의 목사, 부목사, 협동 목사, 그리고 장로들로 구성된다. 당회의 직무는 교인의 신앙과 행위를 살피며, 세례와 입교할 자를 문답하고, 성례를 관장하며, 예배, 임직, 권징 등을 행하게 된다.

그리고 노회(Presbytery)는 일정한 구역 안에 있는 목사와 파송 장로로 구성되며, 그 임무는 노회 산하 지 교회와 기관을 살피고, 행정 사항과 재판에 관한 사항을 처리하고, 목사와 장로의 임직 등에 관한 일들을 처리한다.

대회(Synod)는 한국 장로교회에는 없지만, 미국 장로교회의 경우 특정 구역의 3개 이상 노회가 모여서 구성하게 된다. 대회의 주요 임무는 지 교회들의 선교에 관한 전략을 개발하고 지원하며, 노회들 간의 협동, 노회와 총회 간의 소통을 원활하게 하고, 타 교단과의 교류, 노회의 신설 등에 대하여 처리한다. 그리고 정규 모임은 적어도 2년에 한 번 모이게 되며, 의장이 임시 모임을 소집할 수 있다.[35]

총회(General Assembly)는 장로교회의 최고 치리회로서, 노회에서 파송한 총대 목사와 장로로 구성된다. 그 직무는 소속된 치리회를 살피며, 하급 치리회의 행정, 재판에 관한 사항을 처리하고, 헌법을 해석하는 일 등을 한다. 총회는 1년 1회의 정기 모임을 가진다.

이상과 같이 국가 간에 약간의 차이는 있지만 장로교회들은 기본적으로 치리회

---

34) 칼빈이 말한 교사는 오늘의 신학교 교수에게 그 임무가 주어졌다고 하겠다.
35) The Office of the General Assembly, *The Constitution of the Presbyterian Church (U.S.A.) : Part II Book of Order* (Louisville : The Office of the General Assembly, 1997), G-12.0000.

를 두어서 교회의 행정과 재판 등을 담당하도록 하고 있다.

3. 장로교회의 예배

1) 예배 정신과 원리

장로교회는 칼빈의 종교개혁 사상에 영향을 받아 이에 동조한 스코틀랜드의 존 낙스(John Knox)와 그를 따르는 스코틀랜드 교회가 중심이 되어 만들어졌기 때문에 장로교회의 예배는 자연스럽게 개혁교회의 예배 정신과 신학을 반영할 수밖에 없었다. 낙스는 칼빈이 개혁을 하고 있던 제네바로 가서 칼빈의 영향을 많이 받게 되는데, 그는 여기서 칼빈이 사용하고 있던 예배 형식을 본국으로 가지고 돌아와 약간 수정을 가한 채 스코틀랜드 교회에서 사용하게 되었다. 그러다가 후에 영국 교회와 웨스트민스터 총회에서 합의로 만들어진 "예배모범"(A Directory for the Publique Worship of God)에 근거하여 스코틀랜드 장로교회는 자신들의 예배를 마련하게 되었고, 그 후 장로교회는 이러한 예배의 줄기를 따라서 오늘에 이르게 된 것이다.

그러면 장로교회 예배 신학 혹은 정신은 무엇인가?

첫째로 장로교회의 예배는 **하나님의 주권**(majesty of God)에 초점을 맞춘다.[36] 장로교회의 예배는 하나님의 주권과 인간의 죄성을 강조한다. 이것은 마치 이사야가 성전에서 하나님의 위엄하신 주권 앞에서 자신의 약함과 죄를 자복하고 용서받는 장면을 연상하면 쉽게 이해할 수 있을 것이다. 하나님은 초월적인 분이시요 전능하신 분이시다. 그 앞에 선 우리는 연약한 인간이다. 그러므로 전통적인 장로교 예배에서 죄를 자백하는 순서와 용서를 선언하는 순서는 중요한 의미를 갖게 된다. 거룩하신 하나님 앞에 우리 인간은 겸손히 엎드려 그분의 위엄을 찬양하고, 위로부터 주시는 사랑과 용서와 은혜를 덧입게 되는 것이다. 여기서

---

36) Stanley Niebruegge, "A Reformed Theology of Worship", in *The Complete Library of Christian Worship* vol. 2, ed. Robert E. Webber (Nashville : Star Song Publishing Group, 1994), p. 288.

우리가 하나 잊지 않아야 할 것은 예배의 주인은 인간이 아니라 하나님이라는 사실이다. 우리는 그분 앞에 나아가서 창조와 구속의 은총을 베풀어 주신 하나님을 찬양하고 경배하는 것이다. 오늘 예배 현장이 자칫 인간 중심으로 흐르는 것은 그런 의미에서 매우 주의하고 경계해야 할 것이다. 장로교 예배는 인간 중심이 아니라 하나님이 중심된, 즉 그분의 주권을 철저히 인정하는 데서 출발하는 것이다.

둘째로 장로교 예배는 철저히 **성경에 근거해야 한다**(according to Scripture)는 점이다.[37] 예배의 모든 원리와 정신은 하나님의 말씀인 성경에 근거해야 한다. 성경의 원리에 위배된 예배는 예배일 수가 없다. 그러므로 장로교 예배는 무엇보다도 성경에 근거한 예배를 강조하였다.

칼빈은 자신의 예배를 통해서 초대교회의 예배를 회복하고자 하는 노력을 기울였는데,[38] 이러한 태도는 모두가 예배를 보다 성서적 근거 위에 세우고자 하는 시도들이라고 하겠다. 참된 예배는 인간의 의도에 따라서 드리는 것이 아니라 하나님께서 요구하시는 방법을 따라서 드리는 것이다. 성경은 하나님의 이러한 요구를 기록하고 있다는 점에서 모든 기독교 예배의 정신과 원리를 제공하는 근거가 된다. 예수님께서 '진리(진정)를 따라 예배하라'(요 4 : 24)고 하신 의미는 '하나님의 말씀의 진리를 따라서 예배하라'는 의미를 함축하고 있음을 잊지 않아야 할 것이다.

셋째로 장로교 예배는 기록된 하나님의 말씀(written Word)에 근거하여 그 말씀을 선포하는 것, 즉 **설교**를 예배의 핵심적인 요소로 여기고 있다. 칼빈과

---

37) Hughes Oliphant Old, *Guides to the Reformed Tradition* (Atlanta : John Knox Press, 1984), pp. 3f.
38) 칼빈은 사도행전 2 : 42을 근거로 하여 "가르침(말씀), 떡을 뗌(성찬), 교제, 기도"를 예배의 가장 기본적인 요소로 보았는데, 이러한 것들은 개혁교회 예배가 말씀, 성찬, 이웃에 대한 사랑의 표현으로서의 구제 헌금, 기도 등을 예배의 필수적 요소로 보게 된 근거가 되었다. Elsie McKee, "Calvin : The Form of Church Prayer, Strassburg Liturgy(1545)," in *The Complete Library of Christian Worship* vol. 2, ed. Robert E. Webber (Nashville : Star Song Publishing Group, 1994), p. 196 ; James Hastings Nichols, *Corporate Worship in the Reformed Tradition* (Philadelphia : The Westminster Press), pp. 29-51.

그의 추종자들은 하나님의 말씀의 선포(proclamation of the Word)는 예배의 중심이라고 보았다.[39]

중세교회의 예배가 잘못된 데는 예배 가운데서 하나님의 말씀이 약화되어 버렸기 때문이다. 그 결과 하나님의 말씀을 듣지 못한 회중들의 신앙과 삶은 하나님의 뜻과는 거리가 멀 수밖에 없었다. 따라서 칼빈은 하나님의 말씀의 선포를 예배에서 가장 중요한 것으로 강조하게 되었으며, 이 전통을 이어받은 오늘의 장로교 예배 역시 하나님의 말씀을 예배에서 가장 중요한 요소로 간주하고 있는 것이다.

칼빈은 신앙과 하나님의 말씀은 서로 나뉘어질 수 없는 영속적 관계에 있음을 언급하면서, "신앙은 하나님의 말씀(God's Word)에 의존한다."[40]라고 강조하고 있다. 중세교회의 신앙이 잘못된 것은 예배에서 하나님의 말씀이 부재한 것에 원인이 있음을 알고, 칼빈은 예배에서 하나님의 말씀을 회복시키는 데 힘을 다했던 것이다.

그러나 여기서 하나 생각해야 할 것은 '모든 설교가 다 하나님의 말씀인가'라는 것이다. 칼빈은 여기에 대해서 "설교가 하나님의 말씀이 되기 위해서는 그것이 철저히 하나님의 말씀인 성경에 근거해야 한다."고 말하고 있다.[41] 즉, 모든 설교자가 입으로 하는 설교가 모두 하나님의 말씀은 아니라는 사실이다.

설교가 중요한 것은 그것이 하나님의 말씀이기 때문이다. 그렇기 때문에 설교자는 자신의 입을 통해서 나가는 말씀이 하나님의 말씀이 되기 위해서는 그것이 철저히 성경에 근거한 것이어야 한다는 점을 잊지 않아야 한다. 오늘날 설교라는 이름으로 난무하는 인간들의 잡다스러운 말들, 만담에 가까운 저급한 언어들, 성경 말씀보다는 세상적 이야기와 설교자 자신의 생각이나 주장들, 성경을 떠난 이런 말들은 결코 하나님의 말씀이 될 수 없다. 칼빈에 의하면 설교자가 설교 시간에 강단에 서서 말을 한다고 해서 그 말이 모두 하나님의 말씀은 아니라는

---

39) 위의 책.
40) Calvin's Institute, Ⅲ.ⅱ.6. John T. McNeill, ed., *The Library of Christian Classics vol. XX, Calvin : Institutes of the Christian Religion* 1 (Philadelphia : The Westminster Press), p. 548.
41) 이현웅, 『21세기에 다시 본 존 칼빈의 설교와 예배』(서울 : 이레서원, 2009), pp. 48-50.

사실이다. 그것이 하나님의 말씀이 되기 위해서는 성경으로부터 나온 말씀이 되어야 한다. 설교가 하나님의 말씀이기 때문에 귀하게 여겨지는 것처럼 설교자는 설교를 통해서 회중들에게 하나님의 말씀을 들려줄 때 자신이 귀한 존재가 된다는 것을 언제나 명심해야 할 것이다.

넷째로 장로교 예배는 **성령의 인도하심**을 중요시한다.[42] 기독교 예배는 성령의 역사(the work of the Holy Spirit)이다. 예배는 성령에 의하여 영감을 받고, 능력을 받고, 인도를 받으며, 그 열매를 맺게 된다. 성령은 그분의 계속적인 성결의 역사로 말미암아 우리의 예배를 정화하신다(purify). 성령의 조명으로 우리가 예배를 할 때, 우리의 예배는 인간의 의식(human work)에서 신성한 의식(divine work)으로 바뀌게 되는 것이다.

칼빈은 "하나님의 말씀도 성령을 통하여서 우리의 신앙에 더욱 능력 있게 되어지며"[43] "오직 성령만이 우리를 그리스도께로 인도한다."[44]고 언급하고 있다. 그러므로 예배에 있어서 성령의 임재와 역사하심은 필수적이다. 이러한 입장은 장로교의 성만찬 이론이 영적 임재설인 것과도 관련이 있다고 하겠다. 성찬 성물(elements)의 실질적 변화를 인정한 루터의 공재설이나 이를 부인한 쯔빙글리의 기념설에 비해서 칼빈은 영적 임재설을 주장함으로써, 성만찬에서의 성령의 역사를 강력하게 주장하였던 것이다.

예배는 성령의 역사 속에서 이루어질 때 진정으로 신령한 예배로 드려질 수 있다. 그런 점에서 장로교 예배는 언제나 성령의 임재와 역사를 중요시하였음을 잊지 않아야 할 것이다. 예배에 있어서 성령의 역사를 강조하는 것이 마치 오순절 계통의 전유물처럼 생각하면서 여기에 대한 관심을 소홀히 하는 것은 잘못이다. 이미 장로교 예배에서도 성령의 역사는 예배의 원동력이 됨을 분명히 하고 있기 때문이다.

---

42) Hughes Oliphant Old, *Guides to the Reformed Tradition*, pp. 6f.
43) *Calvin's Institute*. Ⅲ. ⅱ. 33.
44) *Calvin's Institute*. Ⅲ. ⅱ. 34.

2) 장로교 예배의 기본 요소

개혁교회 예배를 연구한 니콜스(J. H. Nichols)는 "말씀이 선포되지 않고, 기도가 드려지지 않으며, 성만찬이 집례되지 않고, 구제 헌금이 없는 것은 교회의 모임이 아니다."는 칼빈의 주장에 따라, 개혁교회 예배의 필수적인 요소로서 "말씀, 기도, 성만찬, 헌금"을 들고 있다.[45] 이미 언급했듯이 칼빈은 사도행전에 나타난 초대교회의 모습을 예배의 모델로 삼았었다. 그는 사도행전 2장 42절의 "저희가 사도의 가르침을 받아"를 말씀으로, "서로 교제하며"를 구제 헌금으로, "떡을 떼며"를 성찬으로, "기도하기를 전혀 힘쓰니라"를 기도로 해석하고, 이를 자신의 예배에 그대로 적용하였다. 특별히 "교제"를 "이웃 사랑의 실천"으로 해석함으로써, 이를 교회 내 성도의 교제를 넘어 교회 밖 이웃들에 대한 사랑의 실천으로 확대하면서 가난한 이웃들에 대한 구제 헌금을 예배에서 드리도록 하였던 것이다. 결국 이러한 요소들은 후에 개혁교회, 특별히 장로교 예배의 기본 요소가 되었는데, 여기에 기초하여 여기서는 장로교 예배의 핵심적인 요소라 할 수 있는 말씀, 기도, 찬양, 헌금, 세례, 성만찬, 축복 기도 등에 대하여 알아보도록 하겠다.

(1) 말씀

16세기의 종교개혁은 성서적 설교(biblical preaching)가 교회의 정규 예배에 중요한 위치를 차지하도록 하였다.[46] 사람들은 그들에게 성경을 설명해 주는 설교자들의 강단 아래 앉아서 열심히 말씀을 배웠다.

예를 들어서 종교개혁의 기치를 올린 마틴 루터(Martin Luther, 1483-1546)는 비텐베르크 대학에서 성서를 가르치는 교수로서, 성경을 해설하는 데 있어서 매우 뛰어난 사람이었다. 특별히 그는 진지하게 설교의 사역을 감당하면서, 복음서와 로마서에 대한 설교를 많이 하였다. 그는 당시의 성서정과(lectionary)에 대하여 상당히 비판적이었으며, 그는 성경책 중의 어느 하나를 택하거나 중요한 부분을 택하여 시리즈식으로 연속하여 설교를 하였다. 그래서 지금도 그의 마태

---

45) J. H. Nichols, *Corporate Worship in the Reformed Tradition* (Philadelphia : The Westminster Press, 1952), pp. 29-51.
46) H. O. Old, *Guides to the Reformed Tradition*, p. 68.

복음, 요한복음, 시편, 창세기와 출애굽기 등 설교 시리즈들이 남아 있다. 그의 설교의 특징은 어떤 본문을 절수를 따라 선택한 후 먼저 그 본문을 설명하고(explaining), 그것을 적용하려 하였으며(applying), 무엇보다도 본문의 메시지를 분명하게 소개하려 하고 있다.[47]

개혁교회의 대표적 인물인 칼빈(John Calvin) 역시 그의 설교적 특징을 살펴보면, 그는 쯔빙글리(H. Zwingli)와 부처(Martin Bucer)의 전통을 이어받아, 주해 설교(expository preaching)를 하였다.[48] 그는 당시의 성서정과에 대해 성경의 내용을 서로 관련이 없는 것끼리 재단해 놓은 것으로 혹평하였다. 그것은 성경을 사람들이 임의적으로 정리해 놓은 것에 불과하다고 본 것이다. 성경은 저자의 전체적인 메시지를 들어야 되는데, 성서정과는 이것을 불가능하게 하고 있었다. 그러므로 말씀에 충실한 목사는 교회를 먹이고 세우도록 하기 위해 필요한 본문을 선택하여야 한다. 칼빈은 주일 낮 예배에서는 복음서나 사도행전을 설교하고, 밤 예배 때는 시편이나 서신서들을 설교했으며, 평일 아침에는 구약을 설교하였다. 그는 성경에 나온 책들을 거의 대부분 설교하였으며, 한 권의 책을 택하면 서서히 그것을 설교해 나갔고, 보통 본문의 길이는 3~6절 정도를 택하였다.

칼빈의 설교의 목적은 본문의 메시지를 간단하고 직접적인 방법으로 소개하고, 청중의 삶에 그 본문을 적용하는 것이었다. 따라서 그의 설교 내용은 매우 단순하고(simplicity), 분명하였다(clarity). 칼빈은 하나님의 말씀을 인간적으로 수식하는데 대해서 두려워했으며, 성경은 예술가의 색깔이 덧칠되어서는 안 된다고 하였다. 그러나 이것이 수사학적인 방법을 배제하는 것을 의미하지는 않는다. 그는 수사학에 대하여 매우 잘 알고 있었으며, 이를 설교에서 충분히 활용하였다. 내용은 단순하되 전달은 수사학적인 방법을 활용한 것이다. 또한 그는 설교를 하되 언제나 성경에서 병행되는 성구를 같이 제시하도록 하였는데,

---

47) 위의 책.
48) H. O. Old, *Guides to the Reformed Tradition*, pp. 74-77.

이것은 "성경은 성경에 의해서 해석되어야 한다."는 그의 믿음 때문이었다.[49]

다음으로 칼빈의 말씀에 대한 신학을 보면, 그는 먼저 설교를 하나님의 말씀(the Word of God)으로 정의하고 있다.[50] 즉, 설교는 하나님의 말씀이 인간인 설교자를 통하여 인간들에게 전해지는 것이다. 또한 설교는 인간이 직접 눈으로 볼 수 없는 하나님이 인간에게 다가오시는 은총의 수단으로서, 하나님의 임재의 표시(a sign of the presence of God)이기도 하다. 설교는 그리스도께서 이 땅을 다스리시는 도구(the instrument of Christ's rule)로서, 이 땅에 하나님의 나라를 세우고 확장하여 나가는 중요한 수단으로 보았다. 그리고 칼빈은 설교는 이 땅에서 복음을 효과적으로 전하고 선포하는 데 중요한 방편이며, 이것은 언제나 성령의 자유와 능력 안에서만이 효과적으로 나타나게 된다고 주장하였다.

그 후 스코틀랜드의 개혁자 존 낙스(John Knox, 1505-1572)는 제네바 망명 중 칼빈을 만나 그의 영향을 많이 받아서, 고국에 돌아온 후 에든버러(Edinburgh)의 성 자일(St. Giles) 대성당에서 설교자가 되었는데, 그의 설교는 매우 극적이고 강력한 것이었다.[51] 그는 칼빈의 영향으로 주해 설교를 주로 하였으나, 전달하는 방법은 칼빈이 사람들의 머리(mind, 지성)에 호소하였다면, 낙스는 가슴(heart, 감성)에 호소한 것이 차이라면 차이라 할 수 있다.

개신교회 중에서도 개혁교회만큼 하나님의 말씀을 강조하는 데도 없을 것이다. 개혁교회는 교회의 모든 활동 영역이 언제나 말씀에 기준하여 이루어지도록 하였다. 그러므로 하나님의 말씀이야말로 개혁교회 예배의 최우선적인 자리에 위치할 수밖에 없는 것이다. 개혁교회에 속한 장로교회 역시 이러한 예배의 전통에 따라서 말씀을 예배의 가장 중요한 자리에 두고 있다.

칼빈을 비롯한 종교개혁가들은 말씀을 강조하였고, 특별히 예배에서의 설교를 강력히 주장하였다.[52] 이들이 사용한 "말씀"(Word)이라는 용어는 두 가지의 의

---

49) 위의 책., p. 76.
50) Ronald S. Wallace, *Calvin's Doctrine of the Word and Sacrament* (Edinburgh : Oliver and Body, 1953), pp. 82-95.
51) H. O. Old, *Guides to the Reformed Tradition*, pp. 77f.

미, 곧 "기록된 말씀"(written word)과 "선포된 말씀"(preached word)을 포함하고 있었는데, 이러한 입장에 따라서 이들의 예배는 언제나 기록된 말씀인 성경을 읽고, 선포된 말씀인 설교를 듣는 것을 예배에서 가장 중요시하였다. 예배 순서에서도 이들은 언제나 성경 봉독과 설교를 같이 묶어 두고 있는 것을 볼 수 있다.

개혁교회 설교의 형태는 주로 강해설교였다. 특별히 선포적인 설교 내용을 전함으로써, 하나님께서 예수 그리스도를 통하여 무엇을 하셨고, 무엇을 하실 것인가를 다루었다. 그리고 설교자는 하나님의 말씀을 운반하는 도구(instrument)였다. 루터의 말처럼 설교자가 설교를 하기 위해 강단에 올라가거나, 성경을 봉독하기 위해 서는 때는 내 말을 하는 것이 아니라 그 입은 성경을 기록하신 분의 도구가 되는 것이다.[53] 설교란 것은 이미 성경에 계시된 것을 계시하는 것이다. 누구나 하나님께서 성경을 통해 선포하시고 보여주신 것을 전하는 것이 참된 설교인 것이다.

(2) 기도

기도는 기독교 예배의 매우 중요한 요소이다. 이미 기독교 이전 유대교에서도 성전이나 회당 예배에서 이들은 기도하는 전통을 가지고 있었다. 기독교 기도는 이런 유대교적 배경을 가지면서, 예수님의 기도에 대한 교훈을 실천하여 왔다. 예수님의 기도에 대한 가르침은 여러 곳에서 나타나는데, 특별히 마태복음 6 : 9~13의 주기도문과 요한복음 17장의 중보 기도는 매우 중요한 것이라 하겠다.

초대교회의 기도는 회당 예배의 영향을 많이 나타내고 있다.[54] 그러면서도 차츰 기독교 예배에 맞는 형식들이 개발되어 갔는데, 처음에는 자유로운 기도 형태들이 예배와 관계를 맺으면서 이루어지다가 차츰 기도문 형식으로 바뀌어 갔다. 중세교회는 예배에서 거의 기도문으로 모든 기도를 대신하였다. 이것은 보편적이고 공적인 내용으로 작성된 것으로써 긍정적인 면도 있으나, 한편으로는 회중의 자발성을 차단해 버리는 결과를 가져오기도 하였다. 따라서 종교개혁

---

52) J. H. Nichols, *Corporate Worship in the Reformed Tradition*, p. 29.
53) 위의 책., p. 31.
54) H. O. Old, *Guides to the Reformed Tradition*, p. 93.

기가 되면서 공중 기도에는 많은 변화가 오게 되었다. 개혁가들은 기도도 성경에 근거하여 이루어져야 한다는 것을 주장하면서, 기도문보다는 자유로운 즉석 기도를 선호하기 시작하였다. 이것은 무엇보다도 초대교회가 이와 같은 형식으로 기도하였다는 데 그 근거를 두고 있다.[55] 물론 기도문이 완전히 없어진 것은 아니지만 이제는 기도문보다는 즉석 기도가 일반화하게 되었다. 예배의 역사를 연구한 맥스웰(W. D. Maxwell)은 이 점을 아쉬워하면서 종교개혁은 과거 보존할 가치가 있는 기도 유산들까지도 과감한 개혁으로 말미암아 버려버렸다고 지적하고 있다.[56] 개혁의 긍정적인 면이 있음에도 불구하고 때로는 지나친 과거에 대한 부정이나 단절은 전통적 유산을 잃게 하는 문제를 안게 된다는 것을 언급한 것이라고 하겠다.

개혁교회 예배에서 사용되는 기도들은 대표적으로 죄의 고백, 용서를 구하는 기도, 설교 전 성령의 임재를 구하는 기도, 중보 기도, 축복 기도 등이었다. 이러한 기도들은 그 후 계속해서 장로교를 포함한 개혁교회 예배에서 중요한 위치를 가지고 이어져 오게 되었다.

(3) 찬양

찬양은 기독교 예배에 있어서 매우 중요한 자리를 차지한다. 이미 구약의 성전 제사에서부터 찬양은 예배의 핵심적인 요소였다. 신약 시대에도 역시 찬양은 중요하였다. 시와 찬미와 신령한 노래(엡 5 : 19)로 그들은 모일 때마다 찬양을 하였다. 기독교의 찬양은 적어도 다윗의 시대와 솔로몬의 성전 예배로부터 그 뿌리를 찾을 수 있다.[57] 그들은 성전에 들어갈 때와 제물을 바칠 때 찬양을 드렸다. 예루살렘 순례자들이 성전으로 들어갈 때 그들은 특별한 의식을 갖고 들어갔는데, 이때 이들은 시편 15편과 24편을 불렀다(이때 죄의 고백, 용서의 선언 등이 이루어짐). 그리고 성전에 들어가 희생 제물을 바칠 때는 레위인들에 의해서

---

55) 위의 책, p. 98.
56) Willim D. Maxwell, *A History of Christian Worship* (Grand Rapids : Baker Book House, 1982), p. 174.
57) H. O. Old, *Guides to the Reformed Tradition*, pp. 39-55.

찬양과 감사의 시편이 불려졌다. 그 후 회당 예배에서도 시편송이 사용되었는데, 어떤 것이 사용되었는지는 정확히 알 수 없다.

신약 시대 교회는 성전보다는 회당 예배의 전통을 더 많이 취하였는데, 성경 봉독이나 설교, 기도, 그리고 시편송 등이 그것들이다. 신약 시대에 기독교인들은 적어도 성경에 기록되어 있는 150개 이상의 일반 시편과 절기 시편, 그리고 송가(canticle) 등을 사용하였다.[58]

중세 시대는 그레고리안 성가(Gregorian chant) 이후 음악의 분야에서 많은 발전을 이룩하였다. 특별히 이 시대의 음악 발전에 기여한 사람들은 바로 수도사들이었다. 9세기에는 교회에서 처음으로 오르간이 사용되기도 하였는데, 그 전까지는 교회 예배에 악기가 없었다. 중세에는 교회 음악이 아주 정교해지고 발전하면서 성가대와 악기들이 많이 개발되었다. 그러나 역설적이게도 이 시대의 음악의 발전은 성가대와 특정한 사람들에게는 좋았지만 일반 회중에게서는 높은 수준으로 말미암아 오히려 거리감을 주는 결과를 가져오고 말았다.

그 결과 종교개혁가들은 음악에 대하여 새로운 입장을 선택하게 되었다. 루터는 보다 회중이 참여할 수 있는 방법으로 독일어 회중 찬송(Lutheran Chorale)을 개발하여 사용하였다.[59] 그는 훌륭한 음악가로서 30여 편의 찬송을 지었고, 시편송을 부흥시키고 대중화하기도 하였다. 그러나 쯔빙글리의 입장은 달랐다. 그는 작곡가요 연주가로서 종교개혁가들 중 뛰어난 음악가였지만 교회 예배에서 음악을 제거해 버리는 극단적인 태도를 취하였다.[60] 그리고 그는 회중이 함께 참여할 수 있는 운율 시편송(metrical psalmody)을 예배에서 부르도록 하였다. 한편 스트라스부르크에서는 마틴 부처를 중심으로 운율 시편이 예배에 대대적으로 쓰이게 되었으며, 독일어 찬송도 함께 불려졌다.

그러나 칼빈에 이르러서 그는 찬송(hymnody)을 배제하고 시편송(psamnody)에 치중함으로써 예배에서 이 두 가지 요소의 균형을 잃어버리고 말았다.[61] 칼빈

---

58) 조숙자, 조명자, 『찬송가학』(서울 : 장로회신학대학 출판부, 1981), pp. 9-27.
59) 위의 책, pp. 54-56.
60) J. H. Nichols, *Corporate Worship in the Reformed Tradition*, p. 34.

은 음악을 하나님이 인류에게 주신 선물로 생각하면서, "음악은 포도주가 병에 부어지듯이 좋은 영향이나 나쁜 영향을 우리 마음에 부어 줄 수 있는 힘을 가지고 있다."고 하였다.[62] 음악이 인간에게 주는 영향이 지대하다는 것이다. 그러기에 칼빈은 예배에서 사용되는 찬송이 인간의 언어나 사상을 표현하는 것보다는 시편송을 주로 하도록 하였고, 그 이후 개혁교회는 예배에서 시편송을 부르는 전통을 갖게 되었던 것이다.

그러면 왜 그들은 루터교나 재세례파와 같이 찬송가를 개발하지 않고 시편송을 예전에서 사용하기를 그렇게 원했는가? 그것은 무엇보다도 시편을 사용함으로써 '하나님 자신의 말씀으로 하나님을 찬양하겠다'는 그들의 의지가 담겨 있었기 때문이다. 하나님의 말씀은 단지 읽어지거나 선포되는 것으로서만 중요한 것이 아니라 개혁가들, 특별히 개혁교회 계열의 개혁가들은 모든 예배가 하나님의 말씀에 근거할 수 있기를 간절히 소망했었던 것이다.

18세기에 이르러 개혁교회 계열에는 새로운 변화가 일어나는데, 그 중심 인물이 바로 회중 교회 목사였던 아이삭 와츠(Isaac Watts, 1674-1748)였다. 그는 찬송과 운율 시편송을 다같이 지어서 보급하였는데, 특별히 그가 만든 찬송가들은 너무나 우수하고 탁월한 작품들로 남게 되었다.

이상에서 본 바와 같이 개혁교회는 예배에서의 찬송을 소중히 여기면서 찬송의 전통을 예배에서 계승하고 있음을 알 수 있다. 그러나 분명한 것 하나는 찬송 역시 하나님의 말씀과의 관계가 중요함을 인식하고, 그들은 찬송에서 시편송을 부르기를 권장하였다. 이것은 개혁교회가 그만큼 하나님의 말씀을 소중히 하는 그룹임을 증거하는 것이라고 하겠다.

(4) 구제 헌금

기독교 예배는 전통적으로 봉헌의 순서를 가져왔다. 하나님 앞에 예배를 드릴 때마다 정성된 예물을 준비하여 드리는 것이 기독교 예배의 관례였던 것이다.

---

61) 위의 책, p. 51.
62) 위의 책, p. 35.

구약 시대는 동물이나 곡식으로 예물을 삼아 하나님 앞에 희생 제사를 드렸다. 그러나 초대교회 이후 봉헌의 개념은 성만찬과 관계를 맺으면서, 예물을 드리는 것과 동시에 성만찬의 성물(빵과 포도주)을 제단에 바치는 것을 의미하였다.

그 후 개혁교회에서의 봉헌은 또 다른 개념으로 발전하게 되는데, 칼빈은 사도행전 2 : 42에 근거하여 "말씀, 기도, 성만찬, 교제"가 예배 속에서 이루어져야 한다고 보았다. 그런데 헌금의 개념은 바로 교제의 개념과 연관을 갖는 것이다. 성도들은 예배를 통하여 성도 간의 사랑을 나누어야 할 뿐만 아니라 그 사랑의 교제는 세상으로까지 확대될 수 있어야 한다. 그리스도와 함께 성만찬 상에 모인 사람들은 그것이 세상으로도 이어져서 세상 사람들의 이웃이 될 수 있어야 한다.[63] 여기서 헌금은 바로 가난한 자들을 위한 구제의 목적으로 주어질 수 있어야 한다는 이론이 나오게 되었다. 즉, 가난한 자에 대한 구제 헌금은 그리스도의 사랑을 이웃에게 나누는 교제인 것이다. 따라서 개혁교회 전통에는 가난한 자를 위한 구제 헌금이 예배 순서 가운데 포함되게 되었다.

이러한 개념은 오늘의 교회들이 헌금의 대부분을 교회 내부의 일에 사용하고 있음을 볼 때, 다시 한번 헌금의 의미를 생각하게 하는 것이라고 여겨진다. 장로교의 헌금의 의미는 매우 뜻깊은 것이었음을 오늘의 예배자들은 새롭게 인식하고, 장로교의 이런 전통을 오늘의 현장에서 살려나갈 수 있어야 할 것이다.

(5) 세례

기독교 세례 역시 유대교적 배경에서 나오게 되었다. 유대교에서는 할례와 개종자에 대한 세례를 실행하였는데, 그들은 무엇보다도 이 의식을 통해 하나님과의 언약과 이스라엘 공동체의 일원이 되는 의미를 부여하였던 것이다.[64]

---

63) 위의 책, p. 51.
64) 기독교 세례에 관한 배경은 유대교에서 시작되었음을 거의 모든 신학자들은 일치하게 진술하고 있다. 기독교 세례의 배경이 된 유대교 의식들로는 (1) 구약 시대의 물로 씻는 정결 예식(rite of purification), (2) 쿰란 공동체(Qumran Community)의 가입 의식으로서의 세례, (3) 유대교로 개종하는 사람에 대한 세례, (4) 세례 요한의 세례 등을 들 수 있다. G. R. Beasley-Murray, *Baptism in the New Testament* (Grand Rapids : William B. Eerdmans Publishing Company, 1962), pp. 1-44 ; W. F. Flemington, *The New Testament Doctrine of Baptism* (London : S.P.C.K., 1953),

그러나 이런 유대교적인 배경을 갖고 있음에도 불구하고 기독교의 세례는 또 다른 차원의 의미를 갖는다. 그것은 무엇보다도 예수 그리스도가 세례의 중심에 있다는 사실이다. 기독교는 예수를 구주로 고백하고 영접한 후, 그를 통하여 죄사함을 받고, 그로 더불어 새로운 삶을 시작하고, 교회 공동체의 일원이 되는 의미로서 세례를 베풀었다.

초기 기독교는 성인 세례가 중심이었다. 그러나 차츰 기독교인의 가정에 자녀들이 믿게 되면서, 유아에 대한 세례 문제가 대두되었고,[65] 고대 교회는 유아에 대한 세례를 시행하였다. 물론 신약성경에 유아세례에 대한 정확한 기록은 없으나, 모든 정황으로 볼 때 이미 유아세례는 실시되었다고 본다.

유아 입교 예식은 이미 유대교에서 개종자에 대한 세례와 할례에서 시행하였던 것이었다. 이것은 기독교가 유대교의 선례를 따랐을 것이라는 충분한 증거가 된다. 유대교가 이미 유아세례를 실시하고 있었다는 문화적 배경 속에서, 신약성경은 유아세례를 금지하는 어떤 내용도 언급하지 않고 있다.[66] 그것을 금지하는 언급이 전혀 없다는 것은 이미 긍정적으로 그것이 받아들여지고 있다는 반증이 될 것이다.[67]

또한 유아세례는 어떤 가정이 전부 회심했을 경우 자연스럽게 이루어졌으리라 본다. 사도행전 16장의 루디아의 가정과 빌립보 간수의 가정이 회심하여 세례를 받았을 때 거기에는 온 가족이 함께 세례를 받았다고 기록하고 있다(행 16:15, 33 ; 18:8 ; 고전 1:16). 이것은 이미 신약 시대에 유아세례가 시행되었다는 증거들이 된다.

---

    pp. 3-24 ; A. George S. M. et al., *Baptism in the New Testament*, trans. David Askew (Baltimore : Helicon Press, 1964), pp. 25- 60 ; Aidan Kavanagh, *The Shape of Baptism : The Rite of Christian Initiation* (Collegeville : The Liturgical Press, 1991), pp. 6-10.
65) Lawrence E. Mick, "Baptism in the Early Church", in *The Complete Library of Christian Worship*, vol. 6, ed., R. E. Webber (Nashville : Star Song Pub., 1994), p. 108.
66) Pierre CH. Marcel, *The Biblical Doctrine of Infant Baptism : Sacrament of the Covenant of Grace*, trans. Philip E. Hughes (London : James Clarke & Co. LTD., 1953), pp. 187-91.
67) 위의 책.

곧이어 폴리캅(Polycarp, 150년 경)이나 히폴리투스(Hippolytus, 215년 경)의 문서들에도 유아세례에 대한 기록이 나오고 있다. 그리고 5세기 경 기독교는 유아세례를 확실하게 실시하고 있었음을 볼 수 있는데, 이것은 어거스틴(Augustine)이 펠라기우스(Pelagius)와의 논쟁에서 원죄의 문제를 분명히 언급하면서, 유아세례는 원죄를 없애는 데 있어서 중요하다고 주장하는 데서 볼 수 있다.[68] 그 결과 세례를 받은 아이는 구원을 받지만 만일 세례를 받지 않고 죽게 되면 구원을 받지 못한다는 이유에서 아이가 태어나면 곧바로 세례를 받도록 하였다.

그러면 개혁교회의 세례에 대한 신학은 무엇인가? 먼저 세례는 성례전의 하나라는 것이다. 가톨릭이나 동방정교회가 일곱 가지 성례전(칠성사)을 지키고 있는데 비해서, 개혁교회는 세례와 성만찬의 두 가지만을 성례로 인정한다. 그리고 세례 성례전은 눈에 보이는 말씀(visible Word)이다. 말씀의 신학에 기초한 전통에 따라 성례전은 삼중의 말씀, 즉 기록된 말씀, 선포된 말씀, 보이는 말씀 중의 하나이다. 하나님의 약속이 성례전을 통하여 보다 확실하게 나타나는 것이기 때문에 이는 눈에 보이는 말씀이라고 한다. 칼빈은 세례의 의미를 기독교 강요에서 세 가지로 정의하고 있다. "세례는 교회 공동체로 받아들여지는 입교의 징표요, 그리스도와의 접붙임이며, 우리가 하나님의 자녀로 삼아지는 것이다."[69]

유아세례에 대한 개혁교회의 입장은 중세의 이론과 달랐다. 유아들은 세례를 통하여 교회로 부름받는다. 세례가 그들의 구원에 영향을 주거나 원죄로부터 그들을 자유하게 하지는 않는다. 그러므로 온전한 세례는 결국 그 자신이 미래에 자신의 신앙과 회개를 통해서 이루어지는 것이다. 즉 세례는 자신의 신앙고백으로 이루어지는 입교 문답(confirmation)에서 완성되는 것으로 본다.[70] 이러한

---

68) 펠라기우스는 인간에게 원죄는 없으며, 인간은 죄를 짓지 않을 수 있는 능력을 가지고 있다고 주장하였다.
69) *Calvin's Institute*, Ⅳ.xv.1.
70) Dennis Okholm, "A Reformed Theology of Baptism," in *The Complete Library of Christian Worship*, vol.6, ed., R. E. Webber (Nashville : Star Song Pub., 1994), p. 132.

입장에 근거하여 개혁교회는 유아세례자들이 자신의 신앙고백을 할 수 있는 연령이 되었을 때 반드시 교리 교육과 함께 입교 문답을 하고 있는 것이다.[71]

칼빈은 또한 세례는 설교 시간에 시행할 것과 목사에 의하여 집례되어야 한다고 한다. 세례반은 세례에 관한 내용과 의식에 대해 잘 들을 수 있도록 하기 위해서 강단 가까이 두도록 했으며, 유아세례를 받은 이들이 후견인(대부모)을 통해 신앙적 돌봄을 받도록 하는 것을 반대하지 않았다.[72] 특별히 마틴 부처는 세례를 반드시 정규 공중 예배에서 시행하도록 하고 있는데, 이것은 세례가 그리스도의 몸인 교회로 연합하는 성례전이라고 생각했기 때문이다.[73]

(6) 성만찬

성만찬은 기독교 성례전의 하나로서, 오늘까지 중요하게 지켜져 오고 있다.

---

71) 기독교 안에서 유아세례에 대한 논쟁은 지금까지 계속 되고 있다. 대부분의 교회들은 전통적으로 유아세례(Infant Baptism)를 인정하고 있지만, 재세례파 등에서는 유아세례를 인정하지 않고 오직 자신의 신앙을 고백한 사람들만이 세례를 받을 수 있다고 주장한다(Believer's Baptism). 개혁교회는 유아세례의 정당성을 인정하고 있는데, 칼빈은 그 근거를 다음과 같은 이유 때문이라고 한다.
(1) 신자의 자녀들은 "언약 아래 있는 자들", 즉 언약의 자손(Children ofCovenant)이기에, 하나님의 백성의 일원으로 그들은 성례전에 참여할 자격이 있다.
(2) 유대인의 자녀들이 할례에 의해서 하나님의 백성이 되듯이 그리스도인의 자녀들은 기독교의 할례인 세례에 의하여 새로운 이스라엘(New Israel)로 받아들여지는 것이다.
(3) 신약성경에서 세례를 받은 가정들은 그 세례에 어린아이들을 포함하여 함께 받았다.
(4) 그러나 칼빈은 자신의 신앙고백이 중요함을 인정하면서, 유아세례자는 입교 문답(Confirmation)에 의해서 세례가 완성된다고 주장하였다.
Ronald S. Wallace, *Calvin's Doctrine of the Word and Sacrament* (Edinburgh : Oliver and Boyd, 1953), pp. 191-96.
참고로 개혁교회 안에서도 칼 바르트(Karl Barth) 같은 신학자는 (1) 세례는 자신의 신앙적 결단으로 이루어져야 하나 유아세례는 부모의 신앙으로 받는다는 점, (2) 성서에 어디도 유아세례에 대한 직접적 언급이 없다는 점, (3) 유아세례는 후에 입교 문답을 다시 해야 하는 불완전한 것이기 때문에 유아세례를 반대하고 있다. Karl Barth, *Church Dogmatics* Ⅳ (New York : Holt, 1964).
72) James F. White, *Documents of Christian Worship* (Lousville : John Knox Press, 1992), p. 173. 그러나 칼빈은 대부모(godparent)보다는 전체 교인들(whole congregation)이 유아세례를 받은 자들의 주된 후원자가 되어야 한다는 입장을 더욱 견지하였다. Howard L. Rice and James C. Huffstutler, *Reformed Worship* (Louisville : Geneva Press, 2001), p. 56.
73) H. O. Old, *Guides to the Reformed Tradition*, p. 17.

성만찬은 우리 주님이 제정하시고 명하신 것이지만은 그 배경은 구약성경에 있다. 이것은 구약 족장 시대의 계약 식사(covenant meal)와 유월절 식사(Passover meal)에 뿌리를 두고 있다고 본다.[74] 그 후 예수님께서는 제자들과 함께 유월절 만찬을 드시면서 여기서 성만찬을 제정하시고, 이를 계속 행할 것을 명하셨다. 특별히 주님은 여기서 잔을 드시면서, "이것은 죄 사함을 얻게 하려고 많은 사람을 위하여 흘리는바 나의 피 곧 언약의 피니라"(마 26 : 28)고 하시면서, 새로운 계약이 이를 통해 시작됨을 언급하셨다.

주님의 명령에 따라 초대교회는 성만찬을 성실하게 진행하였다. 그들은 주님의 부활을 기리는 매주일 성만찬을 거행하였으며, 몇 명이 소그룹으로 모여 이 예식을 집행하지 않고, 기독교 공동체 전체가 참여하는 예전으로 거행하였으며, 성만찬은 말씀과 긴밀한 관계를 갖고 집례되었다. 그 후 5세기 말 어거스틴(St. Augustine)에 이르러서 성만찬의 계약적인 면과 성만찬은 하나님이 주도하시는 것이라는 점, 그리고 성만찬은 하나님의 은총의 징표라는 점들이 강조되었다.[75]

그러나 중세 말에 접어들면서 여러 가지 부정적인 면들이 성만찬 현장에서 나타나게 되었다. 성만찬은 미사의 희생 제사가 되어 버렸으며, 일반 회중들은 알아들을 수 없는 언어로 집례하여 신비의 현장이 되었고, 빵과 포도주가 그리스도의 살과 피로 변한다는 주장 아래 마술적 의식처럼 이루어지고 있었다. 그리스도의 살과 피를 먹고 마신다는 것은 보통 사람들에게 두려움을 주어서 성만찬을 받는 것을 꺼리도록 했으며, 결국 성만찬은 1년에 한 번 그것도 빵만 받도록 하였다. 많은 교회들 안에는 여러 개의 제단들이 배치되었고, 미사의 횟수가 늘어났으며, 사적인 미사들이 이루어지게 되었다. 이런 중세의 말기 현상들은 예배에 대한 새로운 개혁을 할 수밖에 없는 상황을 부르고 있었던 것이다.[76]

---

74) 위의 책, p. 103. 여기서 계약 식사의 대표적인 것은 멜기세덱과 아브라함의 식사, 아브라함이 세 명의 천사를 대접한 것, 야곱이 이삭을 위해 준비한 식사 등으로서, 이것은 서로 간에 깊은 관계를 맺기 위한 계약 식사였다. 참고로 올드는 이 계약 사상이 기독교 성만찬 전통에 계속 이어지며, 특별히 개혁교회는 이 계약 신학이 바탕이 되고 있음을 그의 저서에서 자세히 기술하고 있다.
75) 위의 책, p. 124.
76) 위의 책, p. 125.

루터(Martin Luther), 멜랑히톤(Philipp Melanchthon), 쯔빙글리(Huldrych Zwingli), 부처(Martin Bucer), 칼빈(John Calvin) 등 종교개혁가들은 성만찬 예전에 대한 개혁에 공감을 하였다. 그들은 먼저 예전에 사용되는 언어를 회중들의 자국어로 바꾸었으며, 희생 제사적인 요소들을 성만찬 예전에서 제거하였고, 무엇보다도 회중이 성만찬에 직접 참여하도록 하여 떡과 잔을 받도록 하였다.

　　마틴 부처는 특별히 회중의 성만찬 참여를 강조하였다. 전체 하나님의 백성들이 떡과 잔을 나누는 것이야말로 성만찬 예배의 핵심이라고 보았다. 또한 그는 말씀과 성만찬의 균형과 일치를 주장하면서, 성만찬이 집례될 때는 하나님의 말씀을 설교하는 것이 필수적이며, 설교와 성만찬은 언제나 함께 가야 한다고 주장하였다. 끝으로 그는 주님의 만찬과 주일의 관계를 강조하고 있는데, 주님의 만찬은 주님이 죽으셨다가 다시 부활하신 주님의 날 집례되어야 한다고 하였다.[77]

　　쯔빙글리는 성만찬 예전을 매우 간단하게 하였다. 그는 떡과 잔을 나누는 것을 예전의 가장 중심 위치에 두었다. 그는 성만찬을 그리스도의 몸 안에서 전체 교회가 연합하는 징표로 보았다. 그리고 성만찬의 횟수도 1년에 4회 정도로 하였다. 무엇보다도 그는 성만찬의 의미를 단순히 그리스도에 대한 기념적 차원으로 정의함으로써, 성만찬에 대한 해석을 새롭게 하기도 하였다.

　　칼빈은 성만찬을 계약적인 것으로 보았다. 성만찬은 하나님이 그의 택하신 백성들과 맺으신 언약의 징표인 것이다(계약 신학). 그는 또한 말씀과 성만찬의 관계를 중요시하면서, 성만찬 예전에서 계약의 선포(말씀)는 예전의 필수적인 요소라고 주장한다. 성만찬은 눈에 보이는 하나님의 가시적인 말씀(visible Word of God)이기 때문이다. 또한 성만찬에 있어서는 떡과 잔에 참여하는 것이 가장 중요한 것으로서, 회중들의 성찬 참여를 강조하였다. "빵이 몸을 자라고 지탱하고 지켜 주는 것처럼 주님의 몸은 우리 영혼을 강하게 하고 힘을 주는 유일한 음식이다. 포도주가 우리 몸에 유익을 주는 것처럼 그리스도의 피는 우리에게 영적 유익을 준다."[78] 그러므로 성찬대에서 집례되는 떡과 잔을 받는 것은 예배의

---

77) 위의 책, pp. 127-29.
78) *Calvin's Institute* IV. xvii, 3.

가장 중요한 순간이다.

또한 칼빈은 그리스도의 임재 방식에 대하여 영적인 임재를 주장하였다. 그리스도는 하늘 보좌 우편에 앉아 계시지만 그럼에도 불구하고 그분은 성령을 통하여 우리 가운데 임재하신다. 우리는 성령을 통하여 그리스도와 연합을 이루게 된다. 성만찬에 참여하는 것은 그리스도의 몸을 나누는 신비한 사건이다. 마지막으로 칼빈의 성만찬론은 깊은 윤리적 도덕적 연관성을 가진다. 성만찬은 하늘에 계신 하나님과 이루어지는 것만이 아니라 이 땅의 기독교 공동체와도 연결이 된다. 그러므로 우리는 성만찬을 받음으로써 거룩하고 정의롭고 평화를 실천하는 삶을 살도록 힘써야 한다.

이상과 같이 개혁교회 성만찬은 계약 신학, 그리스도의 영적 임재, 회중의 성만찬 참여의 중요성, 그리고 윤리적 생활의 실천 등으로 요약할 수 있을 것이다.

(7) 강복 선언(축도)

기독교 예배에서는 언제나 축도(降福 宣言)가 있었다. 하나님께 예배하는 무리들에게 하나님의 주실 복을 선언하는 것은 당연히 있어야 할 순서이다. 전통적으로 이 순서는 모든 예배를 마치는 마지막 부분에 두어서 예배를 마치고 돌아가는 성도들을 축복하도록 하였다.

기독교의 축복 기도 형태는 대표적으로 두 가지가 사용되고 있다. 첫째는 아론의 축도(Aaronic Blessing)요, 다음은 바울 사도의 축도(Apostolic Blessing)이다. 먼저 아론의 축도는 민수기 6 : 24~26에 나오는 내용으로 하고 있다.

> "여호와는 네게 복을 주시고 너를 지키시기를 원하며 여호와는 그 얼굴로 네게 비취사 은혜 베푸시기를 원하며 여호와는 그 얼굴을 네게로 향하여 드사 평강주시기를 원하노라"

그리고 바울 사도의 축도는 고린도후서 13 : 13에 기록된 내용이다.

> "주 예수 그리스도의 은혜와 하나님의 사랑과 성령의 교통하심이 너희 무

리와 함께 있을지어다"

　이 두 가지 축도 중 개혁교회의 마틴 부처, 존 칼빈, 존 낙스 등은 모두 아론의 축도를 예배에서 사용하고 있다. 이것은 오늘날 대부분의 교회들이 사도의 축도를 사용하고 있는 것과 비교해 볼 문제라고 본다. 참고로 웨스트민스터 예배모범에 나오는 축복을 위한 기도(Prayer for a Blessing)는 그 내용이 다음과 같이 되어 있다.[79]

> The Lord bless us, and keep us ;
> the Lord make his face to shine upon us, and be gracious unto us ;
> the Lord lift up his countenance upon us, and give us his Peace ;
> and the very God of Peace sanctify us wholly, that our whole spirit, soul, and body may be preserved blameless unto the coming of our Lord Jesus Christ :
> and the grace of our Lord Jesus Christ, and love of God the Father, andCommunication of the Holy Ghost be with us all. Amen.

> 주님께서 우리에게 복을 주시고, 우리를 지키시며,
> 주님께서 그 얼굴을 우리 위에 비추사 우리에게 은혜를 베푸시며,
> 주님께서 그 얼굴을 우리 위에 드사 평강주시기를 원하노라.
> 평강의 참 하나님께서 우리 모두를 거룩케 하사, 우리의 영혼과 정신과 몸이 우리 주님 예수 그리스도께서 오시는 그날까지 흠 없이 보존되기를 원하노라. 주 예수 그리스도의 은혜와 하나님 아버지의 사랑과 성령의 교통하심이 우리 모두와 함께 있을지어다. 아멘.

　참고로 개혁교회의 예배와 신학의 기초를 세웠던 존 칼빈의 예배(1542년)를

---

79) Thomas Leishman, ed., *The Westminster Directory* (Edinburgh and London : William Blackwood and Sons, 1901), p. 181. 이 축복 기도의 내용은 민수기 6 : 24-26, 데살로니가전서 5 : 23, 고린도후서 13 : 13의 내용으로 구성되어 있다.

소개하면 다음과 같다.

〈말씀의 예전〉
성구낭독(시 124 : 8, 예배로 부름)
죄의 고백
용서를 위한 기도
시편송
성령의 조명을 위한 기도(Collect for Illumination, 성령임재기원)
성경 봉독
설교

〈성만찬 예전〉
헌금(Alms, 구제헌금)
중보기도
주기도문 해설
사도신경송을 하면서 성물 준비
성찬제정사(Words of Institution)
권면
성찬기도
분병(Fraction, 떡을 쪼갬)
배찬(Delivery)
성찬참여(시편이나 성경을 읽음, Communion)
성찬 후 기도
아론의 축도(Aaronic Blessing)

3) 예배에서의 목사와 회중

교회 공동체에서 목사와 회중은 예배의 두 중심축으로서, 예배 인도자와 예배자로서 기능하게 된다. 그러므로 이들이 예배에서 어떤 위치에 서느냐 하는 것은 그 예배의 성격을 결정짓게 되는 중요한 요소라고 하겠다. 예배사적으로 목사와 회중의 위치는 시대적 상황이나 예배가 갖는 특성들에 따라서 끊임없이 변화되어 왔음을 볼 수 있다. 그러면 개혁교회에서는 목사와 회중에 대하여 어떻게 이해하고 있는지 살펴보도록 하겠다.

(1) 개혁교회의 목사

구약 시대의 제사장과 예언자, 회당의 랍비, 중세의 사제, 종교개혁기의 목사 등의 명칭은 그들의 역할과 긴밀하게 관련된 이름들이다. 그러나 이들 차이의 주된 요인은 예배와 말씀 중 어느 기능이 더 강조되고 있느냐에 있다. 구약의 제사장은 성전 예배와 관련된 직책이었다. 그들은 성전에서 주로 희생 제사를 드리는데 봉사하였다. 그러나 예언자는 제사보다는 하나님의 말씀을 이스라엘 백성에게 선포하는 것과 관계된 직책이었다. 회당 출현 이후에는 말씀을 해석하고 가르칠 사람이 필요하게 되었는데, 이를 위해 랍비가 그 사명을 담당하였다. 중세 시대는 미사가 강조된 시기였다. 자연스럽게 목회자의 기능은 예배와 관계를 갖게 되었으며, 그 이름도 '사제'라 보통 불려졌다.

그러나 종교개혁은 다시 말씀의 회복을 부르짖으면서, 목회자의 기능도 말씀과 더욱 관련을 맺게 되었다. 그래서 목사는 곧 설교자라는 인식이 확산되었다. 마틴 부처는 중세의 사제(priest)라는 용어를 대신하여, 목사(minister)라는 용어를 쓰기 시작하였다.[80] 이 용어는 예배 집례자로서뿐만 아니라 말씀의 선포자로, 더 나아가 행정이나 교육, 상담 등의 다양한 기능을 수행하는 포괄적인 이름이라 할 수 있겠다.

먼저 개혁교회 목회자는 말씀의 선포자로서 예언자적 기능을 갖는다. 종교개혁은 "오직 말씀"이라는 모토에 의해 진행되면서, 목사의 기능도 다른 무엇보다 말씀의 선포자로서의 사명을 강조하게 되었다. 중세교회의 목회자에 대한 개념이 예배 집례자로서의 사제적 기능이 강조된데 비해, 종교개혁 이후 목회자는 설교자의 이미지가 더욱 강조되었다.

다음으로 개혁교회 목사는 예배의 집례자로서의 제사장적인 기능도 갖는다.

---

80) W. D. Maxwell, *A History of Christian Worship*, p. 91.

종교개혁 이후 목회자의 말씀 기능이 강조된 것이 사실이지만 그러나 예배의 기능을 무시한 것은 아니었다. 칼빈 등 개혁교회 지도자들은 예배의 집례뿐만 아니라 세례나 성만찬 성례전이 반드시 안수받은 목사에 의하여 집례되어져야 한다는 것을 밝히고 있다.[81] 말씀을 강조했지만 그들이 결코 예배의 집례자로서의 기능을 소홀히 하지 않았다는 점을 간과해서는 안 된다.

그 외 개혁교회 목사는 교회의 행정가로서, 교인을 말씀으로 가르치는 교육가로서, 그리고 교인을 심방하고 권면하는 상담가로서의 다양한 기능을 포함하는 직책으로 이해되고 있다.[82]

(2) 개혁교회에서의 회중의 위치

개혁교회에서 가장 큰 변화를 가져온 것 중의 하나가 회중 중심 사상이다. 중세의 예배나 제도는 회중을 무시한 성직자 중심주의(clericalism)였다. 따라서 이 시대 예배에 있어서 회중은 하나의 방관자에 불과했다. 그러나 개혁교회는 무엇보다도 회중의 참여를 강조하게 되었다. 이러한 주장은 회중 교회(congregationalism)가 출현하게 되는 결과를 가져오기도 하였다. 중세교회 체제가 성직자 중심의 감독제로 회중의 참여가 배제되었다면, 이제 교회 체제가 회중의 참여가 가능한 장로제나 회중 교회 체제가 나오게 되었는데, 이것은 무엇보다도 개혁교회에 그 뿌리를 두고 있는 제도들이다.

예배에 있어서 중세의 회중은 하나의 방관자에 불과하였다. 알아들을 수 없는 언어로 진행되는 미사는 회중의 청취를 불가능하게 하였고, 예배 순서에서 회중이 참여할 수 있는 순서는 거의 없었다. 미사는 완전히 사제의 독점 무대였다.[83] 종교개혁가들은 무엇보다도 이 문제점을 개혁하고자 하였는데, 이제는 자국어로 예배를 드리도록 하였고, 기도나 시편송 등을 통해 회중의 참여를 확산시켜 나갔다. 개혁교회 예배에서의 회중은 단지 피동적인 존재가 아니라 적극적인 참여자

---

81) J. F. White, *Documents of Christian Worship*, p. 173.
82) Thomas C. Oden, *Pastoral Theology*, 오성춘 역, 『목회 신학』(서울 : 한국장로교출판사, 1987), pp. 113-72.
83) 정장복, 『예배학 개론』(서울 : 예배와설교 아카데미, 1999), p. 110.

로 그 위치가 바뀐 것이다. 따라서 개혁교회 예배는 언제나 회중의 능동적 참여가 이루어지게 함으로써 예배가 활기차고 생동감 있게 전개되도록 해야 한다. 개혁교회 예배는 집례자나 어떤 특정한 사람의 예배가 아니라 모든 사람들이 함께 하는 공동예배(corporate worship)가 되도록 하는 것이 그 정신에 타당하다고 하겠다.

그러나 여기서 한 가지 깊이 고려해야 할 것이 있다. 그것은 재세례파와 같은 사제 무용론과 만인 제사장설을 잘못 이해함으로써 올 수 있는 위험성이다. 중세의 사제 중심주의에 대한 반발로 재세례파와 같은 경우는 사제무용론을 주장하면서 성직자와 평신도의 구별을 완전히 없애버렸다. 그러나 이것은 성서와 역사적 전통을 완전히 무시한 잘못된 것이다. 하나님은 성서 시대로부터 지금까지 언제나 자신과 예배자들과의 사이에 집례자를 세워서 예배하도록 하셨다는 사실을 기억해야 한다.

또 하나 만인 제사장설을 주장함으로써 신자는 누구나 제사장이 되어 예배를 인도할 수 있다는 생각도 잘못된 것이다. 만인 사제설은 신자가 중세 시대에서와 같이 사제를 통하지 않고 하나님께 직접 나아가 기도를 할 수 있고, 이웃을 위해 자신을 희생적 존재로 예배에서 드린다는 의미이다.[84] 이것이 신자 자신이 제사장이 되어 예배를 인도한다는 것이 아님을 분명히 알아야 한다. 심지어 평신도 중심주의 체제인 침례교의 신학자 시글러(F. M. Segler)까지도 다음과 같이 언급하고 있다.

> 모든 신자가 다 제사장이란 교리는 각 사람 자신이 제사장이란 뜻이 아니고, 각 사람은 다른 사람들에 대하여 제사장이 된다는 뜻이다. 그리고 이것은 공동체를 필요로 한다. '왕 같은 제사장'이란 회중 각자들이 예배에 대하여 책임을 가진다는 뜻이다. 백성을 위한 제물로서 자신을 바치신 우리의 대제사장처럼 회중은 하나님과 이웃을 위해서 그들 자신을 바쳐야 한다.[85]

---

84) 위의 책, p. 61.
85) Franklin M. Segler, *Christian Worship*, 정진황 역, 『예배학 원론』(서울 : 요단출판사, 1979), ff. 234.

목사는 예배의 인도자로 하나님 앞에 부름받아 선 존재요, 회중은 예배 인도자를 따라 하나님 앞에 자신을 드려 예배해야 할 사명이 있다는 점을 언제나 생각하면서, 각 자의 위치에서 자신에게 주어진 예배적 사명에 성실해야 할 것이다.

새로운 시대는 새로운 신학과 제도와 전통을 만든다. 장로교회는 종교개혁이라는 새로운 시대의 장에서 그 시대의 문제를 무엇보다도 하나님의 말씀(the Word of God)에 근거하여 개혁해 보려는 뜨거운 열망을 가지고 일어난 전통이었다. 하나님의 말씀을 상실한 시대에서 다시 하나님의 말씀을 회복하려는 동기는 그 시대 개혁을 바라던 많은 사람들에게 공감을 주었고, 그들을 개혁의 대열에 참여토록 하였다. 장로교는 하나님의 주권과 말씀의 신학을 근거로 하여 교회의 예배와 제도, 교리 등을 개혁하였다. 예배에 있어서도 이러한 정신과 원리는 그대로 적용되어, 하나님께 드리는 예배는 하나님의 말씀에 근거하여 만들어져야 하며, 그 예배를 통해서 하나님께 영광을 돌려드리는 것이어야 함을 강조하게 되었다.

이제 장로교회는 장로교 예배의 전통을 다시 한번 인식하고 이해함으로써, 오늘 우리 예배의 현장에서 선조들이 그토록 구현하고자 했던 예배의 모습을 실천해 나갈 수 있어야 할 것이다. 특별히 오늘의 혼란스런 예배 현장은 다시 한번 우리의 예배가 어떠해야 하는가에 대한 질문을 제기하게 하고 있는 바, 우리는 이에 대한 답을 장로교 본래의 모습으로 돌아가 찾을 수 있어야 하리라 본다. 복잡하고 혼란스러울수록 그 해답은 근본을 찾는 데서 얻을 수 있을 것이다.

제4장

장로교 예배모범의 효시 웨스트민스터 예배모범

The Spirit and Principles of Presbyterian Worship

장로교 예배모범의 효시 웨스트민스터 예배모범

"교회는 항상 개혁되어야 한다."(Ecclesia semper reformanda.)

16세기의 종교개혁은 기독교 역사에 새로운 전환점을 만들었다. 중세 1,000년에 대한 반성과 함께 개혁이 일어나면서, 이제 교회는 모든 면에서 새로운 환경으로 들어서게 되었다. 일률적인 신학, 일률적인 예배, 일률적인 교회 체제에서 이제는 각자의 신학과 사상이 반영된 다양한 예배, 다양한 교회, 다양한 제도들이 나타나게 된 것이다. 따라서 교회는 예배와 제도적인 면에서의 통일성을 추구했던 과거의 자세에서 벗어나 이제는 다양성의 시대로 전환하게 되었다.

개혁교회(the Reformed Church)는 종교개혁기를 통해서 형성된 개신교 전통의 한 줄기이다. 루터와 쯔빙글리 이후 칼빈을 중심으로 낙스 등으로 계승된 이 전통은 개신교권 안에서 중요한 위치를 차지하게 되었다.

개혁교회의 전통은 무엇보다도 "하나님의 말씀"에 철저히 기반을 두고 있다. 교회와 신학과 예배 등 모든 것의 중심에 이들은 하나님의 말씀을 가장 우선적인 것으로 취급하였다. 따라서 개혁교회는 교회의 예배에 있어서도 오직 말씀 중심의 예배를 구현하려 하였다.

중세 시대 예배는 성만찬 중심이 되어 하나님의 말씀을 경시함으로써 결국은 교회 현장의 타락으로 귀결이 되었다. 하나님의 말씀을 도외시한 결과는 하나님으로부터의 관계를 소원하게 했을 뿐만 아니라 교회 본래의 모습을 상실하도록 하고 말았다. 이에 개혁교회 전통은 하나님의 말씀의 소중한 의미를 재인식하고 교회의 신학과 실천은 무엇보다도 하나님의 말씀에 근거해야만 한다고 강력히 주장하게 되었다. 즉 하나님의 말씀이 모든 것의 표준이요, 모든 것의 최우선이라는 입장을 견지하게 된 것이다. 이미 언급하였듯이 칼빈(John Calvin)은 성경에 가르치는 것만이 예배에서 사용되어야 한다고 강력하게 주장할 정도였다.[1] 모든 예배는 말씀에 따라 구성되고, 그 순서 하나하나도 말씀에 바탕을 두어야 한다는 것이다. 이러한 주장은 개혁교회의 예배에서 중요한 기준이 되었으며, 그 후 장로교 예배 지침이 된 웨스트민스터 예배모범(Westminster Directory for Worship)에도 그러한 입장들이 반영되게 되었다.

웨스트민스터 예배모범은 무엇보다도 개신교회 중 장로교의 예배에 관한 지침을 최초로 제시하였다는 점에서 그 의의와 가치가 크다고 하겠다. 예배의 형식도 중요하지만 그 예배가 어떤 원리와 정신과 내용으로 드려져야 한다는 것은 더욱 중요하지 않을 수 없다. 그동안 중세교회는 예배의 형식에 집착한 나머지 예전서 (Liturgy)들을 만들고 그것을 실행하는 데 역점을 두었지만 예배가 어떤 정신과 원리에 따라서 드려져야 한다는 점은 소홀히 한 면이 없지 않았다. 따라서 그러한 예배는 지극히 형식적으로 치우치면서 예배의 생명력을 상실할 수밖에 없었던 것이다. 거기에 비해서 이제 웨스트민스터 예배모범은 예배의 형식보다는 본질을 찾으려는 노력이었으며, 그 결과로 만들어진 결정체라고 할 수 있다.

무엇보다 이 예배모범은 개혁교회의 신학을 반영하면서, 장로교 예배의 원리를 제시했다는 점에서 장로교 예배의 "경전적 권위"[2]를 가진 작품이라고 하겠다. 그러나 그동안 안타깝게도 장로교회들은 이 귀중한 작품을 알지 못했거나 무관함으로써 자신들의 예배에 대한 근거를 상실한 채 방황하는 모습도 없지 않았다.

---

1) James F. White, "Reformed Worship" in *The Complete Library of Christian Worship*, vol. 2, ed., Robert E. Webber (Nashville : Star Song Pub., 1994), p. 76.
2) 정장복, 『예배의 신학』(서울 : 장로회신학대학 출판부, 1999), p. 162.

이제라도 다시 오늘의 장로교회들은 자신의 예배를 바로 이해하고, 그런 예배를 현장에서 실천하기 위해서, 자신들의 선조들에 의해서 만들어진 이 소중한 작품에 대해 새로운 관심과 애정을 가져야 할 것이다.

그러면 웨스트민스터 예배모범의 시대적 배경과 작성 과정, 그리고 그 내용과 신학 등에 대하여 함께 알아보도록 하겠다.

1. 시대적 배경

1) 개혁의 전야

역사는 발전의 때가 있는가 하면 또한 쇠퇴의 때가 있다. 중세교회는 기독교 공인을 통한 교회의 외형적인 성장과 아우구스티누스(Augustinus) 이후의 신학적인 진보, 그리고 예배학적인 면에서는 예전의 체계화와 의식의 정교한 발전들이 이루어졌었다.

그러나 중세 1,000년의 후반기는 모든 것이 긍정적으로만 진행되고 있었던 것은 아니었다. 신학과 교회의 실천 현장이 그 본질에서부터 벗어나기 시작하여 서서히 타락의 길로 접어들면서, 어두움의 그림자가 짙게 드리워지고 있었던 것이다. 교황은 지상권(universal Supremacy)을 가진 자로서 베드로의 계승자요, 지상에서 그리스도의 대리자로서 막강한 권력을 행사하였으며,[3] 도시의 교회들은 "박물관과 보물 창고"가 될 만큼 부유하고 화려하였으며,[4] 기독교는 공포를 조장하는 미신적 종교로[5] 전락해 많은 사람들의 신앙을 왜곡되게 하고 있었다. 이러한 종교적 깊은 어두움들은 이제 새로운 개혁의 아침을 기다리게 하였던 것이다.

이 외에도 도시 국가들의 독립과 로마 교회 세력으로부터의 자유, 중세 봉건 체제의 붕괴, 농민들의 불만에 의한 봉기, 성직 매매, 성직자와 수도자들의 타락,

---

3) Thomas M. Lindsay, *A History of the Reformation*, vol. Ⅰ (Freeport : Books for Libraries Press, 1972), pp. 1f.
4) 위의 책, p. 116.
5) 위의 책, p. 127.

고위 성직자들의 불륜과 사치, 르네상스(Renaissance) 인문주의의 영향에 의한 지성인들의 일치 등이 이루어지면서 이 시대는 이제 새로운 미래를 향한 격변을 예고하고 있었던 것이다.[6] 교회사가인 윌리스톤 워커(Williston Walker)는 당시 독일의 예를 들면서 종교개혁이 일어날 수밖에 없었음을 다음과 같이 기술하고 있다.[7]

    16세기 초 독일의 종교 경제적 상황은 여러 가지 국면에서 위기에 처해 있었다. 교황청의 과세와 교직 임명에 대한 영향력 행사는 일반에게 억압적인 것으로 여겨졌다. 교황청의 소집에 의한 성직자들의 업무상 긴 여행은 낭비와 타락의 원인으로 생각되어졌다. 성직자들은 지위고하를 막론하고 대부분이 존경할 가치가 없는 자들로 비난을 받았다. 상업 도시들은 성직자의 세금 면제, 이자 금지법, 수많은 축일들, 교회의 걸식(乞食) 장려 등에 대하여 반항적이었다. 수도원들은 많은 곳에서 분노에 찬 개혁의 요구에 직면해 있었으며, 그들의 과다한 토지소유는 귀족이나 농민 모두에게서 해악(害惡)된 것으로 여겨졌다. 대부분의 농민들은 경제적으로 불안정한 상태에 있었으며, 지방 교직자들에 의한 착취로 인하여 원성이 높았다. 여기에 더하여 독일 인문주의(humanism)의 지적 발흥과 일반 백성들의 종교적 각성은 깊은 경외심과 함께 구원에 대한 관심을 불러일으켰다. 이러한 여러 가지 불만 요인들은 그것을 담대하게 외칠 수 있는 탁월한 지도자를 찾고 있다는 증거라고 하겠다.

중세 후기의 이러한 상황은 예배라고 해서 결코 예외가 아니었다. 하나님께 온전하게 드려져야 할 예배는 그 본질을 상실한 채 하나님이 원하시는 예배와는 거리가 먼 인간들의 의식만이 행해지고 있었던 것이다. 영적 생명력은 인간들의 화려한 의식 속에서 힘을 잃어버리고, 예배 현장에는 어두운 그림자가 짙게 드리워지면서 하나님의 모습마저도 희미해져 버리고 말았다. 예배가 예배되지 못할

---

  6) 이형기, 『세계 교회사』(Ⅱ) (서울 : 한국장로교출판사, 1994), pp. 59-64.
  7) Williston Walker, *A History of the Christian Church* (New York : Charles Scribner's Sons, 1970), p. 301.

때 예배를 통한 인간과 하나님의 만남은 단절되어 갔고, 그것은 결국 교회의 부패와 타락으로 귀결되어졌던 것이다. 그러면 당시의 예배는 어떠했는가?

(1) 중세교회의 예배 현장

중세교회는 그레고리 대제(Gregory the Great) 이후 예전적인 측면에서 많은 변화와 발전이 있었다. 예배 의식의 정교함, 성전 건축의 웅장함, 음악의 아름다운 조화, 교회 내부의 장식과 사제의 제의(vestment)에 이르기까지 모든 것이 화려하고, 인간의 시선을 매료시키기에 부족함이 없었다. 그러나 이런 외적인 형식들에 대한 치중은 후에 예배의 영적인 면과 생명력을 서서히 상실해 가도록 하였다. 고정된 예배 의식은 사람들로 하여금 형식주의에 빠지도록 하였고, 지나친 신비의 강조는 예배의 미신적 경향을 가져왔으며, 라틴어로 진행되는 미사는 회중들을 단지 구경꾼으로 만들어 버리고 말았다. 이런 현상들은 예배 현장의 필연적인 개혁을 부를 수밖에 없었던 것이다.

중세 후기의 예배에 대하여 예배학자들은 대부분 부정적으로 평가하고 있다.[8] 이때의 예배는 성직자들 중심으로 진행되어 회중은 구경꾼에 불과하였으며, 예배 용어(라틴어)로 인한 인도자와 회중 간의 커뮤니케이션(communication)의 단절, 과다한 축일들, 세속적이고 미신적인 관습, 성자숭배 의식, 성찬 숭배 등 수많은 문제점들을 안고 있었다.[9]

무엇보다도 예배에서의 하나님의 말씀의 부재는 예배뿐만 아니라 신앙의 본질을 변질시키고 교회를 타락시키는 심각한 원인으로 작용하였다. 대부분의 사제들은 설교를 하기에는 말씀에 관한 지식이 너무 부족했으며, 예배 또한 성만찬 중심으로 전향될 수밖에 없었다. 이 시대의 예배에 대하여 윌리암 맥스웰(William Maxwell)은 그의 저서 『기독교 예배의 역사』에서 다음과 같이 그 심각성을 지적하고 있다.

---

8) James F. White, *Protestant Worship* (Louisville : Westminster/John Knox Press, 1989), p. 25.
9) 위의 책, pp. 25f.

16세기 초 서방 교회에서의 성만찬 의식은 하나의 구경거리(dramatic spectacle)로 전락되어 버렸고…… 화체(transubstantiation)의 기적과 미신적 숭배 속에서 이루어졌다. 의식은 알지 못하는 언어(라틴어)로 들리지 않게 말하면서 진행되었고, 화려한 의식과 정교한 음악으로 둘러싸여 있었으며, 일반 사람들이 거기에 참여할 기회는 거의 없었다. 사람들은 일년에 한번 이상 성찬에 참여하는 것이 어려웠다. 설교는 무덤 속으로 퇴락하였고, 대부분의 교구 사제들은 설교를 하기에는 너무 무식하였다. 성경이 봉독되어져야 할 부분은 대부분 성자들의 생활담이나 전설들이 차지하고 말았다. 성경은 모국어로 완전하게 전달되지 않았다. 미사의 헌금과 면죄부의 구입은 성직매매와 착취의 근원이 되었다. 종교개혁은 시급하고도 필연적일 수밖에 없었던 것이다.[10]

(2) 개혁의 필연성

중세 1,000년의 기독교는 외적으로 평화와 안정 속에 발전해 나갔지만 내적으로는 수많은 문제들을 안고 있었다. 교회 지도자들은 지도자들대로 타락하였으며, 교회는 제도화되어 가는 가운데 그 생명력을 잃어버리고, 영적, 도덕적, 신학적 위기에 직면하게 되었다.

특별히 하나님께 드리는 예배 현장의 타락은 교회의 타락으로 귀결되면서, 기독교의 새로운 개혁을 필연적으로 부르게 되었다. 알아들을 수 없는 언어로 진행됨으로써 회중은 예배의 방관자가 되어 버리고, 맹목적인 헌신과 신비의 강조는 예배자들을 지극히 피동적인 존재로 만들었으며, 미사는 사제의 독점무대가 되고 사제의 절대권이 지나칠 정도로 숭상되었으며, 예전에서 성만찬의 강화와 말씀의 약화 현상은 기독교 본래의 예배를 변질시켜 버리고 말았던 것이다.[11]

따라서 종교개혁에 있어서 예배의 개혁이란 이제 피할 수 없는 과제로 등장하

---

10) William D. Maxwell, *A History of Christian Worship : An Outline of Its Development and Forms* (Grand Rapids : Baker Book House, 1982), p. 72.
11) 정장복, 『예배학 개론』(서울 : 예배와 설교 아카데미, 1999), p. 110.

게 되었다. 개혁자들 자신도 종교개혁의 와중에서 예배가 개혁되어야 한다는 것을 처음부터 의식했거나 이 일을 시도했던 것은 아니었지만,[12] 여러 가지 악습과 제도들을 고쳐 나가는 중에 그들은 지금까지 생각지 못했던 예배의 문제에 부딪치면서 새롭게 이 일을 착수하게 되었던 것이다. 그들은 중세교회 모든 문제의 중심에 예배가 자리하고 있음을 파악하게 되었고, 예배의 개혁 없이는 어떠한 개혁도 성공할 수 없음을 깨닫게 되면서, 예배에 관심을 가지고 이에 대한 개혁을 추진하게 되었던 것이다. 그 결과 종교개혁가들은 자신의 개혁적 입장과 신학에 따라서 새로운 예배 형태를 만들어 교회의 예배를 개혁해 나가는 데 힘을 다하였다.

2) 종교개혁과 예배

16세기 종교개혁은 기독교 제반 신학과 교회의 실천 현장에 새로운 전환점이 되었다. 종교개혁은 기독교 예배 역사에 있어서도 6세기 그레고리 대제 이후 가장 중요한 변화들을 보여주었다.[13] 새로운 신학적 주장들은 교회를 개혁하고 더 나아가 하나님께 드리는 예배에도 자연스럽게 변화를 가져오게 하였던 것이다. 개혁자들의 신학 사상이 다양해지면서 그 입장에 따라 예배도 다양한 형태로 전개되었는데, 대표적으로 루터(Luther)를 중심하여 예배에 대한 보수적 입장을 취한 교회, 쯔빙글리(Zwingli)-칼빈(Calvin)-낙스(Knox)로 이어지는 중도적 입장의 개혁교회, 그리고 재세례파와 같은 반예전적 입장을 취한 교회들이 출현하게 되었다. 이러한 종교개혁가들의 예배에 대한 입장을 긍정적으로 본다면 자신들의 신학적 입장을 예배에 반영한 독특성과 다양성이 표현된 것이라고 할 수 있겠으나, 이것을 부정적으로 평가한다면 기독교 예배가 이 시기를 기점으로 해서 분열에 분열을 거듭하게 된 계기로 작용하였다는 사실이다.

물론 종교개혁가들이 갖는 예배학적 이해나 지식은 오늘날과 같이 풍부한 것은

---

12) Ilion T. Jones, *A Historical Approach to Evangelical Worship* (New York : Abingdon Press, 1954), p. 121.
13) James H. Nichols, *Corporate Worship in the Reformed Tradition* (Philadelphia : The Westminster Press,), p. 11.

아니었지만, 그럼에도 불구하고 그들이 성경과 그 전통에 근거한 예배(Scripture and Scripture-based traditions)를 충실히 만들고자 노력하였던 사실은 높이 평가받아야 할 것이라고 본다.[14] 이러한 입장은 그 후 개신교 예배에 있어서 매우 중요한 전통으로 이어져 내려오고 있다.

(1) 루터의 개혁과 예배

루터(Martin Luther)는 1505년 어거스틴 수도원에 들어가 수도사가 되었고, 1507년 신부로 서품을 받았다. 그러므로 그는 당시의 로마가톨릭교회의 예배와 모든 의식에 친숙하였고, 이러한 배경은 그의 예배 개혁에도 많은 영향을 주게 되었는데, 그의 예배 형식은 가능하면 중세교회의 예전을 그대로 계승하여 보존하려는 입장이었다. 그는 예전의 변화(liturgical change)를 그렇게 원치 않았고,[15] 성경에 위배되지 않는 한 예전 형식을 그대로 지켜야 한다는 원칙을 가지고 있었다.[16]

루터는 2회에 걸쳐 미사에 관한 예식서를 발간하였는데, 1523년의 『미사 예식서』(*Formula Missae*)는 로마 미사의 축소판적 내용이고, 1526년의 『독일어 미사』(*Deutsche Messe*)는 로마가톨릭교회의 예전을 독일 신자들의 특성에 맞도록 변경시킨 내용으로 구성되어 있다.[17] 일리온 존스(Ilion T. Jones)는 루터의 예배에 대하여 다음과 같이 그 특성을 설명하고 있다.[18]

---

14) Robert E. Webber, ed., *The Complete Library of Christian Worship*, vol. 2 (Nashville : Star Song Pub., 1994), p. 188.
15) 위의 책.
16) 위의 책, p. 75.
17) 루터는 1523-1526년 사이에 예배에 관한 글들을 썼다. 이때 예배와 관련하여 작성된 대표적 작품들은 (1) 『교회의 신성한 예배 의식에 관하여』(*Concerning the Ordering of Divine Worship in the Congregation*, 1523. 3), (2) 『미사 예식서』(*Formula Missae*, 1523.11), (3) 『독일어 미사와 예배 순서』(*The German Mass and Order of Service*, 1526.) 등이 있다. 이형기, 『종교개혁 신학 사상 : 루터와 칼빈을 중심하여』(서울 : 장로회신학대학 출판부, 1988), pp. 184-203 참조.
18) I. T. Jones, *A Historical Approach to Evangelical Worship*, p. 122.

(1) 루터의 예배는 설교와 성경 봉독이 중요시되었다.

(2) 성만찬에서 화체설을 거부하고, 신약 성서의 교제(fellowship) 개념을 회복하려 하였다.[19]

(3) 미사를 자국어(독일어)로 진행하고, 찬송도 독일어로 불렀는데, 루터는 많은 찬송을 작곡하여 예배에 사용함으로써 예배 진행에 획기적인 변화를 이루었다. 특별히 루터에 의해 탄생된 회중 찬송(chorale)은 개신교 예배에 중대한 영향을 주었다.

(4) 그러나 그는 전통적 예배에 대한 보수적 입장을 견지함으로써 특정한 날에는 라틴 미사를 드릴 것을 주장하고, 예복, 촛대, 제단, 성찬 용기, 성화, 십자가상, 종 등을 그대로 예배에 사용하였다.

(2) 쯔빙글리의 급진적 예배 개혁

루터가 독일에서 종교개혁을 진행 중일 때 스위스의 쮜리히에서는 쯔빙글리(Huldrych Zwingli)가 개혁 운동을 일으키고 있었는데, 그는 당시 사상적으로 인문주의(humanism)의 영향을 크게 받은 개혁가였다. 그는 루터나 칼빈과 같이 종교적인 면에서 개혁을 추구한 지도자라기보다는 "그가 개혁가가 된 것은 오히려 자신이 휴머니스트였기 때문이다."(He became a Reformer because he was a Humanist.)[20]

당시 유럽 대륙에 확산되고 있었던 인문주의(Humanism)는 일반 세상뿐만 아니라 교회와 신학에도 많은 영향을 주고 있었는데, 특별히 쯔빙글리 같은 경우는 여기에 대표적인 인물이라고 할 수 있다. 제임스 화이트(James F. White)는 그가 인문주의적인 학문과 철저한 성경 중심주의(biblicism)에 강한

---

19) 루터는 성만찬에서 그리스도의 실재적 임재(real presence)를 인정함과 동시에, 성만찬을 친교의 예전으로 보았다. 그는 성찬이 신자들로 하여금 그들을 용서하시고 구원하신 그리스도와 연합케 하는 것이요, 나아가서는 신자들 서로를 연합케 함으로써 서로를 돕고 사랑하도록 하는 것이라고 하였다. J. L. Neve, *A History of Christian Thought*, vol. 1, 서남동 역, 『기독교 교리사』(서울 : 대한기독교서회, 1983), 363쪽 이하 ; Reinhold Seeberg, *The History of Doctrines* (Grand Rapids : Baker Book House, 1983), pp. 285-89 참조.

20) Thomas M. Lindsay, *A History of the Reformation*, vol. II (Freeport : Books for Libraries Press, 1972), p. 27.

영향을 받음으로써, 예배가 성경의 뿌리로 돌아가야 할 것과 보다 영적인 예배를 만들기를 강력히 열망하였다고 언급하고 있다.[21] 따라서 그는 좋은 음악가였음에도 불구하고 음악이 영적 예배를 흐트러지게 한다는 생각에서, 예배에 음악을 사용하지 못하도록 하였으며, 교회를 정화하기 위하여 성상들을 파괴해 버렸다 (iconoclasm).[22]

성만찬은 연 4회 주일이나 절기에 지키도록 했으며, 나머지 주일은 설교 중심 예배를 드렸다. 성만찬 예배도 아주 간단한 형식으로 했으며, 성만찬의 초점은 성물의 변화가 아니라 인간의 변화(transubstantiation of the people, not the elements)에 맞추어졌다.[23] 성만찬 신학에 있어서 그가 주장한 기념설(Memorialism)은 루터의 공재설(Consubstantiation)이나 칼빈의 영적 임재설(Spiritual Presence)과 같이 그리스도께서 성물(떡과 포도주)에 실재적으로나 영적으로 임재하는 것을 반대하고, 오직 성만찬은 우리를 위해 희생하신 그리스도를 기리는 하나의 상징적인 의식으로만 보았는데, 이러한 그의 해석은 인문주의의 결정적인 영향이라고 볼 수 있겠다.[24] 대체적으로 쯔빙글리의 예배에 대한 입장은 중세 예배에 대한 부정적인 생각 때문에 모든 것에 있어서 매우 급진적이었다고 말할 수 있다.

(3) 마틴 부처의 중도적 예배

스트라스부르크(Strassburg)는 종교개혁 시의 예배에 있어서 매우 중요한 의미를 갖는 지역이다. 이곳은 부처(Martin Bucer)에 의하여 루터와 쯔빙글리의 예전이 조화를 이루게 되었고, 이는 후에 칼빈으로 이어져 개혁교회 예배의 산실이 되어졌기 때문이다. 1530년 마틴 부처가 스트라스부르크에서 감독이 될 때까

---

21) James F. White, "Reformed Worship" in *The Complete Library of Christian Worship*, vol. 2, ed., R. E. Webber (Nashville : Star Song Pub., 1994), p. 76.
22) 위의 책.
23) 위의 책.
24) J. L. Neve, *A History of Christian Thought*, vol. 1, pp. 378f. Reinhold Seeberg, *The History of Doctrines*, pp. 318-31 참조. 세베르크는 자신의 저서에서 쯔빙글리의 상징적 관점(symbolic view)이 휴머니즘의 영향임을 밝히면서 성만찬에 관한 루터와의 논쟁을 비교하고 있다.

지 스트라스부르크는 루터의 영향을 지배적으로 받고 있었다. 그러나 부처로 말미암아 쯔빙글리의 영향이 스트라스부르크의 종교개혁가들에게 미치면서 이곳은 루터와 쯔빙글리의 중간 지점에 서게 되었던 것이다.[25] 그 후 이곳은 칼빈 등에게 영향을 주면서 개혁교회의 예배를 연구하는 데 있어서 매우 중요한 위치를 차지하게 되었다.[26]

부처는 이곳에서 예배에 대한 여러 가지 변화를 시도하였는데, 자국어로 된 매일 기도회와 주일 예배를 시작하였고,[27] 용어에 있어서도 "미사"(Mass)라는 어휘 대신 "주님의 만찬"(Lord's Supper) 또는 "성찬"(Holy Table)이라는 용어를 사용하고, "사제"(priest)라는 호칭 대신 "목사"(minister)라는 표현을 예전에서 사용하였다. 시편과 찬송이 예배에 사용되고, 성서정과 대신 목사가 성경 본문을 자의적으로 선택하도록 하였으며, 설교가 예배의 가장 중요한 부분으로 간주되고, 성자 축일 등이 폐지되었으며, 목사가 제의 대신 검정 가운을 주일이면 입고, 성만찬은 매 주일 집례하는 것을 원칙으로 하였다.[28] 성만찬이 없는 예배를 드릴 경우는 성만찬에 관계된 순서만 빼고 예배를 진행하였는데, 이 약식 예배는 후에 개혁교회 주일 예배의 기초가 되었다. 예배 의식이 비교적 단순화됨으로써 화려하고 정교한 면들은 사라진 것이 그 특징이었다.

부처는 이와 같이 예배에 대한 많은 변화를 시도하였다. 그러나 이런 변화들 중 어떤 것은 환영할 만한 것이었으나, 반면에 어떤 것들은 슬퍼해야 할 것들도 있었다. 기도문들을 다양한 내용들로 구성하여 집례자가 선택하여 사용하도록 하였으나, 그 내용이 너무 길고 장황하다는 단점이 있었다. 또한 예배가 지나치게 인간들의 요구에 초점을 맞춤으로써 예배의 고유한 목적과 방향이 상실되게 했다

---

25) 정장복, 『예배학 개론』, p. 125.
26) 로날드 월레이스는 자신의 저서에서 스트라스부르크의 지도적인 신학자로서 교리와 조직에 대한 마틴 부처의 통찰력의 중요성과 함께, "그는 루터의 가장 좋은 것들을 자신의 사고 속에서 구체화시켰으며(embodied), 칼빈에게 가장 좋은 것들을 예시하여 주었다(forshadowed)."고 언급하고 있다. Ronald S. Wallace, *Calvin : Geneva and Reformation* (Edinburgh : Scottish Academic Press, 1990), p. 20.
27) R. E. Webber, *The Complete Library of Christian Worship*, vol. 2, p. 76.
28) 정장복, 『예배학 개론』, p. 125.

는 비판도 받고 있다. 그러나 부처의 예배는 초대교회가 예배 속에서 보여준 두 가지 중요한 요소, 즉 교제(fellowship)와 기쁨(joy)을 예배 속에 실현했다는 점에서는 높이 평가되어지고 있다.[29]

(4) 제네바의 개혁자 칼빈과 그의 예배

1520년 이후 약 50년 간 서방 교회(개신교)의 예배 형태는 크게 두 종류, 즉 예배를 보다 급진적으로(radically) 변화시키려는 개혁교회(Reformed Church)와 그대로 보존하려는(enduringly) 루터 교회(Lutheran Church)로 크게 나눌 수 있다.[30] 여기서 개혁교회의 전통에 속한 칼빈(John Calvin, 1509-1564)은 쯔빙글리와 부처를 이은 개혁교회의 신학과 예배에 있어서 중요한 인물로 자리잡고 있다. 물론 개혁교회 내부에서도 쯔빙글리를 따르는 계열(Zwinglian)과 칼빈 계열(Calvinist)로 나눌 수 있다. 두 계열의 차이는 쯔빙글리가 예배에 있어서 보다 급진적인 데 비해서, 칼빈은 중도적인 부처의 입장을 따르고 있다는 점이라고 하겠다.[31] 예배에 관한 한 칼빈의 입장은 스트라스부르크의 부처의 영향이 지대하였음을 알 수 있다. 그러면 제네바의 성공적 개혁자요 개혁교회의 창시자라 할 수 있는 칼빈의 예배에 대한 배경과 신학 등은 어떤 것이었는지 알아보도록 하겠다.

① 칼빈의 예배에 대한 배경

칼빈의 예배에 대한 관심은 그가 제네바에서 추방을 당하여 스트라스부르크에서 프랑스 이민을 상대로 목회를 하던 1538~1541년의 기간이었다. 이미 그곳에서는 마틴 부처에 의하여 독자적인 개혁 운동이 추진되고 있었으므로, 칼빈은

---

29) W. D. Maxwell, *A History of Christian Worship : An Outline of Its Development and Forms*, pp. 98f.
30) J. H. Nichols, *Corporate Worship in the Reformed Tradition*, p. 12.
31) 기독교 사상사를 연구한 후스토 곤잘레스(Justo L. Gonzalez)는 칼빈의 신학 역시 쯔빙글리와 루터의 중재적 입장에 있다고 주장한다. Justo L. Gonzalez, *A History of Christian Thought* vol. Ⅲ, 이형기. 차종순 역, 『기독교 사상사』(Ⅲ) (서울 : 대한예수교장로회 총회 출판국, 1988), p. 182.

그곳에서 부처의 영향을 받을 수밖에 없었으며, 이러한 배경은 칼빈의 예배 의식 속에서 잘 나타나고 있다. 그는 부처가 사용하던 예배 의식에 약간의 수정을 가하여 사용하였는데, 예배의 부름, 용서의 기도, 설교, 중보의 기도 등을 보완하고, 키리에(Kyrie)와 영광송(Gloria)을 생략하는 정도였다.

1540년 칼빈은 처음으로 예배 의식에 관계된 『초대교회의 방식에 따른 기도 형식과 성례전 집례법』(*The Form of Prayer and Manner of Ministering the Sacraments according to the Use of the Ancient Church*)이란 책을 스트라스부르크에서 발간하였으며, 1542년에는 제네바에서 스트라스부르크 예배 의식을 일부 수정하여 책을 내었다. 여기서 칼빈은 무엇보다도 예배의 핵심을 말씀과 성찬에 두면서, 가능하면 초대교회의 예배를 구현하려고 노력하였는데,[32] 이것이 오늘날 많은 개혁교회 전통의 모델이 되었다.

이러한 칼빈의 예배에 대하여 예배학자 제임스 화이트(James F. White)는 비록 칼빈의 예배 의식이 부처로부터 유래한 것이라 할지라도 칼빈의 예배는 예배의 참회적인 면과 교훈적인 면, 그리고 도덕적인 면에서 우수한 면을 보이고 있다고 평가하고 있다.[33]

② 예배에 대한 신학적 원리

16세기의 개혁자들은 예배에 대하여 깊은 관심을 가졌고, 예배의 신학과 실천 현장을 위해 많은 시간과 노력을 아끼지 않았다. 예배에 대한 그들의 가장 주된 관심은 교회로 하여금 어떻게 하면 하나님의 뜻에 따라 '하나님이 원하시는 가장 올바른 예배를 드릴 것인가'에 있었다. 개혁자들 각자가 실제 예배 현장에서는 다양한 방법으로 예배 형식을 만들어 사용하였지만, 원칙적인 면에서 대부분 개혁자들은 여기에 동의를 하였었다.[34]

---

32) 존 맥닐은 자신의 저서 『칼빈주의의 역사와 특성』에서 칼빈의 스트라스부르크 생활에 대하여 한 장(제10장)을 할애하여 설명하고 있는데, 그는 여기서 칼빈의 예배에 관한 의도(design)는 초대교회의 본질적 요소들을 회복하는 데 있었다고 기술하고 있다. John T. McNeill, *The History and Character of Calviniam* (New York : Oxford University Press, 1954), p. 150.

33) R. E. Webber, *The Complete Library of Christian Worship*, vol. 2, p. 76.

칼빈의 예배신학에 있어서 가장 중요한 두 가지 근본 원리는 성서(biblical principles)와 초대교회(early church practice)에서 찾아졌다.[35] 따라서 칼빈은 가장 올바른 예배를 위한 요소는 성경에 있다고 믿었으며, 초대교회 성도들의 예배를 요약해 놓은 것으로서 사도행전 2 : 42의 "사도의 가르침, 떡을 뗌, 교제, 기도"를 중요시했다.

이러한 성서적 형태(pattern)에 따라 칼빈 계열은 예전에는 반드시 "말씀 선포, 성찬의 집례, 기도, 그리고 공동체적인 사랑의 표현(교제)"이 포함되어야 한다고 생각하였다.[36] 이러한 것들은 후에 개혁교회의 예배의 필수적인 요소가 되어서, "말씀, 기도, 성만찬, 헌금"으로 자리를 잡게 되었다.[37]

칼빈은 성서와 초대교회 공동체를 예배의 근본 모델로 삼고, 예배가운데서 하나님의 말씀을 회복하여 말씀과 성찬의 균형을 이루려 했다는 점에서 그가 기여한 공로는 크다고 하겠다.

③ 예전의 발전 과정과 특징

칼빈은 1538년 제네바에서의 첫 목회를 마치고, 독일어 지역인 스트라스부르크에 가서 프랑스 이민들을 위해 3년 동안 목회를 하였다. 여기서 칼빈은 부처와 같은 개혁자들을 만나게 되었고, 스트라스부르크의 독일어 예전으로부터 많은 영향을 받았다.[38] 그는 그곳에서 특별히 예배 찬송에 감동을 받아 예전에 관한 내용을 처음으로 출판하였는데, 22편의 노래가 담긴 소책자 "프랑스어 시편 찬송집"(French Psalter)을 1539년에 발간하였었다.

칼빈의 "프랑스어 주일예배"에 관한 책은 그가 스트라스부르크에서 목회를

---

34) 위의 책, p. 195.
35) 위의 책, p. 196.
36) 위의 책.
37) J. H. Nichols, *Corporate Worship in the Reformed Tradition*, pp. 29-51 참조. 이미 언급한 대로 칼빈은 "교제"의 개념을 이웃에 대한 사랑의 실천으로 해석하여, 그것을 구제 헌금과 연관시켰다.
38) Elsie McKee, "Calvin : The Form of Church Prayer, Strassburg Liturgy (1545)" in *The Complete Library of Christian Worship*, vol. 2, ed. R. E. Webber, p. 196.

하던 1540년에 출판되었을 것으로 생각되나, 여기에 대한 자료는 지금 존재하지 않는다.[39] 현존하는 칼빈의 첫 예배서는 1542년에 출판되었는데, 이것은 스트라스부르크와 제네바에서 각각 발간되었다. 스트라스부르크에서는 그의 후계자인 풀레인(Valerand Pullain)에 의해서, 제네바에서는 칼빈 자신이 직접 출간하였는데, 칼빈의 제네바판은 제네바의 상황에 맞도록 약간 수정되었다. 그 후 스트라스부르크에서는 1545년에 다시 개정판을 냈는데, 이것은 1542년에 나온 스트라스부르크판과 제네바판을 결합한 형태였다. 그리고 제네바 예식서는 칼빈의 생전에 조금씩 수정을 거치면서 1547년, 1549년, 1552년, 1553년, 1559년, 1561년에 개정판을 내어 놓았다.[40] 참고로 1545년 스트라스부르크 예식과 1542년 제네바 예식을 비교하면 다음과 같다.

1545년 스트라스부르크 예전	1542년 제네바 예전
〈말씀의 예전〉 성구 낭독(시 124 : 8) 죄의 고백 용서의 말씀(word of Scripture toconsole) 사죄의 선언 십계명송 성령 임재를 위한 기도 성경 봉독 설교 〈성만찬 예전〉 (헌금) 중보 기도 성물 준비 사도신경송 성찬 기도 주기도문 성찬 제정사 권면	〈말씀의 예전〉 성구 낭독(시 124 : 8) 죄의 고백 용서를 비는 기도 운율 시편송 성령 임재를 위한 기도 성경 봉독 설교 〈성만찬 예전〉 (헌금) 중보 기도 성물 준비 사도신경송 성찬 제정사 권면 성찬 기도

---

39) 위의 책.
40) 위의 책.

(분병)⁴¹⁾ 배찬 성찬 참여 성찬 후 기도 시므온의 찬미 아론의 축도	(분병) 배찬 성찬 참여 성찬 후 기도 아론의 축도

칼빈의 예전의 특징은 먼저 기본적으로 말씀과 성만찬 예전의 균형을 이루려는 데에 있다. 그는 가능하면 매 주일예배에서 말씀과 성만찬 예전이 함께 집례되기를 원했다. 물론 이 일로 말미암아 제네바 의회와 많은 갈등이 있었고, 후에는 화평을 위하여 양보하였지만 기본적으로 칼빈의 생각에는 변함이 없었던 것이다.

칼빈의 예배에는 부처의 영향이 여러 곳에 나타나고 있는 것을 볼 수 있는데, 죄의 고백이나 중보 기도, 성찬 기도 등은 부처의 예배를 그대로 따르고 있다. 말씀의 예전에서 운율을 붙인 십계명송과 성만찬의 후반부에 '시므온의 찬미'(Nunc Dimittis, 눅 2 : 29-32)가 추가된 것이 눈에 띄는데, 이것도 기록에 의하면 이미 스트라스부르크에서 사용되었던 것이라 한다. 칼빈 자신이 만든 스트라스부르크 예배에 비해 제네바 예배 의식은 조금 약화되어 있는데, 이는 가능하면 예배 의식을 간단히 하려고 했던 제네바 관료들의 주장 때문이었다고 한다.⁴²⁾

성만찬을 받는 순서는 교회의 서열에 따라 집례자, 부교역자, 그리고 회중 순으로 하였으며, 성찬을 받을 때는 성찬대 앞으로 나와서 무릎을 꿇거나 선 자세로 받도록 하였고, 먼저 한 목사로부터 떡을 받고 다음에 다른 목사에게서

---

41) 교회는 전통적으로 성찬 예식 중에 "성체분할"(Fraction) 순서를 가졌다. 이는 예수님께서 최초의 성찬(최후의 만찬) 시 "떡을 떼어" 제자들에게 나누어 주신 동작에 기인한 것이다. 중세교회까지는 화체설을 믿었기 때문에 이를 "성체를 쪼갠다"(화체설에 의하면 사제의 축성기도 후 물질로서의 떡은 이제 주님의 실제 몸으로 변하기 때문에 이를 '성체'라고 부른다)는 뜻의 "성체분할" 순서를 가졌다(지금도 가톨릭교회 등에서는 성체분할이라고 한다). 그러나 당시 칼빈은 화체설을 거부했기 때문에 여기서는 '떡을 쪼갠다'는 의미의 "분병"이라고 하는 것이 타당하리라 본다.

42) W. D. Maxwell, *A History of Christian Worship : An Outline of Its Development and Forms*, p. 115.

잔을 받도록 하였다.

개혁가 존 칼빈의 영향은 그 후 스위스, 프랑스, 네덜란드, 영국, 미국 등으로 이어지면서 개혁교회 신학의 토대가 되었고,[43] 특별히 예배는 존 낙스로 이어지면서 장로교 예배의 근간을 이루게 되었다.

(5) 낙스와 스코틀랜드 예배

제네바의 예배 전통을 여러 사람들이 프랑스, 네덜란드, 독일 등지로 옮기고 있을 때, 이것을 스코틀랜드로 전파한 사람이 바로 존 낙스(John Knox, 1505-1572)이다. 그는 영국에서 가톨릭 미사와 유사한 성공회의 예배 의식을 반대하다가 제네바로 추방을 당하게 되었고, 그곳에서 목회를 하면서 칼빈의 예배 순서를 도입하여 사용하게 되었다.

그 후 1552년판 칼빈의 예배 의식을 기초로 하여 "공동 예배 규범서"(The Book of Common Order)[44]라는 예식서를 발간하였는데, 이것은 1562년 총회에 의하여 공식적으로 채택되어 약 80년 동안 스코틀랜드에서 널리 사용되었다.[45]

이 예식서는 낙스가 칼빈으로부터 많은 영향을 받아 만들어진 것이기는 하지만, 그러나 중보 기도나 성찬 기도 등에서는 나름대로 독자성을 가지고 그 내용을 구성하고 있기도 하다. 이 예배 의식은 무엇보다도 예배 용어를 자국어로 사용하도록 하였고, 집례자의 목소리도 뚜렷이 들을 수 있도록 하였다. 그리고 회중은 더 이상 예배 의식을 구경하는 방관자의 위치에 있지 않고 예배의 적극적인 참여자가 되었다. 따라서 예배는 이제 공동체 전체의 의식으로 자리를 잡게 된 것이다.

---

43) 서구 세계에 대한 칼빈의 신학 사상과 조직, 예배 등은 지대한 영향을 미치게 되었다. 프랑스의 개혁교회, 네덜란드의 개혁교회, 영국 청교도를 거쳐 미국과 기타 국가의 장로교회 등에 그 영향은 이루 말할 수 없을 정도라고 하겠다. W. Stanford Reid, *John Calvin : His Influence in the Western World* (Grand Rapids : The Zondervan Corporation, 1982) 참조.
44) 이 예배 순서를 일명 "낙스 예전"(Knox's Liturgy)이라고도 하며, "기도 예식서"(the Forme of Prayers)라고도 한다.
45) R. E. Webber, *The Complete Library of Christian Worship*, vol. 2, p. 76 ; W. D. Maxwell, *A History of Worship in the Church of Scotland* (London : Oxford University Press, 1955), p. 48.

운율 시편은 회중이 쉽게 이해하고 부를 수 있도록 하여 회중이 예배에 참여하도록 하는 좋은 방편이 되었다.[46] 성경이 자국어로 번역되어 회중의 접근을 쉽게 하였으며, 모든 교회에는 성경이 비치되었고, 매일 성경을 읽음으로써 성경을 읽을 수 없는 사람들도 그것을 들을 수 있게 되었다. 설교가 예배의 중요한 위치로 회복되어 회중들은 언제나 정규적으로 말씀을 들을 수가 있게 되었으며, 보통 설교는 예배에서 한 시간 정도 진행되었다.

제의는 사라지고 단지 성직자의 외출복이나 설교 시 입는 캐삭, 가운, 후드, 스카프, 밴드, 모자, 그리고 장갑 등만 남게 되었다. 성만찬은 매월 1회 이상 집례할 것을 권장하고 있으나, 실제로는 이보다 적은 횟수로 진행되어서 1년에 4회 또는 1년에 2회 정도 진행되기도 하였다. 그리고 성찬에 참여하는 모든 사람들은 반드시 그 자격을 확인받은 후에 참여하도록 하였다.[47] 음악에 있어서는 1550년 무렵부터 영어로 번역된 운율 시편이 스코틀랜드에서 사용되기 시작하였으며, 그 결과 오르간이 예배에서 제거되기도 하였다.[48]

낙스가 만든 이 예배 의식은 종교개혁 후 약 85년 동안 스코틀랜드에서 일반화되었다가, 그 후 1644년 웨스트민스터 예배모범의 출현으로 스코틀랜드에서 사라지게 되었다. 낙스 당시 영국은 국교(성공회)와 비국교도 사이에 예배 의식의 문제로 많은 갈등과 대립을 계속하다가,[49] 이것을 해결하기 위한 회의를 1643년 7월 1일 웨스트민스터에서 개최하였다. 회의 결과 1644년 "예배모범"(Directory of Worship)이 작성되어 국회에 제출되었고, 1645년 승인됨으로써 스코틀랜드 장로교 총회는 이를 정식으로 채택하게 되었는데, 이것이 오늘날 장로교 예배의 지침이 되고 있는 저 유명한 "웨스트민스터 예배모범"이다.

---

46) W. D. Maxwell, *A History of Worship in the Church of Scotland*, pp. 49-50.
47) 위의 책, pp. 50-52.
48) 위의 책, pp. 54f.
49) 영국 국교회(성공회)가 만든 예식서에 대하여 대륙의 종교개혁 입장에 동조한 스코틀랜드는 그것을 사용하는 것에 대하여 반대함으로써, 영국과 언제나 긴장과 충돌 관계가 계속되었다.

(6) 개혁자들의 공헌과 영향

종교개혁가들이 기독교에 남긴 영향은 긍정적인 면과 부정적인 면이 함께 있다. 먼저 긍정적인 면을 보면 무엇보다도 그동안 중세 기독교 예배에서 약화되었던 말씀의 위치를 종교개혁가들이 회복하였다는 점이다.[50] 중세 기독교 예배는 성만찬 중심에 치우침으로써 상대적으로 말씀은 약화될 수밖에 없었다. 그러나 개혁가들은 하나님의 말씀을 예배에 회복시킴으로써 회중들로 하여금 예배를 통해 하나님의 음성을 들을 수 있는 길을 열어주었다.

다음으로 그들은 영적인 예배(spiritual worship)를 회복하는 데 기여하였다는 사실이다. 중세 예배는 고정된 형식 때문에 화려하고 정교한 예배 의식에도 불구하고 예배의 생명력을 상실해 버리고 말았다. 이것을 자각한 종교개혁가들은 무엇보다도 예배의 영적 회복을 위해 노력하였으며, 심지어 쯔빙글리의 극단적인 예배의 개혁도 사실은 영적 예배를 회복하고자 하는 그의 열망에서 비롯된 것이었음을 볼 수 있다. 그만큼 예배의 영적인 면은 종교개혁가들에게 있어서 중요한 관심 사항이었던 것이다.

그리고 개혁가들은 무엇보다도 중세교회 예배가 라틴어로 진행됨으로써 예배에 참여하는 사람들을 예배의 방관자로 만들어 버리고 말았다는 것을 알았다. 따라서 이들은 예배에서 사용되는 용어가 회중이 알아들을 수 있는 자기 나라 언어로 진행되어야 할 것을 절실히 느껴서, 예배의 용어를 자국어로 쓰도록 하는 획기적인 변화를 이룸으로써 개신교 예배에 큰 공헌을 할 수 있었다.

그러나 이런 긍정적 공헌에도 불구하고 중세교회 예전에 대한 과감한 변혁은 — 특별히 쯔빙글리의 경우 — 그동안 전해 내려온 기독교 1,500년의 예배 유산을 많이 잃어버리게 했다는 점에서 매우 불행한 일이 아닐 수 없다. 더 나아가 루터와 쯔빙글리의 성만찬 신학에 대한 입장의 차이와 예배 의식의 차이 등은 당시 종교개혁 진영을 나뉘게 함으로써, 이는 결국 교파 분열의 도화선이 되고 말았다는 점에서 개신교의 후예들에게 매우 큰 상처와 슬픔을 남기기도 하였다.

---

50) 정장복, 『예배학 개론』, p. 95.

2. 웨스트민스터 예배모범의 작성

웨스트민스터 예배모범은 영국 의회의 결의에 따라 웨스트민스터 성 총회(the Westminster Assembly of Divines)가 모여서 만들어진 작품이다.[51] 물론 이 회의에서는 예배모범(Directory for Worship) 외에도 신앙고백(Confession of Faith), 교회 정치(Form of Church Government), 요리문답(Catechisms) 등이 작성되어 장로교 체제의 근간을 이루도록 하는 데 공헌을 하였다.

웨스트민스터 회의가 모이기까지의 과정과 그 내용들이 통과되어서 시행되기까지는 수많은 난관과 어려움들이 따랐었다. 그러나 이런 모든 장애들을 극복하고 웨스트민스터 회의는 그 주어진 임무를 성실하게 완수함으로써, 장차 장로교회의 근간을 마련하는 훌륭한 산실의 역할을 감당하게 되었던 것이다. 특별히 여기서 마련된 예배모범은 장로교 예배의 뿌리가 됨으로써[52] 장로교 예배의 원리와 정신에 관한 지침을 제공하는 역사적 작품으로 기여하게 되었다.

본 난에서는 이 역사적인 웨스트민스터 회의가 소집되기까지의 배경을 영국과 스코틀랜드의 정치적, 종교적 상황과 함께 살펴보고, 예배모범이 작성되기까지의 과정과 신학적인 배경을 알아보도록 하겠다.

1) 영국의 정치 종교적 상황과 개혁

(1) 영국의 상황

16세기 영국은 정치 종교적으로 새로운 국면에 접어들게 되었다. 지금까지 영국은 로마가톨릭교회 소속으로, 로마 교황청과 긴밀한 유대 관계를 가지고 있었다. 그러나 헨리 8세(Henry Ⅷ, 1509-1547)가 1509년 즉위한 후 그의 이혼과 결혼 문제로 교황청과 갈등을 빚으면서, 1534년 11월 3일 영국 의회는 수장령

---

51) W. M. Hetherington, *History of the Westminster Assembly of Divines* (Edinburgh : Johnstone and Hunter, 1843), 서문 참조.
52) Thomas Leishman, ed., *The Westminster Directory*, 정장복 역, 『웨스트민스터 예배모범』(서울 : 예배와 설교 아카데미, 2002), p. 3.

(Supremacy Act)을 선포하고 로마 교회와 완전히 결별을 하게 되었다.[53] 그 결과 영국의 국왕은 정치적으로 영국을 통치할 뿐만 아니라 이제 영국 교회의 수장(Supreme Head of the Church of England)으로서의 이름과 권위를 가지게 되었다.[54]

그러나 수장령 이후 영국 내의 종교적 상황은 매우 혼란스럽게 되었다. 이제 영국 내 기독교회는 영국 국교회(Church of England) 계열, 로마가톨릭과 계속 관계를 유지하려는 계열, 그리고 종교개혁의 영향을 받아 교회를 개혁하려는 개신교 계열 — 특별히 청교도 — 로 나뉘게 되면서, 영국의 정치적 종교적 상황은 아주 복잡한 상황으로 빠져들었고, 서로간의 대립과 갈등이 지속되게 되었다.

헨리 8세 이후 에드워드 6세(Edward Ⅵ, 1547-1553)는 프로테스탄트를 옹호하는 입장에 서게 된다.[55] 그는 교회에 몇 가지 변화를 시도하는데, 성찬식에서 평신도에게 잔을 허용하도록 하고, 교회 안의 화상(image)들을 제거하도록 하고, 성직자의 결혼을 법적으로 허락하였다. 무엇보다도 그는 1549년에 일치령(Act of Uniformity)을 내려 『공동 기도서』(Book of Common Prayer in English)를 발간하도록 하여 영국의 모든 교회가 사용하도록 하였다.[56] 이 예전서는 에드워드 기도서(The First Prayer Book of Edward)라고도 하는데, 대부분이 켄터베리(Canterbury) 대주교였던 크랜머(Cranmer)에 의해서 작성된 것이었다. 그러나 1549년 예전서는 그리 널리 사용되지 못하여서 1552년 다시 개정하게 되었는데, 이것은 훨씬 개신교적인 경향이 짙었다.

1553년 에드워드 6세가 죽고 피의 여왕 메리(Bloody Mary, 1553-1558)가 등장하면서 다시 상황은 바뀌게 되었다.[57] 그녀는 에드워드 6세에 의하여 이루어진 모든 개혁 조치들을 폐지하고, 로마 교회로 돌아가 1554년 영국에 대한 교황권

---

53) Williston Walker, *A History of the Christian Church*, p. 359.
54) Richard Watson Dixon, *History of the Church of England*, vol. Ⅰ (London : Smith, Elder, & CO., 1878), p. 228.
55) Williston Walker, *A History of the Christian Church*, pp. 363f.
56) Richard Watson Dixon, *History of the Church of England*, vol. Ⅲ (London : George Routledge and Sons, 1885), pp. 15-37.
57) Williston Walker, *A History of the Christian Church*, pp. 365f.

을 회복시키고, 모든 것을 헨리 8세가 영국 교회의 독립을 선언하기 이전 상태로 돌려놓았다.

메리가 로마 교회로 돌아서면서 영국 내 개신교에 대하여는 자연히 박해가 따를 수밖에 없었는데, 그녀는 켄터베리 대주교인 크랜머를 사형시키고, 100여 명의 개신교 지도자들을 화형시켰다. 이러한 박해는 결국 수많은 개신교 신자들을 유럽 대륙으로 망명토록 하는 결과를 만들고 말았다. 하지만 이러한 메리의 박해는 역설적이게도 영국 내에서는 백성들로 하여금 반가톨릭 감정을 더욱 고조시키고, 유럽에 망명한 사람들에게는 대륙의 종교개혁 사상을 보다 확실하게 배워 올 수 있는 기회를 제공하였다. 따라서 이들이 돌아온 후에 영국에서는 보다 거센 개혁의 물결이 일어날 수밖에 없었던 것이다.

1558년 메리 여왕이 죽자 그 뒤를 이어서 엘리자베스 여왕(Elizabeth, 1558-1603)이 즉위하게 된다.[58] 그녀는 헨리 8세의 첫 번째 부인이었던 자기의 어머니 앤 볼레인(Anne Boleyn)의 결혼을 무효로 만든 로마 교회에 대한 원망 때문에 자연히 개신교 쪽으로 기울게 되었다. 그녀는 로마 교황청과의 모든 관계를 단절하고, 에드워드 6세의 기도서를 개정하여 예배에서 사용토록 하였으며, 모든 교회 안의 장식이나 성직자의 복장 등은 에드워드 재임 시의 규정을 따르도록 하였다.

1603년 영국의 엘리자베스 여왕이 죽자 영국에는 왕위를 계승할 사람이 없었다. 그래서 영국은 고민 끝에 영국 왕가의 혈통을 갖고 있었던 스코틀랜드 왕 제임스 6세(James Ⅵ)를 영국 왕으로 세우고자 하여, 그를 데려다가 영국 왕 제임스 1세(James Ⅰ)로 칭하고 즉위하도록 하였다. 그는 스코틀랜드 여왕 메리(Mary)의 아들로서 스코틀랜드 왕으로 재임 시에 교회에 대한 권한을 왕이 갖기를 원하고, 또한 교회의 직제도 감독제를 수용토록 함으로써 장로 직제를 주장하는 스코틀랜드 교회와 갈등을 일으켰던 사람이었다. 1603년 영국 왕이 되자 그는 영국과 스코틀랜드 두 나라의 이름뿐만 아니라 실질적으로 두 나라를 하나로 만들고자 하여, 교회도 영국 국교회의 감독 제도를 시행토록 하고, 예배도 같은

---

58) 위의 책, pp. 366-68.

형식으로 드리도록 하였다. 그러나 이러한 조처는 영국과 스코틀랜드의 개혁 세력들의 불만을 더욱 크게 불러일으키도록 만들었다.

1625년에는 제임스 1세의 아들인 찰스 1세(Charles I)가 왕위를 계승하여 영국과 스코틀랜드의 왕이 되었다. 그는 자기 아버지의 절대 왕권 정책을 계속 추진하였으며, 특별히 윌리엄 로드(William Laud)를 기용하여 종교 정책을 펴는 데 도움을 받았었다. 그는 영국 교회를 강화하고, 모든 의식과 복장과 예배를 통일시키려 하였다. 그러나 찰스 1세의 이런 정책은 영국 의회의 반대에 부딪치게 되었고, 더 나아가 스코틀랜드에서는 거센 저항이 일어나게 되었다.

특별히 그가 1633년 로드를 대동하고 스코틀랜드를 공식 방문했을 때, 그곳의 교회 구조와 예배 형태가 영국 교회와는 너무 다른 것을 보고 그는 놀라게 되었다. 영국으로 돌아온 그는 1636년 스코틀랜드 교회에서 사용하고 있던 존 낙스의 예식서를 사용하지 못하도록 하였으며, 대신 영국 교회의 기도서(Laud 예전)를 사용하도록 하고, 즉석 기도와 장로 제도는 금지하도록 칙령을 내렸다.

그러나 스코틀랜드 교회는 이를 수용하지 않고 1637년 마침내 에든버러(Edinburgh)에서 폭동을 일으키고, 교회 지도자들과 귀족들이 이제 국왕의 절대적 통치를 끝낼 때가 왔다고 하면서 1638년 2월 "국민 계약"(National Covenant)을 맺고 교회의 자유를 선포하였다. 그리고 그해에 글래스고우(Glasgow) 대성당에서 총회가 소집되어 1610년 이래로 지속되어 오던 감독제를 폐지하고 장로 제도를 다시 확립하였으며, 왕의 예식서를 거부하는 대신에 "공동 예배 규범서"(the Book of Common Order)를 사용토록 하였다. 이에 찰스 왕은 군대를 파견하여 이를 진압하려 하였으나, 결국 패배하여 자신의 목적을 이루지 못하고 말았다. 뿐만 아니라 영국 내부 사정도 더욱 악화되어 왕을 지지하는 세력과 개혁 세력 중심의 의회파가 나뉘어 싸움이 계속 되었다.

(2) 스코틀랜드 교회와 개혁의 물결

영국 지역이 기독교 복음을 받아들인 것은 대략 콘스탄틴(Constantine) 대제가 회심하기 이전으로 보고 있다. 이런 증거는 이미 200년경에 터툴리안(Tertullian)이 영국 지역에 그리스도인들이 있음을 입증하는 글을 쓰고 있는

데서도 볼 수가 있다.[59]

그러나 스코틀랜드에 있어서 기독교는 400년경에 활동을 했던 성 니니안(St. Ninian)으로부터 본격적으로 시작되었다.[60] 그 후 6세기 아일랜드 출신의 선교사 성 콜럼바(St. Columba)에 의해 수도원과 켈트(Celtic) 계열의 교회가 세워지면서 스코틀랜드 교회는 그 자리를 잡게 된다.[61]

그 후 11세기 전까지는 그 발전 과정을 잘 알 수 없으나,[62] 11세기에 접어들면서 스코틀랜드 교회는 마가레트 여왕(Margaret)의 등장과 함께 새로운 전기를 맞게 된다. 그녀는 주님에 대한 사랑과 신앙심이 매우 깊고 신실한 사람이었다. 교회를 사랑하는 마음이 뜨거웠으며, 이런 그의 신앙심과 열정은 스코틀랜드 교회를 정화하고 더욱 든든한 교회로 만들었다. 예배 의식을 통일시키려는 노력을 하였으며, 외부적으로는 스코틀랜드 교회가 로마 교황청과 관계를 맺도록 하는 등 세계 교회와의 일체감을 이루도록 하였다.

중세 후반기를 지나 16세기에 접어들면서 스코틀랜드에도 종교개혁의 물결이 밀려들기 시작하였다. 스코틀랜드에서 종교개혁의 첫 번째 순교자는 패트릭 해밀톤(Patrick Hamilton, 1503-1528)이었다.[63] 그는 훌륭한 가문의 출신으로서 프랑스 파리와 마르부르크 대학에서 공부를 하면서 대륙의 종교개혁 사상을 접하게 되었다. 그는 1527년 조국으로 돌아와 종교개혁 사상을 설교하다가 1528년 화형을 당하였다.[64]

하지만 종교개혁의 물결은 서서히 확산되면서, 영어 번역 성서와 루터의 글들이 스코틀랜드 사람들의 손에서 읽혀지게 되었다. 이 무렵 위샤트(George Wishart, 1513?-1546)라는 강력한 개혁적 설교자가 등장했는데, 그도 결국

---

59) G. D. Handerson, *The Church of Scotland*, 홍치모. 이은선 공역, 『스코틀랜드 교회사』(서울 : 한국 로고스 연구원, 1991), 18쪽.
60) William D. Maxwell, *A History of Worship in the Church of Scotland*, pp. 1f.
61) J. H. S. Burleigh, *A Church History of Scotland* (London : Oxford University Press, 1960), pp. 29-37.
62) G. D. Handerson, *The Church of Scotland*, p. 37.
63) J. H. S. Burleigh, *A Church History of Scotland*, p. 121.
64) G. D. Handerson, *The Church of Scotland*, pp. 64-66.

1546년 화형을 당하고 말았다. 그러나 그해 5월 29일 위샤트의 죽음에 분개한 사람들이 일어나 성 앤드류(St. Andrew) 성을 점령하였다. 이들은 동지를 규합하여 1547년 위샤트의 동료였던 개신교 설교가를 영적 지도자로 세웠는데, 그가 바로 스코틀랜드 종교개혁의 아버지라 불리는 존 낙스(John Knox, 1515?-1572)이다.[65]

그는 1515년경 해딩톤(Haddington) 지방에서 태어났다. 그는 성직자가 되는 훈련을 받고 후에 안수를 받았는데, 이때 종교개혁에 많은 관심들을 가지게 되었다. 그 후 그는 위샤트와 함께 사상적으로 동조하다가, 그가 죽은 후 성 앤드류 성에서 개혁 세력의 지도자가 되었다.

그 후 프랑스의 침략으로 앤드류 성이 함락되면서, 그는 프랑스로 잡혀가서 19개월 동안 선상 노예 생활을 겪게 되었다. 다시 그는 귀국하여 영국 지역의 버윅(Berwick)에 정착하여 성공적인 목회 활동을 하다가, 신교 정권인 에드워드 6세 치하에서 왕실 소속 목사가 되기도 하였다. 그러나 1553년 영국에 친가톨릭 정권인 메리 여왕이 등장하면서 그는 다시 프랑스의 프랑크포트로 망명해서 망명한 영국인들을 위해 목회를 하다가, 에드워드 기도서에 대한 그의 비평적 입장 때문에 그곳에 분열이 생기면서, 칼빈이 종교개혁을 하던 제네바로 가서 칼빈의 열렬한 제자가 되었다.

이 무렵 스코틀랜드의 정치적 상황은 영국과는 소원한 상태에 있으면서, 스코틀랜드 여왕인 메리가 프랑스 왕자와 약혼을 하고 1548년 프랑스로 가게 되어, 그녀의 어머니인 구스의 메리(Mary of Guise)가 섭정을 하게 되었다. 그러나 많은 스코틀랜드의 귀족과 백성들은 프랑스를 매우 싫어하였다.

1555년 후반 낙스는 잠시 스코틀랜드에 귀국하여 머물렀는데, 약 9개월의 체류 기간 동안 그는 스코틀랜드 국민들 사이에 퍼져 있는 개혁에 대한 열망을 확인하게 되었다. 다시 제네바로 돌아온 낙스는 스코틀랜드 개혁 세력의 요청에 따라 1559년 5월 2일 스코틀랜드로 귀국을 하게 되었다. 귀국한 그는 9일 만에

---

65) G. Barnett Smith, *John Knox : Apostle of the Scottish Reformation* (Chicago : Moody Press, 1982).

펄쓰(Perth)에서 설교를 하게 되었는데, 흥분한 민중은 수도원을 파괴하고, 개혁 운동을 열렬히 시작하였다. 그러자 섭정 태후는 프랑스에 요청하여 진압군을 보내도록 하였으나, 양편의 싸움은 쉽게 끝나지 않았다. 1559년 7월 10일 메리의 남편인 프란시스 2세가 프랑스의 왕으로 즉위하자 그는 즉시 스코틀랜드에 지원군을 보냈다. 그래서 개혁군이 수세에 몰렸으나, 1560년 영국군의 지원으로 다시 상황은 개혁군에게 유리하게 되었다. 1560년 6월 11일 섭정 태후가 죽음으로 그와 함께한 세력들은 패배하게 되었고, 프랑스군은 물러가게 되었다. 결국 스코틀랜드 개혁의 승리에는 영국의 도움이 있었으며, 그 승리를 쟁취하도록 중심에 서 있었던 사람은 바로 존 낙스였던 것이다.

개혁 세력은 이제 국회의 지배 세력이 되어 1560년 8월 17일 낙스가 기초한 칼빈주의적 신앙고백을 신조로 채택하고,[66] 1주일 후에는 교황권을 배격하고 미사를 금하는 조처를 취하였다. 이때부터 스코틀랜드는 중산층이 대두되어 그 영향력을 계속 미치게 되었다. 교회는 왕과 귀족의 손을 떠나 평민의 교회로 자리를 잡은 것이다.

1560년에는 소위 제1회 스코틀랜드 총회(General Assembly)를 열고, 다음해 1월에는 "제일 교회 치리서"(First Book of Discipline)를 국회에 제출하여 장로교회 조직을 전국적으로 실시하려 하였다. 또한 성서적인 근거가 없는 모든 축일은 폐지하고 주일만 지키도록 하였으며, 공중 예배를 위해 일명 "낙스의 예전"이라 부르는 "공동 예배 규범서"(The Book of Common Order)를 작성하여, 1564년 총회에서 이를 승인 받았다.[67]

낙스는 1572년에 사망하게 되는데, 그 이후 스코틀랜드는 제임스 6세가 영국의 왕(제임스 1세)이 되면서 두 나라가 같은 영향권 아래 놓이게 되었으며, 낙스의 뒤를 이어 스코틀랜드에는 맬빌(Andrew Melville, 1545-1623)이 개혁을 계속하면서, 장로교를 정립하고 체계화하는 데 공헌하게 되었다.

---

66) 홍치모, 『스코틀랜드 종교개혁과 영국 혁명』(서울 : 총신대 출판부, 1991), p. 11.
67) Williston Walker, *A History of the Christian Church*, p. 371.

2) 웨스트민스터 예배모범의 작성 과정

(1) 웨스트민스터 회의

1603년 제임스 1세가 즉위하자 영국 청교도들은 "1,000인 청원서"(Millenary Petition)를 제출하였다. 그 결과 1604년 1월 햄톤(Hampton) 법정에서 회의가 열리게 되었고, 그들은 거기서 감독 제도 대신 장로제를 도입할 것과 개혁을 수용할 것을 요구하였다. 그러나 이들의 요구는 받아들여지지 않았고, 오직 성경 번역만 허락되어 이때 영어 성경 "킹 제임스 판"(King James Version)이 나오게 되었다.[68]

1625년 찰스 1세가 즉위하면서, 그는 "감독이 없이는 참된 교회가 있을 수 없다"(There could be no true church without bishops.)고 하면서 절대 왕권과 감독제를 더욱 강화하였다.[69] 그는 로드(Laud) 주교를 기용하여 영국 내 모든 교회의 의식과 복장과 예전을 통일하려 하였다. 그러나 이런 그의 종교 정책과 세금 제도는 프로테스탄트 세력이 지배를 하고 있는 의회와 갈등을 빚을 수밖에 없었다. 찰스는 이런 상황이 계속 되자 1629~1640년까지 국회를 소집하지 않았다.

이 무렵 스코틀랜드에서는 찰스 왕이 영국 교회의 예전을 강요하자 마침내 1637년 에든버러에서 폭동이 일어나게 되었고, 1638년 국민 계약(National Covenant)을 맺고 감독제를 폐지하고, 스코틀랜드 교회의 자유를 선포하였다.[70] 이에 격분한 찰스는 반란을 진압하기 위하여 군대를 동원하고 그 군비를 해결하기 위해 1640년 국회를 소집하였으나 국회가 비협조적이자 이를 바로 해산해 버렸다. 그러나 스코틀랜드와의 전쟁에서 패배하고 그들이 손해 배상을 요구하자 찰스는 하는 수 없이 1640년 11월 다시 국회를 소집할 수밖에 없었다. 이것이 그 유명한 장기 국회(Long Parliament)로서 향후 20년간이나 지속되었다.[71]

---

68) 위의 책, pp. 407f.
69) 위의 책, p. 411.
70) 영국 내의 종교적 갈등의 중심에는 언제나 예배의 문제가 자리잡고 있었다. 왕을 중심한 정부와 교회(성공회)가 국교회의 예전으로 전체 교회를 통일하려는 것에 대하여 영국 내 종교개혁 지지 그룹(청교도 등)과 스코틀랜드 교회는 이를 적극적으로 반대를 하였다.
71) 위의 책, p. 413.

참고로 영국 내 의회파는 1643년 스코틀랜드를 방문하여 양측이 신성 동맹 계약(the Solemn League and Covenant)을 맺게 되었다. 이것은 영국 내 청교도 중심의 의회파와 스코틀랜드 장로교도가 합동하여 전제 군주의 통치를 막아내려는 것이었으며, 또한 장로교의 노선에 따라 교리와 예배와 행정을 확립하려는 목표를 가지고 이루어졌다.[72] 동맹 체결 후 스코틀랜드는 의회 편에서 싸우기 위해 군대를 영국으로 파견하였으며, 1644년 찰스 국왕은 이들에게 굴복하였고, 1649년에 결국 처형되고 말았다.

당시 의회에는 청교도 세력이 다수를 차지하고 있었는데, 이들은 의회 내에 종교위원회를 설치하기 위하여 웨스트민스터 사원에서 종교 회의를 개최할 것을 결의하였다. 그러나 국왕이 5회나 계속 거부하자 의회는 6번째 상원의 동의를 얻어 왕의 승인 없이 회의를 소집하게 되었으니, 이것이 그 유명한 웨스트민스터 회의(the Westminster Assembly of Divines)이다.

이 법령은 1643년 5월 13일 하원(the House of Commons)에서 낭독된 후, 6월 12일 상원(the Lords)의 동의를 얻어서 웨스트민스터에서 총회를 개최토록 하였는데, 1643년 7월 1일 헨리 7세 채플(the Chapel of King Henry VII)에서 그 모임을 갖게 되었다.[73] 이 회의는 1643년 7월 1일에 시작하여 1649년 2월 22일까지 계속 되었는데,[74] 그 목적을 다음과 같이 언급하고 있다.

> 의회에 의하여 추천된 학식이 있고 경건한 성직자들과 기타의 사람들로 회의를 소집하여, 영국 교회의 정치 체제(Government)와 예전(Liturgy)을 정립하도록 하며, 거짓된 소문이나 해석들로부터 교회의 교리(Doctrine)를 지키고 확고하게 하기 위하여…….[75]

---

72) G. D. Handerson, *The Church of Scotland*, p. 104.
73) Bryan D. Spinks, "Brief and Perspicuous Text ; Plain and Pertinent Doctrine : Behind 'Of the Preaching of the Word' in the Westminster Directory" in *Like a Two-Edged Sword*, ed. Martin Dudley (Norwich : Canterbury Press, 1995), p. 91.
74) F. L. Cross and E. A. Livingstone, ed., *The Oxford Dictionary of the Christian Church* (New York : Oxford University Press, 1997), p. 1,732. 이 기간은 1,163회의 회의를 가진 시기이다. 실제로 이 회의는 1653년까지 매우 불규칙적으로 계속 되었으며, 이 회의가 공식적으로 해산이 된 기록은 없다.

위에 언급된 내용에서 우리는 웨스트민스터 회의의 목적이 그동안 논란되어 온 교회의 정치체제, 예배, 그리고 교회의 바른 신앙을 위한 교리적 문제가 주된 의제가 될 것임을 알 수 있다. 결과적으로 웨스트민스터 회의는 이러한 목적에 따라 몇 가지 중요한 작품을 만들어내는데, 그것이 곧 교회 정치(Form of Church Government), 웨스트민스터 예배모범(Directory for Worship), 웨스트민스터 신조(Confession of Faith), 요리문답(Catechism) 등이다.

(2) 웨스트민스터 예배모범의 작성 과정

1643년 7월 1일 웨스트민스터에서 모인 회의는 교회의 총회가 아니고 의회의 종교적 자문을 위하여 소집된 회의였다. 그러나 그 위원회의 구성은 종교적 대표성을 인정받기에 충분하고도 남았다. 처음 회의가 소집되었을 때 위원의 수는 모두 151명이었다. 위원은 121명의 성직자들과 30명의 평신도로 이루어졌는데, 평신도 중 10명은 귀족(peer)이었고, 20명은 하원 의원이었다.[76] 구성원의 대부분은 장로교 계열의 청교도(Presbyterian)들이었고, 회중 교회(Independent)와 영국 국교회(Episcopalian), 그리고 인문주의 영향을 받은 에라스주의자(Erastian) 등 몇 명이 있었으며, 특별히 스코틀랜드에서는 참관인 자격으로 목사 4명과 평신도 2명이 참석하였다.[77]

회의 장소는 웨스트민스터로 하고, 그 이름은 웨스트민스터 성 총회(Westminster Assembly of Divine)로 칭하였으며, 폐회 때까지 1,163회의 모임을 가졌다. 웨스트민스터 회의라는 이름이 붙게 된 것은 런던 서부 지역에 위치하고 있는 웨스트민스터 사원(Westminster Abbey)에서 모임을 가진 것에서 유래한다.[78] 처음에 이들은 헨리 7세 기념 예배당에서 모임을 시작하였으나, 가을의

---

75) W. M. Hetherington, *History of the Westminster Assembly of Divines*, p. 97.
76) W. M. Hetherington, *History of the Westminster Assembly of Divines*, p. 112. 참고로 pp. 112-113에는 위원들의 명단이 소개되어 있다. 특기할 만한 것은 당시 유명한 청교도 지도자였던 리차드 박스터(Richard Baxter)와 존 오웬(John Owen)이 포함되지 않았다는 것이다.
77) 스코틀랜드 교회에서 참석하게 된 것은 영국 의회와 스코틀랜드가 맺은 신성 동맹 계약의 결과라고 하겠다. Horton Davies, *Worship and Theology in England*, vol. Ⅱ (Grand Rapids : William B. Eerdmans Publishing Co., 1996), p. 407.

추운 기후가 닥치자 모임 장소를 바꾸어(10월 2일) 보다 안온한 방인 "예루살렘 회의실"(Jerusalem Chamber)에서 모임을 계속하게 되었다. 이 회의에서 그들은 교회의 "일치를 위한 네 가지 요건"(the four points or parts of uniformity)을 위해서 토의를 거듭한 결과, 저 유명한 "웨스트민스터 교회 정치", "웨스트민스터 예배모범", "웨스트민스터 신조", 그리고 "웨스트민스터 대, 소요리 문답" 등을 마련하였는데, 이것은 후에 스코틀랜드 장로교회에 의하여 그대로 수용되어 장로교의 기본적인 교리와 예배로 사용되어지게 되었다.

처음 웨스트민스터 회의는 왕의 금지령에도 불구하고 7월 1일 임명된 69명의 성직자들이 참석하여 국회에 의하여 지명된 회장(Prolocutor) 윌리암 트위스(William Twisse)의 설교를 들은 후 정식적으로 모임을 갖게 되었다. 그리고 7월 6일까지 정회한 후 다시 모이게 되었다.[79] 이 회의에서는 원래 영국 국교회의 39개 신조(Thirty Nine Articles of Religion)[80]를 개정하려는 것이었으나, 의회에 의해서 예배의 문제와 영국 교회의 정치와 치리에 관한 내용을 먼저 협의하도록 요구받게 되었다. 이렇게 된 것은 영국 의회가 1643년 가을 스코틀랜드와 신성 동맹 계약을 승인하면서, 영국 교회가 스코틀랜드 교회나 기타 개혁 그룹 교회들과 함께 신조, 교회 정치, 예배, 그리고 요리 문답에서 일치를 이루도록 하기 위해서였던 것이다.[81]

그런데 여기서 우리가 하나 특기해야 할 사항은 그동안 우리는 웨스트민스터 회의가 신앙고백과 요리 문답을 대표적으로 만든 회의로 먼저 생각하는데, 사실 이 회의는 예배에 대한 문제를 해결하는 것이 우선된 관심이었다는 점이다. 웨스트민스터 회의를 통해서 처음 만들어진 문서도 예배모범이었음이 이를 잘 증명해

---

78) Benjamin Breckinridge Warfield, *The Westminster Assembly and Its Work* (New York : Oxford University Press, 1931), p. 3.
79) 위의 책.
80) 39개 종교 규약은 1563년 엘리자베스 여왕에 의해서 영국 교회의 신앙 규범을 마련한 것이다.
81) Bryan D. Spinks, "Brief and Perspicuous Text ; Plain and Pertinent Doctrine : Behind 'Of the Preaching of the Word' in the Westminster Directory" in *Like a Two-Edged Sword*, pp. 91f.

주고 있다.[82] 필립 나이(Philip Nye)는 설교에서 이 점을 분명하게 밝히고 있다.

웨스트민스터 회의에서 우리 앞에 놓여진 목적은 예배의 정화이다. 그것은 국가에서 정해 준 모델에 따르는 예배가 아니라 하나님의 말씀에서 발견되는 대로 따르는 예배여야 한다.[83]

그 결과 이 회의는 무엇보다도 예배모범을 최우선적으로 취급하게 되어서, 70회가 넘는 회의를 거치면서 1644년에 예배모범을 국회에 제출하여 1645년 1월에 국회를 통과하게 되었다. 그 내용은 전문 위원 자격으로 참관했던 스코틀랜드 교회 대표들이 자기의 총회에서 연구된 것들을 가져와서 제출한 것을 거의 만장일치로 채택하게 되었다.[84] 이 예배모범(Directory)은 영국 교회가 사용하고 있던 "공동 기도서"(Book of Common Prayer)를 법적으로 대체하기 위한 것이었는데, 여기에 참여한 위원들은 의장인 마샬(Marshall), 팔머(Palmer), 굿윈(Goodwin), 영(Young), 헐(Herle), 그리고 네 명의 스코틀랜드 성직자들이 었다.[85] 물론 작성 과정에서 어려운 문제들에 직면하기도 하였는데, 그것은 예배의 형식(form)과 자유로움(freedom)에 대한 것이었다. 예배의 형식을 지킬 것인가 아니면 형식에 얽매이지 않는 자유로운 영적 예배를 드릴 것인가가 중요한 이슈(issue)로 등장하였는데, 이로 인해서 "매우 심각하고 슬픈 논쟁들"(many serious and sad debates)이 일어났음을 의장이었던 마샬(Stephen Marshall)

---

82) Alan Clifford, "The Westminster Directory of Public Worship" in *The Reformation of Worship* (London : Westminster Conf, 1990), p. 53.
83) C. V. Wedgwood, *The King's War* (New York : Macmillan, 1959), p. 258 ; 정장복, "웨스트민스터 예배모범", 『예배의 신학』(서울 : 장로회신학대학교 출판부, 1999), 178쪽 이하에서 재인용.
84) 위의 책. 웨스트민스터 회의에서 스코틀랜드 교회의 영향이 많이 반영될 수밖에 없었던 것은 종교적인 면 외에도 정치적인 측면이 강하게 있었다. 즉 국왕에 대하여 대립적 입장에 있었던 영국 의회는 스코틀랜드와 동맹을 맺고 그들로부터의 협력이 매우 중요하였기 때문에 스코틀랜드의 입장을 받아들일 수밖에 없었던 것이다. Thomas Leishman, ed., *The Westminster Directory* (Edinburgh and London : William Blackwood and Sons, 1901), pp. x ivf.
85) Thomas Leishman, ed., *The Westminster Directory*, p. xv.

은 전체 회의에 보고하고 있다.[86] 그 결과 웨스트민스터 회의는 이와 같이 상반된 입장들의 요구를 만족시키기 위하여, 그동안 교회에서 전통적으로 사용해 오던 예배서(service book)를 만들지 않고, 대신하여 예배모범(directory for worship)을 작성하게 되었던 것이다. 그러므로 예배모범은 자연히 예전(liturgy)에 상반되는 것으로서, 예배의 주된 항목(heading)들을 요약하고, 예배 요소들의 본질을 기술하는 정도로 마무리할 수밖에 없었다. 이것은 그 후 장로교회가 얼마 동안 예배서를 갖지 못하게 되는 계기가 되었다. 그러나 이러한 과정들을 통해서 장로교 예배모범의 효시라고 할 웨스트민스터 예배모범은 그 모습을 세상에 드러내게 되었고, 이것은 그 후 장로교 예배의 본질과 원칙을 제시하는 중요한 기준이 되었던 것이다.

3. 웨스트민스터 예배모범의 내용 분석

그러면 웨스트민스터 예배모범은 어떤 내용들을 중심으로 하여 작성되었는가? 거기에 대한 세부적인 항목과 내용들을 살펴보고, 웨스트민스터 예배모범에 대한 신학적 배경과 함께 이에 대한 평가와 영향 등을 알아보도록 하겠다.

1) 예배모범의 구조

웨스트민스터 예배모범은 서문(Preface)과 함께, 본 내용은 부록(Appendix)을 포함하여 총 15개 항목으로 구성되어 있다. 서문에서는 웨스트민스터 예배모범을 작성하게 된 배경과 이유, 그 취지를 설명하면서, 당시 예배를 개혁하기 위한 입장에서 이 문서를 작성하게 되었음을 밝히고 있다.

그리고 본 내용에서는 회중의 모임, 성경봉독, 설교 전 기도, 설교, 설교 후 기도, 세례, 성만찬, 주일 성수, 결혼, 병자 심방, 장례, 금식, 감사절, 시편찬송 등에 대해서 그 방법과 지침들을 언급하고 있다.

마지막 부록(15항)에서는 공중 예배를 위한 날과 장소에 대해 설명을 하고

---

86) Bard Thomson, *Liturgies of the Western Church* (Philadelphia : Fortress Press, 1961), p. 349.

있는데, 주일 이외의 성일은 없음을 상기시키면서, 그러나 특별히 긴급한 경우는 공적으로 금식일이나 감사일을 정할 수 있다고 한다. 장소에 있어서는 특별히 거룩하게 구별된 장소는 없음을 말하면서, 미신적인 개념으로 예배 장소에 모이는 것은 잘못된 것이라고 한다. 그러나 예배를 위한 공적인 장소는 있어야 하며, 그 장소는 오직 하나님께 예배를 드리기 위해서만 사용되어야 한다고 언급하고 있다. 웨스트민스터 예배모범의 구조(순서)를 보면 다음과 같다.

* 서문(Preface)
1. 회중의 모임에 관하여(Of the Assembling of the Congregation)
2. 성경 봉독에 관하여(Of Public Reading of the Holy Scripture)
3. 설교 전 기도에 관하여(Of Public Prayer before the Sermon)
4. 말씀의 설교에 관하여(Of the Preaching of the Word)
5. 설교 후 기도에 관하여(Of the Prayer after the Sermon)
6. 세례에 관하여(Of the Sacrament of Baptism)
7. 성만찬에 관하여(Of the Sacrament of the Lord's Supper)
8. 주일 성수에 관하여(Of the Sanctification of the Lord's Day)
9. 결혼의 신성에 관하여(Of the Solemnisation of Marriage)
10. 병자 심방에 관하여(Of the Visitation of the Sick)
11. 장례에 관하여(Of Burial of the Dead)
12. 공적 금식에 관하여(Of Public Solemn Fasting)
13. 공적 감사일에 관하여(Of the Observation of Days of Public Thanksgiving)
14. 시편송에 관하여(Of Singing of Psalms)
15. 부록 : 공중 예배를 위한 날과 장소(An Appendix touching Days and Place for Public Worship)

2) 웨스트민스터 예배모범의 내용[87]

그러면 웨스트민스터 예배모범의 내용은 무엇인가? 웨스트민스터 예배모범의 핵심적 내용들을 중심으로 하여 요약 정리하면 다음과 같다.

---

87) 여기에 관한 내용은 Thomas Leishman, *The Westminster Directory*, pp. 15-78 참조.

(1) 공중 예배에서 회중의 모임과 그들의 태도에 관해서

회중이 공중 예배에 모일 때 그들은 미리 자신들의 마음을 준비하고 참석해야 한다. 자신들의 부주의나 어떤 사적인 모임 때문에 공중 예배에 빠지는 일이 없어야 한다. 모든 사람은 경건하면서도 진지하고 품위 있는 태도로 모임에 들어오되, 서로 좋아서 인사하는 일을 삼가하고 자신들의 자리에 앉아야 한다.

회중이 모이면 목사는 위대하신 하나님의 이름으로 그들을 예배로 부른 후(calling on them to the worshipping of the great name of God, 오늘로 말하면 "예배로 부름" 순서), 기도를 시작한다(기원).

예배가 시작되면 회중은 예배에 주의를 온전히 집중하고, 목사가 읽거나 말하는 것 외에 어떠한 것도 읽어서는 안 된다. 사적으로 수근거리거나 모이는 것, 어떤 사람에게 인사를 하거나 경의를 표하는 것, 조는 일, 목사나 사람들을 혼란스럽게 하는 행동, 예배를 드리는데 있어서 그들 자신이나 남들을 방해하는 일들을 삼가해야 한다.

(2) 성경 봉독에 대하여

공중 예배의 한 부분인 성경 봉독은 목회자나 교사들에 의해서 행해진다. 그리고 읽은 말씀은 회중들에게 설교되어야 한다. 모든 신구약의 정경은 가장 잘 번역된 자국어로 읽고, 모든 사람이 분명하게 듣고 이해할 수 있어야 한다. 본문의 길이는 목회자의 지혜로 하되 보통 매 모임에서 신구약 1장씩 읽는 것이 좋다. 성경은 순서대로 읽는 것이 필요한데, 이는 사람들이 전체 성경을 아는데 유익하기 때문이다. 그리고 모든 사람들은 읽을 수만 있다면 성경을 개인적으로 소지하여 읽도록 한다.

(3) 설교 전 기도에 관하여

성경 봉독과 시편송 후에 설교할 목사는 그 자신과 회중이 죄로부터 바르게 되도록 죄의 고백을 한다. 부끄러움과 당혹한 모습으로 죄의 완전한 고백을 함으로써, 모든 이들이 주님 앞에서 애통해 하고, 예수 그리스도 안에서 하나님의 은혜를 더욱 사모해야 한다. 여기에 대한 기도 내용은 원죄와 자범죄(자신이 범한 죄)에 관한 내용들을 취급하고 있다.[88]

---

88) 자세한 기도 내용은 T. Leishman, *The Westminster Directory*, pp. 20-28에 소개되어 있다.

(4) 말씀의 설교에 관하여

하나님의 구원의 능력이요, 복음 사역에 있어서 가장 위대하고 뛰어난 과업 중의 하나인 설교는 설교자 자신과 그것을 듣는 사람들을 구원시키는데 부끄러움이 없어야 한다. 이를 위해서 설교자는 원어에 대한 숙달, 학문과 학술적 능숙함, 신학과 성서에 대한 지식, 성도들의 삶에 대한 이해, 성령의 감동, 교화를 위한 은사를 가지고 있어야 한다.

설교의 주제는 성경의 본문으로부터 나와야 한다. 서론은 성경 본문이나 배경, 또는 그와 유사한 소재나 일반 성경 내용에서 택하되 어디까지나 간단하고 명료하면서 알기 쉬워야 한다. 본문의 길이가 길 경우는 간단한 요약을 하고, 짧을 경우는 알기 쉽게 바꾸어서 말하라. 본문을 분석하고 나눌 때는 단어보다는 내용의 순서를 고려하고, 너무 많이 나누어 청중들이 기억하는데 무거운 짐이 되지 않도록 하고, 불분명한 용어로 인해 혼란에 빠지지 않게 하라.

교리에 관한 것은 첫째 그 자료가 하나님의 진리여야 하며, 둘째는 그 진리가 본문에 근거하고, 본문의 내용을 포함해야 하며, 셋째 이런 교리는 듣는 사람들의 교화를 주된 목적으로 해야 한다. 교리적인 내용은 언제나 평범한 언어로 표현해야 한다. 논증적인 내용은 확신 있고 견고해야 한다. 예화는 청중에게 영적 기쁨과 함께 진리를 전달할 수 있어야 한다. 성경이나 이성(理性), 또는 청중의 판단에 비추어 의심이 생길 만한 것은 제거해 버려야 한다.

그리스도의 종으로서 설교자는 다음 사항들을 지킬 수 있어야 한다.
1. 주님의 일을 태만히 하지 않는 수고
2. 진리를 전달하는 정확성
3. 그리스도의 영광과 사람들의 회심, 교화, 구원을 위한 성실성
4. 자신이 전하는 교리와 권면에 대한 지혜로운 구성
5. 하나님의 말씀으로서의 진지성
6. 회중에 대한 사랑
7. 가르치는 모든 것이 그리스도의 진리여야 한다.

(5) 설교 후 기도에 관하여

설교가 끝나면 목사는 기도한다. 그분의 아들 예수 그리스도를 우리에게 보내 주신

하나님의 크신 사랑에 대하여, 성령의 교통하심에 대하여, 영광스러운 복음의 빛과 자유에 대하여, 그리고 복음 안에 나타난 풍성한 하늘의 축복들, 즉 선택, 소명, 양자, 칭의, 성화, 영광의 소망 등에 대하여, 반기독교도들의 어둠과 압제로부터 그 땅을 자유롭게 하시는 하나님의 놀라운 자비하심에 대하여, 만국의 구원에 대하여, 그리고 종교의 개혁(the Reformation of religion)과 언약(Covenant)과 수많은 축복에 대하여 감사 기도를 드린다.

이어서 복음과 모든 율례들이 순수함과 능력과 자유 안에서 계승되어 나가도록 기도한다. 또한 설교의 중심 내용들이 회중의 가슴에 살아서 열매를 맺도록 기도한다. 마지막으로 그리스도의 재림을 바라보면서 죽음과 심판을 준비하도록 기도한다. 성만찬이 없을 경우 이 기도가 끝나면, 시편송을 부르고, 축복 기도로 폐회한다.

(6) 세례에 관하여

세례는 어떤 경우도 개인이 사적으로 집례할 수 없으며, 하나님의 종으로 부름받은 그리스도의 목사에 의하여 집례되어야 한다. 세례는 사적인 장소가 아닌 공중 예배의 장소에서 회중이 듣고 보는 앞에서 베풀어져야 한다. 유아세례는 그 아버지가 참석해야 하며, 그렇지 못할 경우 크리스천 친구가 참석해야 한다.

세례 전에 목사는 세례에 대한 제도, 성격, 방법, 목적 등 안내의 말씀을 전한다. 다음으로 참석한 모든 사람들에게 권면한다. - 자신들의 세례를 되돌아보고, 하나님과의 언약을 지키지 못한 죄를 회개하고, 자신들의 믿음을 굳게 하고, 세례를 바르게 유용토록 하고 개선시키도록.

그리고 부모에게 권면을 한다. 이어서 제정의 말씀(the Word of Institution)과 함께 세례수를 축성하기 위한 기도(sanctifying the Water)를 한다. 아이의 이름을 부른 후, "내가 성부와 성자와 성령의 이름으로 그대에게 세례를 주노라"고 하면서, 물을 붓거나 뿌리면서 세례를 베푼다. 그리고 감사의 기도를 드림으로 마친다.

(7) 성만찬 예전에 관하여

주님의 성만찬은 자주 거행되어져야 한다. 그러나 그 횟수는 목사나 교회 지도자들에 의하여 적절한 때를 결정한다. 시간은 주일 예배 말씀 후에 하도록 한다. 무지한 자나 추악한 사람들은 주님의 만찬을 받기에 합당치 못하다. 성만찬에 대한 광고는 일주일 전 주일에 광고한다.

| 집례 : 권면(권면, 죄있는 자에 대한 훈계, 초대)
　　　　회중의 성찬석 착석
　　　　성물 축성 : 빵 준비
　　　　잔 준비
　　　　성찬 제정사(복음서나 고전 11 : 23-27)
　　　　기도(떡과 잔에 대한 감사와 축복)
　　　　분병(떡을 쪼갬)
　　　　목사의 수찬(떡)- 회중의 수찬
　　　　목사의 수찬(잔)-회중의 수찬
　　　　가난한 자를 위한 헌금

(8) 주일 성수에 관하여

　주일은 세상일을 정리하면서 미리 준비하여야 한다. 하루 전체를 그리스도인의 안식일로 하여 공적으로나 사적으로 주님께 거룩하게 지켜야 한다. 모든 불필요한 노동으로부터 하루 전체를 거룩한 휴식 속에 보낸다. 운동이나 오락뿐만 아니라 모든 세상적인 말이나 생각까지도 삼가야 한다.

　개인이나 가정에서 개인적으로 해야 할 준비는 자신들을 위해서, 목회자에 대한 하나님의 도우심을 위해서, 목회자의 사역에 대한 축복을 위해서 기도하는 것이다. 또한 공중 의식들을 통해 하나님과 보다 편안한 교제를 이루도록 준비하는 연습을 한다. 모든 사람은 예배 시간에 맞추어 시작할 때부터 참석해야 하며, 예배 중 모든 순서에는 경건한 마음으로 임하고, 축도가 끝나는 시간까지 떠나지 않아야 한다.

　회중의 공적인 모임이 없는 시간에는 독서나 명상, 또는 설교를 다시 생각하면서 보낸다. 특별히 들은 말씀을 설명하기 위해 가족들을 불러 모으고, 문답하기, 거룩한 회의, 공중 의식들의 축복을 위한 기도, 시편송 부르기, 환자 심방, 가난한 자 구제, 경건과 사랑과 자비를 베푸는 일들이나 안식일을 기쁘게 하는 일들을 위해서 시간을 활용한다.

(9) 결혼의 신성함에 관하여

　결혼이 비록 성례전이나 교회의 특별한 것은 아닐지라도, 그것은 인류에게 공통된 것이요 모든 국가에서 대중적인 관심사이다. 결혼은 주님 안에서 이루어져야 하는데,

이때 하나님의 말씀으로부터 특별한 안내와 지도, 권면이 있어야 한다. 또한 그들에 대한 축복을 위해서 결혼은 합법적인 목사에 의하여 신성하게 진행되어야 하며, 목사는 이들을 위하여 상담을 하고, 축복의 기도를 한다. 결혼은 오직 한 남자와 한 여자 사이에 이루어지며, 하나님의 말씀에서 금하는 친인척 간의 결혼은 안 되며, 자신들의 선택에 대하여 분별력을 가질 수 있는 나이에 한다.

목사는 약 3주 전에 결혼을 회중에게 알리고, 결혼 전에 충분한 증거를 알아보도록 하고, 부모의 동의도 알아보고 기록해 두어야 한다. 부모는 자녀의 동의 없이 결혼을 강요해서는 안 되며, 합당한 이유 없이 반대해서도 안 된다. 결혼은 공중 예배를 위한 장소에서 하며, 시간은 일 년 중 수치스러운 날을 제외한 어느 때나 편리한 시간에 하되 주일은 피하도록 한다.

결혼 집례는 먼저 목사가 그들을 위해 축복 기도를 한다.
기도 후에 성경 말씀으로 간단히 선포를 하고 훈계한다.
그리고 남자-여자 순으로 서약을 한다.
"나 ○○○은 그대 ○○○을 나의 아내(또는 남편)로 맞아 하나님이 우리를 죽음으로 갈라놓을 때까지 당신에 대하여 사랑하고 충실한 남편(또는 아내)이 될 것을 하나님 앞과 사람들 앞에서 서약합니다."
목사는 성혼 선언을 하고, 기도로 마친다.
그리고 혼인 사항을 책에 기록해 놓는다.

(10) **병자의 심방에 관하여**
목사는 사람들을 가르치고 훈계하고 권면하고 책망하고 안위케 하는 것이 그의 의무이다. 아프고 고통을 당할 때는 목사가 그들을 돌볼 특별한 기회다. 병든 자를 위해 가서 돌보아야 하는 목사는 모든 온유와 사랑으로 가서 그 영혼에게 영적인 유익을 주어야 한다. 목사는 성경 말씀을 전하면서, 질병은 우연히 오는 것이거나 육체의 불안정함 때문에 오는 것이 아니라 하나님의 선하신 손으로 인도하시려는 뜻이 있음을 가르쳐야 한다. 목사는 환자에게 자신을 살피고, 지난날을 되돌아보고, 하나님께로 향하도록 권면한다. 또한 환자에게 자신의 집을 잘 정리하고, 빚을 갚으며, 잘못한 일들에 대하여는 보상토록 하고, 불화했던 사람들과 화해하며, 자신이 하나님의 용서를 받은 것처럼 자기에게 잘못한 사람들을 용서하도록 한다.

끝으로 목사는 환자 주위에 있는 사람들에게도 자신들의 도덕 생활을 살피고, 주님께로 향하며, 주님 안에서 평화를 이루도록 권면한다.

(11) 장례에 관하여

어떤 사람이 생명을 마치게 되면 장례식 날 시신을 집에서 장지로 정중히 모시고, 아무 의식도 갖지 말고 바로 매장하도록 한다. 장례 전에 시신이 있는 곳에서 무릎을 꿇거나 기도를 하는 것은 미신적인 것이다. 무덤으로 가는 중에나 무덤에서 남용되어 온 기도, 성경 봉독, 찬송 등은 죽은 자를 위해서도 유익하지 못하고, 산 자들에게도 유해할 뿐이다. 그러나 교우들이 장지로 가는 길에 함께 동행하면서 명상을 하거나 적절한 의논을 하는 것은 괜찮다고 본다. 목사가 만일 함께 참석했다면 교우들에게 자신들이 지켜야 할 사항들을 기억하도록 해야 한다. 장례에서 고인이 생전에 이룬 지위나 신분에 적합한 존경과 경의를 부인하는 것은 안 된다.

(12) 공적인 금식에 대하여

크고 뚜렷한 심판으로 사람들이 고통을 받거나 절박할 때나, 또는 어떤 특별한 축복을 구할 때 국가나 개인은 하나님이 원하시는 공적인 금식을 해야 한다. 종교적인 금식은 음식뿐만 아니라 세속적인 노동이나 이야기나 생각, 그리고 육적인 즐거움, 화려한 옷이나 장식 등을 완전하게 절제한다. 더 나아가 본능적인 것이나 야한 옷차림, 음란한 습관이나 태도, 성적으로 수치스러운 일들도 금해야 한다. 공중 모임이 있기 전에 각 가정이나 개인은 엄숙한 이 일을 위해 자신들의 마음을 준비해야 하고, 모임에 일찍이 참석해야 한다.

금식일은 공적인 성경 봉독, 설교, 시편 찬송, 기도 등으로 많은 시간을 보내야 한다. 이때 목사는 하나님을 향한 회중의 입으로서 진지하고 철저하게 가슴에서 우러나오는 말을 해야 하며, 특별히 죄에 대한 슬픔을 가지고 회중의 마음이 감동을 받고 녹아지도록 해야 한다. 공적인 금식일 이외에도 하나님의 섭리가 있다고 생각될 때 회중은 금식을 할 수 있다.

(13) 공적 감사일들을 지키는 것에 대하여

감사의 날을 지킬 때는 사람들이 보다 잘 준비할 수 있도록 미리 광고를 하여야 한다. 그 날이 되어서 회중이 모이면 목사는 권면의 말씀으로 시작을 하여, 하나님의 도우심과 축복을 위한 짧은 기도를 드린다. 이어서 목사는 받은 구원과 자비에 대한 것이나, 또는 회중이 잘 이해하고 생각하여 감명을 받을 수 있는 내용을 서술한다. 말씀의 봉독을 전후하여 시편송을 부른다.

그리고 설교를 한 후 교회와 왕과 국가를 위해서 기도하며, 이전의 자비와 구원에 대하여 감사기도를 드린다. 이어서 시편송을 부르고, 축복 기도로 폐회한다.

(14) 시편송에 관하여

회중이 공적으로 모여 시편송을 부르면서 하나님을 찬양하거나, 가족과 함께 사적으로 찬양을 하는 것은 기독교인의 의무다. 시편송을 부르는 데 있어서, 목소리는 음에 맞추어 진지하게 해야 한다. 그러나 주된 것은 가슴 속에서 이해하면서 은혜로 주님을 찬양하는 것이다. 회중 가운데 글을 읽을 수 있는 사람은 시편송집을 가지고 있어야 하며, 그렇지 못한 사람은 글을 배우도록 해야 한다. 회중 가운데서 많은 사람이 글을 읽지 못할 때 목사나 또는 목사가 임명한 사람이 노래 전에 한 줄 한 줄 읽어 주도록 한다.

(15) 부록 : 공중 예배를 위한 날과 장소에 관하여

그리스도인의 안식일(Christian Sabbath)인 주일(the Lord's Day) 외에 복음서에 근거하여 거룩하게 지키라고 명령되어진 날은 성경에 없다. 하나님의 말씀에 확증된 것이 없이 통속적으로 성일(Holy-day)이라 불려진 축일(Festival day)들은 지켜질 필요가 없다. 그러나 특별히 긴급한 경우 공적인 금식일이나 감사절을 구별하여 지키는 것은 합법적이고 필요한 것이다.

어떤 봉헌이나 축성을 통해서 거룩하게 되는 장소란 없다. 또한 과거에 사용되었던 어떤 미신에 의하여 오염된 것에 매달리지 않아야 한다. 하나님께 드릴 공적 예배를 위해서 그러한 곳에 그리스도인이 모이는 것은 불법 부당한 것이다. 그러므로 예배를 위해서 공적으로 모이는 장소가 있어서, 그곳에서 계속 모임을 갖도록 해야 한다.

3) 웨스트민스터 예배모범의 신학적 배경

예배는 신학을 만들고 신학은 예배를 만든다. 역사적으로 교회의 신학적 변화는 그 표현이 예배로 나타났으며, 변화된 예배는 또한 새로운 신학을 형성하도록 하였다. 이것은 종교개혁을 통해서 개혁자들의 신학이 예배에 반영된 점, 그리고 그들의 예배가 개혁되면서 새로운 예배 신학이 형성된 모습들을 통해서 잘 나타나고 있다 하겠다.

웨스트민스터 예배모범이 작성되기까지는 그 시대의 신학적 변화가 먼저 있었다. 거대한 종교개혁의 물결은 유럽 전체의 교회를 새로운 방향으로 이끌었으며, 지금까지 내려온 모든 전통에 대한 의문을 제기하도록 하였다. 이것은 결코 예배에 있어서도 예외가 아니었다. 새로운 개혁 사상은 예배에 대한 개혁을 열망하게 하였으며, 곳곳에서 자신들의 신학을 반영한 예배를 만들도록 하였다.

영국은 로마 교황청과 결별을 하였지만 그것은 단지 정치적인 동기가 크게 작용한 것에 불과하였으므로, 신학이나 예배는 로마가톨릭적인 요소들을 거의 그대로 존속하고 있었다. 그러나 이 시기 대륙의 종교개혁 사상이 영국에도 큰 반향을 불러일으키면서, 자연스럽게 교회와 예배에 대한 개혁을 외치는 소리가 높아지게 되었다. 이런 와중에서 영국 교회의 조직과 예배를 개혁하고자 하는 끊임없는 노력들이 시도되면서 — 대표적인 그룹이 청교도들이라고 하겠다 — 등장하게 된 것이 바로 웨스트민스터 예배모범이라고 하겠다.

웨스트민스터 예배모범은 종교개혁 그룹 중에서도 주로 칼빈을 중심한 개혁교회의 신학과 영향을 많이 받았으며, 이를 반영한 청교도들의 신앙이 반영된 작품이라고 하겠다.[89] 청교도들 자신이 신학적으로는 칼빈의 영향을 받아 탄생되었기 때문에 그들 역시 신학적으로는 개혁교회의 신학과 거의 일치하는 것으로 보아도 무리가 없을 것이다. 따라서 웨스트민스터 예배모범은 크게 두 가지, 즉 개혁교회 신학과 청교도 신앙이 그 중심 배경을 이룬다고 할 수 있겠다.

---

89) 영국 교회의 예배를 연구한 홀튼 데이비스는 자신의 저서에서 웨스트민스터 예배모범을 청교도 예배와 관련하여 기술을 하고 있는 것을 볼 수 있다. Horton Davies, *Worship and Theology in England*, vol. II (Grand Rapids : William B. Eerdmans Publishing Co. 1996), Chap. XI 참조.

개혁교회 신학과 전통에 대하여 연구한 존 라이스(John H. Leith)는 개혁교회 신학의 특징을 일곱 가지로 정리하고 있다. 즉 거룩하고 보편적인 교회 신학(A Theology of the holy catholic church), 하나님 중심 신학(A theocentric theology), 성경 중심 신학(A theology of the Bible), 예정론(Predestination), 창조주와 피조물의 구별(The Distinction between Creator and creature), 실천적 학문으로서의 신학(Theology as a practical science), 그리고 지혜로서의 신학(Theology as wisdom) 등이 그것이다.[90]

이러한 신학적 특징들을 예배와 연관하여 볼 때, 개혁 신학이 웨스트민스터 예배모범에 영향을 준 것은 먼저 **하나님 주권 사상**(the majesty of God)이라고 하겠다. "개혁교회 예배는 하나님의 초월적 주권과 인간의 연약성과 죄성에 초점을 맞추고 있다."[91] 웨스트민스터 예배모범의 내용에는 곳곳에 하나님의 위대하심과 그 앞에 선 죄인으로서의 인간의 연약한 모습을 언급하고 있다.

예를 들어서 공중 예배에서 회중이 가져야 할 경건한 자세, 성경 봉독과 설교 등에 있어서 하나님의 말씀에 대한 권위, 성례전에서의 하나님의 은총에 대한 강조, 엄격한 주일 성수에 대한 지침 등은 하나님 주권 사상이 중심에 자리잡고 있는 것들이라고 하겠다.

둘째로 이 예배모범에 나타난 신학적 배경은 **하나님 말씀**(the Word of God)에 대한 강조이다. 개혁교회는 종교개혁 그룹 가운데서도 하나님의 말씀을 가장 강조한 그룹이었다. "칼빈이나 그의 후계자들의 중심에는 언제나 하나님의 말씀에 대한 선포가 있었다."[92] 웨스트민스터 예배모범에서는 이러한 면이 하나님의 말씀인 "성경 봉독에 대하여"(제2항), 하나님의 말씀인 "설교에 대하여"(제4항) 라는 두 가지 항목으로 크게 강조되어 있다. 성경은 기록된 하나님의 말씀(written Word)으로서 그 권위를 가지며, 설교는 선포된 말씀(spoken Word)으

---

90) John H. Leith, *Introduction to the Reformed Tradition* (Atlanta : John Knox Press, 1981), pp. 96-112.
91) Stanley Niebruegge, "A Reformed Theology of Worship", in *The Complete Library of Christian Worship*, vol. 2, ed. Robert E. Webber (Nashville : Star Song Publishing Group, 1994), p. 288.
92) 위의 책.

로서 권위를 가진다. 따라서 모든 예배에서 이 하나님의 말씀은 설교자나 회중 모두에게서 그 권위가 존중되어야 한다.

개혁교회는 무엇보다도 하나님의 말씀의 권위를 강조하였다. 따라서 예배에서 하나님의 말씀이 강조되었을 뿐만 아니라 모든 신학의 중심에도 성경의 권위가 강조되었다. 그런 의미에서 "개혁교회 신학은 철저히 성서적이다."[93]

이들은 모든 예배도 철저히 성서에서 그 원리와 정신을 찾아야 한다는 입장에 섰으며, 이러한 것은 칼빈이 초대교회의 예배를 개혁교회의 모델로 삼으려 했던 것에서도 잘 나타나고 있다. 그러므로 이러한 정신을 이어받은 웨스트민스터 예배모범은 무엇보다도 하나님의 말씀을 강조하는 신학적 경향이 뚜렷이 나타나고 있다.

셋째로 이 예배모범에 나타나는 신학적 특징 중의 하나는 **언약 신학**(covenant theology) 사상의 반영이라고 하겠다. 칼빈에 의하여 만들어진 선택 교리(the doctrine of election)는 인간들의 어떤 공로나 선택에 의해서가 아니라 하나님 편에서 인간을 택하셨고, 그분이 그들의 하나님이 되시기 위한 언약을 맺으셨다고 주장한다. 그러므로 하나님의 백성은 구약의 이스라엘 백성들처럼 하나님에 의하여(by God), 하나님을 위하여(for God) 구별받은 거룩한 백성(holy people)들이다.

이러한 언약 사상은 특별히 웨스트민스터 예배모범 중 세례와 성만찬에서 잘 나타나고 있다. 세례는 "은총의 언약에 대한 확증"(제6항)이다. 세례는 그리스도의 몸인 교회, 즉 하나님의 언약 가족(covenant family) 안으로 들어가는 입교 의식(initiation)이다.[94] 그리고 성만찬은 이러한 택함 받은 하나님의 백성들이 받는 언약의 식사(covenant meal)로서, 그리스도의 임재에 대한 언약의 표징(covenant sign)인 것이다.[95]

이러한 입장은 더 나아가서 하나님의 백성들의 모임인 교회도 하나님에 의하여

---

93) John H. Leith, *Introduction to the Reformed Tradition*, p. 100.
94) Stanley Niebruegge, "A Reformed Theology of Worship", in *The Complete Library of Christian Worship*, vol. 2, ed. Robert E. Webber, p. 290.
95) 위의 책.

선택된 사람들로 이루어진 언약 공동체(covenant community)로 생각하게 된다. 그러나 하나님께서 우리를 택하여 언약을 맺으시고 하나님의 백성을 삼으셨다는 언약 사상에는 죄인된 인간을 찾아오사 은혜를 베푸신 하나님의 은총에 대한 신학이 그 바탕에 깔려 있음을 간과해서는 안 될 것이다.

끝으로 웨스트민스터 예배모범에는 **청교도 신앙**(puritanism)의 경건과 엄숙주의가 그 배경에 있다고 하겠다. 청교도들은 영국 교회가 "순수한"(pure) 하나님의 말씀에 의하여 개혁되어야 한다는 주장을 내세운 그룹이었다.[96] 이들은 교회의 예배나 모든 생활의 규범 역시 하나님의 말씀이 되어야 한다고 보았다. 이러한 입장들은 예배와 생활에 있어서 경건주의와 엄숙성을 강조하게 되었다.

따라서 청교도의 이런 경건이나 엄격성은 웨스트민스터 예배모범에 그대로 드러나고 있다. 예배에 임하는 경건한 태도, 말씀과 기도에 관한 자세, 성례전에 참여하는 자세, 철저한 주일 성수 등에 관한 내용들은 이러한 입장을 잘 반영하고 있다고 하겠다.

4) 웨스트민스터 예배모범의 평가와 영향

교회는 예배를 떠나서는 존재할 수 없다. 예배는 교회의 중요한 사명이요, 자신의 존재 근거가 되기 때문이다. 그러므로 역사적으로 교회들은 예배 때문에 갈등을 빚기도 하고, 때로는 예배 때문에 나누이기도 하였다. 이런 현상들은 역설적으로 얼마나 교회들이 하나님께 드리는 예배를 소중하게 생각하였는가를 말하여 주고 있는 것이라고 하겠다.

웨스터민스터 예배모범은 바로 종교개혁기를 지난 영국의 청교도들과 스코틀랜드 교회가 자신들이 원하는 예배 의식을 위해 피 흘려 싸워 쟁취한 너무나 값진 역사적 산물이다. 16~17세기의 영국의 문제는 종교의 문제였으며, 그것을 보다 구체적으로 말하자면 예배의 문제였다. 영국 국교회(성공회), 로마가톨릭, 그리고 개혁주의적인 비국교 계열들의 교회는 예배의 문제로 갈등을 빚으면서,

---

96) Horton Davis, *The Worship of the English Puritans* (Glasgow : The University Press, 1946), p. 2.

어느 편이 강해지거나 약해지는 과정을 반복하게 되었다. 그러나 1643년 웨스트민스터 총회는 비국교도 계열의 청교도와 특별히 스코틀랜드 장로교에 위대한 승리를 안겨 준 사건이었다. 스코틀랜드 교회는 자신들이 그토록 원했던, 그리고 그것을 위해 그토록 많은 피를 흘렸던 예배모범을 그때에야 손에 쥘 수 있었던 것이다. 이런 점에 비추어 볼 때 헤더링톤(W. M. Hetherington)이 지적한 대로 17세기의 사건들에 대하여 관심을 갖는 사람은 웨스터민스터 총회를 알지 못하고는 그 시기에 대한 이해가 불가능하다 할 것이다.[97]

그러면 웨스트민스터 성 총회가 가장 먼저 착수하여 작성한 예배모범은 어떤 의미와 가치를 갖는가?

무엇보다도 먼저 웨스트민스터 예배모범은 **개혁주의 정신**이 반영된 작품이라 하겠다. 당시 영국의 상황은 전통적인 것을 고수하려는 입장과 교회를 개혁하려는 입장 간의 긴장과 대립이 공존했던 시기였다. 그 결과 이런 갈등들은 마침내 서로간의 전쟁으로까지 발전하는 양상을 갖기도 했었다.

그런데 거기에서 중요한 쟁점이 되었던 것이 바로 예배의 문제였다. 마침내 영국 청교도 중심의 의회파와 스코틀랜드가 하나가 되어 승리함으로써, 하나님의 말씀으로 교회와 예배를 개혁하려던 그들의 목표가 이루어지게 된 것이다. 영국의 청교도와 스코틀랜드 교회는 칼빈의 개혁주의 신학 사상에 가장 큰 영향을 받아 그 근거 위에 교회를 개혁해 나가려는 그룹이었다. 따라서 웨스트민스터 예배모범은 이들이 중심이 되어 그들의 개혁 정신을 철저히 반영한 작품이라고 하겠다.

둘째로 이 예배모범은 **하나님의 말씀**을 무엇보다도 예배의 중심 위치에 서도록 하였다. 중세 후기의 예전은 하나님의 말씀으로부터 너무나 멀리 떨어져 있었다. 하나님의 말씀이 서야 할 자리에 말씀이 서지 않고, 생략되거나 축소되어 버렸다. 하나님의 말씀으로부터 멀어진 예배는 필연적으로 타락할 수밖에 없었다. 그것이 종교개혁가들이 교회 개혁을 부르짖을 수밖에 없는 주된 원인이 된 것이다.

종교개혁가들, 특별히 개혁주의 신학의 아버지인 칼빈의 후예들은 무엇보다도

---

97) W. M. Hetherington, *History of the Westminster Assembly of Divines*, p. 16.

하나님의 말씀의 중요성을 강조하면서, 예배 가운데서도 말씀이 회복되어야 함을 강력히 주장하였다. 웨스트민스터 예배모범에서는 이를 위해 설교를 강조하고 있으며, 심지어 성경 봉독 시간에는 언제나 신·구약을 한 장씩 읽도록 하고 있다.

셋째로 이 예배모범은 **장로교 예배의 준거**가 되었다는 점에서 역사적 가치와 의의가 크다고 하겠다. 이 예배모범이 작성되어 영국 의회를 통과하자마자 스코틀랜드 장로교 총회는 바로 이를 인준하고 교회에서 사용하도록 하였다. 지금도 세계 장로교회는 이 예배 지침을 장로교 예배의 근거로 하여 자신들의 예배를 구성하도록 하고 있다. 그런 의미에서 웨스트민스터 예배모범은 장로교 예배모범의 효시라고 부를 수 있는 것이다.

그러나 이런 장점과 기여에도 불구하고 웨스트민스터 예배모범이 갖는 부정적 측면도 없지 않다. 첫째는 무엇보다도 웨스트민스터 예배모범에서 제시한 예배가 **독창적인 면**이 부족했다는 점이다. 맥스웰(William D. Maxwell)이 지적한 것처럼 이 예전은 낙스의 "기도 예식서"(The Forme of Prayers)와 영국 국교회의 "공동 기도 예식서"(The Book of Common Prayer)를 바탕으로 작성된 것이었다.[98] 당시 영국의 정치 종교적 상황은 각 교회 간의 절충을 할 수밖에 없는 상황이었던바 이것은 창의적인 내용보다는 서로의 타협을 우선하는 분위기를 조성할 수밖에 없었으리라고 보여진다. 물론 스코틀랜드 교회가 작성한 내용들이 거의 그대로 반영은 되었지만 상당히 정치적인 면을 무시할 수 없었던 것이다. 이러한 정치적인 면이 배제될 수 있었다면 이 예배모범은 보다 개혁적 요소들을 반영한 독창적이고 창조적인 작품이 되어 개신교 예배사에 빛나는 작품이 되었을 것이라는 아쉬움이 남는다.

둘째로 이 예배모범은 이해하기 쉽도록 만들어진 것이기는 하지만 거기에 비해 너무 길어서 **현실성**이 부족하다는 점이다. 현실보다는 그들의 이상을 실현하려는 열망이 앞섰기 때문이라 본다.

---

98) William D. Maxwell, *A History of Christian Worship*, p. 129.

말씀을 지나치게 강조하다 보니, 신·구약성경을 예배 때마다 각각 한 장씩 읽도록 했는데, 이것은 회중의 현실을 무시한 결정이라 본다. 그 결과 스코틀랜드 교회는 불과 7년 후에 한 장씩 읽도록 한 것을 금하도록 하였다. 이상과 현실의 조화를 예배를 통해 잘 이루어야 할 것을 교훈해 주는 것이라 하겠다. 상황을 무시한 시도는 그것이 어떤 것이든 문화 속에 깊이 뿌리내리기 어려운 것이다.

셋째로 이 예전은 세계 교회들에 의해 보다 광범위하게 수용되지 못함으로써 **예배의 보편성과 일치성**에 한계를 갖게 되었다. 이 예배모범이 의회에서 통과되었지만 영국 국교회는 물론 영국 내 청교도들도 이 예배모범을 사용하지 않았다.[99] 이것은 오직 스코틀랜드 교회만이 사용하게 된 것이다. 이 점이 보다 이 예배가 보편화되지 못한 한계였다고 본다. 오직 장로교만의 예배모범이 되어 버렸다는 점에서 많은 아쉬움을 남기고 있다. 이 작품이 보다 광범위한 교회들의 신학과 의견들을 수렴할 수 있었다면, 교회의 일치를 위해서도 많은 공헌을 할 수 있었을 것이라는 아쉬움이 남는다.

무엇보다도 아쉬운 것은 장로교회가 웨스트민스터 예배모범의 작성과 함께 **예배서를 상실**한 것이라 하겠다. 교회는 그동안 하나님께 드리는 예배 형식에 대한 많은 연구와 함께 전통적으로 예배서(또는 예전서, worship book or liturgy)를 만들어 사용하여 왔다. 이것은 장로교회의 창시자라고 할 수 있는 칼빈이나 낙스에게 있어서도 예외는 아니었다.

예배학자 톰슨(Bard Thompson)이 언급한 대로 웨스트민스터 회의에서도 원래는 영국 내 교회 간의 일치를 위한 예배서(service book)를 작성하려고 하였다. 그러나 소위원회에서 예배 형식에 대한 입장의 차이 — 예배 형식을 보존하려는 입장과 예배의 자유로운 영적 예배를 주장하는 입장 — 로 인해서, 서로 간의 요구를 충족시키려는 정치적 의도에 따라 예배서를 대신하여 예배모범만 작성하게 되었던 것이다.[100] 그 결과 장로교회는 그 후 얼마 동안 예배서 없는 예배를 드릴 수밖에 없게 되었다.

---

99) Thomas Leishman, *The Westminster Directory*, p. xxii.
100) Bard Thomson, *Liturgies of the Western Church*, p. 349.

그러나 이 모든 점에도 불구하고 웨스트민스터 예배모범은 장로교 예배의 근원이 되고 있다는 점에서, 어느 예배보다 개혁교회 신학 사상이 잘 반영된 예배 지침이라는 점에서, 그리고 이 예배모범을 얻기 위해서 수많은 사람들의 희생과 피흘림이 있었다는 점에서 이 예배모범이 갖는 역사적 가치는 실로 크다고 하겠다.

그 후 웨스트민스터 예배모범은 스코틀랜드 장로교에서 정착을 한 후, 신대륙 미국 장로교회로 건너가서 장로교 예배모범으로 수용이 되었으며, 미국 장로교회를 통해서 선교를 받은 한국 장로교회도 이 예배모범에 근거한 자신의 예배모범을 갖게 되었다. 따라서 오늘의 세계 장로교회는 이 예배모범의 가치를 재인식하고, 선조들의 예배 유산을 보다 뜻 깊게 예배 현장에서 실천함으로써, 우리의 의무를 보다 성실하게 지켜 나갈 수 있어야 할 것이라고 본다.

미국 장로교 예배모범

역사는 세계사의 중심 무대가 시대를 따라 바뀌고 있음을 보여주고 있다. 그것은 기독교 역사에 있어서도 예외는 아니다. 예루살렘에서 로마로, 로마에서 영국으로, 영국에서 신대륙 아메리카로 기독교 복음의 중심지도 바뀌고 있음을 2,000년의 교회사는 잘 증명해 주고 있다.

특별히 유럽 대륙에서 시작된 종교개혁 사상은 영국에서 투쟁과 성취의 과정을 거치면서, 드디어 미국에서 그 꽃을 피우게 되었다.[1] 영국의 청교도 운동과 이들의 신대륙 이동은 교회사뿐만 아니라 세계사의 한 전환점을 이루는 매우 중요한 사건으로 작용하였던 것이다.

장로교는 스코틀랜드에서 체계화된 개신교의 한 줄기라고 할 수 있다.[2] 당시 종교개혁 사상에 영향을 받은 스코틀랜드는 어느 나라보다도 개혁에 대한 열정을 가지고 있었다. 그들은 성서와 초대교회에 근거한 칼빈의 개혁 사상을 이어받은 존 낙스를 통해 개혁을 성취해 나갔다. 스코틀랜드는 영국 교회의 감독제에 반대하면서, 자신들의 교회 직제를 장로제로 하기로 하였고, 그 결과 장로교회라는

---

1) James F. White, *Protestant Worship* (Louisville : John Knox Press, 1989), p. 117.
2) 물론 칼빈의 영향을 받아 장로제를 채택한 개혁교회 그룹들이 유럽 대륙에도 있었지만, 그러나 국가적인 차원에서 장로교회 사상과 체제를 가장 확실하게 정립한 곳은 스코틀랜드라고 할 수 있다.

그러나 이 모든 점에도 불구하고 웨스트민스터 예배모범은 장로교 예배의 근원이 되고 있다는 점에서, 어느 예배보다 개혁교회 신학 사상이 잘 반영된 예배지침이라는 점에서, 그리고 이 예배모범을 얻기 위해서 수많은 사람들의 희생과 피흘림이 있었다는 점에서 이 예배모범이 갖는 역사적 가치는 실로 크다고 하겠다.

그 후 웨스트민스터 예배모범은 스코틀랜드 장로교에서 정착을 한 후, 신대륙 미국 장로교회로 건너가서 장로교 예배모범으로 수용이 되었으며, 미국 장로교회를 통해서 선교를 받은 한국 장로교회도 이 예배모범에 근거한 자신의 예배모범을 갖게 되었다. 따라서 오늘의 세계 장로교회는 이 예배모범의 가치를 재인식하고, 선조들의 예배 유산을 보다 뜻 깊게 예배 현장에서 실천함으로써, 우리의 의무를 보다 성실하게 지켜 나갈 수 있어야 할 것이라고 본다.

제 5 장

미국 장로교 예배모범

The Spirit and Principles of Presbyterian Worship

미국 장로교 예배모범

역사는 세계사의 중심 무대가 시대를 따라 바뀌고 있음을 보여주고 있다. 그것은 기독교 역사에 있어서도 예외는 아니다. 예루살렘에서 로마로, 로마에서 영국으로, 영국에서 신대륙 아메리카로 기독교 복음의 중심지도 바뀌고 있음을 2,000년의 교회사는 잘 증명해 주고 있다.

특별히 유럽 대륙에서 시작된 종교개혁 사상은 영국에서 투쟁과 성취의 과정을 거치면서, 드디어 미국에서 그 꽃을 피우게 되었다.[1] 영국의 청교도 운동과 이들의 신대륙 이동은 교회사뿐만 아니라 세계사의 한 전환점을 이루는 매우 중요한 사건으로 작용하였던 것이다.

장로교는 스코틀랜드에서 체계화된 개신교의 한 줄기라고 할 수 있다.[2] 당시 종교개혁 사상에 영향을 받은 스코틀랜드는 어느 나라보다도 개혁에 대한 열정을 가지고 있었다. 그들은 성서와 초대교회에 근거한 칼빈의 개혁 사상을 이어받은 존 낙스를 통해 개혁을 성취해 나갔다. 스코틀랜드는 영국 교회의 감독제에 반대하면서, 자신들의 교회 직제를 장로제로 하기로 하였고, 그 결과 장로교회라는

---

1) James F. White, *Protestant Worship* (Louisville : John Knox Press, 1989), p. 117.
2) 물론 칼빈의 영향을 받아 장로제를 채택한 개혁교회 그룹들이 유럽 대륙에도 있었지만, 그러나 국가적인 차원에서 장로교회 사상과 체제를 가장 확실하게 정립한 곳은 스코틀랜드라고 할 수 있다.

이름이 자연스럽게 붙게 되었던 것이다.

스코틀랜드에서 이렇게 시작된 장로교회는 그 후 청교도의 신대륙 이민과 함께 자연스럽게 미국으로 상륙하게 되었고, 그곳에서 뿌리를 내리면서 독자적으로 발전하게 되었다. 그리고 제1차, 제2차 대각성 운동(the Great Awakening)을 거치면서 미국 장로교회는 크게 성장을 계속하였고, 그들의 선교열은 기독교 복음을 세계로 확산시키는 놀라운 원동력이 되었다.

오늘 한국 장로교회가 미국으로부터 복음을 받아들였다는 점을 생각할 때, 그들의 예배를 고찰해 보는 것은 오늘 우리 예배의 줄기를 찾는데 있어서도 매우 중요한 일이라 본다. 웨스트민스터 예배모범에서 출발하여, 미국에서 장로교 예배가 어떻게 적용되고 변화되었는가를 아는 것은 장로교 예배의 변천 과정을 알아볼 수 있다는 점에서도 의의가 있다고 하겠다.

따라서 본 장에서는 유럽에서 시작된 장로교회가 미국에서 어떻게 정착과 성장 과정을 거쳤는지를 정리한 후, 그들의 예배에 대해 살펴봄으로써 장로교 예배의 발전과 변천 과정을 알아보도록 하려 한다.

1. 미국 장로교회의 정착과 성장

처음에 미국의 기독교는 유럽으로부터 들어왔었다. 미국에 대한 식민지화로 유럽의 여러 족속들이 미국 땅에 유입되면서 유럽 기독교의 여러 교파들 역시 신대륙에 그대로 이식되었다.[3] 그러므로 북미 대륙에는 유럽의 다양한 기독교 교파들이 그대로 전해졌고, 이러한 현상은 교파 간의 종교적인 자유를 그 땅에서 허용할 수밖에 없는 결과를 가져왔다.

1) 장로교회의 정착과 조직

신대륙의 장로교회는 크게 두 가지 경로를 통해서 초기에 들어오게 되었다.

---

3) Willistone Walker, *A History of the Christian Church* (New York : Charles Scribner's Sons, 1970), p. 430.

첫째는 17세기 영국의 청교도들이 미국으로 이민하면서 들어오게 된 것이고(청교도 장로파 계열), 둘째는 18세기 스코틀랜드와 아일랜드 대이민 때 들어온 경우이다.[4] 스코틀랜드-아일랜드 대이민은 18세기 초에 시작되어 중엽 이후까지 계속되었는데, 이들이 미국 장로교의 주된 구성원을 이루었다. 이들은 정착 후 뉴햄프셔, 버몬트와 매인 주, 메사추세츠, 펜실바니아, 메릴랜드, 버지니아, 캐롤라이나, 조지아 등으로 그 세력을 확장시켜 나갔다.

흔히 "미국 장로교의 아버지"라 부르는 사람은 북아일랜드계 스코틀랜드인(Ulster Scot)으로서 미국에 이민을 와 목회를 하였던 프란시스 맥케미(Francis Makemie)이다. 그는 1683년 버지니아의 동쪽 해안에 정착하여 버지니아와 메릴랜드에 교회들을 세웠고, 1706년에는 미국 장로교의 최초 노회인 필라델피아 노회를 세우기도 하였다.[5] 이때 미국 장로교 최초의 노회에 모인 목사들은 노회장이 된 맥케미를 포함해서 모두 6명이었다.[6] 미국 교회사가인 제이콥 패튼(Jacob H. Patton)의 평가대로, "프란시스 맥케미는 식민지 초기 버지니아(Virginia)와 메릴랜드(Maryland)에서 장로교의 발흥에 가장 헌신적이고 영향력 있는 목사였다."[7]

그 후 유럽으로부터 계속 흘러 들어오는 이민자들로 인해 장로교인들은 더욱 늘어나게 되었다. 1716년 미국 장로교회는 자체적으로 필라델피아 대회(Synod)를 조직하게 되었고, 여기에서 네 개의 노회, 즉 필라델피아(Philadelphia), 뉴캐슬(New Castle), 롱 아일랜드(Long Island), 그리고 스노우 힐(Snow Hill) 노회로 나뉘게 되었다.[8]

그러나 미국 장로교회는 외적으로 정착과 성장의 단계를 착실히 다져 나가는

---

4) William W. Sweet, *The Story of Religion in America*, 김기달 역, 『미국 교회사』(서울 : 보이스사, 1994), p. 161.
5) James H. Smylie, *A Brief History of the Presbyterians* (Louisville : Geneva Press, 1996), p. 39.
6) W. W. Sweet, *The Story of Religion in America*, p. 164.
7) Jacob Harris Patton, *A Popular History of the Presbyterian Church in the United States of America* (New York : D. Appleton and Company, 1903), p. 82.
8) J. H. Smylie, *A Brief History of the Presbyterians*, p. 43.

과정에서 신학적인 문제에 새롭게 직면하게 되는데, 그것은 영국에서 시작된 이신론(Deism)의 도전이었다. 이신론은 하나님이 세상을 창조하신 후에 더 이상 간섭을 하지 않으시고, 저절로 우주가 진행되도록 내버려두셨다는 이론이다. 마치 이것은 시계를 만든 사람과 시계의 관계와 같은 것으로, 시계가 완성되면 저절로 돌아가는 것과 같은 원리라는 것이다. 이것은 뉴턴의 우주관을 반영한 것이었다. 그들은 구속자와 섭리자로서의 하나님을 부정하였고, 성경이 기독교인의 신앙과 생활의 표준이 된다는 것을 거절하였다. 그런데 이런 사상이 당시 미국 교회들에게 퍼져 나가면서 장로교회는 이에 대처하고자, 1729년 대회에서 채용 규정(Adopting Act)을 통과하여 모든 목사들이 웨스트민스터 신앙고백과 교리 문답에 동의하도록 하였다.[9]

하지만 교회의 정착과 성장의 과정에서 일어나는 이런 내외적인 환경의 도전 속에서도 미국 장로교회는 더욱 그 틀을 견고히 하면서 그 지역을 확대해 가고 계속 발전을 거듭하게 되었다.

2) 대각성 운동과 분열

1730년 이후 독립 전쟁까지의 기간은 장로교가 미국의 토양에 깊이 뿌리를 내려가면서, 영적 각성을 체험하고, 기관들을 설립하며, 지도자들을 양성하면서 발전해 나간 시기라고 볼 수 있다.[10] 그러나 그 이전 17세기 말은 신대륙이 정치적으로 불안한 상태였고, 종교적인 열성도 청교도 후손들에게서 식어져 가고 있었으며, 교회에는 형식적인 신자들이 늘어 가고 있었다. 이런 현상들은 결국 미국 교회로 하여금 새로운 영적 각성을 필요로 하게 하였다. 이런 영적 침체를 보신 하나님께서는 1730년대를 기점으로 조나단 에드워즈(Jonathan Edwards, 1703-1758)와 조지 휫필드(George Whitefield, 1714-1770) 같은 인물들을 통해서 대각성 운동(the Great Awakening)을 미국에 일으키게 하셨던 것이다. 특별히 성공회 신부인 조지 휫필드의 영향은 미국 장로교에도 크게 미쳤다.

---

9) 위의 책, pp. 44f.
10) 위의 책, p. 47.

그 결과 장로교인들을 비롯한 기독교인들의 숫자는 놀랍게 증가하였다. 그리고 이 무렵 장로교에서는 교인의 증가뿐만 아니라 여러 교육 기관들을 설립하게 되었는데, 윌리암 테넌트(William Tennent)의 통나무 대학(Log College), 조나단 디킨슨(Jonathan Dickinson)이 세운 프린스톤의 전신 뉴저지 대학, 필라델피아 대학, 그리고 뉴욕의 킹스 칼리지(King's College) 등이 대표적인 것들이다. 또한 인디안과 흑인들에 대한 선교를 이 무렵에 시작하여, 데이비드 브레이너드(David Brainerd)와 같은 선교사들이 헌신하기도 하였다.

그러나 이런 발전과 함께 장로교는 분열의 아픔을 겪기도 하는데, 그것은 영적 대각성에 대한 입장의 차이 때문이었다. 영적 대각성 운동에 대하여 장로교 내에서는 두 가지 입장으로 나뉘어졌는데, 그것을 긍정적으로 받아들이는 입장과 부정적으로 보는 입장이었다. 여기에 긍정적으로 받아들인 사람들을 신파(New Side), 부정적인 사람들을 구파(Old Side)라 하였다. 마침내 1741년 구파의 구성원들은 필라델피아에서 대회를 열고, 신파의 구성원들은 뉴욕 대회를 열게 됨으로써 각각 결별하게 되고야 말았다. 그 결과 미국 장로교회는 최초로 나뉘어지면서, 1758년 다시 통합될 때까지 두 개의 진영을 이루게 되었다.

그러나 당시 미국의 전반적인 분위기는 대각성 운동에 많은 영향을 받고 있었으며, 장로교 지도자들 중에서도 젊고 유능하고 열심 있는 사람들이 대부분 신파에 있었기 때문에 1758년 두 측은 결국 신파를 중심으로 다시 협의를 하여 통합을 이루게 되었다. 따라서 이 기간은 미국 장로교 역사에 있어서 발전과 최초의 분열, 그리고 다시 연합을 이루는 시기라고 평가할 수 있을 것이다.[11]

3) 독립 전쟁기의 교회

18세기의 마지막 25년은 미국 역사에 있어서 혁명의 시기였다. 영국과 식민지 주(州)들 간의 갈등은 1775년 전쟁으로 발전되어, 1776년에 독립 선언을 하게 되었고, 1783년까지 전쟁을 계속하게 되었다.

이런 시대적 상황 속에서 미국의 종교가 얻은 가장 큰 수확은 종교의 자유였다.

---

11) 위의 책, pp. 48f.

그동안 유럽의 대부분 교회들은 국가 교회의 형태로 국가의 간섭을 받아왔으나, 이제 미국은 종교의 자유를 헌법에 명시함으로써 각 교파들은 완전한 종교적 자유를 보장받는 획기적인 변화를 맞게 된 것이다.[12]

장로교인들을 포함한 많은 미국인들이 이 기간 동안에 미국의 독립과 독립전쟁을 위해서 지원을 아끼지 아니하였다. 장로교회는 사무관이나 군인으로, 또는 군목으로 전쟁에 참여하기도 하였다. 무엇보다도 장로교인들은 영국에서 이민을 오게 된 동기가 종교적인 박해와도 관련이 있었기 때문에 영국에 대한 적개심이 상당히 높아 있었다.

이 기간 동안에 가장 위대한 영향력을 끼친 사람은 장로교 목사인 존 위더스푼(John Witherspoon, 1723-1794)이었다. 그는 스코틀랜드 출신으로, 뉴저지 대학의 학장이 되기 위해서 1768년 미국으로 왔다. 그는 곧 교육과 종교적 지도자로서 인정을 받게 되었으며, 1776년에는 뉴저지 지방 의회의 의원이 되었고, 뉴저지의 5인 대표 중의 한 사람이 되었으며, 독립 선언문에 서명한 유일한 목사이기도 하였다.[13]

1780년대 미국의 종교적인 상황은 전쟁 중에 있는 국가처럼 교회들도 매우 어수선한 상태에 처해 있었다. 그러나 미국이 독립되면서 이제 교회들에게도 새로운 변화를 시도할 수 있는 기회가 주어졌다. 따라서 교회들은 각기 자신들의 조직을 새롭게 정비하면서 체계를 갖추어 나가기 시작했다.

장로교회도 마찬가지로 미국 장로교 총회를 구성하기 위한 대회를 필라델피아에서 모이게 되었다(1788년). 여기서 대회와 노회들은 공중 예배와 교리, 직제, 치리의 내용을 포함한 장로교의 헌법과 함께 새로운 "미국 예배모범"(American Directory for the Worship of God)을 채택하였다.[14] 1788년 필라델피아 대회에서는 노회 수를 12개에서 16개로 늘렸고, 4개의 대회로 편성하였으며, 총회를

---

12) 이형기, 『세계 교회사』(Ⅱ) (서울 : 한국장로교출판사, 1994), p. 362.
13) W. W. Sweet, *The Story of Religion in America*, p. 236.
14) J. H. Smylie, *A Brief History of the Presbyterians*, p. 62.
    Presbyterian Church in the United States of America, *A Draught of the Form of the Government and Discipline of the Presbyterian Church in the United States of America* (New York : S. and J. London, 1788).

구성할 것을 결의하였다. 드디어 1789년 5월 셋째 목요일 오전 11시 필라데피아 제이장로교회에서 제1회 미국 장로교 총회가 모여,[15] 뉴욕 제일장로교회의 존 로저스(John Rodgers, 1727-1811)를 총회장(moderator)으로 선출함으로써, 역사적인 미국 장로교 총회가 조직 출발하게 되었다.[16]

이와 같이 독립전쟁은 미국의 정치적인 면에서만 뿐만 아니라 교회사적인 면에서도 중요한 시기가 되었다. 미국이 정치적 독립과 자유를 얻었듯이 미국 교회들은 영국으로부터의 독립과 미국 내에서의 종교적 자유를 얻게 되었으며, 미국이 국가 체계를 위해 헌법을 제정한 것처럼 교회들, 특별히 장로교회도 헌법을 제정함으로써 교회 정치의 틀을 갖추게 되었다. 여기서 하나 특이한 것은 장로교 헌법과 미국 국가 헌법이 만들어진 시기가 1785~1788년까지 같고, 만든 장소도 똑같이 필라델피아라는 점이다.[17]

4) 제2차 대각성 운동

1차 대각성 운동 시기에 미국 전체는 종교적인 새로운 관심으로 가득 차 있었다. 그러나 독립 전쟁이 시작된 이후 전쟁의 시간을 거치면서, 미국인들에게 있어서 종교적인 관심은 다시 식어져 버렸다. 합리주의적인 사고가 확산되고, 이신론적인 영향으로 기독교에 대한 도전들이 심화되고 있었다. 교회는 영적으로 침체되고 있었다.

그런데 이때 기독교의 영적 각성을 위한 새로운 움직임들이 동부를 중심으로 다시 일어나게 되는데, 이것이 바로 제2차 대각성 운동의 출발이 되었으며, 이런 움직임은 차츰 동부에서 서부로 퍼져 나가게 되었다. 1795년 예일 대학의 학장이었던 티모시 드와이트(Timothy Dwight)를 중심으로 일어난 부흥의 물결은 주변의 다른 대학들로 널리 옮겨 갔으며, 그 결과 19세기 초의 20여 년 동안 미국의 영적 상태를 새롭게 만들었다.

---

15) Jacob Harris Patton, *A Popular History of the Presbyterian Church in the United States of America*, pp. 207f.
16) J. H. Smylie, *A Brief History of the Presbyterians*, p. 65.
17) W. W. Sweet, *The Story of Religion in America*, p. 262.

제2차 대각성 운동은 서부로 확산되면서 크게 부흥하는 역사를 이루었다. 순회 전도자들이 나타나 뜨겁게 설교를 하고, 야영 집회와 함께 영적인 체험 현상들이 수없이 나타나게 되었는데, 특별히 이 운동은 장로교회에 많은 영향을 주게 되었다.[18] 이때 활동했던 대표적인 부흥사가 바로 찰스 피니(Charles G. Finney, 1792-1875) 같은 사람이었다.

이 운동의 결과로 미국 교회에서 선교에 대한 열정과 활동이 활발해져 수많은 젊은이들이 해외 선교를 위해 헌신하게 되었으며, 많은 대학과 신학교들 (Union, Columbia, McCormick 등)이 장로교를 중심으로 세워지고, 초교파적인 연합 기관들과 자선 단체들이 조직되고, 기독교 신문이나 잡지들이 발간되기도 하였다.

그러나 이 무렵 미국 장로교회에는 다시 두 번의 중대한 분열이 일어나게 되었다. 먼저 컴버랜드(Cumberland) 지방에서는 부흥 운동에 대해 찬성하는 쪽과 반대하는 쪽으로 나뉘게 되는데, 찬성하는 세력들을 중심으로 컴버랜드 장로교회가 형성되었다. 두 번째는 켄터키 지방에서 부흥회 지지 세력인 신파(New Light)가 중심이 되어 이탈하기도 하였다. 미국 장로교사에 있어서 1, 2차 대각성 운동을 통하여 많은 긍정적인 결과가 있었음에도 불구하고, 그 후에 두 번 다 분열이 있었음은 우리에게 시사하는 바가 많다고 본다.

5) 남북 교회의 분열, 그리고 재연합

제2차 대각성 운동이 지나고 미국 교회는 또 다른 문제에 직면하게 된다. 그것은 교회 내적인 문제도 아니요, 신학적인 문제도 아니었다. 미국 사회의 문제가 교회 안에 들어와 교회의 문제가 되었던 것이다. 그것은 다름 아닌 노예 제도였다. 이 노예 문제는 급기야 남북전쟁으로까지 비화되었고, 그 바람에 교회 역시 남북으로 나뉘는 결과를 가져오고 말았다.

1837~1838년경 미국 장로교회는 또 한번 분열의 고통을 경험하게 되는데, 그것은 구학파(Old School)와 신학파(New School)의 대립이었다. 분열의 원인

---

18) 위의 책, pp. 291-302.

은 신학과 교회 정치와 개혁 등의 입장이었지만 무엇보다도 노예 제도가 큰 문제였다.[19] 1836년에는 뉴욕 유니온 신학교가 신학파의 영향으로 설립되고, 프린스톤 신학교는 구학파의 영향 아래 놓이게 되었다. 결국 이들은 1837년과 1838년의 총회를 거치면서 나뉘게 되었다. 그 후 남북전쟁(1861-1865)이 다가오기 전인 1857년에는 신파 장로교회가 다시 분열을 하고, 1861년에는 구파 장로교회가 나뉘어졌다.

그러다가 남쪽의 신구파가 1864년에 연합하여 남장로교(PCUS, the Presbyterian Church in the U. S.)로, 북쪽의 두파는 1861~1870년 사이에 연합하여 북장로교(PCUSA, the Presbyterian Church in the U. S. A.)로 부르게 되었다. 남쪽 교회들은 남북 전쟁 기간을 통해서 노예 제도를 찬성하는 입장에 섰고, 북쪽 교회는 노예 제도에 반대하는 입장에 서서 싸웠다. 이 전쟁은 결국 북쪽의 승리로 끝났으나, 그들의 상처는 쉽게 아물 수가 없었다.

그러나 이런 속에서도 장로교 연합 운동이 계속 일어나서 1906년에 PCUSA와 CPC(Cumberland Presbyterian Church)가 다시 결합을 하는 결실을 맺기도 하였다.[20] 따라서 1950년대 초까지 미국은 PCUSA, PCUS, 그리고 스코틀랜드-아일랜드 장로교회인 UPCNA(the United Presbyterian Church of North America, 북 연합 장로교) 등 세 계열이 장로교회로 존속하고 있었다. 그러다가 1958년 PCUSA와 UPCNA가 연합하여 UPCUSA(the United Prebyterian Church in the U. S. A., 미 연합 장로교)를 만들었다.[21]

그 후 1983년 드디어 조지아주 애틀란타(Atlanta)에서 남과 북 장로교 총회가 함께 모여 통합을 선언함으로써, 미국 장로교회는 분열의 모든 역사를 매듭짓고 연합하여 새로운 출발을 이루게 되었던 것이다. 여기서 총회는 중국에서 태어난 민권 운동가요, 노스캐롤라이나 샬롯(Charlotte)의 마이어스 팍(Myers Park) 장로교회 목사인 테일러(Taylor)를 새 장로교회 총회장으로 선출하였다.[22] 오랜

---

19) J. H. Smylie, *A Brief History of the Presbyterians*, p. 78.
20) 위의 책, p. 106.
21) 위의 책, p. 124.
22) 위의 책, p. 142.

시간 동안 때론 신학적 입장으로, 때론 대사회적 입장 때문에 분열의 아픔을 거듭해 오던 미국 장로교회는 마침내 그리스도 안에서 한 가족으로 연합을 성취함으로써, 나누인 세계 모든 교회들에게 연합의 아름다움과 그 결실을 선물할 수 있게 되었던 것이다.

2. 미국 장로교회의 예배 역사

1) 미국 장로교 예배의 변천[23]

미국 장로교회는 예배에 관한 두 가지의 중요한 내용을 가지고 있다. 하나는 예배모범(Directory of Worship)이요, 하나는 예배서(Book of Worship)이다. 예배모범은 그 내용이 교회 헌법에 수록되어서 교회의 법적 권위를 가지며, 장로교 예배 신학과 예배를 위한 적절한 지침들을 제시한다. 즉, 이것은 예배 순서를 예시하지는 않고, 예배 순서를 위한 기준과 규범을 제시한다. 이에 비해 예배서는 예배모범과 조화를 이룰 수 있는 장로교 예배에 관한 순서(order)와 예식문(text)들을 예시해 준다. 참고로 개혁교회 전통에서는 예배서가 예배모범보다 훨씬 오랜 역사적 전통을 가지고 있었음을 볼 수 있다.[24]

그러면 먼저 미국 장로교회의 예배가 어떻게 변화해 왔는지를 시대적으로 개략해 보고, 그와 함께 예배 순서들도 간략하게 살펴보도록 하겠다.

(1) 16~17세기의 예배

16세기의 개혁교회는 자신들의 예배를 위해 예배서를 만들어 사용하였다. 쯔빙글리, 부처, 칼빈 등은 회중들을 위한 예배 형식들을 모두 준비하여 사용하였

---

23) 본 내용은 미국 장로교 예배서 "Book of Common Worship"의 서문에 소개된 내용을 참고하여 기술한 것임. PC(USA), *Book of Common Worship* (Lousville : Westminster/ John Knox Press, 1993), pp. 1-13 참조.
24) 예배모범은 17세기 웨스트민스터 회의에서 만들어진 예배모범이 시작이라고 한다면 (1644년), 예배서는 이미 고대 교회로부터 기독교가 전통적으로 사용해 온 것이다. 특별히 개혁교회는 16세기 종교개혁가 칼빈-낙스에 의해서 이미 예배서가 만들어져 사용되었다.

다. 칼빈의 후예인 존 낙스 역시 스코틀랜드에서 예배를 위해 "기도 예식서"(The Forme of Prayers)를 발간하여 사용하였고, 그것은 곧 "공동 예배서"(the Book of Common Order)로 개정되어 스코틀랜드 교회의 예배에서 사용되었다.

그 무렵 영국 내에서는 "예배서"로 말미암아 영국 국교회(성공회)와 정부측, 그리고 이에 대해 다른 견해를 가졌던 청교도 간에 갈등이 심각하게 진행되고 있었고, 이는 스코틀랜드와도 갈등을 가져왔다. 영국 국교회와 정부는 자신들의 예전으로 영국 전체를 통일시키려고 한 반면에, 대륙의 종교개혁 사상에 영향을 받아 "하나님의 말씀"에 근거하여 예배를 개혁하려 했던 청교도들과 스코틀랜드 교회는 국교회의 예전에 대하여 반대하는 입장을 가졌었다. 그 결과 양측은 이런 문제들로 전쟁을 치루기까지 하였고, 드디어는 청교도 측의 승리로 웨스트민스터 회의가 열리게 되었으며, 1644년에 그 유명한 웨스트민스터 예배모범(the Westminster Directory for the Publique Worship of God)을 만들게 되었다.

이 예배모범은 그 후 미국 장로교회가 자신들의 예배모범을 만드는데 결정적인 역할을 하게 되었다. 영국 청교도들과 스코틀랜드인들이 신대륙에 정착하게 되었을 때, 이들은 미국 장로교회를 형성하는 핵심적인 구성원들이 되었다. 이들은 예배서에 대하여는 반대하는 입장을 고수하였고, 그 대신 웨스트민스터 예배모범을 근거로 하여 이에 따라 예배를 드리도록 하였다.[25]

따라서 초기 미국 장로교회는 1644년도 웨스트민스터 예배모범을 그대로 가져다가 사용하게 되었으며, 그 후 미국 장로교회를 위한 개정판 예배모범을 만들어 1788년 총회에서 채택하여 그것을 사용하게 되었다.

(2) 19세기의 예배

19세기 중반에 미국 장로교회와 기타 개혁교회들 사이에는 하나의 새로운 운동이 나타나게 되었다. 그것은 예배에 있어서 예전(liturgy) 전통을 회복하고, 예배

---

25) 이들이 예배서를 반대한 주된 이유는 그동안 로마가톨릭이나 영국 국교회와의 예배에 대한 갈등에서 가톨릭이나 성공회가 자신들의 예배서를 사용토록 강요한데 대한 반발 심리에서 비롯된 면이 크다고 할 수 있겠다.

서를 활용하는 것이 매우 중요하다는 가치를 깨달은 것이다. 비록 초기 미국 이민자들은 예배모범을 중시하면서 예배서에 대하여 반대를 하였지만, 이제 그 분위기가 바뀌게 된 것이다.

이때 장로교에서는 개인적으로 예배서들이 쓰여지기 시작하였는데, 그 좋은 예가 1855년 찰스 베어드(Charles W. Baird, 1828-1887)가 『장로교 예배서(예전서)』(Presbyterian Liturgies)를 발간한 일이었다.[26] 이러한 일은 그 후 19세기 말에 이르러 미국 북장로교의 출판사들을 자극하게 하여 예전서들을 발간하려는 움직임이 일어나도록 하였다. 하지만 이런 움직임에도 불구하고 예전서가 정식으로 먼저 나온 곳은 1894년 남장로교에서였으며, 북장로교는 9년 후에 총회에서 예배서를 요청하는 긍정적 반응들이 나오게 되었다.

(3) 20세기의 예배

20세기에 접어들어 미국 장로교회는 예배에 대한 관심과 연구가 활발해지면서, 무엇보다 예배서에 대한 개발과 발간이 빈번하게 이루어졌다. 여기에는 미국 장로교회가 미국의 토양에 뿌리를 확고하게 내리고, 교회의 발전과 함께 예배에 대한 신학적 지식들이 증대되고, 기타 타 교파들과의 교류가 활발해지면서 가능한 측면이 있을 것이라 본다.

① 공동 예배서(The Book of Common Worship, 1906, 1932, 1946)

1903년 북장로교 총회(PCUSA)는 예배서에 대한 요구가 차츰 증대되어가자 예배서를 발간하기 위한 준비를 하게 되었다. 그 결과 1906년에 『공동 예배서』(The Book of Common Worship)가 출간되었다. 이것은 미국 장로교회로 하여금 예배를 만드는 데 있어서 예전적인 순서(order)와 예식문(text)의 가치를 공식적으로 인정하는 계기가 되었다. 따라서 1906년의 공동 예배서는 미국 장로교 예배의 새 이정표(milepost)를 세우게 하는 계기로 작용하게 되었다.

---

26) Charles W. Baird, *The Presbyterian Liturgies : Historical Sketches* (New York : M.W. Dodd Publisher, 1855).

여기에는 주일 아침과 저녁 예배 순서가 제시되어 있고, 성만찬 집례, 교회력에 따른 절기, 세례와 입교 문답에 대한 순서와 예문, 시편송과 찬송과 송가 등이 포함되어 있었다.

1906년 판은 1932년에 다시 개정되는데, 여기서는 절기에 대한 예문이 첨가되고, 기초적인 성서일과가 포함되었다. 특별한 것은 남장로교 총회가 이것을 사용하도록 승인했다는 사실이다.

다시 이것은 1946년에 개정되는데, 여기는 에큐메니칼(ecumenical) 예전학자들과 종교개혁가들의 예배에 대한 보다 깊은 지식들이 반영되었다. 1946년 예배서는 주일 낮 예배와 밤 예배, 그리고 성만찬 집례에 관한 자료들이 더 보강되었던 것이 특징이다.

② 예배서(*The Worshipbook*, 1970)

1955년 북장로교 총회는 예배서에 대한 또 다른 개정판을 요구했다. 여기는 남장로교뿐만 아니라 컴버랜드(Cumberland) 장로교회도 함께 참여하였으며, 1970년에 『예배서』(*The Worshipbook-Services*)라는 이름으로 발간되었다. 이 예배서는 2년 후에 다시 이름을 바꾸어 "*The Worshipbook-Services and Hymns*"이라고 하였다.

특별히 이 예배서가 남긴 공헌은 하나님께 드리는 예배의 용어를 현대화하였다는 점이다. 또한 주일 예배를 말씀과 성만찬 예배로 분명하게 규정을 한 점이다. 그러나 이 예배서는 로마가톨릭교회의 제2차 바티칸(Vatican) 공의회(1962-1965) 이후 각 교회들이 예배에 대한 대대적인 개혁을 하게 됨으로써 다시 개정해야 할 필요에 직면하게 되었다.

③ 공동 예배서(*Book of Common Worship*, 1993)

1980년 미 북장로교 총회는 새로운 예배서의 요구를 받아들여서, 컴버랜드 장로교회와 함께 새로운 예배서를 만들려고 계획을 하였다. 그러나 이때 남북장로교가 연합하는 일이 1983년에 일어난다. 그 결과 연합된 미 장로교회(PCUSA)는 1989년에 예배모범을 다시 개정하고, 이 예배모범과 조화를 이루는 예배서를 만들게 되는데, 이것이 바로 1993년에 출간된 『공동 예배서』(*Book of Common Worship*)이다.

2) 미국 장로교 예배 순서

이상에서 본 바와 같이 미국 장로교회는 여러 번의 예배모범과 예배서를 개정하는 과정을 거쳐 오게 되었다. 따라서 거기에 따른 예배 순서 역시 자연스럽게 변화될 수밖에 없었다.

그러면 이에 따른 미국 장로교의 주일 낮 예배 순서들은 어떻게 변화되어 왔는지 그것을 연대기적으로 살펴보도록 하겠다. 여기서는 1946년 *Book of Common Worship*, 1970년 *The Worshipbook*, 그리고 남북 장로교가 연합한 후 만들어진 1993년 *Book of Common Worship*을 중심으로 순서들을 정리하였다.

(1) *The Book of Common Worship*(1946년)[27]

1946년 "공동 예배서"는 크게 5장으로 구성되어 있는데, 그 내용은 예배를 위한 준비, 공중 예배 순서, 성례전과 기타 예식들, 기도, 성서정과(Lectionary) 등을 다루고 있다.

먼저 제1장의 내용은 '예배를 위한 준비'에 관한 것으로, 예배자와 집례자의 준비, 개회 기도와 성가대 기도문을 제시하고 있다.

다음 제2장에서는 공중 예배를 위한 순서들을 주일 아침 예배, 특별 예배, 저녁 예배, 아동 예배, 청년 예배, 연도(litany) 등으로 나누어 기록하고 있다.

제3장은 성례전과 교회의 예식들에 대해서 기록하고 있는데, 유아세례, 성인세례, 입교, 타교인의 수찬, 성찬 준비, 성만찬, 환자에 대한 성만찬과 심방시의 성경, 결혼, 장례, 목사 후보생 승인, 목사의 안수와 취임, 장로의 안수와 취임, 집사의 안수와 취임, 교회 건축 및 봉헌, 오르간이나 성물 봉헌 등을 취급하고 있다.

---

27) PCUSA, *The Book of Common Worship* (Philadelphia : the Board of Christian Education of PCUSA, 1946) 참조.

그리고 제4장은 기도에 관한 것으로써 교회력에 따른 기도와 국가 기념일에 따른 기도, 특별 용도나 은혜를 위한 기도, 봉헌 기도, 축도, 용서를 위한 기도, 가족 기도 등을 예시하고 있으며, 마지막 5장에서는 성서정과를 간단히 소개하고 있다.

1946년 『공동 예배서』에 제시된 주일 낮 예배 순서는 다음과 같다.[28]

주일 낮 예배[29]	성만찬 예배[30]
예배로 부름	예배로 부름
예배 기도(Adoration)	기원
죄의 고백	십계명
용서의 확인	죄의 고백
시편송	용서의 확인
제 1 성경 봉독	영광송이나 송가 또는 찬송
찬송이나 교송	서신서봉독
제 2 성경 봉독	복음서 봉독
신앙고백	신앙고백
찬송이나 교송	찬송
감사기도	설교
간구	찬미(Ascription)
중보의 기도	봉헌
성도의 교제	초대사
봉헌	성물 현시(uncovered)
찬송이나 교송	성찬 제정사
설교	예비 기원
찬송	떡을 쪼갬(분병례)
축도(강복선언)	잔을 듦
	집례자-장로-회중 수찬
	감사기도
	찬송
	축도(강복선언)

---

28) 참고로 『공동 예배서』는 주일 낮 예배에 관해서 5가지의 형태를 예시하고 있다.
29) 본 순서는 『공동 예배서』의 5가지 모델 중 첫 번째 것이다.
30) 『공동 예배서』, pp. 155-65에 나온 내용을 필자가 정리한 것임.

(2) *The Worshipbook*(1970년)[31]

1970년 『예배서』는 당시 미국 장로교회의 세 교단, 즉 컴버랜드(Cumberland) 장로교회와 남장로교회(PCUS), 그리고 북장로교회(UPCUSA)가 연합하여 만든 것이었다. 따라서 이 예배서가 갖는 가장 큰 의의는 무엇보다도 미국 장로교회가 연합하여 만든 장로교 예배서라는 데에 있다 하겠다. 그리고 이 예배서는 그동안의 예배서들이 고전 영어를 사용한 데 비해서, 현대 영어를 예배에 사용하도록 채택하였으며, 찬송도 현대적인 것들로 바꾼 것이 큰 특징이었다.[32]

이 예배서의 구성은 다음과 같다.

① 예배를 위한 준비에서 예배 전 기도, 십계명 등을 기록하고,

② 공중 예배를 위한 순서에서는 성만찬을 포함한 예배, 세례를 포함한 예배, 성례전이 없는 예배에 대한 순서를 먼저 제시하고, 다음으로 순서에 대한 해설이 이어진다. 해설과 함께 된 내용은 주일 예배, 세례, 입교, 성만찬, 아침 기도회, 저녁 기도회, 애찬식, 결혼식, 장례, 안수와 취임식 등이다.

③ 연도(litany)가 한 장으로 취급되면서 보다 많은 내용을 담고 있는 것이 『공동 예배서』와 다르다. 연도에는 산상 수훈, 고백의 기도, 중보 기도, 감사 기도, 교회를 위한 기도, 교회의 일치를 위한 기도, 교회의 직분들을 위한 기도, 세계 평화를 위한 기도, 국가를 위한 기도, 근로자를 위한 기도 등이 제시되고 있다.

④ 교회력에서는 대림절, 성탄절, 주현절, 사순절, 종려 주일과 성 주간, 세족 목요일, 성 금요일, 부활절, 승천절, 오순절 등에 대해 기록하고 있다.

⑤ 기념일로서 새해, 교회 연합 주일, 세상과 나눔 주일, 종교개혁 주일, 추수 감사절, 국가 기념일 등에 관한 예배를 기록하고 있다.

그밖의 내용은 ⑥ 성서정과, ⑦ 기타 기도문, ⑧ 가정에서 사용할 기도문 등으

---

31) The Joint Committee on Worship, *The Worshipbook* (Philadelphia : The Westminster Press, 1970) 참조. 이 "예배서"는 미국의 컴버랜드 장로교회(CPC), 남장로교회(PCUS), 북장로교회(UPCUSA)가 공동으로 만든 것임.

32) 위의 책, pp. 5-9 서문 참조.

로 구성되어 있다.

주일 예배	성만찬 예배
예배로 부름 찬양의 찬송 죄의 고백 용서의 선언 응답송 성령 임재 기도 구약 봉독 신약 봉독 설교 신앙고백 회중을 위한 기도 평화의 인사 봉헌 감사의 기도 주기도문 찬송 위탁 축도(강복 선언)	예배로 부름 찬양의 찬송 죄의 고백 용서의 선언 응답송(영광송, 찬송, 시편송) 성령 임재 기도 구약 봉독 신약 봉독 설교 신앙고백 회중을 위한 기도 평화의 인사 봉헌 초대사 감사 기도 주기도문 성만찬 응답송 찬송 위탁 축도(강복선언)

(3) *Book of Common Worship*(1993년)[33]

1993년 『공동 예배서』는 1983년 남북 장로교회가 연합한 후, 1989년에 예배 모범을 개정하고 여기에 맞추어서 나온 예배서로서 그 가치는 실로 크다고 하겠다. 먼저 이 예배서의 특징을 보면,

① 예전적이면서 또한 자유로움을 인정한다(form and freedom) : 예배의 순서를 제시하되 어디까지나 다양한 선택을 할 수 있도록 하고 있다.

② 에큐메니칼적이다(ecumenical convergence) : WCC의 B.E.M.[34]과 함께

---

33) The Theology and Worship Ministry Unit, *Book of Common Worship* (Lousville : Westminster/John Knox Press, 1993).
34) 세계교회협의회(W.C.C.)가 세계 교회의 일치를 위해서 만든 작품으로, 1982년 W.C.C. 산하 신앙과 직제 위원회의 페루 리마(Lima) 회의에서 만들어진 것이다. 일명 "리마

이 예전은 교회의 일치를 추구하고 있다.

③ 개혁적이면서도 보편적이다(reformed and catholic) : 이 예배서는 종교개혁가들의 정신을 따르면서도 또한 기독교의 보편성을 지향하고 있다.

④ 지역적이면서도 우주적이다(local and universal) : 이 예배는 미국 회중들의 관심을 표현하고 있을 뿐만 아니라 시공을 초월하는 기독교 예배의 우주성을 갖추고 있다.

⑤ 이 예배서에서는 다른 예배서에 포함된 안수나 취임, 기타 절기에 따른 예배는 포함하고 있지 않다.

그리고 이 예배서의 구성 내용을 보면 다음과 같다.
① 예배를 위한 준비 : 예배 전 기도, 십계명, 예배 인도자를 위한 기도
② 주일 예배 : 주일 예배 순서와 각 순서에 따른 세부 예문이 제시되고 있다.
③ 교회력 : 교회의 절기에 따른 예배 내용을 소개하고 있다.
④ 세례
⑤ 매일 기도회
⑥ 시편송
⑦ 기도(연도)
⑧ 결혼식
⑨ 장례식
⑩ 목회 예식 : 환자 사역, 불참자에 대한 성찬 등
⑪ 성서정과

주일 예배 순서는 크게 개회, 말씀, 성찬, 폐회로 구성되어 있는데, 그 순서들을 보면 다음과 같다.

문서"라고도 하는데, 그 내용은 세계 교회의 "세례. 성만찬. 사역"(Baptism, Eucharist, and Ministry)에 관한 일치를 모색한 내용으로 되어 있다. 여기에 근거해서 그 유명한 "리마 예식서"(Lima Liturgy)가 나오게 되는데, 이것은 종교개혁 이후 나뉘어진 교회들이 하나의 공동 예식서를 만드는 위대한 성과이기도 하다.

주일 예배	성찬 주일 예배

개회(Gathering)
  예배로 부름
  오늘의 찬송 또는 개회 기도
  찬송, 시편 또는 영가
  죄의 고백과 용서
  평화의 인사
  송가, 시편, 찬송, 또는 영가
 말씀
  성령 임재를 위한 기도
  첫 번째 성경 봉독
  시편송
  두 번째 성경 봉독
  교송, 찬송, 시편송, 송가, 또는 영가
  복음서 봉독
  설교
  초청
  찬송, 송가, 시편송, 또는 영가
  신앙의 확증(신앙고백)
  (목회 예식 : 세례 등)
  회중의 기도(중보기도)
  평화의 인사
 	
 봉헌
 감사기도
 주기도문
 파송
  찬송, 영가, 송가, 또는 시편송
  위탁과 축도(강복 선언)
	성찬
	  봉헌
	  성찬 초대
	  대감사기도
	  주기도문
	  분병례(breaking)
	  회중의 수찬

이 예배의 몇 가지 특징을 보면 먼저 찬양의 형태를 다양하게 하여, 찬송가나 시편송이나 영가나 송가 중에서 선택하여 부르도록 함으로써 예배 인도자의 선택의 폭을 넓혀 놓고 있다.

그리고 개혁교회 전통에 따라 죄의 고백과 용서가 예배의 시작 부분에 자리를 잡고 있다. 평화의 인사가 앞부분과 뒷부분에 두 번 등장하고 있는데, 이는 회중과의 교류적인 측면에서 의미가 있다고 본다.

칼빈의 전통에 따라 성경 봉독 전에 성령의 임재를 구하는 기도가 있으며,

성경은 최신 성서정과를 따라 세 번 나누어서 봉독하도록 하고 있다. 하나 특이한 것은 설교 후에 초청의 순서를 가지고 있는데, 이것은 대각성 부흥 운동(Frontier Worship Tradition) 또는 침례교의 전통적 방식의 영향이 아닌가 한다.

또한 신앙고백을 설교 후에 둠으로써 하나님의 말씀을 듣고, 그 하나님께 신앙을 고백하도록 하는 형식을 취하고 있다. 이런 형식은 일찍이 루터의 예배에서 볼 수 있는데, 이것은 종교개혁의 전통을 도입한 것이요, 타 교파와의 에큐메니칼 정신이 함께한 결과라고 하겠다.[35]

3. 미국 장로교 예배모범의 형성 과정과 내용

예배는 예배 형식을 제공하는 "예배서"(또는 예전서)와 그 예배를 위한 신학적 이론적 원리와 지침을 제공하는 "예배모범"으로 이루어진다. 특별히 장로교회의 예배는 이 둘을 축으로 하여 오늘까지 발전되어 왔다. 따라서 웨스트민스터 예배모범 이후 장로교회의 예배에서 예배모범이 차지하는 위치는 매우 중요하다고 하겠다.

그러면 이제 웨스트민스터 이후 미국 장로교회에서 예배모범은 어떤 과정들을 통해서 변화되었는지 그 내용들을 보다 구체적으로 알아보도록 하겠다.

1) 미국 장로교 예배모범의 형성 과정

교회의 성장과 발전은 자연스럽게 조직 체계와 함께 교회가 지켜야 할 규범들을 만들 수밖에 없도록 하였다. 미국 장로교회 역시 초기에는 교회의 정착과 성장이 급선무였지만, 교회가 빠르게 성장하면서 조직과 그 제도를 정비해야 하는 과제를 안게 되었다. 노회가 조직되고, 대회가 조직되고, 더 나아가서는 총회를 조직해야 할 필요에 직면했을 뿐만 아니라 거기에 따른 교회 정치, 신조, 예배 지침 등을 제정해야 했던 것이다.

따라서 1788년 뉴욕-필라델피아 대회(the Synod of New York and

---

35) 물론 리마 예식서에서도 신앙고백이 설교 뒤에 위치하고 있다.

Philadelphia)는 이에 따른 작업을 하는 중요한 대회가 되었다. 이들은 미국 장로교회의 예배모범을 만들고, 교회 정치와 권징, 신앙고백 등에 관련된 내용들을 작성하게 되었는데, 여기서 미국 장로교회를 위한 신앙고백(the Confession of Faith)과 정치와 권징(Form of Government and Discipline), 미 장로교 예배모범(the Directory for the Public Worship of God in the Presbyterian Church in the United States of America), 그리고 미 장로교 요리 문답(the Catechisms of the Presbyterian Church in the United States)이 만들어지게 되었다. 그리고 무엇보다도 이 대회는 총회의 구성을 결의함으로써 미국 장로교 최초의 총회를 구성하게 되는 발판을 마련하게 되었다.[36]

1644년에 영국에서 만들어진 「웨스트민스터 예배모범」은 초기 미국 장로교회에 지대한 영향을 주었는데, 이것은 청교도들과 스코틀랜드인들이 신대륙으로 이주하여 미국 장로교회의 핵심을 형성하면서 자연스럽게 이루어진 결과라고 하겠다. 1788년에 미국 장로교회는 자신의 예배모범(The Directory for the Worship of God in P.C.U.S.A.)을 작성하여, 1789년 제1회 총회에서 채택하여 사용하게 되는데, 이것은 거의 웨스트민스터 예배모범에 기초한 내용으로 구성되어 있었다.[37]

그 후 미국 장로교회는 예배모범에 대한 개정을 계속하게 되는데, 특별히 남북 장로교회의 분열은 남북 교회가 각각의 예배모범을 만들게 하는 계기가 되기도 하였다.

먼저 북장로교회는 1884년에 기존의 예배모범을 다시 개정하여 거기에 제6장 "봉헌"(Of the Worship of God by Offerings) 항목을 추가하였는데, 그 결과 그 다음 장부터는 자연히 장수가 하나씩 더해지게 되었다.

제10장의 "책벌에 관하여" 역시 제11장으로 바뀌면서, "책벌과 해벌에 관하

---

36) Charles Hodge, *The Constitutional History of the Presbyterian Church in the United States of America*(Part Ⅱ) (Philadelphia : Presbyterian Board of Publication, 1840), pp. 408f.
37) P.C.U.S.A., *The Constitution of the P.C.U.S.A.* (Philadelphia : The Board of Christian Education of P.C.U.S.A., 1955), p. 338.

여"(Of the Mode of Inflicting and Removing Censures)로 개정되어 해벌에 관한 지침을 첨가하였다.[38]

그리고 1908년에는 제8장 "세례에 관해서"(Of the Administration of Baptism)와 제10장 "입교에 관하여"(Of the Admission to Full Communion of Persons Baptized in Infancy)가 상당히 개정되었다.[39]

1933년에는 제12장 "결혼의 신성에 관하여"가 완전히 개정되었다.[40] 제1, 2, 3, 4, 5, 9, 13, 14, 15, 16장은 1788년 예배모범과 변화가 없다.

특별히 북장로교회는 1961년에 예배모범을 새롭게 개정하였는데, 이것은 웨스트민스터 예배모범과 내용상 상당히 다른 특징을 가지고 있다. 무엇보다도 이 예배모범에서는 성만찬 순서를 주일 예배의 순서에 포함시키고 있으며, 예배서에 대한 필요성을 분명하게 언급을 하고 있음을 보게 된다.[41]

북장로교회에 비해 미국 남장로교회(The Presbyterian Church in the United States : P.C.U.S.)는 남북 장로교 분열 이후 1861년에 "예배모범"(The Drectory for Worship)을 새롭게 제정하여, 1894년, 1929년에 개정을 하게 되었다. 그 후 1963년에는 "교회의 예배와 사역을 위한 지침"(The Directory for the Worship and Work of the Church)이란 이름으로 예배모범을 새롭게 제정하였다.[42]

이와 같이 미국 장로교회는 남 장로교회와 북장로교회로 나뉘어 있으면서 서로 독자적인 방법으로 예배모범을 개정해 오다가, 1983년 남북 장로교회가 다시 연합을 하면서, 1989년 연합 장로교회의 예배모범을 발간하게 되었고, 1997년

---

38) 위의 책, p. 338.
39) 위의 책.
40) 위의 책.
41) Stanley Robertson Hall, "The American Presbyterian Directory for Worship : History of A Liturgical Strategy" (Ph. D. diss., University of Notre Dame, 1990), pp. 370-73.
42) The General Assembly of the P.C.U.S., *A Digest of the Acts and Proceedings of the General Assembly of the Presbyterian Church in the United States* (Atlanta : Office of the General Assembly, 1966), p. 235.

이를 다시 수정한 개정판이 나오게 되었다. 그러면 미국 장로교회의 예배모범의 구조와 내용을 보다 구체적으로 살펴보도록 하겠다.[43]

2) 예배모범의 구조와 내용

(1) 초기 미 장로교 예배모범

1787년 뉴욕-필라델피아 대회에서 작성된 미국 장로교 예배모범(The Directory for the Public Worship of God of the Presbyterian Church in the United States of America)의 초안[44]은 웨스트민스터 예배모범을 거의 그대로 수용하면서 몇 가지 내용을 첨가하고 있다. 그러므로 많은 내용이 비슷하지만 다음과 같은 차이점이 있기도 하다.

---

43) 초기 미국 장로교회(18세기 말)는 크게 미국 장로교회(P.C.U.S.A.)와 연합 개혁 장로교회(the Associate Reformed Church in North America, A.R.C.)로 나뉘어 있었다. 스코틀랜드-아일랜드 출신 이민(Scots-Irish)들이 중심이 된 북미 개혁 장로교회는 1782년에 만들어지는데, 그 규모가 크지는 않았다. 그러나 이들도 스코틀랜드 장로교회의 예배모범을 바탕으로 하여 자신의 예배모범을 1799년에 만들어 사용하였다. *The Constitution and Standard of the Associate-Reformed Church in North America* (Pittsburgh : Johnson and Stockton, 1872).
그리고 1810년에는 미국 장로교회에서 대부흥운동과 목회자의 임명에 관한 문제로 컴버랜드 장로교회(the Cumberland Presbyterian Church)가 분리되어 나갔는데(1810년 분리, 1813년 대회 구성, 1829년 총회 구성), 이들도 자신들의 예배모범을 1814년에 채택하였다. 그러나 그 내용은 거의 미국 장로교회와 같은 것이었다. 이들은 1883년에 그것을 개정하기도 하지만, 얼마 지나지 않아서 컴버랜드 장로교회는 미국 장로교회와 연합하게 되고 만다. Thomas D. Campbell, *One Family Under God, A Story of Cumberland Presbyterian In Black and White* (Memphis : Frontier Press, 1982) ; B.W. McDonnold, *History of the Cumberland Presbyterian Church* (Nashville : Board of Publication of the Cumberland Presbyterian Church, 1888) 참조 ; Stanley R. Hall, "The American Presbyterian Directory for Worship : History of A Liturgical Strategy" (Ph.D. diss., University of Notre Dame, 1990), p. 30, 180. 따라서 본 장에서는 한국 장로교회와 직접 연관이 있는 미국 북장로교회와 남장로교회의 예배모범을 중심으로 살펴 나가도록 하겠다.

44) The Synod of New York and Philadelphia, *A Draught of the Government and Discipline in the Presbyterian Church in the United States of America* (New York : S. and J. Loundon, 1787), pp. 49-143.

① 웨스트민스터 예배모범이 부록 포함 15개 항목으로 되어 있는데 비해서, 1787년 미 장로교 예배모범은 17개 항목으로 구성되어 있으며, 그 순서에는 약간 변화를 주고 있다.

② 변화된 내용을 보면 웨스트민스터 예배모범에서는 12항 금식일에 대하여(Of the Public Solemn Fasting)와 13항 감사절에 관하여(Of the Observation of Days of Public Thanksgiving)를 따로 구분하여 언급하고 있으나, 미 장로교 예배모범에서는 이 둘을 하나로 하여 15항 금식과 감사절에 관하여(Of Fasting ; and of the Observation of Days of Thanksgiving)로 정리를 하고 있다.

③ 웨스트민스터 예배모범에 없는 10항 입교 예식에 관해서(Of the Admission of Persons to Sealing-Ordinances), 11항 책벌에 관하여(Of the Mode of inflicting Church-Censures), 16항 목사 임직에 관하여(Of the Ordination of Ministers of the Gospel)가 미 장로교 예배모범에서는 추가되고 있다.

④ 그리고 웨스트민스터 예배모범의 부록에 있는 15항 공중 예배의 날과 장소에 관하여(An Appendix touching Days and Places for Public Worship)가 없어진 대신 미 장로교 예배모범은 17항 사적 예배와 가정 예배를 위한 지침(The Directory for Secret and Family Worship)을 제시하고 있는데, 이것은 1647년 스코틀랜드 교회 총회에서 채택된 "가정 예배 지침"(The Directory for Family Worship, Approved by the General Assembly of the Church of Scotland for Piety and Uniformity in Secret and Private Worship and Mutual Edification)을 간단하게 요약해 놓은 것이다.[45] 다음은 1787년 예배모범 초안에 나오는 목차다.

> *Preface*
> *Of the Sanctification of the Lord's Day*
> *Of the Assembling of the Congregation, & c.*
> *Of the public reading of the holy Scriptures*

---

45) The Office of the General Assembly, *The Constitution of P.C.U.S.A.* (The Board of Christian Education of P.C.U.S.A., 1955), pp. 337f. 참조.

Of the singing of Psalms
Of public Prayer before Sermon
Of the Preaching of the Word
Of Prayer after Sermon
Of the Administration of Baptism
Of the Administration of the Lord's Supper
Of the Admission of Persons to Sealing-Ordinances
Of the Mode of inflicting Church-Censures
Of the Solemnization of Marriage
Of the Visitation of the Sick
Of the Burial of the Dead
Of Fasting ; and of the Observation of Days of Thanksgiving
Of the Ordination of Ministers of the Gospel
The Directory for Secret and Family Worship

웨스트민스터 예배모범과 1787년 미국 장로교 예배모범의 항목을 비교해 보면 다음과 같다.

〈웨스트민스터 예배모범(1664)과 미 장로교 예배모범 비교(1787)〉

웨스트민스터 예배모범	미 장로교 예배모범
서문	서문
1. 회중의 모임에 관하여	주일 성수에 관하여
2. 성경 봉독에 관하여	회중의 모임에 관하여
3. 설교 전 기도에 관하여	성경 봉독에 관하여
4. 설교에 관하여	시편 찬송에 관하여
5. 설교 후 기도에 관하여	설교 전 기도에 관하여
6. 세례에 관하여	설교에 관하여
7. 성만찬에 관하여	설교 후 기도에 관하여
8. 주일 성수에 관하여	세례에 관하여
9. 결혼에 관하여	성만찬에 관하여
10. 환자 심방에 관하여	입교 예식에 관하여
11. 장례에 관하여	책벌에 관하여

12. 공적 금식에 관하여	결혼에 관하여
13. 감사절에 관하여	환자 심방에 관하여
14. 시편 찬송에 관하여	장례에 관하여
15. 공중 예배의 날과 장소에 관하여	금식과 감사일에 관하여
16.	목사의 안수에 관하여
17.	사적 예배와 가정 예배에 관하여

   1787년 예배모범 초안(Draft)은 1788년 약간의 수정이 가해지면서 제1회 미국 장로교 총회(1789년)에서 승인을 받게 되는데, 다시 항목이 15개로 축소되었다. 변화된 사항은 5항 설교 전 기도, 7항 설교 후 기도가 없어지고, 대신하여 공중 기도(Public Prayer) 항목으로 바뀌게 되었다. 그리고 16항 목사 안수에 관한 항목이 제거되었다. 1788년 예배모범의 내용을 보면 다음과 같다.[46]

    1. 주일 성수
    2. 회중의 모임
    3. 성경 봉독
    4. 시편 찬송
    5. 공중 기도
    6. 설교
    7. 세례
    8. 성만찬
    9. 입교 예식
   10. 책벌
   11. 결혼
   12. 환자 심방
   13. 장례
   14. 금식과 감사일
   15. 사적 예배와 가정 예배

---

46) Stanley Robertson Hall, "The American Presbyterian Directory for Worship : History of A Liturgical Strategy," p. 109.

(2) 분열기의 미국 장로교 예배모범

① 미국 북장로교 예배모범

• 1884년 예배모범 구조

분열 이후 미 북장로교회는 1844년에 다시 예배모범을 개정하게 된다. 그러나 이때도 많은 내용이 수정된 것은 아니고, 1788년 예배모범에 제6장 "헌금"이 추가되고, 제11장의 내용이 "책벌"에서 "책벌과 해벌"로 수정하게 되는 정도였다.[47] 따라서 1884년 개정판은 웨스트민스터 예배모범과 비교할 때 외적으로 제6장 "헌금", 제11장 "책벌과 해벌", 그리고 제16장 "사적인 예배와 가정 예배" 등 세 가지가 도입되게 된 것이다.

그 순서를 보면 다음과 같다.

제1장 주일 성수에 대하여
제2장 교회 회집과 예배 시 태도에 대하여
제3장 성경 봉독에 대하여
제4장 시편 찬송에 대하여
제5장 공중 기도에 대하여
제6장 헌금에 대하여
제7장 설교에 대하여
제8장 세례에 대하여
제9장 성찬에 대하여
제10장 입교 예식에 대하여
제11장 책벌과 해벌에 대하여
제12장 결혼의 신성에 대하여
제13장 환자 심방에 대하여

---

47) 위의 책. 1884년 예배모범에 대해서는 P.C.U.S.A., *The Constitution of the P.C.U.S.A.* (Philadelphia : Presbyterian Board of Publication and Sabbath-School Work, 1905), pp. 423-46 참조.

제14장 장례에 대하여
제15장 금식과 감사절에 대하여
제16장 사적 예배와 가정예배에 대하여

- 1933년 예배모범

1884년 이후 북장로교는 1908년에 제8장 "세례"와 제10장 "입교 문답"의 내용이 상당히 수정되고, 1933년에 제12장 "결혼"의 내용이 거의 수정된다. 그러나 이때의 예배모범 구조는 1884년과 동일하다.

제1장 주일 성수에 대하여
제2장 교회 회집과 예배 시 태도에 대하여
제3장 성경 봉독에 대하여
제4장 시편 찬송에 대하여
제5장 공중 기도에 대하여
제6장 헌금에 대하여
제7장 설교에 대하여
제8장 세례에 대하여
제9장 성찬에 대하여
제10장 입교 예식에 대하여
제11장 책벌과 시벌에 대하여
제12장 결혼의 신성에 대하여
제13장 환자 심방에 대하여
제14장 장례에 대하여
제15장 금식과 감사절에 대하여
제16장 사적 예배와 가정 예배에 대하여

- 1961년 예배모범

1961년 미국 북장로교회의 예배모범은 내용과 형식적인 면에서 지금까지 가져온 예배모범과는 상당히 다른 차이를 보이고 있다. 그 구조도 총 9장으로 구성을 하면서, 각 장에 몇 개의 항목을 나누어서 수록하고 있다. 이것은 웨스트민스터 예배모범 이후 획기적인 변화라고 할 수 있겠다. 1961년 예배모범의 구성을 보면 다음과 같다.[48]

> 제1장 예배하는 교회와 그 사역(The Worshiping Church and Its Ministry, 4항목)
> 제2장 하나님께 드리는 예배(The Worship of God, 6항목)
> 제3장 성경, 설교, 성례전에서의 말씀(The Word in Scripture, Sermon, and Sacrament, 3항목)
> 제4장 공중 예배 순서(The Ordering of Corporate Worship of God, 11항목)
> 제5장 세례(The Sacrament of Baptism, 5항목)
> 제6장 성만찬(The Sacrament of the Lord's Supper, 5항목)
> 제7장 결혼(The Sanctifying of Marriage, 5항목)
> 제8장 환자 사역(The Ministry to the Sick, 5항목)
> 제9장 장례, 사별, 부활(Death, Bereavment, and the Witness to the Resurrection, 5항목)

② 미 남장로교 예배모범

남북 장로교회가 분열된 이후 미국 남장로교회는 1861년에 자체적으로 예배모범을 제정하게 된다. 그리고 1894년과 1929년에 이를 개정하는 작업을 거쳐서, 1963년에는 "예배모범"(The Directory for Worship)을 "교회의 예배와 사역을 위한 지침"(The Directory for the Worship and Work of the Church)으로 새롭게 제정을 하였다.[49]

여기서는 1894년의 예배모범과 1963년의 예배모범 구조를 소개하도록 하겠는데, 특별히 1894년 남장로교 예배모범은 그 후 한국 장로교회의 최초 예배모범

---

48) Stanley Robertson Hall, "The American Presbyterian Directory for Worship : History of A Liturgical Strategy," p. 325.
49) The General Assembly of the P.C.U.S., *A Digest of the Acts and Proceedings* (Atlanta : Office of the General Assembly, 1966), p. 235.

(1919년)에 그대로 수용되기 때문에 한국 장로교회와 관련하여서도 이 예배모범의 가치와 의미가 크다고 하겠다.

• 1894년 예배모범 순서

제1장 주일 성수에 대하여
제2장 교회의 회집과 예배 시 태도에 대하여
제3장 성경 봉독에 대하여
제4장 시편송과 찬송에 대하여
제5장 공중 기도에 대하여
제6장 설교에 대하여
제7장 주일 학교
제8장 기도회
제9장 세례에 대하여
제10장 입교 예식에 대하여
제11장 성찬에 대하여
제12장 결혼의 신성에 대하여
제13장 환자 심방에 대하여
제14장 장례에 대하여
제15장 금식일과 감사절에 대하여
제16장 개인 예배와 가정 예배

1894년 남장로교 예배모범과 1884년 북장로교 예배모범은 거의 유사하다. 단지 남장로교 예배모범은 북 장로교의 "헌금", "책벌과 시벌"을 뺀 대신 제7장 "주일학교"와 제8장 "기도회"를 첨가한 것이 특징이라 하겠다.

1894년 남장로교 예배모범에 주일학교에 관한 항목이 추가된 것은 당시의 시대적 상황과 관련이 있다고 하겠다. 18세기 말 영국에서 시작된 주일학교 운동은 그 후 미국 교회에서도 활발하게 일어나 교회 사역의 중요한 역할을 하였다. 따라서 미국 남장로교회는 주일학교를 통한 교회의 교육적 사명을 더욱 강조하기 위한 뜻으로 이 항목을 예배모범에 넣은 것으로 보인다.

기도회 역시 미국 교회의 부흥 운동과 함께 교회에서 기도의 필요성이 강조되었고, 한편으로는 무질서한 기도회를 방지하도록 하는 데 그 목적이 있었던 것으로 보인다. 남북 장로교회의 예배모범을 비교하면 다음과 같다.

〈미 북장로교 예배모범(1884)과 남장로교 예배모범 비교(1894)〉

북장로교 예배모범	남장로교 예배모범
1. 주일 성수	주일 성수
2. 교회 회집과 예배 시 태도	교회 회집과 예배 시 태도
3. 성경 봉독	성경 봉독
4. 시편 찬송	시편송과 찬송
5. 공중 기도	공중 기도
6. 헌금	설교
7. 설교	주일 학교
8. 세례	기도회
9. 성만찬	세례
10. 입교 예식	입교 예식
11. 책벌과 해벌	성만찬
12. 결혼	결혼
13. 환자 심방	환자 심방
14. 장례	장례
15. 금식과 감사절	금식과 감사절
16. 사적 예배와 가정 예배	사적 예배와 가정 예배에 관하여

- 1963년 "교회의 예배와 사역을 위한 지침"[50]

1861년에 제정된 남장로교 예배모범은 1894년과 1929년에 개정의 과정을 거치게 되었다. 그러다가 남장로교회는 1963년에 "예배모범"을 대신한 "예배모범과 교회의 사역"을 제정하게 되면서, 그 구성이나 내용이 새롭게 변화되게 된다. 이것은 예배모범의 내용도 보다 구체적이면서, 교회의 사역(Work of the

---

50) 위의 책, p. 231 이하.

Church)이 첨가된 것이 특징이라고 하겠다. 그 내용은 크게 5부로 구성되어서, 1. 주일, 2. 공중 예배, 3. 설교, 4. 성례전, 5. 교회의 사역으로 되어 있다.

* 주일 성수(201-2)
1. 안식일 위원회
2. 안식일에 관한 교회의 자세
3. 안식일을 지키기 위한 교회의 노력
4. 안식일의 오락에 관해서
5. 안식일의 여행에 관해서
6. 안식일의 신문(Sabbath Newspapers)에 관해서
7. 제칠일 안식일 재림교도들에 대하여

* 공중 예배
1. 누가 예배에 참석할 것인가(201-5)
2. 예배 순서(202-2)
3. 공중 예배에 대한 어린이들의 참석(203-4)
4. 교독문의 활용(204-1)
5. 전문적으로 기용된 찬양가(205-3)

* 설교
1. 목사는 어린이들에게 설교해야 한다.(207-2)
2. "강단의 자유"

* 성례전
1. 세례 : 유아세례는 성단(sanctuary)에서 가능한 한 베풀어야 한다.
2. 성찬 : 1) 성찬 집례
        2) 안수받은 목사에 의해서
        3) 성물
3. 금식일과 감사절(213-1)
   1) 금식일과 기도

  2) 감사절과 기도

  3) 정오 기도

4. 1) 주일 학교는 부모의 신앙 교육의 대체물이 아니다(214-3).

  2) 가정 예배

5. 결혼(215-1)

6. 전도(217-1)

7. 주일 학교의 복음적 목표(218-1)

  장로교회의 주일 학교 교육(218-2)

  주일 학교 정의(218-5)

8. 교인에게 주어지는 기회

  회중을 인도하는 목사

  십일조

* 교회의 사역[51]

(3) 미 연합 장로교회의 예배모범

 1983년 남북으로 나뉘어졌던 미국 장로교회는 역사적인 재결합을 이룩하게 되었다. 이 연합으로 인해서 미국 장로교회는 다시 예배모범을 1989년에 개정하고,[52] 이 예배모범에 따라서 1993년 "공동 예배서"를 발간하는 결실을 맺게 되었다. 그 후 예배모범은 1997년 제209회 미국 장로교 총회에서 다시 개정되어 채택되었다.[53] 그러므로 여기서는 가장 최근의 1997년 예배모범을 개관해 보도록 하겠다. 이 예배모범은 총 7장에 43개의 항목으로 구성되어 있다. 과거의 예배모범에 비해서 우선 그 내용이 구체적이면서 매우 방대해진 것이 특징이다. 그리고 무엇보다도 그 내용들이 현대적 감각에 맞도록 수정되어 있는 것을 볼

---

51) 교회의 사역에는 전도, 돌봄, 청지기직, 환자에 대한 사역 등을 포함하고 있다.
52) P.C.(U.S.A.), *The Constitution of the Presbyterian Church(U.S.A.) : Part Ⅱ Book of Order* (Louisville : The Office ofthe General Assembly, 1990).
53) P.C.(U.S.A.), *The Constitution of the P.C(.U.S.A.), Part Ⅱ : Book of Order* (Louisville : The Office of the General Assembly, 1997), 서문 참조.

수 있는데, 이는 다양화된 현대 문화의 특징을 반영하고 있는 것이라 하겠다. 1997년 예배모범의 구성과 내용은 다음과 같다.

① 1997년 예배모범의 구성

제1장 기독교 예배의 역동성
    1. 기독교 예배 : 개요
    2. 예배 용어
    3. 시간, 공간, 물질
    4. 예배를 위한 응답과 책임
제2장 기독교 예배의 구성 요소
    1. 기도
    2. 성경 봉독과 설교
    3. 세례
    4. 성찬
    5. 봉헌
    6. 이웃과 세상에 대한 관계
제3장 기독교 예배 순서
    1. 예배 순서에 대한 원리와 재원
    2. 날과 절기
    3. 주일 예배
    4. 일과 기도회
    5. 기타 정규 예배 계획
    6. 특별 집회
제4장 특별 예배 순서
    1. 특별 행사
    2. 환영 예배
    3. 제직 임명
    4. 안수식과 취임식
    5. 이임식

6. 책벌과 해벌

　　7. 시상 예배

　　8. 화해의 예배

　　9. 결혼

　　10. 임종 예배

제5장 예배와 개인적 훈련

　　1. 개인 예배, 훈련, 그리고 신앙 공동체

　　2. 매일 개인적 예배 훈련

　　3. 개인 예배에서의 성경

　　4. 개인 예배에서의 기도

　　5. 개인 예배에서의 기타 훈련과 제자도

　　6. 기독교인의 소명

　　7. 가정 예배

제6장 신앙 공동체 내에서의 예배와 사역

　　1. 교회 내에서의 공동 사역

　　2. 기독교인의 양육

　　3. 목회적 돌봄

제7장 세상 속에서의 예배와 사역

　　1. 예배와 선교

　　2. 선포와 전도

　　3. 자비

　　4. 화해 : 정의와 평화

　　5. 창조물과 생명의 돌봄

　　6. 교회와 하나님의 통치

　　7. 찬양으로서의 예배

② 1997년 예배모범의 내용

1997년 예배모범의 핵심 내용을 중심으로 하여 정리하면 다음과 같다.

제1장 기독교 예배의 역동성

1. 기독교 예배 : 개요

  * 기독교 예배 : 기독교 예배는 모든 찬양과 존귀와 영광과 권세를 성삼위 하나님께 기쁨으로 돌리는 것이다. 예배 속에서 하나님의 백성들은 이 세상과 자신들의 삶 속에 하나님의 임재를 인식하게 된다. 신자들은 하나님의 요구와 그리스도의 구속적 행위에 응답할 때 변화되고 새로워진다. 예배 속에서 신자들은 자신을 하나님께 드리고, 세상에서의 봉사를 준비하게 된다.

  * a. 하나님의 주권 : 하나님의 성령은 하나님의 백성들이 자신들의 삶 위에 하나님의 은혜와 요구하심을 깨닫도록 하신다.

   b. 하나님과 인간의 만남

   c. 인간 속으로 하나님께서 오심 : 예수 그리스도 안에서 하나님은 자신의 계시와 구속과 용서의 행위를 통해 인간 안으로 들어오신다.

  * a. 예수 그리스도 : 예수의 인격과 사역 안에서 하나님과 인간의 삶은 혼란스러움 없이 연합되고, 분리됨이 없이 구분된다.

   b. 완전한 인간의 응답 : 나사렛 예수는 완전한 인간의 응답을 하나님께 드렸다.

   c. 삶 속에 함께 하신 살아 계신 하나님 : 예수 그리스도는 일상 생활 속에 임재하시는 살아 계신 하나님이시다.

  * 말씀과 성만찬 속에 함께 하신 예수 그리스도 : 성경과 설교와 성례전을 통하여 그리스도 안에 계신 하나님은 성령에 의하여 임재하신다.

  * a. 그리스도인은 공동체 속에서 하나님께 응답한다 : 그리스도인의 하나님께 대한 응답은 공동체 속에서 이루어진다.

   b. 예배와 섬김 속에서 응답 : 그리스도의 이름으로, 성령의 능력에 의하여, 기독교 공동체는 하나님께 예배하고 그분을 섬긴다.

2. 예배 용어

  * 하나님께 대한 응답의 언어 : 하나님은 말씀에 의하여 만물이 존재하게 하신다. 하나님은 은혜의 말씀을 주시고, 사람들은 예배의 언어를 통하여 하나님의 주권에

응답한다. 그들은 하나님의 이름을 부르고, 하나님의 임재를 간구하고, 하나님께 기도하고, 침묵과 명상으로 하나님 앞에 선다.

  * 상징 언어 : 사람들이 하나님께 응답하고, 서로 간에 하나님에 대한 체험을 나눌 때, 그들은 상징적인 수단을 사용한다……. 상징 언어나 상징 행위(의식)는 신자들이 예수 그리스도의 생애와 죽음과 부활을 믿게 하는데 있어서 가장 확실하고 적당한 방법이다.

  * 구약의 상징들 : 하나님의 백성들이 거룩한 하나님께 예배할 때 그들은 인간의 경험으로부터 얻어진 상징들을 사용하였다(창조자, 계약자, 해방자, 심판자, 구속자, 목자……).

  * a. 신약의 상징 : 예수는 하나님에 대하여 말씀하실 때 구약의 상징이나 형상들을 사용하셨다.

  b. 새로운 상징의 초점이신 그리스도 : 부활하신 주님으로서 예수 그리스도는 새로운 상징의 초점이 되셨다(둘째 아담, 하나님의 어린 양, 영원한 말씀, 만물의 처음, 우리의 화평……).

  * 확실하고 적절한 언어
  * 함축적이고 다양한 언어

3. 시간, 공간, 그리고 물질(예배 재료)

  a. 시간
  * 안식일, 주일 : (1) 기독교인은 언제든 예배할 수 있다. 왜냐하면 모든 시간은 하나님에 의하여 신성하게 되었기 때문이다. 계약 공동체는 매일 예배를 드렸다. 그러나 하나님은 7일 중의 하루를 주님께 거룩하게 지키도록 하셨다. 구약에서 안식일은 온전히 주님께 바치는 날로 이해되었다. 신약 시대에는 신자들이 한 주의 첫 날이요 주님의 부활하신 날을 지켰는데, 그때 새 계약의 백성들은 예수 그리스도 안에서 하나님께 예배하기 위해서 모였다. 그들은 이 날을 주일이라 불렀다.

  * 말씀과 성례전 : (2) 초대교회로부터 교회는 하나님의 말씀을 선포하고 해석하며, 성례전을 집례하기 위하여 주일에 모였다.

  * (1) 매일 예배 : 교회는 매일 기도를 위하여 특별한 시간을 지켜왔는데, 이것은 역사적으로 성무 일과로 불려졌다.

(2) 기도와 성경 : 개혁교회 전통은 기도와 성경을 읽고 해석하기 위한 기회를 제공하기 위한 성무 일과의 형식을 취하여 왔다.
 * 교회력 : 예수의 탄생, 생애, 죽음, 부활, 승천, 재림은 일년 예배 주기에 따른 절기에 의미를 부여하고, 교회에서 읽고 선포해야 할 성서정과를 안내한다.

 b. 공간
 * 구약 : 기독교인은 어디서나 예배할 수 있다. 왜냐하면 시간을 창조하신 하나님께서 공간도 창조하시고 질서정연하게 하셨기 때문이다. 구약 성서는 하나님께서 많은 다른 장소에서 백성들과 만나신 것을 언급하고 있다. 그러나 백성들이 하나님과의 특별한 만남을 위한 장소를 인정하고, 그 만남을 기억하고 촉진하기 위하여 그들은 공간을 마련하였다(족장들의 돌 제단, 성막, 성전, 회당).
 * 예수 : 예수의 생애는 예배 장소에 대한 계약 공동체의 이해를 반영하고 있다. 그는 회당과 성전에서 정규적으로 예배를 드렸고, 광야나 갈릴리의 산에서도 예배를 드렸다. 그는 특별히 하나님이 어떤 한 장소에 제한적으로 계신다는 주장은 부인하신다.
 * 초대교회 :
 * 공간 배열 : 성경을 읽고 설교할 장소, 세례를 위한 세례반이나 세례조, 성만찬을 위한 성찬대

 c. 물질(예배 재료)
 * 구약 : 하나님은 물질 세계를 창조하시고 그것을 보시기에 좋으셨다. 계약 공동체는 모든 물질 세계는 하나님의 영광을 드러낸다고 생각하였다. 그들은 또한 물질을 하나님께 대한 찬양과 감사를 표현하기 위한 수단으로 여겼다.
 * 예수 : 예수 그리스도 안에서 말씀이 육신이 되었고, 하나님은 물질을 신성하게 하신다. 예수는 산 제물로 자신의 몸을 드리셨다.
 * (1) 교회-성례전 : 예수 이후 초대교회는 예수께서 자신의 생명을 드린 것처럼 하나님께 대하여 생명을 봉헌하는 상징으로 세 가지의 물질, 즉 물과 빵과 포도주를 택하였다.
 (2) 개혁교회 전통-성례전 : 개혁교회는 하나님에 의하여 제정되고 그리스도에 의하여 명령된 성례전으로서 세례와 성만찬을 이해한다.
 * (1) 예배에서 물질의 사용 : 그리스도인들의 생명과 그들이 가진 모든 것들은

창조주께 속하고, 예배에서 하나님께 드려져야 한다고 교회는 인정해 왔다. 자신의 헌신에 대한 징표나 상징으로서 하나님의 백성들은 그들의 소유를 하나님께 드렸다. 색깔, 직물, 의식, 소리, 그리고 동작의 풍부한 것들이 예배의 활동에 채용되었다.

(2) 예술적 표현 :

* 선교 :

4. 예배를 위한 응답과 책임

* 응답 : 예배에 있어서 교회는 그리스도 안에서의 자유와 함께 모든 것을 질서있게 하라는 성서적 명령을 같이 기억해야 한다.

* 확인과 감독

* 당회 : 개 교회에서 당회는 예배를 위한 준비를 하고, 모든 회중이 정규적으로 예배에 참석하도록 권면해야 한다.

* a. 목사 : 예배에 있어서 목사는 다음의 책임을 진다.

(1) 봉독할 성서정과(본문)의 선택   (2) 설교의 준비와 선포
(3) 회중을 위하여 드리는 기도   (4) 노래할 음악
(5) 드라마, 춤, 기타 예술 의식들

b. 목사와 성가대 지휘자

* 당회와 목사

* 교육을 위한 당회의 책임

* 노회의 책임

* 교육을 위한 노회의 책임

제2장 기독교 예배의 구성 요소

1. 기도

* 크리스챤의 기도 : 기도는 예배의 핵심에 있다. 기도 속에서 사람들은 성령을 통하여 예수 그리스도 안에서 계시된 한 분 참 하나님을 찾고 만나게 된다…… 기도는 말이나 노래, 침묵이나 몸동작으로 드려질 수 있다.

* 기도의 내용 : 찬양 / 감사 / 고백 / 간구 / 중보

* 기도로서의 음악-회중의 노래 : 찬양은 자신의 전부를 기도로 연결시키는 응답

이다. 찬양은 신자들이 예배를 위해 모인 곳에서는 어디서나 공동 기도 속에서 하나를 이루도록 한다.

* 기도로서의 음악-성가대와 악기 : 회중을 기도의 찬양 속으로 인도하는 것은 성가대나 기타 음악가들의 첫째 되는 역할이다.

* 몸 동작으로 하는 기도 : 하나님의 백성들은 말이나 노래로 뿐만 아니라 동작으로 기도를 표현하였다.

    a. 무릎을 꿇음, 엎드림, 섬, 손을 들고 기도
    b. 기쁨과 찬양 속에 춤, 박수, 껴안음.
    c. 손을 얹고 안수

2. 성경 봉독과 설교

* 성경의 중심성 : 교회는 성경이 하나님의 말씀임을 고백한다. 말씀이 읽혀지고 선포되는 곳에서 살아계신 말씀인 예수 그리스도가 성령의 내적 증거에 의하여 임재하신다. 그렇기 때문에 말씀을 읽고, 듣고, 설교하고, 고백하는 것은 기독교 예배의 중심이다.

* 성경의 선택 : 말씀과 성례를 집례하는 목사는 모든 공중 예배에서 읽어야 할 성경(본문)을 선택해야 할 책임이 있으며, 이를 잘 수행하여 회중들이 성경 전체의 메시지를 듣게 할 것이다. 이를 위해서는 주일 예배에서 구약, 서신서, 신약의 복음서를 읽는 것이 좋다.

* 성서정과 : 공중 예배에서 봉독할 성서 본문은 교회력의 절기나 목회적 관심, 세상의 사건이나 상황, 그리고 교회의 특별한 프로그램에 의해서 선택할 수 있다. 성서정과는 성경 봉독의 범위를 넓게 해줄 뿐만 아니라 세계 교회와의 지속적 유대를 이루도록 한다.

* 성경 읽기 훈련 : 하나님의 백성은 가정이나 개인 예배에서 읽을 성경을 선택할 수 있는 훈련이 되어 있어야 한다.

* 번역본
* 공중 예배에서의 성경의 봉독과 경청
* 설교 : 설교는 성경에 근거하여야 한다…… 설교는 성경 연구에 있어서 성실함과 식별력, 매일의 기도 훈련, 회중들의 삶에 영향을 주는 사건이나 이슈들에 대한 민감성, 그리고 예수 그리스도에 대한 지속적이고 개인적인 순종이 요구되어진다.

설교는 회중이 이해할 수 있는 언어로 간단하고 분명하게 복음을 소개해야 한다.
* 선포의 기타 형태
* 신조와 고백
* 말씀 청취 : 말씀의 선포에 대한 회중의 참여는 무엇보다도 듣는 것이다.
        a. 예수 그리스도에 대한 이해
        b. 그분이 주시는 은혜를 받아들임
        c. 그분의 부르심에 순종으로 응답

3. 세례
  * 예수와 세례 : 세례는 그리스도 안으로의 연합하는 표이자 인침이다……
  * 세례 안에서 죽고 다시 부활함
  * 계약과 세례수
  * 은혜의 계약 안으로 들어감
  * 그리스도와의 연합과 이웃과의 연합
  * 세례 : 은혜, 회개, 위탁
  * 하나님의 신실하심에 대한 징표요 인침
  * a. 하나의 세례 / b. 어린이 세례 / c. 성인 세례
  * 한번의 세례 : 세례는 오직 한번 받는다.
  * 한 몸이요 하나의 세례
  * a. 세례를 위한 책임 : 질서를 위하여 세례는 당회에 의하여 인정되고, 말씀과 성례를 집례 할 목사에 의하여 집례되어야 한다. 당회나 노회가 인정할 때는 기타 교역자에게 위임할 수 있다. 세례는 말씀의 봉독과 선포를 수반해야 한다.
    b. 기관 목사에 의하여
  * 당회의 책임
  * 교회의 책임
  * 부모의 책임

4. 성찬
  * a. 예수와 만찬 : 주의 만찬은 십자가에 죽으시고 부활하신 주님과의 교제 속에

서 먹고 마시는 징표요 인침이다.
    b. 최후의 만찬
    c. 부활
    * 신약 성서에 있는 교회 : 신약의 교회는 사도들의 가르침을 받고, 교제하며, 기도하고, 떡을 떼었다.
    * 감사
    * 기념
    * 성령의 초대
    * 신자의 교제
    * 천국 잔치를 미리 맛봄
    * 말씀과 성찬이 함께
    * 시간, 장소, 주기 : 주의 만찬은 주일에, 정규 예배 장소에서, 그리고 교회에 적합한 방법으로 거행되어야 한다. 그것은 매 주일 집례하는 것이 좋다.
    * 특별한 경우
    * 누가 받을 수 있는가
    * a. 책임 : 당회는 교회에서 주님의 만찬을 거행하는 것을 인준할 책임이 있다.
      b. 기관 목사 : 기관 목사나 기타 목회자(병원, 교도소, 학교, 학원, 군대 등)는 성만찬 예전을 집례할 수 있다.
      c. 목사에 의하여 집례

5. 봉헌
    * 그리스도에 대한 응답 : 그리스도인의 삶은 하나님께 자신을 드리는 것이다. 예배 속에서 사람들은 그리스도의 값진 희생에 참여하고…… 그분께 대하여 자신의 생명과 은사와 능력과 물질을 봉헌함으로써 응답한다.
    * 영적인 은사(재능)들을 드림
    * 물질을 드림

6. 이웃과 세상에 대한 관계
    * 공동체의 관심 : 예배는 하나님의 백성들의 공동적 생활의 한 활동이다…… 하나님이 매일의 생활에서 일어나는 사건들에 관심을 가지시는 것처럼 예배하는 공동

체 속의 구성원들은 서로에 대해서와 세상에 대한 그들의 사역에 관심을 가져야 한다.
    a. 인사
    b. 화해
    c. 기도를 위한 준비 : 교인과 교회와 세상을 위한 중보 기도
    d. 설명 : 매일의 생활 속에 하나님의 말씀 적용
          교회의 선교와 사역 설명
          신앙과 섬김에 대한 간증
    e. 선교

제3장 기독교 예배 순서

1. 예배 순서를 만드는 원리와 재원
   * 성서와 역사 : 기독교 예배 순서를 만드는 책임이 있는 사람들은 성경 안에서 그리고 성경을 통하여 말씀하시는 성령의 권위에 신실해야 한다. ……교회의 예배는 역사와 문화, 그리고 현대적인 요구에 의하여 만들어진다.
    a. 형식과 자유 : 교회는 언제나 예배에 있어서 형식과 자유 사이에서 긴장을 경험하여 오고 있다. 교회의 역사에 있어서 어떤 교회는 하나님의 말씀에 따라 예배 순서를 정한 형식을 제공하고 있으며, 반면에 다른 교회는 하나님의 말씀에 충실하려는 노력에 따라 예배 공동체의 고정된 형식을 반대하였다. 미국 장로교회는 모든 예배 형식은 임시적이며 개혁되어야 한다는 것을 인정한다. 예배의 순서에 있어서 교회는 성령의 창조성에 열려 있어야 한다.
    b. 당회의 안내
  * 참여와 지도
  * 예배에 있어서 어린이

2. 날과 절기
   * 날 : 하나님은 7일 중의 하루를 거룩하게 지키도록 하셨고, 하나님의 백성들이 함께 예배하도록 하셨다. 또한 그 백성들이 집회로 모이거나 가정에 모여서 매일 예배를 드리도록 명령하셨다.
   * 교회력 : 대림절 / 성탄절 / 주현절 / 사순절 / 성 주간 / 부활절 / 성령강림절
   * 기타 절기들

3. 주일 예배
    a. 적절한 의식
        (1) 성경 (2) 기도 (3) 음악 (4) 세례 (5) 성찬 (6) 십일조와 봉헌
        (7) 특별 시간 (8) 특별 예배
    b. 의식 순서
        (1) 말씀으로 모임 : 회중 인사, 묵상 기도, 집회에 관한 안내, 음악
            예배의 부름
            기도나 찬양의 찬송
            죄의 고백- 용서의 선언
            영광송
        (2) 말씀 선포 : 성령 임재를 구하는 기도
            성경 봉독
            시편송이나 교송, 또는 기타 음악 형식
            설교
            기도
        (3) 말씀에 대한 응답 : 신앙고백-말이나 노래로
            세례
            임명식
            기도
            봉헌
        (4) 말씀의 인침(성례전) : 세례
            성찬
        (5) 말씀을 안고 세상으로 : 위탁
            축복 기도

4. 매일 기도회
    * 순서 : 찬양
            말씀을 봉독하고 들음
            묵상이나 기도나 찬송으로 응답
            그리스도의 이름으로 나감

5. 기타 정규 예배
   a. 일요일 예배 : 주일 대예배 이외의 예배
   b. 주일학교
   c. 기도 모임
   d. 치유 예배
   e. 전도를 위한 예배
   f. 선교 프로그램
   g. 교회 내 특별 그룹

6. 특별 집회

제4장 특별한 목적을 위한 예배 순서

1. 특별한 행사
교인들의 생활에 있어서 예배로 적절하게 인정해 주어야 할 특별한 경우들이 있다. 이들 중 많은 것들은 주일 낮 예배에서 특별한 시간을 내어 기념해 주게 된다. 다른 경우에는 기타 정규 예배나 그 경우에 맞는 특별한 예배에서 기념해 준다.

2. 환영과 영접 예배
   * 세례와 교인됨 : 세례에서 성령으로 인침을 받고 교회의 회원으로 인정된 사람은 성찬상으로 초대되어 환영을 받으며, 기독교인의 예배 생활로 들어서게 된다.
   * 주님의 성찬상으로의 영접
   * 신앙의 확증과 임명
   * 기타 멤버들의 영접 : 이명자나 입교 문답자 환영
   * 이때 적절한 순서는 a. 주님의 평화를 나눔 b. 환영의 악수 c. 기름 부음 d. 껴안음

3. 제직 임명
   * 직분의 인정 : 기독교 공동체 생활 속에서 하나님은 그의 백성들이 자신들의 재능을 사용하여 교회와 세상을 위해 봉사하도록 특별한 활동으로 부르신다. 이러한

활동은 예배를 통한 공식적인 인정을 통해서 견고하고 확실해진다.
* 직분의 형태 :
교회 학교 교사, 관리인, 성가대원, 사무원, 교회 그룹의 조언자나 협력자
공동체 속에서 사역하는 사람
노회, 대회, 총회, 그리고 연합 기관에서 봉사하는 사람
구제와 화해를 위해 일하는 사람

4. 안수식과 취임식

안수식에 있어서 교회는 집사나 장로, 말씀과 성례를 집례할 목사로 섬기도록 교회에 의하여 선택되어 부름을 받게 될 때 그들에게 기도와 안수를 해서 세우게 된다. 취임식에 있어서 교회는 집사나 장로, 말씀과 성례를 집례할 목사로 임명받은 사람들을 기도로 세우게 된다.

5. 이임식

6. 책벌과 해벌

7. 시상 예배

8. 화해의 예배

9. 결혼

* 그리스도인의 결혼 : 결혼은 전 인류의 행복을 위해 하나님께서 모든 사람에게 주신 선물이다. 결혼은 한 여자와 한 남자가 맺은 사회적 계약이다. 크리스챤에게 있어서 결혼은 한 남자와 한 여자가 하나님 앞에서 제자의 삶을 살아가도록 부름을 받은 계약이다.
* 결혼을 위한 준비
* 예식의 시간과 장소 : 그리스도인의 결혼은 공동체가 예배를 위해 모이는 장소에서 거행되어야 한다. 결혼 예식은 목사의 지도와 당회의 감독을 받아야 한다. 결혼은 당회의 승인 아래 주일 예배 시에 할 수 있다.

10. 임종 예배

　　* 그리스도인과 죽음 : 부활은 기독교 신앙의 핵심 교리로서, 죽음 앞에 선 크리스챤의 자세와 반응을 만들도록 한다. 죽음은 모든 이들에게 상실과 슬픔과 눈물을 가져온다. 죽음에 직면하게 될 때 그리스도인은 눈물과 함께 복음에 대한 소망으로 기뻐하게 된다. ……교회는 슬퍼하는 모든 이들에게 사랑과 소망의 사역을 제공한다.

제5장 예배와 개인적 훈련

1. 개인 예배, 훈련, 그리고 신앙 공동체

　　* 개인 예배와 공동 예배 : 그리스도인은 공동의 예배와 봉사 속에서, 그리고 개인의 예배 활동과 훈련 속에서 하나님께 응답하게 된다. 그리스도인의 삶은 교회의 예배로부터 흘러나오며, 신자로서의 정체성이 거기서 확고해지고, 거기서 제자의 삶과 하나님께 대한 응답이 이루어진다. 신자의 응답과 훈련의 생활은 교회의 예배와 봉사의 생활로 이어진다.

2. 매일 개인 예배 훈련

　매일의 개인 예배는 하나님께 나아가고, 하나님의 은혜를 수용하는 훈련이다.

　매일의 훈련 속에 주어지는 도전은 매일 예배를 통한 양육을 요구한다. 매일의 개인 예배는 신앙의 공동체가 모여서, 또는 가정에서, 또는 개인적으로 할 수 있다. 성경, 기도, 헌신, 그리고 봉사의 실행 등이 개인 예배의 구성 요소들이다.

3. 개인 예배에서의 성경

4. 개인 예배에서의 기도

5. 개인 예배에서의 기타 훈련과 제자도

6. 기독교인의 소명
하나님은 백성을 부르신다.
　a. 예수 그리스도를 구세주로 믿도록

b. 순종하는 제자직 속에서 예수 그리스도를 따르도록
　c. 하나님이 주신 은사와 능력을 사용하여 하나님을 영화롭게 하고 섬기도록

7. 가정 예배
　기독교인들이 한 가정에서 살 때 그들은 함께 예배를 드리는 시간을 가져야 한다. 매일 함께 예배드릴 수 있다면, 가족들은 다음과 같이 할 수 있을 것이다.
　a. 성경과 찬양을 함께 하는 식탁 기도
　b. 아침과 저녁 기도
　c. 성경 읽기, 공부, 적용, 기억하기
　d. 시편송이나 찬송, 영가 등 찬양
　e. 주고 나누기

제6장 신앙 공동체 내에서의 예배와 사역

1. 교회 내에서의 공동 사역
　공동 예배에 있어서나 개인 예배에 있어서 하나님은 그 백성들을 신앙과 제자의 삶으로 부르신다. 이러한 부름에 대한 응답은 자신들을 헌신하고, 세상과 이웃을 위해 신앙 공동체의 생활 속에서 사용하도록 하나님이 주신 은사들을 바치도록 한다.
　교회 안에서 서로에 대한 공동 사역은 선포되고 듣는 말씀에 의해서, 집례되고 받는 성만찬에 의해서, 그리고 예배 속에서 드려지고 나누는 기도에 의해서 샘솟고 자라게 된다.

2. 그리스도인의 양육
　기독교 공동체는 생활의 전체와 변화를 통하여 교인들을 위한 양육을 제공한다. 교회는 신앙 공동체로 들어오는 모든 사람들을 양육하여야 한다. 교회는 교인들이 세상에 대해 책임을 지도록 그들을 양육하고 그들을 돕도록 한다. 교회의 양육을 위한 기준과 재원은 성경 속에 있는 하나님의 말씀이다. 교회에서 양육을 위한 중요한 기회는 말씀이 선포되고 성찬이 집례되는 주일 예배 시간이다…… 기독교인의 양육을 위한 중요하고 지속적인 배경은 예배와 교육과 모범을 통해서 신앙을 나누는 가정이다. 교회는 양육을 위한 기타의 기회를 제공하여야 한다.

a. 교회학교의 교실에서
　　b. 교육과 양육을 위해 조직된 그룹이나 모임 안에서
　　c. 봉사나 선교를 위해 모인 그룹이나 단체에서
　　d. 위원회에서
　　e. 수련회, 캠프, 회의 등에서

3. 목회적 돌봄
기독교 공동체는 교인들의 개인적 또는 공동적 생활에 대하여 목회적 돌봄을 제공한다. 교회는 공동 목회의 돌봄에 대하여 각기 다른 수준을 제공하게 될 것이다. 모든 기독교인은 매일의 생활 속에서 기쁨과 슬픔을 나누고, 스트레스와 어려움을 당할 때 지원하고, 상호 용서와 화해를 이루도록 부름을 받았다.
* 목회 상담
* 중재
* 병든 자를 돌봄
* 임종자를 돌봄
* 상실을 경험한 자를 돌봄
* 관계가 깨어진 자들을 돌봄
* 죄와 용서에 대한 돌봄
* 생활의 변화가 있는 사람을 돌봄
* 목회적 돌봄을 위한 예배의 재원 : a. 성경　b. 기도　c. 성례
　　　　　　　　　　　　　　　　　d. 주기도문, 시편송, 영광송, 축복송
　　　　　　　　　　　　　　　　　e. 회상의 시간, 사람들의 관심, 중보 기도
* 기독교 공동체에서 하나님께 대한 예배는 목회적 돌봄과 신앙 양육을 위한 사역의 근본이요 그 배경이 된다.

제7장 세상 속에서 교회의 예배와 사역

1. 예배와 선교
교회는 자신의 사역과 예배를 통하여 세상을 향한 하나님의 선교에 참여한다. 하나님은 예배 속에서 세상을 섬기는 예수 그리스도의 선교에 교회가 연결되도록

한다. 이 선교에 대한 참여를 할 때 교회는 예수 그리스도 안에서 세상을 다스리시는 하나님을 예배하도록 부름을 받는다.

2. 선포와 전도
하나님은 성령의 권능 안에서 교회를 파송하신다.
a. 그리스도 안에서 세상이 하나님과 화해를 이루는 복음을 전하도록
b. 회개와 믿음과 순종을 요구하시는 그리스도를 온 나라와 족속에게 말하도록
c. 예수께서 사람들을 구원하시려고 그 자신을 주셨음을 말과 행동으로 선포하도록
d. 지금과 영원토록 생명이 되신 그리스도의 이름을 주도록
e. 어느 곳에서나 사람들이 구세주 되신 예수 그리스도를 믿고 따르도록 그들을 부르기 위해
f. 삼위이신 하나님을 예배하고 섬기는 신앙의 공동체로 그들을 초청하도록

3. 자비
하나님은 성령의 능력 안에서 세상에 자비를 베풀도록 교회를 파송하신다.
a. 굶주린 자를 먹임
b. 슬픔 당한 자를 위로함
c. 병든 자를 돌봄
d. 갇힌 자를 찾아봄
e. 포로 된 자를 놓아줌
f. 집 없는 자를 보호함
g. 외로운 자의 벗이 됨

4. 화해 : 정의와 평화
하나님은 세상 안에서 하나님의 의와 화평과 사랑을 그리스도와 함께 나누도록 성령의 권능 안에서 교회를 파송하신다. 예수 그리스도 안에서 이루어진 하나님의 화해는 정의와 평화에 근거하고 있다. 예배 속에서 교회는 예수 그리스도 안에 있는 화해케 하심을 선포하고, 수용하고, 만들어 가야 하며, 또한 교회 생활과 세상에서 정의와 평화를 위해 노력하도록 위탁을 받고 있다.
　* 정의의 실천

* 평화의 실현

5. 창조와 생명을 위한 돌봄

하나님은 성령의 권능 안에서 교회가 하나님의 창조와 보존의 사역에 참여하도록 부르신다. 하나님은 인류에게 땅을 다스리고, 보존하고, 그것을 새롭게 하시도록 능력과 책임을 부여하셨다. 하나님의 창조물을 보존하도록 한 청지기로 하나님의 백성은 부름받았다.

6. 교회와 하나님의 통치

예배와 사역 속에서 교회는 현재 실재하시고 미래의 약속이 되시는 하나님의 통치에 대한 하나의 징표가 된다.

7. 찬양으로서의 예배

예배 속에서 교회는 세상에서 이루어지는 하나님의 통치하심에 봉사하도록 변화되고 새로워지고 준비되고 파송되어진다.

교회는 그날을 대망하고 있다.
"하늘에 있는 자들과 땅에 있는 자들과 땅 아래 있는 자들로 모든 무릎을 예수의 이름에 꿇게 하시고, 모든 입으로 예수 그리스도를 주라 시인하여 하나님 아버지께 영광을 돌리게 하셨느니라"(빌 2 : 10-11).
"아멘 찬송과 영광과 지혜와 감사와 존귀와 능력과 힘이 우리 하나님께 세세토록 있을찌로다 아멘"(계 7 : 12).

4. 미국 장로교 예배모범에 대한 평가

신대륙 이주 이후 형성된 미국 장로교회는 놀라운 성장과 발전을 이룩했었고, 그들의 영향력은 한국을 포함한 수많은 나라들로 확산되었다. 미국 장로교의 제도와 원리들은 자연스럽게 피선교지 교회들로 전이되거나 큰 영향을 줄 수밖에 없었다. 이런 현상은 예배에 있어서도 마찬가지였다. 미국 장로교회가 만든 예배 형식들과 예배모범은 다른 나라들의 교회에 지대한 영향을 주었던 것이다. 그런 의미에서 미국 장로교 예배모범은 기독교 예배 역사에 있어서도 중요한 가치를 갖는 것이라 하겠다. 그러면 미국 장로교 예배모범에 대한 마무리를 하면서, 가장 최근의 1997년 미국 장로교회 예배모범에 대한 평가와 함께 미국 장로교 예배에 대한 종합적인 정리를 하도록 하겠다.

1) 1997년 예배모범

1997년 미 연합 장로교 예배모범은 현대 장로교 예배모범의 대표적인 것으로서 매우 귀중한 자료임에 틀림이 없다. 1983년 남북 장로교회가 연합하고, 1989년에 예배모범을 마련하였지만, 1997년 개정판은 보다 현대적 감각에 맞추어 작성된 뜻깊은 작품이라 평가할 수 있겠다.

1997년 판 예배모범은 몇 가지 면에서 좋은 특징을 가지고 있다. 먼저, 예배모범의 내용과 항목을 보다 구체화시킨 것은 예배를 보다 세밀하게 이해할 수 있도록 안내하는데 도움이 된다 하겠다. 과거 장로교 최초의 예배모범인 1644년 웨스트민스터 예배모범에 비추어 볼 때, 약 350년이 지나 만들어진 미국 장로교 예배모범은 그 내용 면에서 많은 발전을 이룬 것임을 부인할 수 없다고 본다.

웨스트민스터 예배모범이 부록을 포함해 15장(15항목)으로 구성된 데 비해서, 1997년 미국 장로교 예배모범은 총 7장에 43개 항목으로 구성될 만큼 그 내용이 구체적이고 확대되어 있다. 이는 오늘의 현대 장로교 예배를 보다 세분화하여 정리한 귀한 성과라 할 수 있겠다.

둘째로, 1997년 예배모범은 현대적 감각에 맞도록 그 내용이 잘 보완되어 있다. 현대 문화가 갖는 특징은 다양성과 전문성이라 할 수 있는데, 1997년 예배모범은 보다 그 내용을 다양화하고, 세부적으로 깊이 있게 다루었다는 점에서 우수하다고 평가할 수 있겠다. 이는 예배에 대한 현대교회의 관심과 20세기 예배 신학자들을 통한 예배학적 연구의 결과가 낳은 결실이라 할 수 있겠다. 오늘의 문화는 그 변화의 속도나 다양함에 있어서 가히 어느 시대에 비교할 수가 없을 정도다. 교회 역시 이러한 변화에 능동적으로 대처하지 않으면, 교회와 세상, 기독교와 문화의 괴리는 더욱 커질 수밖에 없을 것이다. 그러므로 오늘의 기독교는 신학과 실천에 언제나 시대의 변화를 통찰하면서, 거기에 적절히 대응하는 지혜가 필요하다고 하겠다. 예배 역시 여기에서 예외일 수 없다는 점에서 미국 장로교 예배모범은 이러한 실천의 결과라고 생각한다.

셋째로 이 예배모범은 현대 교회와 사회의 이슈들을 예배학적 측면으로 포용했다는데 중요한 의의가 있다. 제 6장 "신앙 공동체 내에서의 예배와 사역"은 기독교인의 양육과 목회적인 돌봄을 주제로 다루고 있다. 즉 기독교 공동체인 교회 안에서 위기와 고통을 당하는 교인들을 돌보는 차원으로까지 예배모범의 내용을 확대하고 있다.

현대 사회는 과학과 기술의 발전에도 불구하고 그 어느 때보다도 위기감이 팽배해 있는 시대요, 많은 사람들이 정신적 육체적 사회적 환경 속에서 고통을 체험하고 있다. 이것은 그리스도인들 역시 예외가 아니다. 그러므로 이 예배모범이 예배하는 공동체인 교회가 공동체 내의 고통당하는 지체들에게 관심과 돌봄을 실천해야 하는 목회적 차원을 예배적 차원으로 수용한 것은 매우 의미 있는 일이라고 하겠다. 더 나아가 제7장에서는 교회뿐만 아니라 세상에 대한 교회의 예배와 사역을 연결시키고 있다. 세상에 대한 선교, 정의와 평화, 창조 질서의 보존 등 세상의 구원이라는 선교적 측면뿐만 아니라 오늘의 사회적 이슈들이 되고 있는 정의와 평화의 실현, 환경 문제로 인한 창조와 생명의 문제 등까지도 교회의 예배와 연결시킨 것은 매우 획기적이라 하겠다. 교회가 이 땅의 현실을 외면할 수 없음을 인정할 때 이것은 매우 발전적인 내용이라 평가할 수 있겠다.

그러나 이 예배모범이 갖는 단점도 없지 않다고 본다. 첫째는 그동안 전통적인 예배모범에 비추어 볼 때 지나친 변화를 시도한 것은 현대적 문화의 반영이라는 측면에서는 긍정적일 수 있으나 전통적으로 지켜야 할 가치를 상실할 수도 있다. 시대적인 변화에 따라 내용이 변화될 수 있어야 하지만 지키고 보존해야 할 것은 지켜 나가야 할 것이다. 그런 점에서 볼 때 1997년 예배모범은 너무 현대적인 변화를 반영하는데 치중한 면이 없지 않다고 하겠다. 이 점은 333년 전 작성된 장로교 최초의 예배모범인 웨스트민스터 예배모범(1644)과 비교해 볼 때, 그 내용의 차이가 얼마나 큰 것인가를 볼 수 있다. 새로운 시도는 언제나 전통을 존중하는 바탕 위에서 이루어질 때, 그 본래의 정신과 원리를 보존해 나갈 수 있을 것이다.

둘째로 1997년 예배모범은 간결하지 못하다. 과거의 예배모범들은 간결하면서도 그 내용이 분명한 것이 특징이었다. 그러나 1997년 예배모범은 거기에 비해 매우 복잡하고 다양한 내용으로 되어 있다. 보다 구체적이고 세밀한 것은 좋은 면이라 볼 수도 있지만, 실제 예배 현장에서 활용하는데 있어서는 거리감을 줄 수도 있다. 간결한 것은 사람들의 가슴에 명확하게 인지되지만 복잡한 것은 그렇지 못할 때가 많다. 특별히 신앙적 지침이 되는 것은 간결하고 분명하게 하는 것이 중요하다고 본다. 교회 내의 구성원들이 다양한 배경을 가지고 있음을 고려할 때 모든 사람이 쉽게 이해하고 실천할 수 있는 그런 내용이 될 수 있어야 한다. 예배에 관한 지침 역시 보다 간결하면서도 분명한 내용을 전달할 수 있는 형식이 바람직하다고 본다. 끝으로 오늘의 교회나 사회적인 이슈들을 예배모범에 포함하는 것이 긍정적일 수도 있지만, 다른 한편으로는 이것을 예배모범에서 꼭 취급해야 하는가라는 질문을 해 보아야 하리라 본다.

오늘의 다변화된 문화가 교회로 하여금 다양한 사역을 요구하고 있는 것은 사실이다. 그러나 예배 이외의 영역, 즉 목회학 분야나 선교학 분야에서도 얼마든지 취급할 수 있는 주제들이므로 굳이 예배모범에서까지 이런 문제들을 확대하여 포함할 이유는 없다고 본다. 1997년 예배모범에 이런 내용들이 포함된 것은 분열기에 미 남장로교가 "예배모범"(The Directory for Worship)을 "교회의 예배와 사역을 위한 지침"(The Directory for Worship and Work of the Church, 1963년)이란 제목으로 개정하여 교회의 사역 부분을 포함했던 것을 그대로 반영한 결과가 아닌가 생각한다. 예배모범은 예배모범으로서의 순수한 내용들로 구성되는 것이 바람직하다고 하겠다.

2) 종합 평가

미국은 정치, 경제, 문화 등 여러 가지 면에서 현대 세계사의 중요한 의미를 지닌 나라이다. 종교적인 면에 있어서도 예외는 아니다. 미국은 유럽의 교회와 예배와 신학이 새로운 대륙에서 어떻게 적용되고 뿌리를 내릴 수 있는가를 볼 수 있는 실험의 장이었을 뿐만 아니라 또한 그것을 자기의 토양에 맞도록 개발한 후 다른 나라로 전달하는 중간 매개지 역할을 한 중요한 장소이다.

한국의 기독교도 결국은 미국을 통해서 복음을 받아들이게 되었다. 그런 의미에서 미국 장로교 예배는 한국 장로교에 있어서도 매우 중요할 수밖에 없는 것이다. 한국 장로교는 미국이 자신들의 예배를 아직 체계화하지 못한 시기인 19세기 말에 들어옴으로써 예전적인 예배를 갖춘다는 것이 시기적으로 어려웠음을 미국 장로교 예배를 고찰하는 과정 속에서 발견할 수 있었다. 즉, 미국 장로교회가 아직 자신들의 예배가 제대로 정립되지 못한 시기적 상황에서 한국에 선교를 하였기 때문에 그 영향을 받은 한국 장로교회 역시 예배가 온전할 수는 없었던 것이다.

그러나 20세기 이후 미국 장로교회는 예전적인 면에 많은 관심을 가지고 발전을 계속 하였으나, 한국 장로교회는 19세기 말 선교 당시의 예배를 지금까지 거의 그대로 답습하고 있는 실정이었다. 그러므로 지금의 한국과 미국 장로교회 예배는 큰 차이가 날 수밖에 없으며, 그 차이는 시간적으로 거의 1세기의 간격을 두고 있다고 말할 수 있을 것이다. 한국은 미국 장로교회가 100년 전에 가졌던 예전에 대한 관심을 지금 갖고 있기 때문이다.

미국 장로교 예배에 대해서 평가하면, 먼저 그들은 개혁교회 전통에 따라 말씀에 충실한 예배를 드리고 있다는 점이다. 개혁교회는 무엇보다도 하나님의 말씀에 가장 중요한 권위를 두었다. 예배 자체도 하나님의 말씀의 기준에 맞아야 하며, 예배 중에도 하나님의 말씀을 선포하는 시간을 가장 중심적인 순서로 간주하였다. 이러한 정신은 미국 장로교 예배모범에서도 말씀의 중요성을 강조하는

데서 충분히 볼 수 있다. 모든 것이 아무리 변해도 하나님의 말씀을 예배에서 강조하는 것만큼은 장로교회 예배에서 변할 수 없는 원칙으로 계승되어 오고 있는 것이다.

다음으로 그들은 이민 후에도 1644년의 웨스트민스터 예배모범을 가장 소중히 여기면서, 모든 예배의 지침으로 사용했던 점을 높이 평가해야 하리라 본다. 장로교 예배 원리를 최초로 확립한 이 예배모범은 어떻게 보면 장로교 예배의 경전이라 할 수도 있다. 자신의 조상들이 피흘려 얻은 이 유산을 그들은 잘 간직하면서, 모든 예배의 근간이 되도록 함으로써 장로교 예배의 역사적 전통을 이어온 것이다. 그러므로 미국 장로교 예배모범에는 이러한 장로교 예배 정신이 그대로 보존되면서, 그 면면이 지금까지 흘러내려 오고 있는 것이다.

그리고 무엇보다도 미국 장로교회의 공헌은 이들이 예배모범과는 별도로 예배서를 개발하여 사용했다는 점이다. 청교도들은 예배서에 대하여 별 관심이 없었다. 오히려 중세교회의 모순을 보면서 이들은 예배까지도 완전히 바뀌어야 할 것으로 생각하여, 기독교회가 전통적으로 사용해 오던 예배서를 없애고 사용하지 않도록 하였다. 그래서 미국 장로교 초기에도 이런 영향이 없었던 것은 아니었으나 이들은 곧바로 자신들의 예배서를 개발함으로써, 예배의 원리와 본질적 정신을 제시해 주는 예배 지침(모범)과 함께 그 예배가 구체적으로 어떤 형식을 취해야 할 것인가에 대한 기준으로서의 예배서를 갖게 됨으로써 예배에 대한 균형을 유지할 수 있게 되었던 것이다.

사실 개혁교회가 예배서를 갖는 것은 중요한 전통이었다. 칼빈이나 낙스도 예배서를 만들어 사용하였다. 따라서 미국 교회 역시 19세기 후반부터 예배서에 대한 관심을 가지고 이에 대한 연구를 거듭하면서 오늘까지 지속적으로 발전시켜 오고 있는 것이다. 그러면서 이들은 이 예배서와 예배 지침들 사이에 언제나 조화를 이루려는 노력도 계속하고 있다. 이를 통해 우리 한국 교회도 예배서와 예배 지침의 중요한 가치를 다시 한번 깨닫고 이를 적용하는 일을 서둘러야 하리라 본다. 또 하나 미국 장로교회는 예배서를 통하여 서로 연합의 계기를 마련하였다는 사실에 주목해야 하리라 본다. 컴버랜드 장로교회와 남북 장로교회는 그들이 통합하기 전에 이미 예배서를 개발하는 데서부터 연합 정신을 발휘하고 있었다. 이것이 결국은 분열된 미국 장로교회를 통합으로 이끄는 원동력이 될 수 있었다.

여기서 우리는 오늘의 나뉘어진 교회가 다시 연합할 수 있는 최선의 길이 어디에 있는가를 보는 혜안이 있어야 하리라 본다. 1983년의 리마 예식서(Lima Liturgy)가 세계 교회의 일치를 향한 중요한 전기가 되고 있는 것도 이런 측면에서 관심을 끌고 있다 하겠다.

그러나 미국 장로교 예배 역시 개혁교회 예배의 한계를 뛰어넘지는 못하고 있다. 결국 말씀 중심 예배라는 특징 때문에 그 외의 예배 요소들이 소홀히 되고 있다는 점이다. 입으로 전하고 귀로 듣는 것이 주가 되는 예배의 특징 때문에 시각적 요소, 즉 미술이나 상징 등에 관해서는 별다른 발전이 있을 수가 없었던 것이다. 예배가 인간의 오관을 동원한 종합 드라마라고 할 때, 우리는 이런 모든 감각 기관들을 통하여 하나님을 만나고 교제를 이루는 예배가 되도록 해야 할 것이다. 그러나 지극히 청각 중심적인 장로교회의 예배는 이제 보다 그 구성 범위를 확대할 필요가 있다고 여겨진다.

그리고 하나는 종교의 자유라는 혜택 때문에 수많은 교파의 난립과 분열이 미국 교회에서 심한 것을 볼 수 있다. 유럽에서 들어올 때부터 교파 중심적으로 들어왔을 뿐만 아니라 그 후 대각성 운동을 거치면서 나타난 분열은 미국 교회를 교파 전시장과 같은 상태로 전락시켜 버린 것이다. 이런 현상은 미국 교회의 피선교지에서도 그대로 반복이 되었다. 다양한 제도와 신학과 사상 등으로 인한 선교적 발전도 있을 수 있겠지만 우리는 그보다 앞서 한 주님의 몸인 교회의 연합과 일치의 소중한 가치를 인식하는 것이 더욱 중요한 일임을 잊지 않아야 할 것이다.

결론적으로 미국 장로교의 예배는 유럽 청교도들의 이민과 함께 시작이 되었지만 청교도적이기보다는 오히려 종교개혁가들의 예배를 다시 회복시켰다는 점에서 그 가치를 높이 평가할 수 있어야 하리라 본다. 이러한 것은 예배 의식을 소홀히 한 청교도들에 비해서 미국 장로교회는 다시 예배 의식에 대한 관심을 가지고 그것을 회복하는 노력들을 해왔기 때문이다. 특별히 자신들의 전통에다가 오늘의 현대적 감각을 접목시킨 최근의 예배 형태는 전통과 상황의 조화라는 좋은 본보기가 되고 있다고 하겠다. 1997년 예배모범 서문에서 그들은 이 점을 다음과 같이 밝히고 있다. "이 예배모범에는 장로교 내의 풍부한 전통적 유산들과 문화의 다양성이 반영되어 있다."[54]

오늘 장로교회의 예배는 자신들의 전통을 계승하면서, 세계 교회들과의 일치성을 고려하고, 동시에 세상 문화에 대한 해석과 대응을 적절하게 함으로써, 자신들의 본질을 지킴과 동시에 그 영향력을 세상으로 확대해 나갈 수 있어야 할 것이다.

---

54) P.C.(U.S.A.), *The Constitution of the P.C.(U.S.A.), Part Ⅱ : Book of Order* (1997), 서문 참조.

제6장

한국 장로교 예배모범

The Spirit

and Principles

of

Presbyterian

Worship

한국 장로교 예배모범

한국 개신교회는 1세기 전 기독교 복음을 받아들인 후 세계 기독교사에서 찾아보기 어려운 성장을 거듭해 왔다. 구미 선교사들을 통해 시작된 한국 선교는 많은 희생과 고난 속에서도 그 성장을 멈추지 않고 발전을 거듭해 왔던 것이다. 그러나 이제 선교 2세기에 접어든 한국 교회는 새로운 방향 전환을 모색해야 할 때가 되었다. 외적인 성장에 못지않게 내적인 충실함에 보다 많은 연구와 노력을 아끼지 않아야 할 전환점에 서게 된 것이다. 그동안 한국 교회는 복음의 전파를 통한 선교적 사명에 가장 큰 관심을 가지고 열심히 뛰어왔으며, 거기에 비례하여 많은 결실을 맺었다. 하지만 이제는 외적인 성장과 함께 교회 내적인 면에서의 견실한 발전이 병행되어야 할 시점에 이른 것이다.

이런 시대적 상황 가운데서 최근 한국 교회가 하나님께 드리는 예배에 대하여 새로운 인식과 관심을 갖기 시작한 것은 매우 희망적인 일이라 하겠다. 그동안 우리 한국 교회는 예배에 대한 별 관심이나 연구가 없이 미국 선교사들이 전해준 예배를 그대로 고수해 왔었다. 그 결과 한국 장로교회 역시 자신들의 예배의 근원이 어디서부터 시작되었는지도 알지 못한 채 뿌리 없는 예배를 드려 왔던 것이다. 이러한 현상은 한국 장로교회가 "웨스트민스터 신앙고백" 정도는 알고 있지만 "웨스트민스터 예배모범"에 대해서는 그 이해가 거의 없는 현실이 이를 잘 증명해 주고 있다고 하겠다.

그러나 이제 한국 교회가 예배에 대한 관심과 연구를 증대하면서, 한국 장로교회 역시 장로교회의 전통에 보다 적합한 예배를 회복하려는 노력들이 나타나고 있다. 이런 점에 비추어서 한국 장로교회의 예배를 살피고 연구하는 것은 지금의 시점에서 매우 의미 있는 일이라 하겠다. 따라서 본 장에서는 한국 장로교회의 역사적인 배경을 먼저 개관하고, 한국 장로교회의 예배모범을 연대기적으로 살펴보면서, 한국 장로교의 뿌리가 되는 웨스트민스터 예배모범과 미국 장로교 예배모범과 예배 형식들을 비교 분석하도록 하겠다.

1. 한국 장로교회의 역사적 배경

1) 장로교의 한국 선교

모든 역사적 사건이나 종교적 사건들은 어느 한순간에 갑자기 이루어진 것이 아니다. 그 사건이 있기 전에 이미 그것을 준비하는 과정들이 있기 마련이다. 한국의 선교 역시 예외가 아니다. 개신교의 본격적인 선교가 시작되기 전에 이미 한국에는 몇 사람들에 의한 선교적 시도가 있었다. 대표적으로 1816년 영국인 맥스웰(Murray Maxwell)과 바질 홀(Basil Hall)에 의한 서해 지역에 대한 한문 성경 배포, 1832년 화란 선교회 소속의 목사인 칼 귀츨라프(Carl A. F. Gützlaff)에 의한 한문 성경 배포, 그리고 한국 최초 개신교 선교사로 순교한 로버트 토마스(Robert J. Thomas) 목사의 순교의 피가 대동강변에 뿌려졌다.[1]

그리고 무엇보다 중요한 사건 중의 하나는 스코틀랜드 선교사로 중국에 와 있던 존 로스(John Ross)와 매킨타이어(John McIntyre)에 의한 한국어 성경 번역이다. 이들은 조선인 백홍준, 김진기, 서상륜 등과 함께 1887년 신약 성서를 번역하여 『예수 성교 전서』라는 이름으로 출판을 하였다.[2] 또한 1882년 일본 수신사의 일행이었던 이수정은 일본에 가서 1883년 세례를 받고, 그곳에서 신약

---

1) 김인수, 『한국 기독교회의 역사』(서울 : 장로회신학대학교 출판부, 2000), pp. 92-119.
2) 이영헌, 『한국 기독교사』(서울 : 컨콜디아사, 1983), pp. 63-65.

성경을 번역하였다. 나중에 한국에 선교사로 입국하게 되는 언더우드나 아펜셀라는 일본에서 먼저 이수정을 만나 한국어를 배우고 그가 번역한 성경을 가지고 한국에 입국할 수 있었다. 특별한 것은 한국에 본격적인 선교가 시작되기 전 이미 이 시기에 한국인들이 중국과 일본 등지를 통해서 복음을 받아들이게 되었고, 1884년에는 황해도 장연의 솔내(松川)에 만주에서 복음을 전해 듣고 세례를 받은 서상륜에 의해서 교회가 세워지게 되었는데, 이것은 한국인의 손으로 세워진 최초의 교회가 되었다.[3]

그 후 개신교 선교사가 처음으로 입국을 하게 되는데, 그가 바로 미 북 장로교회에서 파송한 알렌(Horace N. Allen)이었다. 그는 처음에 의료 선교사로 중국에 왔다가 선교지를 바꿔서 1884년 9월 20일 제물포에 발을 딛게 됨으로써, 한국 역사상 처음으로 개신교 선교사가 되는 영광을 얻게 되었다. 따라서 한국 교회는 알렌이 한국에 입국한 1884년을 선교의 기점으로 잡게 되었다.[4] 그는 광혜원을 통해서 의료 선교를 하였으나, 당시 상황이 선교사라는 이름으로 활동을 할 수 없었기 때문에 그는 사실 선교사의 신분을 공개적으로 드러내지는 못했었다.

한국 장로교의 공식적인 선교는 1885년 4월 5일 부활절 아침 언더우드(Horace G. Underwood)의 입국으로부터 시작되었다.[5] 그는 1859년 7월 1일 영국 런던에서 태어나서, 13세 때 미국으로 이주하여, 1881년 뉴욕 대학을 졸업하고, 1884년 뉴저지 주의 뉴 브룬스윅(New Brunswick) 신학교를 졸업하였다. 그 후 곧바로 한국 선교를 지원하여 미 장로교회의 파송으로 한국에 오게 된 것이다. 그는 감리교 목사인 아펜젤러(Henry G. Appenzeller) 부부와 함께 제물포에 입국함으로써, 한국 개신교 선교의 새로운 장을 열게 된 것이다. 한국에서 본격적인 선교를 시작한 언더우드는 한국 장로교회를 조직하고 크게 성장시켰으며, 한국 장로교 초대 총회장이 되어 장로교 발전에 큰 공헌을 남기기도 하였다.[6]

---

3) 민경배, 『한국 기독교회사』(서울 : 대한기독교서회, 1983), p. 171.
4) 김인수, 『한국 기독교회의 역사』, pp. 129f.
5) 이영헌, 『한국 기독교사』, p. 78.
6) 언더우드 선교사의 한국 선교 활동에 대한 기록은 그의 편지들을 통해서 보다 상세하게 알 수 있는데, 최근 그의 편지들이 장신대 김인수 교수에 의하여 번역되어 나왔다. Horace G. Underwood, *Rev. Underwood's Missionary Letters*, 김인수 역, 『언더우

특별히 한국 장로교회 선교를 위해서 1889년 호주 장로교 선교사 데이비스(J. H. Davies)의 입국, 1892년 미국 남장로교의 테이트(L. B. Tate) 외 6인의 입국, 그리고 1893년 캐나다 장로교회의 맥켄지(W. J. McKenzie) 선교사 등이 차례로 입국하게 됨으로써, 한국 장로교회의 선교가 더욱 다양화되면서 활기를 띠게 되었다.

2) 한국 장로교의 조직과 발전

한국 장로교 선교는 미국의 남장로교와 북장로교 선교부, 캐나다 장로회 선교부, 그리고 호주 장로교 선교부에 의해 주로 진행되었다. 이들은 선교 협의회를 조직하여 한국에 단일한 장로교회를 세우고자 하였으며, 경건주의와 복음주의적인 신앙으로 교회의 성장과 부흥을 이루어 나갔다. 또한 이들은 교회의 성장뿐만 아니라 교회의 조직과 체제를 동시에 갖추어 나감으로써, 한국 교회의 기반을 견고하게 다져 나가기도 하였다.[7]

1902년 9월 20일에는 서울 새문안 교회에서 3명의 한국인 장로(서경조, 김종섭, 방기창)와 6명의 한국인 조사(양전백, 송순명, 최흥서, 천광실, 고찬익, 유태연), 그리고 25명의 선교사들이 모여 장로회 공의회를 조직하였다.[8] 여기서 회장

드 목사의 선교 편지』(서울 : 장로회신학대학교 출판부, 2002).
7) 미 북 장로교 선교사들에 관한 기록은 그들의 편지와 보고서들을 편집해 놓은 Records of Board of Foreign Missions of the Presbyterian Church of U.S.A. Korea, Letters and Reports(장로회신학대학교 도서관 소장), 남장로교 선교사들에 관하여는 한국 교회사 문헌 연구원, Annual Reports of Presbyterian Church U.S. in Korea Missionary, 캐나다 선교사들에 관한 기록은 The Archives for Korean Church History Studies, Personal Reports of the Canada Presbyterian Missionaries in Korea, 호주 선교사들의 활동에 관한 기록은 Australian Presbyterian Mission's Secretary's Office, The Records of the Australian Presbyterian Mission in Korea (Fusanshin : Australian Presbyterian Mission's Secretary's Office, 1913) 등의 자료에서 보다 자세하게 알 수 있다.
그 외 미국 장로교회의 한국 선교에 관한 역사 자료는 Harry A. Rhodes, ed., History of the Korea Mission(1884-1934), vol. I (Seoul : The Presbyterian Church of Korea, 1984) ; Harry A. Rhodes and Archibald Campbell, ed., History of the Korea Mission(1935-1959), vol. II (New York : Commission on Ecumenical Mission and Relations of the United Presbyterian Church in the U.S.A., 1965)에 잘 정리되어 있다.

에는 마포삼열 목사가, 서기에는 서경조 장로가 선출되었는데, 이 기관은 치리 기관은 아니었고 장차 노회를 구성하기 위한 준비 조직으로서 교회의 운영 등에 대한 협의를 하였다.

1901년에는 평양에 장로회신학교가 설립되어 한국인 목회자 양성을 위한 교육을 정식으로 시작하게 되었다. 그 시초는 평양에서 사역을 하던 사무엘 마펫(Samuel A. Moffett) 선교사가 자기 집 사랑방에서 평양 장대현 교회 장로였던 김종섭, 방기창 두 사람을 북장로교 선교사인 리(G. Lee)와 함께 가르치기 시작하면서부터였다. 1902년에는 신학생이 6명으로, 1904년에는 19명으로, 1905년에는 40명으로 그 수가 늘어났다. 1906년에는 50명의 학생이 등록을 하였고, 1915년에는 학생 수가 250명을 넘어섰다. 1907년 제1회 졸업생 7명(한석진, 서경조, 이기풍, 길선주, 방기창, 송린서, 양전백)이 배출되어 목사로 안수를 받아 한국 장로교회에 최초의 한국인 목사들이 탄생하게 되는 기쁨을 얻게 되었다.[9]

1907년 9월 17일에는 평양 장대현 교회에서 역사적인 대한예수교장로회 독노회가 조직이 되었다. 한국인 장로 36명, 선교사 33명, 찬성 회원 9명 등 총 78명의 회원이 모여 최초의 노회가 조직이 되었으며, 이날 저녁에 평양신학교 1회 졸업생 일곱 명이 목사 안수를 받았다. 이제 한국 교회는 7인의 목사, 53명의 장로, 989개의 교회, 19,000명의 세례 교인, 70,000명의 신도를 가진 자주, 자립, 자율의 교회로서 새롭게 출발하게 된 것이다.[10] 이 회의에서 회장에는 마펫 목사, 부회장에 방기창 목사, 서기에 한석진 목사, 부서기에 송인서 목사, 회계에 이길함을 선출하였다. 또한 이 회의에서 12개의 신조로 된 장로교 신조를 채택하기로 결의하였는데, 이것은 1910년 인도 장로교회의 신조를 그대로 도입하여 한국 장로교 신조로 채택한 것이었다. 그리고 4개조로 된 교회 정치(대한예수교장로

---

8) 이영헌, 『한국 기독교사』, p. 128.
9) 위의 책, p. 129. 이 무렵(1901-1910) 한국 교회 전체적으로는 대 부흥 운동이 일어나 교회가 급성장을 하게 되었다. 박용규, 『평양 대 부흥 운동』(서울 : 생명의 말씀사, 2000) 참조.
10) 대한예수교장로회 총회, 『대한예수교장로회 백년사』(서울 : 예장 총회 교육부, 1984), p. 238.

회 규칙)를 제정함으로써 교회를 관리하고 세우는 기초를 마련하였다.[11] 한국 최초의 노회가 조직되는 기쁨과 영광을 노회 회록 서문에서는 다음과 같이 말하고 있다.[12]

대한예수교장로회 노회 회록 서문

신령하고 크도다 이 아름다운 노회여 교회의 머리되시는 주 예수 그리스도께서 일찌기 사도와 문도를 택정하여 세우사 천국의 복음을 천하에 전하여 만민의 영혼을 구원케 하셨으니 주 예수에게 직분을 받은 사도와 문도들이 주께서 승천하실 때에 특별히 명령하심을 삼가 지켜 예루살렘 다락에 일제히 모여 마음을 같이 하고 기도를 힘써 하나님의 허락하신 성신의 권능을 충만히 받은 후에 능히 각국 방언을 말하고 모든 이적을 베풀며 천하 각국에 헤어져 복음을 전할세 회개하고 주를 믿는 자에게 주의 이름으로 세례를 주어 문도를 삼으며 믿는 형제 중에 사람을 택하여 장로와 목사를 세워 교회를 치리케 하였으니 옛적에 안디옥에서 총대로 예루살렘에 올라간 바울과 바나바와 믿는 두어 형제가 예루살렘 본 교회에 여러 목사와 장로들과 한 가지로 모여 교회에 마땅히 지킬 규모를 의논하여 작정하였으니 이것이 실로 노회의 시작이라 만유의 주재되시는 하나님 아버지의 기쁘신 사랑과 교회의 머리되시는 주 예수 그리스도의 넓으신 은혜와 보혜사 성령의 크신 권능을 할렐루야 찬송하리로다 우리 대한 인민들이 하나님을 알지 못하고 사신과 우상을 섬기매 장차 하나님의 형벌을 피할 수 없더니 자비하신 하나님께서 우리나라 인민을 돌아보사 미국 남장로교회와 북장로교회와 영국 오스트레일리아 장로교회와 캐나다 장로교회의 주를 믿는 형제 자매들의 마음을 감동시켜 이 네 곳 교회 총회로 선교사를 택정하여 이곳에 보내시매 하나님의 명령을 받은 선교사들이 갑신년에 이 곳으로 나와 도를 전한 지 23년 동안에 회개하고 주께로 돌아온 자가 근 십여만 명이라 곳곳이 장로를 장립하며 교회를 설립하여 영미 양국 선교사들과 한국 각처 장로들이 모여 교회의 일을 의논하나 그러나 아직

---

11) 대한예수교장로회 로회, 『대한예수교장로회 로회 회록(1908)』(부산 : 부산노회 회의록 발간 편집 위원회, 1990), 대한예수교장로회 신경은 노회록, pp. 24-30, 대한예수교장로회 규직은 pp. 31-41.
12) 위의 책, pp. 1-3.

한국 목사를 장립치 못하므로 노회를 이루지 못하고 그 회 이름을 장로 공의회라 칭하고 저간에 십오 차례를 모이더니 하나님께서 은혜를 풍부히 주심으로 수년 전에 미국 남장로교회와 북장로교회와 영국 오스트레일리아 장로교회와 캐나다 장로교회 이 네 곳 총회에서 특별히 대한국 장로회 노회를 세우기로 허락한 고로 장로 공의회 회장 마포삼열 목사께서 네 곳 총회의 권을 얻어 한국 교회에 노회 되는 취지를 설명하시되 이 노회는 교회의 머리되시는 주 예수 그리스도를 힘입어 십자가를 튼튼히 의지하고 견고하여 흔들리지 말고 세상 사람 앞에 영화로운 빛이 되며 하나님 앞에 거룩하고 정결한 노회를 이루어야 하겠다고 하시고 주 강생 1907년 9월 17일 오정에 한국 노회를 설립한 후에 대한에 신학교 졸업 학사 일곱 사람을 목사로 장립하고 대한국 예수교장로회 노회라 하셨으니 이는 실로 대한국 독립 노회로다 할렐루야 찬송으로 성부 성자 성신님께 세세토록 영광을 돌리세. 아멘.

1912년에는 제5회 노회가 대구 남문교회에서 모여, 노회를 7개로 조직하고, 1912년에 총회를 조직하기로 결의하였다.[13] 이어서 1912년 9월 1일 오전 10시 30분 평양 경창리 여자 성경 학원에서 목사 96인(선교사 44인, 한국인 52인), 장로 125인, 총 221명이 모여서 역사적인 한국 장로교 총회를 조직하게 되었다. 제1회 총회 회의록에는 그때의 일을 다음과 같이 기록하고 있다.[14]

주후 1912년 9월 1일 상오 10시 30분에 예수교 장로회 조선 총회 제1회로 평안남도 평양 경창문 안 여성경학원에서 전 회장 이눌서 씨가 히브리 12장에 장자회라는 문제로 강도함으로 개회한 후에 마포삼열 씨는 떡을 가지고 원두우 씨는 포도즙을 가지고 축사함으로 성찬례를 거행하고 정회하였다가 하오 2시 30분에 계속하여 김석창 씨의 로마 8장에 "나는 괴롭다"는 문제로 강도한 후에 김종섭 씨의 기도로 폐회하다. -서기 한석진
주후 1912년 9월 2일 상오 9시에 평양 서문밖 신학교에서 회장 이눌서 씨

---

13) 이영헌, 『한국 기독교사』, p. 129.
14) 예수교쟝로회 조선 총회, 『예수교 쟝로회 조선 총회 데 일회 회록』(경성 : 예수교서회, 1913), pp. 1-4.

가 박예현 씨의 미가 6장 8절에 강론과 기도로 개회를 하다. 회장이 총회 취지를 설명한 후에 서기가 회원의 천서(薦書)를 검사하고 조명(照名)하는데 경기 충청 노회에서……전라노회에서……경상노회에서……함경노회에서……평안남노회에서……평안북노회에서……황해노회에서…… 목사 합 96인(외국 목사 44인, 조선 목사 52인)과 장로 합이 125인이니 도합 221인이라.

그 후 한국 장로교회는 일제의 수난 속에서도 복음 전파와 의료 사업, 교육 사업 등을 펼치면서 줄기찬 성장을 계속하게 되었으며, 명실공히 한국 기독교계에서 가장 큰 교단으로 발전하였다. 그러나 아쉬운 것은 신사 참배 문제로 인한 1951년 고신(고려 신학) 측의 분열, 1954년 기장(기독교장로회) 측의 분열, 그리고 1959년 예장(예수교 장로회) 통합과 합동 측의 분열 등 한국 장로교의 분열은 교회에 많은 상처를 남기기도 하였다. 이것은 한국 전체 교회 입장에서 볼 때 최초 한국 선교가 선교국의 교파주의적 입장에서 이루어졌다는 사실과 함께, 한국인의 당파적 경향들이 함께 하여 이루어진 매우 부정적인 산물이라고 하겠다. 이러한 결과는 지금도 한국 교회가 세계에서 유래를 찾아보기 어려울 정도의 수많은 교파 난립 현상을 가져오도록 하고 말았다. 특별히 장로교 하나만 보더라도 그 안에 숫자를 헤아리기 어려울 만큼의 교파들이 나뉘어 있음을 볼 때 매우 가슴 아픈 현실이라 아니할 수 없겠다. 교회는 교파주의나 인간적인 동기 이전에 그리스도 안에서 하나임을 먼저 생각하면서 일치를 위한 노력을 아끼지 않아야 할 것임을 우리는 한국 장로교의 역사를 통해서 다시 한번 뼈저리게 느끼게 된다.

2. 한국 장로교 예배모범의 형성과 신학적 배경

장로교회가 갖는 중요한 특징 중의 하나는 일찍부터 예배모범을 작성하여 예배에 사용하여 오고 있다는 점이다. 17세기에 만들어진 웨스트민스터 예배모범 이후 미국 장로교회나 한국 장로교회는 그 전통을 계속 이어오고 있다. 따라서 장로교회는 예배의 지침을 제공하는 "예배모범"과 예배 순서를 예시해 주는 "예배서"(또는 예식서)를 함께 만들어 사용하는 전통을 자연스럽게 형성하여 지켜

오고 있는 것이다.

장로교 예배모범의 근본은 웨스트민스터 예배모범이다. 세계 장로교회들의 예배모범은 여기에 근거하여 발전과 변화를 거듭해 온 것이다. 미국 장로교회의 예배모범도 웨스트민스터 모범에 근거하여 작성되었으며, 미국 장로교를 통해 복음을 받아들인 한국 장로교 역시 예외는 아니었다. 그러나 시간이 지나면서 미국이나 한국 등은 예배모범에 대한 개정을 거듭하여 보다 현대 감각에 맞고, 자신들의 입장을 담은 예배모범을 계속 발간하는 작업을 꾸준히 해오고 있다. 본 장에서는 한국 장로교 예배모범의 형성과 변화를 연대기적으로 고찰하고 그 내용을 분석함으로써, 오늘에 이르기까지의 한국 장로교 예배모범의 발전 과정을 알아보도록 하겠다.

1) 예배모범의 형성과 변화

예배모범은 일반적으로 장로교 헌법 안에 함께 수록되어 있다.

그러므로 예배모범은 헌법의 제정이나 개정 등과 늘 관련을 맺고 있음을 어느 나라에서나 쉽게 발견할 수 있다. 한국 장로교회는 1907년 최초의 노회를 조직하면서, 장로교의 신조와 정치를 채용하기로 하였다. 먼저 신조는 1904년에 만들어진 인도 장로교회의 '12신조'를 채택하여 그 이름을 "대한 쟝로 교회 신경"으로 이름하였다.[15] 여기에는 성경의 절대 권위, 하나님의 지존, 삼위일체 신론, 창조자 하나님의 경륜과 섭리, 예정, 창조, 인간론과 인간의 평등, 원죄, 예수 그리스도 하나님의 독생자의 대속의 십자가 보혈, 성신의 역사, 세계 예정론, 성례론(세례와 성만찬), 교회론, 그리고 최후의 심판과 부활 등에 관한 내용이 담겨 있다. 그리고 교회 정치를 위하여 "대한 예수교 쟝로회 규측"이 제정되었는데, 제 일조 교회, 제 이조 예배 절차, 제 삼조 직원, 제 사조 교회의 치리로 구성되어 있다.[16]

이어서 1903년에 작성된 웨스트민스터 소요리 문답을 번역한 것을 그대로 채용하여 사용하기로 함으로써, 한국 장로교회는 교리적인 내용(신조와 요리문

---

15) 『대한예수교쟝로회 로회 회록(1908)』, pp. 11f.
16) 신경은 1908년 발간 노회록, 25-30쪽, 규칙은 31-41쪽에 수록됨.

답)들이 먼저 채택되어지게 되었다.[17] 1917년 제6회 총회는 헌법을 작성하기로 하였는데, 이것은 당시 미국 북장로교의 헌법을 대부분 그대로 채택한 것이었다.[18] 1918년 총회에서는 권징과 예배모범이 소개되어, 1년 동안 연구한 후 추천되어 1919년 총회에서 채택되었다.[19] 그러므로 한국 장로교회에 예배모범이 최초로 채택된 것은 1919년 제8회 총회에서 이루어진 것이다. 그리고 교회 정치편은 3년간의 총회 위원회 모임 끝에 마련된 것을 1919년 총회에 소개하고, 각 노회로 보내져서 통과되게 되는데, 그 결과 한국 장로교회는 신경, 요리 문답, 정치, 권징, 예배모범 등 다섯 가지를 하나로 종합하여, 1921년 제10회 총회에서 통과함으로써, 완전한 한국 장로교 헌법을 마련하게 되었다. 1922년 최초로 발간된 "조선 예수교 쟝로회 헌법"은 그 서문에서 다음과 같은 언급을 하고 있다.[20]

조선예수교장로회 헌법 서문

대개 예수교 장로회 헌법은 2부의 분류로 성립되어 각 치리회가 현행(現行)하는 일치적 율례 인데, 즉 하나는 도리적(道理的) 헌법이니 본 신경(信經)과 대소 요리문답이며, 또 하나는 관리적(管理的) 헌법이니 본 정치와 권징 조례와 예배모범이라. 오직 하나(惟我)인 조선 장로교가 노회 조직 이전에는 다만 복음의 법리대로 세계 장로회 통상 헌법에 의하여 수의(隨宜) 적용하여 오다가 다행히 1907년에 비로소 총 노회가 평양에서 회집케 됨에 대(對)하여 본 신경과 정치를 대략으로 제정하여 임시 채용하다가 그 후 1915년 가을에 조선 장로회 총회가 전주에 회집될 시에 특히 정치 편집 위원을 선정하여 정치를 개정하기 시작하였고, 익년 가을 평양에서 제5회 총회로 회집 시에 해 편집 위원 7인과 본 정치부원 9인이 협동 연찬(研鑽)하여 편찬에 착수한지 육칠 성상에 힘을 다해 준비를 하여(備盡 精力) 공정한 토의의 결정으로 이번 가을에 비로소 완성하였고, 그 제정(制定)의 편성한 방법은 웨스트민스터 헌

---

17) 곽안련 편, *Constitution of the Presbyterian Church of Chosen 1919* (Seoul : Presbyterian Publication Fund, 1919), 서문 참조.
18) 임택진, 『장로 교회 정치 해설』(서울 : 기독교문사, 1986), p. 3.
19) 곽안련, *Constitution of the Presbyterian Church of Chosen 1919*, 서문 참조.
20) 곽안련 편, 『조선 예수교 쟝로회 헌법』(경성 : 조선 야소교 서회, 1922), p. 1f.

법의 목차를 모방하여 조선 장로회 치리회 상 가장 중요하고 적합한(最要適宜) 장정(長程)을 편집케 하였으니, 이것이 바로 신경, 소요리, 정치, 권징, 예배 등 오법 전서라. 이를 1921년 제 10회 총회 시에 통과됨을 인하여 완비(完備)한 조선 장로회 헌법으로 한질로 합하여 발간케 되었으니 지금 이 후부터는 본 총회 관내에 있는 전 조선 각 교회가 동일무이(同一無二)한 이 헌장대로 영원히 바뀌어짐이 없이(永遠無替) 법을 준수하리니 (이것이) 본 모든 위원들의 심심한 바람이라. (이는) 우리 모든 교회를 위한 법으로 아주 다 행한 일이라 이를 것이라.

주후 1922년 5월 5일 편집 위원 삼가 기록하다.

이 헌법은 1934년에 다시 한번 개정 작업을 거치게 되는데, 그 이유는 한글 사용법의 변화 때문이었다. 따라서 총회는 1932년 일반인들이 사용하기에 불편함이 없도록 하기 위해 15명의 위원을 선출하여 개정 작업을 하도록 하여, 개역 수정한 헌법을 1934년 총회에서 승인 채택하게 되었다.[21]

그 후 헌법은 1948년에 신경과 요리 문답을 개정하게 되며,[22] 1954년에는 정치편을 수정하여 발간하게 되었고, 1963년에 다시 헌법의 문구를 수정하여 개정판을 만들었는데, 여기서는 편집 형태도 변화를 하게 되어 종전의 종서 형태에서 횡서 형태로 바뀌게 되었다. 그리고 1970년 제 55회 총회에서는 웨스트민스터 신앙고백을 첨가한 헌법을 승인하였다. 그 후 1980년 제 65회 총회에서 헌법을 다시 개정하기로 하고, 위원회를 구성하여 연구토록 한 후 1983년 8월 24일 개정된 헌법을 공포하였다.[23] 이때 예배모범은 많은 변화를 가져오게 되는데, 예배모범이란 말 대신 "예배와 예식"으로 명칭이 바뀌게 되었고, 내용도 새롭게 18장으로 구성하게 되었다. 그리고 2002년 예배모범이 다시 개정되는데, "예배와 예식"으로 그 이름은 동일하지만 그 내용은 현대에 맞는 것들로 변화를 시도하고 있다. 한국 장로교 예배모범은 1919년, 1934년, 1983년, 그리고 2002년 개정

---

21) 대한예수교장로회, 『헌법』(서울 : 예장 교육부, 1934), 서문 참조.
22) 조선예수교장로회 총회, 『조선예수교장로회 헌법』(1934년 수정판)(서울 : 조선예수교장로회 총회, 1948).
23) 대한예수교장로회 총회, 『대한예수교장로회 헌법』(서울 : 예장 총회 출판국, 1987).

본들이 중요한 것이므로, 이 네 가지 예배모범의 내용을 중심으로 살펴보도록 하겠다.

2) 한국 장로교 예배모범의 신학적 배경

개신교(Protestant)의 한 줄기인 장로교회는 그 배경이 종교개혁과 관계되어 있다. 종교개혁 이전의 서방 교회는 로마가톨릭의 지배 아래 있었다. 그러나 종교개혁이 유럽을 중심으로 일어나면서, 기독교에는 새로운 변화들이 일어나게 되었다. 그동안 교회는 다양한 체제나 신학보다는 단일하고 통일된 체제와 신학을 유지시켜 왔었다. 그러나 종교개혁은 이제 이러한 현상을 깨뜨리게 하는 계기가 되었다. 다양한 신학과 사상들이 주장되고 받아들여졌으며, 이러한 주장들은 또한 교회의 체제를 다양하게 바꾸고 말았다. 특별히 장로교회는 그 이름이 말하고 있는 것처럼 교회 체제를 장로제로 바꾼 것이었다. 그동안 로마가톨릭교회의 교황 중심적 감독제가 많은 부작용을 가져온 것을 인식한 이들은 보다 합리적 방법으로 장로제를 주장하게 되었고, 그것이 장로교회가 출현하게 된 동기로 작용하게 되었던 것이다.

새로운 교회 체제를 주장한 이들에게 또 하나의 문제는 중세 예배에 대한 회의였다. 개혁주의 신학의 영향을 받은 이들은 당시의 예배가 하나님의 말씀인 성경으로부터 거리가 있는 것으로 보았다. 그래서 그들은 중세교회의 예배를 반대하고 하나님의 말씀인 성경에 근거한 예배를 만들기를 원했다. 그러면서 그들이 예배의 기준과 원리로 삼고자 만든 것이 바로 이 예배모범(Drectory for Worship)이다. 따라서 장로교회는 바로 이러한 예배모범을 계승하면서 오늘에 이르게 된 것이다. 그러면 한국 장로교 예배모범의 신학적 배경은 어떻게 되는지 살펴보도록 하겠다.

(1) 개혁주의 신학

장로교회는 이미 언급한 대로 개신교회 중 개혁교회 전통(Reformed Tradition)에 속하는 그룹이다. 그러므로 모든 신학적 배경은 여기에 속한다. 마치 루터가 개신교(Protestant Church)를 출현케 한 종교개혁의 선구자라고 한다면 종교개혁의 제 2세대라고 할 수 있는 칼빈은 개혁교회(Reformed Church)의 선구자라고 할 수 있을 것이다. 개혁주의 신학이란 바로 칼빈에 의해서 주장된 것들을 계승하면서 발전된 신학이라고 할 수 있다. 그 신학의 핵심 주제들은 하나님 중심(주권) 신학, 성경 중심 신학, 예정론, 경건과 윤리적 삶의 강조 등을 들 수가 있다. 그러므로 개혁교회의 신앙고백(the Reformed Confession)들은 이러한 개혁교회의 신학들을 반영하고 있는데, 거기에는 하나님의 주권(Lordship), 성경의 권위, 윤리와 권징(discipline)을 크게 강조하고 있다.[24] 개혁교회의 대표적 신앙고백문들인 제 2 스위스 신앙고백(the Second Helvetic Confession), 스코틀랜드 신앙고백(the Scots Confession of 1560), 하이델베르크 요리 문답(the Heidelberg Catechism), 그리고 웨스트민스터 신앙고백(the Westminster Confession) 등에는 이러한 신학적 입장들이 충분히 나타나고 있음을 볼 수 있다.

이러한 배경에서 나오게 된 장로교 최초의 예배모범인 웨스트민스터 예배모범은 자연스럽게 개혁교회의 신학적 입장을 반영할 수밖에 없었던 것이다.

먼저 하나님의 존엄 앞에 죄인인 우리 인간들은 겸손하고 경건하며 엄숙하게 찬양과 예배를 드려야 한다. 그리고 그분의 절대 주권을 인정해야 한다.[25] 천지 만물을 창조하신 하나님은 그것들을 주장하고 계시며 자신의 뜻에 따라서 다스리시는 분이시다. 또한 이 창조주 하나님은 인간의 역사 가운데 역사하시어 자신의 뜻을 이루시는 분이다. 그러므로 인간의 첫째 되는 목적은 하나님을 영화롭게 하는 것이다.(The chief end of man is to glorify God.)[26] 이와 같이 개혁주의 전통은 언제나 하나님의 위엄과 주권을 강조하면서, 그 앞에 선 인간은 그 하나님을 영화롭게 하고 찬양하는 데 정성을 다해야 한다고 주장하였다.

그리고 무엇보다도 강조하고 있는 것은 하나님의 말씀(성경)이다. 개혁교회는

---

24) John H. Leith, *Introduction to the Reformed Tradition* (Atlanta : John Knox Press, 1981), p. 134.
25) 이러한 입장은 웨스트민스터 예배모범 제1장 회중의 회집과 예배 시 태도, 제4장 하나님의 말씀인 설교, 제6장 세례와 제7장 성만찬 예전에 관한 내용, 제8장 주일 성수 등의 내용에서 잘 나타나고 있다.
26) John H. Leith, *Introduction to the Reformed Tradition*, p. 71.

자신들이 드리는 예배 자체도 하나님의 말씀인 성경에 근거해야 할 뿐만 아니라 예배에서 가장 중요한 요소도 하나님의 말씀인 성경을 읽고 설교를 하는 순서였다.[27] 칼빈은 하나님께 드리는 예배가 성경에 근거해야 한다는 점에서 초대교회의 예배를 예배의 모델로 생각하였다. 그는 성경에서 분명하게 가르치는 것만이 예배에서 사용되어야 한다고 주장하였다.[28] 그럴 뿐만 아니라 예배 자체에서도 가장 중요한 요소는 하나님의 말씀이었다. 그래서 하나님의 말씀을 읽는 순서와 그 말씀을 선포하는 설교를 개혁교회 예배에서는 다른 어느 순서보다도 중요시하고 있다. 장로교 예배모범에는 이러한 정신이 어디서나 그대로 반영되고 있으며, 이것은 한국 장로교 예배모범에 있어서도 예외는 아니다.

또한 개혁교회는 윤리적 삶을 매우 강조하고 있는데, 이러한 것은 설교나 신학에서 중요한 부분을 차지했다. 개혁교회 전통은 그리스도인의 생활이 한편으로는 믿음으로 인해 은혜로 의롭다 함을 얻는 것(칭의, justification)이요, 다른 한편으로는 성화(sanctification)를 이루는 것이다. 다른 말로 하면 구원은 하나님의 은혜로 주어지는 용서인 동시에 이 땅에서 그 삶이 새롭게 되는 것(renewal)이다.[29] 그러므로 개혁교회 전통에서는 성화를 이루는 삶, 즉 이 세상에서 하나님의 뜻대로 사는 윤리적 삶이 매우 중요한 것이었다. 이러한 것은 개혁교회 신학의 영향을 받은 청교도들이 무엇보다도 경건한 윤리적 삶을 강조하게 된 점, 웨스트민스터 예배모범 이후 미국과 한국 장로교회 등에서 권징(책벌과 해벌) 항목을 예배모범에 포함시킨 점[30], 그리고 어느 교파보다도 장로교회의 설교가 윤리적 측면을 강조하고 있다는 점 등에서 그 예들을 볼 수 있다고 하겠다.

---

27) 웨스트민스터 예배모범은 제2장 성경 봉독, 제4장 하나님의 말씀의 설교 등에서 하나님의 말씀을 강조하고 있다.
28) James F. White, "Reformed Worship" in *The Complete Library of Christian Worship*, vol. 2, ed., Robert E. Webber (Nashville : Star Song Pub., 1994), p. 76.
29) John H. Leith, *Introduction to the Reformed Tradition*, p. 76.
30) 처음 웨스트민스터 예배모범에는 그리스도인의 윤리적 생활을 규정하는 권징에 대한 항목은 없었다. 그러나 그 내용 자체에는 이러한 것이 강조되고 있음을 볼 수 있다. 따라서 웨스트민스터 예배모범을 계승한 미국 장로교회는 이것을 보다 구체화하여 1788년 미국 최초 예배모범에서부터 여기에 관한 항목을 추가하였으며(제 11장 교회 범죄자에 대한 책벌), 한국 장로교회 역시 최초 예배모범(1919년)에서 권징에 관한 항목을 두 개로 나누어 기술하고 있다(제 17장 시벌, 제 18장 해벌).

웨스트민스터 예배모범을 계승한 한국 장로교회 예배모범 역시 개혁교회의 신학이 그대로 반영되어 있다. 하나님의 주권, 하나님의 말씀의 권위, 경건과 윤리적 생활에 대한 강조는 예배모범 속에서 면면히 흐르고 있는 정신이요 원리라고 하겠다.

(2) 청교도 경건주의

한국에 대한 선교는 주로 미국에 의해서 이루어졌다. 한국 장로교회 역시 초기에는 미국 선교사들에 의해서 세워지고 발전했다고 해도 틀린 말이 아닐 것이다. 미국은 그만큼 한국 교회에 모든 면에서 지대한 영향을 미쳤었다. 그러나 미국 또한 자신들의 자생적 방식으로 기독교가 형성된 것이 아니라 영국 청교도들의 이민에 의해서 이루어진 것이었다. 그러므로 한국 교회, 특별히 장로교회는 그 배경에서 청교도들의 신앙과 신학을 배제할 수 없는 것이다.

청교도(Puritanism)란 영국 엘리자베스(Elizabeth) 여왕 시절에 영국 교회 예배와 정치를 하나님의 말씀(the Word of God)에 따라 개혁하려고 했던 개신교의 한 그룹이다.[31] 이들에 대한 공식적 언급이 나타나고 있는 것은 1580년경으로서,[32] 그들에게 "퓨리탄"(Puritan)이란 이름이 붙게 된 것은 "교회는 하나님의 순수한(pure) 말씀에 의해서 개혁되어야 한다."는 그들의 주장 때문이었다.[33] 그들은 하나님의 말씀이 교회의 모든 예배나 생활의 규범이 되어야 한다고 믿었다. 이들은 신학적으로는 칼빈의 입장을 따랐기 때문에 말씀 중심 신학, 하나님께서 그들을 택하사 계약을 맺으셨다는 계약 공동체로서의 교회와 계약 신학(Covenant Theology), 그리고 경건과 엄격한 윤리적 생활을 강조하였다.[34] 그리

---

31) Horton Davis, *The Worship of the English Puritans* (Glasgow : the University Press, 1946), p. 1.
32) 위의 책. 톰슨은 그의 저서에서 청교도가 일어난 시점은 대략 1570년경으로 보고 있다. Bard Thomson, *Liturgies of the Western Church* (Philadelphia : Fortress Press, 1961), p. 311.
33) Horton Davis, *The Worship of the English Puritans*, p. 2.
34) Edward Hindson, ed., *Introduction to Puritan Theology* (Grand Rapids : Guardian Press, 1976) 참조.

고 이들은 영국에서 웨스트민스터 회의가 열렸을 때, 여러 가지 면에서 많은 영향을 미치게 되었는데, 웨스트민스터 예배모범 역시 이들의 영향이 지대했다고 하겠다.[35]

영국에서의 청교도는 두 부류가 존재했었는데, 하나는 장로교 계열(Presbyterian)의 청교도요, 하나는 독립 교회로 부르는 회중 교회 계열(Congregationalist)의 청교도였다. 이들 사이에 있어서 주된 차이점은 신학적인 것이 아니라 교회 정치, 즉 교회의 제도에 관한 것이었다. 청교도의 기본적 입장에 따라서 그들은 모두 감독제에 대해서는 반대했지만, 장로교 계열은 장로 체제 중심을, 회중 교회 계열은 회중 중심의 교회 제도를 주장하면서 이들의 입장이 서로 나뉘게 된 것이다.

청교도들의 신앙에 있어서 중요한 것 하나는 경건주의적 신앙이다. 그들은 하나님의 말씀에 근거한 개혁을 강조했을 뿐만 아니라 더 나아가 그들은 외형적인 것 못지않게 신앙의 내면에서 발생하는 경험에 관심을 가졌는데, 이러한 경건주의는 청교도들에 의해서 시작되어 그 후 많은 영향을 미치게 되었다.[36] 경건주의는 신자들의 신앙의 형태 역시 경건한 삶을 실천하는 것을 중요한 것으로 보았기 때문에 자연히 청교도들은 신학적 이론보다는 경건한 삶의 실천을 중요시하게 되었다. 따라서 청교도들의 영향을 받은 곳에서는 언제나 하나님의 말씀과 함께 경건한 신앙의 실천과 윤리적으로 거룩한 생활이 매우 중요한 요소가 되었던 것이다.

영국에서 청교도들은 개혁을 시도하면서 많은 박해를 받게 되었고, 그 결과 그들은 "순수한 하나님의 말씀에 기초한 순수한 교회"를 세우고자 신대륙을 찾아 떠나게 되었다. 그들은 자신들의 신앙적 자유와 신념에 기초한 개혁된 교회를 건설하고자 하는 꿈을 싣고 험난한 신대륙으로 신앙의 항해를 결행하였던 것이다. 이 순례자들(Pilgrim)은 1620년 9월 6일 그들의 장로인 윌리엄 브루스터

---

35) 웨스트민스터 회의의 위원 151명 가운데 대부분이 장로교 계열 청교도였고, 나머지는 회중 교회와 영국 국교도(성공회)였다.
36) 이러한 경건주의의 기원은 청교도에서 유래한 것이라고 본다. 이형기, 『세계 교회사』 (Ⅱ) (서울 : 한국장로교출판사, 1994), p. 292.

(William Brewster)의 지도 하에 120여 명이 메이플라워(Mayflower)호를 타고 영국을 출발해 대서양을 건너서 12월 21일 플리머스(Plymouth)에 상륙함으로써 청교도와 아메리카 대륙의 새 역사를 건설하게 되었다.[37] 제임스 화이트(James F. White)가 그의 저서 『개신교 예배』(Protestant Worship)에서 언급한 대로 청교도들은 영국에서 일어나 미국에서 처음으로 완전한 번영을 구가하게 되었던 것이다.[38]

청교도적인 신앙과 경건은 미국 장로교회에도 영향을 주었고, 이것은 한국 장로교회로 그대로 이어지게 되었다. 그 결과 한국 장로교 예배모범 역시 엄숙과 경건, 하나님의 말씀에 대한 권위, 하나님의 존엄, 그리고 권징 등 청교도적인 요소들이 그대로 반영되고 있다.

(3) 미국의 복음주의적 부흥운동

초기 미국으로 이민한 사람들의 신앙은 "신앙을 위해서" 이민한 사람들답게 그 열의가 대단하였다. 그러나 시간이 흐르면서 이러한 청교도적 열기는 그 후손들에게로 계속 이어지지 못했었다. 청교도 후손들의 신앙이 차츰 식어지고, 자유주의적인 신앙 형태가 퍼져 가면서 미국에는 새로운 영적 각성이 필요하게 되었다. 그 결과 1725년부터 약 50년에 걸쳐 신앙 부흥 운동이 일어나게 되어 소위 "대각성 운동"(the Great Awakening)이 나타나게 되었다. 이때 일어난 대각성 운동은 조나단 에드워드(Jonathan Edward) 등 수많은 뛰어난 설교자와 평신도 설교자들을 배출했으며, 회심을 강조하고, 뜨거운 찬양의 물결을 일으켰으며, 찬송과 설교와 회심이 중심이 된 신앙 부흥회 형식의 예배를 확산시키는 계기가 되었다. 특별히 이 시기를 통해 조성된 선교에 대한 열정은 많은 크리스천들을 해외 선교에 헌신토록 하였으며, 그 영향은 아시아의 한반도에까지 이르게 되었다.

---

37) Williston Walker, *A History of Christian Church* (New York : Charles Scribner's Sons, 1970), p. 409.
38) J. F. White, *Protestant Worship* (Louisville : Westminster/John Knox Press, 1989), p. 117.

18세기 복음주의적 부흥 운동은 원래 영국에서 요한 웨슬레(John Wesley) 등에 의해서 시작이 되었다. 당시 영국은 국교와 비국교의 갈등, 이신론과 같은 잘못된 신학적 주장들, 그리고 산업 혁명 등으로 영적 생명력을 잃고 복음의 능력을 상실해 가고 있었다. 그러나 요한 웨슬레, 찰스 웨슬레, 조지 휫필드 (George Whitefield)에 의한 복음주의적 부흥 운동은 영국을 바꾸어 놓게 되었고, 더 나아가 미국에까지 영향을 주게 되었다. 미국 역시 청교도 후손들의 신앙적 퇴조로 인해서 영적 침체를 겪고 있었으나, 두 차례에 걸친 복음주의적 부흥 운동인 대각성 운동(1차 1725년, 2차 1800년 경)을 통해서 새로운 영적 변화와 성장을 이루게 되었고, 그 영향은 미국 내에서 뿐만 아니라 세계적으로 미치게 되었던 것이다. 이러한 복음주의 운동의 결과는 해외 선교, 성서 반포, 주일학교와 교육 사업, 경건과 윤리 운동(금주, 절제, 성수주일, 노예 제도 폐지 등)을 가져오게 되었다.[39]

제2차 대각성 운동 후에 만들어진 미국 남장로교회 예배모범(1894년)에서 우리는 특별한 항목을 발견할 수 있는데, 그것은 제7장 주일 학교, 제8장 기도회라는 항목이다.[40] 웨스트민스터 예배모범에 없는 이 항목이 들어가게 된 이유는 무엇일까? 그것은 바로 이 시대에 일어났던 미국의 대각성 운동의 결과라고 추정된다. 형식에 얽매이지 않는 예배 분위기는 기도회라는 형식을 교회에서 만들도록 하였으며, 특별히 교회의 교육에 대한 강조는 주일학교라는 항목을 예배모범에 포함시키도록 하였다고 본다.

미국의 이 예배모범은 한국 최초 예배모범(1919년)에 그대로 수용되어져서, 제7장 주일학교, 제8장 기도회라는 항목으로 규정되어 있다.[41] 한국 장로교 예배모범에 이 내용이 수록된 것은 그 배경이 이와 같이 미국 복음주의 대각성 운동의 결과에서 나온 것을 그대로 받아들인 것이라고 하겠다.

---

39) Williston Walker, *A History of Christian Church*, pp. 509f.
40) Presbyterian Church in the United States, *The Constitution of the Presbyterian Church in the United States* (Richmond : Presbyterian Committee of Publication, 1894), pp. 109-111.
41) 곽안련 편, 『조선예수교장로회 헌법』, pp. 202-205.

이상과 같이 한국 장로교 예배모범이 형성되기까지에는 개혁교회의 신학적 전통, 개혁 전통을 수용하면서 신앙적 경건주의를 주장한 청교도들의 영향, 그리고 미국의 복음주의적 부흥 운동 등이 많은 영향을 주었다고 하겠다.

3. 1919년 예배모범의 구조와 내용

곽안련 선교사가 1919년 편집 발행한 "조선 장로교회 헌법"(Constitution of the Presbyterian Church) 영문판에 나오는 초안의 서문을 보면, 권징과 예배모범은 1918년 총회에서 소개되었고, 1년 동안 연구를 위해서 각 교회에 추천을 한 다음, 1919년 총회에서 투표하여 결정하는 것으로 되어 있다.[42] 그 내용을 자세히 보면, "권징과 예배모범은 1918년 총회에 소개되었다. 그리고 1919년 총회에서 투표하기에 앞서 1년 동안 교회에 보내서 연구토록 하였다."고 기록하고 있다.[43]

1919년의 한국 장로교 예배모범(禮拜模範, 례빅모범)은 1894년판 미국 장로교 예배모범을 그대로 수용하고 있다.[44] 1장에서부터 16장까지는 미국 장로교 예배모범 전체를 그대로 인용하고 있으며, 17장에서 19장까지 3장을 새롭게 첨가하고 있을 뿐이다. 예배모범이 미국 남장로교회의 것을 수용한 반면에 당시 헌법의 권징은 미국 북장로교회의 것을 수용하고 있는데, 한국 교회가 미국 남장로교회의 예배모범을 모델로 채택한 특별한 신학적 실제적 이유는 없어 보인다. 아마 이것은 한국 교회보다는 미국 선교사들에 의해서 결정되었기 때문으로 보인다.[45]

---

42) 곽안련 편, *Constitution of the Presbyterian Church of Chosen 1919*, 서문 참조.
43) 1919년 판은 원래 영문으로 작성되었다. 이것이 총회를 통과한 후 한글로 발행된 것은 1922년 조선 야소교 서회에 의해서였다.
44) 1894년 미국 남장로교(Presbyterian Church in the United States) 예배모범(the Directory for the Worship of God, with Optional Forms, Adopted 1894) 참조. P.C.U.S., *The Constitution of the P.C.U.S.* (Richmond : Presbyterian Committee of Publication, 1894), 곽안련 편, 『조선예수교장로회 헌법』(경성 : 조선 야소교 서회, 1922) 비교.
45) Kyeong Jin Kim, "The Formation of Presbyterian Worship in Korea" (Th.D. diss. Boston University, 1999), pp. 120f.

1919년 채택된 예배모범은 1922년 "조선예수교장로회 헌법"이 발간되면서 여기에 수록되어 있다. 그러면 먼저 1919년 예배모범이 나오게 된 당시의 시대적 배경을 고찰해 보고, 이어서 1922년 헌법에 수록된 "1919년 예배모범"의 구조와 내용에 대하여 기술하도록 하겠다.

1) 시대적 배경

기독교의 역사는 세상의 역사와 함께 한다. 그러므로 둘의 관계는 어떤 형태로든 영향을 주고 또한 영향을 받게 되는 것이다. 1894년 한국에 기독교(개신교) 복음이 들어오면서 이 민족에게는 새로운 변화의 전기를 맞게 되었다. 불교와 유교의 오랜 전통에서 지내 온 이 민족은 한편으로는 기독교를 적대시하기도 하였고, 다른 한편으로는 호기심을 보이기도 하였다. 이런 환경 속에서 이 땅에 복음을 들고 찾아온 선교사들은 척박한 복음의 불모지에 정성껏 그 씨앗을 뿌리는 일을 쉬지 않았으며, 그 결과 한국의 교회는 내외적으로 성장을 이루어 나가게 되었던 것이다. 그러나 이 무렵 한국의 국내 상황은 매우 복잡하고 어려운 시기에 처해 있었다. 1910년 한일합병이라는 국가적 비운은 국가적인 면에서도 수난의 시작이었지만, 그것은 한국 교회에게도 수난의 시작이었다. 따라서 일제는 교회를 탄압하기 시작하였고, 대표적으로 해서 교육 총회 사건[46], 105인 사건[47], 기독교 학교 탄압 등을 자행하였다.[48] 무엇보다도 애국애족을 강조한 기독교는 당시 교회로 하여금 항일 운동의 중심지가 되게 하였으며, 이것은 일제로 하여금 교회에 대한 박해를 가중하게 하는 요인이 되기도 하였다. 그러나 한국 교회는 시대적 사명을 잊지 않고 민족의 아픔과 고난에 기꺼이 동참했던 것이다.

교회 내적으로 1920년 이전에 중요한 것은 교회의 큰 부흥이라고 하겠다. 각 교파의 교회들이 성장하면서 그 체계와 제도들을 갖추기 시작하였고, 장로교

---

46) 국민 계몽을 위하여 학교를 설립하자는 취지로 1908년 황해도에서 김구 등 기독교인들을 중심으로 해서 교육 총회가 만들어졌는데, 일제는 이들을 탄압하기 위해서 허위로 사건을 조작하여 체포하였다.
47) 105인 사건은 평안도를 중심한 서북 지방의 기독교 지도자들을 제거할 목적으로 일제가 저지른 사건.
48) 김인수, 『한국 기독교회의 역사』, pp. 368-84.

회는 이때 최초의 노회(1907년)를 설립하고, 더 나아가서는 5년 후에 조선예수교 장로회 총회를 창립(1912년)함으로써 명실공히 한국 교회의 중추적 역할을 감당하게 되었다. 그 외에도 감리교회, 성결교회, 구세군, 침례교회 등이 교회를 설립하면서 함께 성장해 나가기 시작하였다.[49] 특별히 1907년 대 부흥 운동은 한국인들로 하여금 진정한 기독교의 진리를 터득하고 그것이 뿌리를 내리는 계기로 작용하였으며, 한국 교회의 급성장을 가져오게 하였고, 한국 교회에 새벽 기도회와 같은 독특한 제도를 만드는 결과를 가져오기도 하였다.[50]

그러나 내적으로 이 시기의 한국 교회는 아직 어린아이와 같은 초보적 상태였다. 신학, 제도 등에 있어서 모든 것들이 제대로 정립되지 못했던 것이다. 따라서 제도 정비와 함께 신학과 교리 등에서 그 틀을 마련해야 할 필요성이 시급하게 대두되었다. 그 결과 이 무렵에는 한국 교회 안에서 이런 작업들이 함께 병행되는데, 즉 헌법, 신경, 예배, 권징 등에 대한 연구와 제정이 이루어지게 되었다. 그러나 대부분의 내용들은 창의적인 것이기보다는 선교사들에 의해서 이미 외국에서 사용되던 것을 그대로 모방하는 수준에 그칠 수밖에 없었다. 대표적으로 한국 장로교 예배모범도 역시 미국 장로교 예배모범을 그대로 수용하는 수준에서 제정되었음을 볼 수 있다.

2) 예배모범의 구조

1919년 예배모범은 총 19장으로 되어 있다. 전술한 대로 제1장에서 16장까지는 1894년 미국 남장로교회 예배모범을 그대로 옮겨 놓았다. 그리고 17장 시벌, 18장 해벌, 19장 헌금 부분을 첨가하는 형태로 이루어져 있다.

〈1919년 예배모범 구조〉
第一章 主日을거룩되히守흘것……(쥬일을거룩되히직힐것)
第二章 敎會會集과禮拜時操身事……(교회회집과례빅째몸가지는것)
第三章 禮拜時聖經拜讀ᄒᆞ는事……(례빅째셩경랑독ᄒᆞ는것)

---

49) 위의 책, pp. 347-68.
50) 위의 책, pp. 242-62.

第四章 詩와讚頌을부르는事……(시와찬숑을부르는것)

第五章 公式祈禱……(공식긔도)

第六章 講道……(강도)

第七章 主日學校……(쥬일학교)

第八章 祈禱會……(긔도회)

第九章 洗禮주는것과幼兒洗禮……(셰례주는것과어린ㅇ히셰례)

第十章 禮式에參與홈을許諾ᄒ는것……(례식에참예홈을허락ᄒ는것)

第十一章 聖餐設行ᄒ는법……(셩찬설힝ᄒ는법)

第十二章 婚禮……(혼례)

第十三章 病者尋訪……(병인을심방ᄒ는것)

第十四章 葬禮……(쟝례)

第十五章 禁食日과感謝日……(금식일과감샤일)

第十六章 隱密祈禱와親屬禮拜……(은밀긔도와친쇽례빅)

第十七章 施罰……(시벌)

第十八章 解罰……(히벌)

第十九章 捐補……(연보)

1919년 예배모범을 웨스트민스터 예배모범(1644)과 1894년 미국 남장로교회의 예배모범과 비교하면 다음과 같다.

1644년 웨스트민스터	1894년 미 남장로교	1919년 한국 장로교
제1장 교회 회집	주일 성수	주일 성수
제2장 성경 봉독	교회 회집	교회 회집
제3장 설교 전 기도	성경 봉독	성경 봉독
제4장 설교	시편과 찬송	시와 찬송
제5장 설교 후 기도	공중 기도	공식 기도
제6장 세례	설교	강도(설교)
제7장 성만찬	주일 학교	주일 학교
제8장 주일 성수	기도회	기도회
제9장 결혼	세례	세례
제10장 환자 심방	입교 예식	입교 예식

제11장 장례	성만찬	성만찬
제12장 금식	결혼	혼례
제13장 감사일	환자 심방	병자 심방
제14장 시편송	장례	장례
제15장 공중 예배의 날과 장소	금식일과 감사일	금식일과 감사일
제16장	개인과 가정 예배	은밀 기도와 가정 예배
제17장		시벌
제18장		해벌
제19장		연보

1919년 한국 장로교 예배모범의 구조를 비교하면 다음과 같은 몇 가지 특징을 볼 수 있다.

(1) 먼저 1919년 한국 장로교 예배모범은 1894년 미국 남장로교회 예배모범의 순서를 그대로 따르고 있다. 단지 17장 시벌, 18장 해벌, 19장 연보를 첨가하고 있을 뿐이다.

(2) 1644년 웨스트민스터 예배모범과 비교할 때, 웨스트민스터 예배모범의 내용을 그대로 수용하고 있는 것은 교회 회집, 성경 봉독, 설교, 세례, 성만찬, 주일 성수, 결혼, 환자 심방, 장례, 시편송 등 10항목이다.

(3) 웨스트민스터 예배모범의 항목을 수정하여 수용한 것은 설교 전 기도와 설교 후 기도를 하나로 하여 "공식 기도"(제5장)로, 금식과 감사일에 관한 두 항목을 "금식일과 감사일"(제15장)이라는 한 항목으로 정리한 것이다.

(4) 그리고 웨스트민스터 예배모범의 내용에 없는 것을 첨가한 것은 주일 학교, 기도회, 입교 예식, 개인과 가정 예배, 책벌, 해벌, 헌금 등 7항목이다.

(5) 1919년 한국 장로교 예배모범은 사실상 웨스트민스터 예배모범의 내용을 거의 그대로 수용하면서, 몇 가지 항목을 첨가하는 정도로 구성되어 있다. 이것은 먼저 장로교 예배모범의 효시라고 할 수 있는 웨스트민스터 예배모범을 계승함으로써 한국 장로교회가 장로교 예배의 전통을 이어받고 있다는 점과 더 나아가서 몇 가지 첨가한 내용은 시대적인 변화를 반영한 것이라고 할 수 있겠다.

3) 1919년 한국 장로교 예배모범의 내용

예일쟝 쥬일을 거룩되히 직힐 것

1. 쥬일을 긔억ᄒᆞᄂᆞᆫ 것은 모든 사ᄅᆞᆷ의 당연ᄒᆞᆫ 의무이니 전날에 반ᄃᆞ시 직히기로 예비ᄒᆞ되 모든 육신의 ᄉᆞ업을 정돈ᄒᆞ고 일즉히 쥰비ᄒᆞ야 셩경에 ᄀᆞᄅᆞ친대로 그 날을 거룩되히 ᄒᆞᆷ에 거리낌이 업게 ᄒᆞᆯ지니라

2. 이 날은 쥬의 거룩된 날인즉 반ᄃᆞ시 죵일토록 거룩되히 직힐지니 반ᄃᆞ시 공동ᄒᆞ여 모히던지 ᄉᆞᄉᆞ로히 례빈보ᄂᆞᆫ 일노 씀이 가ᄒᆞ며 죵일토록 거룩되히 안식ᄒᆞ고 모든 긴급지 아닌 ᄉᆞ무를 폐ᄒᆞ며 다른 날에 힝ᄒᆞ야도 합당ᄒᆞᆫ 모든 육신뎍 쾌락은 그 날에는 폐ᄒᆞᆷ이 가ᄒᆞ고 ᄒᆞᆯ 수 잇ᄂᆞᆫ대로 셰샹 싱각과 니야기ᄭᅡ지라도 아니 ᄒᆞᄂᆞᆫ거시 가ᄒᆞ니라

3. 음식 쥰비ᄒᆞᄂᆞᆫ 것ᄭᅡ지라도 전일에 쥰비ᄒᆞ야 집안 ᄉᆞ환이나 기타 사ᄅᆞᆷ으로 ᄒᆞ야곰 공동 례빈보ᄂᆞᆫ 딕와 쥬일을 거룩되히 ᄒᆞᆷ에 거리낌이 되지 안토록 ᄒᆞᆷ이 가ᄒᆞ니라

4. 쥬일 아츰에는 긔인으로나 혹 권쇽으로나 각 사ᄅᆞᆷ이 ᄌᆞ긔와 다른 사ᄅᆞᆷ을 위ᄒᆞ야 긔도ᄒᆞ며(특별히 뎌희 목ᄉᆞ가 하ᄂᆞ님의 도으심을 밧으며 그 봉직ᄒᆞᄂᆞᆫ 가온딕셔 복밧기를 위ᄒᆞ야 긔도) 셩경을 연구ᄒᆞ며 묵샹ᄒᆞᆷ으로 공동 례빈에 하ᄂᆞ님과 교통ᄒᆞᄂᆞᆫ 거슬 쥰비ᄒᆞᆯ거시니라

5. 뎡ᄒᆞᆫ 시간에 일제히 회집ᄒᆞᆷ이 가ᄒᆞ니 긔회 째에 다 회집ᄒᆞ야 ᄉᆞᆺ시ᄀᆞ지 일심단합ᄒᆞ야 례빈ᄒᆞᆯ 거시오 마ᄌᆞ막 츅복 긔도ᄒᆞᆯ 째ᄭᅡ지 특별ᄒᆞᆫ 연고업시ᄂᆞᆫ 나가지 아니ᄒᆞᆷ이 가ᄒᆞ니라

6. 이와 ᄀᆞᆺ치 엄슉ᄒᆞᆫ 틱도로 공식 례빈를 필ᄒᆞᆫ 후에는 그 날 ᄂᆞᆷ은 시간은 반ᄃᆞ시 긔도ᄒᆞ며 거룩ᄒᆞᆫ 글을 봄으로 맛치되 특별히 셩경을 공부ᄒᆞ며 묵샹ᄒᆞ며 셩경 문답도 ᄒᆞ며 죵교상 담화를 ᄒᆞ며 시편과 찬송과 신령ᄒᆞᆫ 노릭를 부를거시오 병쟈를 심방ᄒᆞ며 빈한 쟈를 구제ᄒᆞ며 무식ᄒᆞᆫ 쟈를 ᄀᆞᄅᆞ치며 이ᄀᆞᆺ치 경건ᄒᆞ고 ᄉᆞ랑ᄒᆞ며 은혜로온 모든 일을 힝ᄒᆞᆷ이 가ᄒᆞ니라

예이쟝 교회 회집과 례빈 시 몸가지ᄂᆞᆫ 일

1. 례빈 시간이 되거든 례빈당에 드러가 각기 자리에 안즈되 단졍ᄒᆞ고 엄슉ᄒᆞ며 경건ᄒᆞᆫ 모양을 직히여 ᄌᆞ긔와 목ᄉᆞ와 그 참셕ᄒᆞᆫ 모든 사ᄅᆞᆷ과 참셕지 못ᄒᆞᆫ 사ᄅᆞᆷ들을 위ᄒᆞ야 묵긔도로 복을 빌지니라

2. 례빈 시간에는 모든 사ᄅᆞᆷ이 반ᄃᆞ시 엄슉ᄒᆞᆫ 틱도와 공경ᄒᆞᄂᆞᆫ ᄆᆞ음으로 예비ᄒᆞ고 목ᄉᆞ의 인도ᄒᆞᄂᆞᆫ 셩경 외에는 다른 거슬 낡지 못ᄒᆞᆯ 거시오 모든 귀속말 ᄒᆞᄂᆞᆫ 거시나

출입ᄒᆞᄂᆞᆫ 사ᄅᆞᆷ의게 인ᄉᆞᄒᆞᄂᆞᆫ 거시나 겻눈질ᄒᆞᄂᆞᆫ 거시나 조으ᄂᆞᆫ 거시나 웃는 거시나 기타 모든 합당치 못ᄒᆞᆫ 힝동을 일체 ᄒᆞ지말 거시오 어린 ᄋᆞ히들은 각기 부모가 다리고 잇ᄂᆞᆫ 거시 됴코 ᄒᆞᆫ 가족이 하ᄂᆞ님의 집에 ᄀᆞᆺ치 모혀 안ᄂᆞᆫ 거시 ᄀᆞ쟝 맛당ᄒᆞ니라

뎨삼쟝 례빗 ᄯᅢ 셩경 빗독ᄒᆞᄂᆞᆫ 일

1. 례빗ᄯᅢ에 셩경 빗독ᄒᆞᄂᆞᆫ 거슨 공식 례빗보ᄂᆞᆫ 일부분이니 반ᄃᆞ시 목ᄉᆞ나 다른 허락을 밧은 사ᄅᆞᆷ이 인도홀 거시니라

2. 신구약 셩경을 조곰식 차이 잇게 번역ᄒᆞᆫ 것 각죵이 잇ᄂᆞᆫ 경우에ᄂᆞᆫ 공식 빗독 ᄯᅢ에 아모조록 널니 쓰ᄂᆞᆫ 본국어로 번역ᄒᆞᆫ 거슬 닑어 듯ᄂᆞᆫ 쟈로 다 알아 듯게 홈이 가ᄒᆞ니라

3. 셩경을 얼마나 보ᄂᆞᆫ 거슬 목ᄉᆞ의 의향대로 작뎡홀지니 유익홀 줄노 싱각홀 ᄯᅢᄂᆞᆫ 그 닑ᄂᆞᆫ 것 즁에 엇던 부분을 히셕홈도 가ᄒᆞ나 셩경을 닑던지 찬숑ᄒᆞ던지 긔도ᄒᆞ던지 강도ᄒᆞ던지 각 졀ᄎᆞ의 시간이 셔로 뎍당ᄒᆞ게 ᄒᆞ고 결코 모든 거시 합ᄒᆞ야 너무 ᄶᆞ르던지 너무 지리ᄒᆞ게 ᄒᆞ지 말지니라

뎨ᄉᆞ쟝 시와 찬숑을 부르ᄂᆞᆫ 일

1. 례빗당에셔 공동ᄒᆞ야 ᄒᆞ던지 혹 ᄒᆞᆫ 집안에셔 ᄒᆞᆫ 가족ᄭᅵ리 ᄒᆞ던지 시와 찬미로 하ᄂᆞ님을 찬숑ᄒᆞᄂᆞᆫ 거슨 모든 신쟈의 맛당ᄒᆞᆫ 본분이니라

2. 하ᄂᆞ님을 찬숑ᄒᆞᄂᆞᆫ 노ᄅᆡ를 부를 ᄯᅢᄂᆞᆫ 졍신으로 ᄒᆞ며 그 ᄯᅳᆺ을 ᄭᆡ드ᄅᆞ며 곡됴를 맛쵸어 쥬ᄯᅴ 우리 ᄆᆞ음을 다 홀지니 음악의 지식을 련습ᄒᆞ야 우리의 ᄆᆞ음으로 하ᄂᆞ님을 찬양ᄒᆞᄂᆞᆫ 동시에 ᄯᅩᄒᆞᆫ 우리의 음셩으로도 샹당ᄒᆞᆫ 모양으로 하ᄂᆞ님을 찬숑ᄒᆞᄂᆞᆫ 거시 가ᄒᆞ니라

3. 이 공식 례빗볼 ᄯᅢ에 찬숑ᄒᆞᄂᆞᆫ 시간의 다쇼ᄂᆞᆫ 각 목ᄉᆞ가 조심ᄒᆞ야 뎡홀거시나 아모조록 뎍당ᄒᆞ게 ᄒᆞ야 무리로 ᄒᆞ야곰 찬숑ᄒᆞᄂᆞᆫ 힘을 엇케 홈이 가ᄒᆞ니라

온 교회는 반ᄃᆞ시 찬숑ᄎᆡᆨ을 준비ᄒᆞ야 홈ᄭᅴ 찬숑ᄒᆞᄂᆞᆫ 거시 맛당ᄒᆞ니라

뎨오쟝 공식긔도

1. 신령ᄒᆞᆫ 공식 례빗를 시작홀 ᄯᅢᄂᆞᆫ 반ᄃᆞ시 간단ᄒᆞᆫ 긔도로 시작홈이 가ᄒᆞ니 겸비ᄒᆞᆫ 틱도로 영셩ᄒᆞ신 하ᄂᆞ님의 무한ᄒᆞ신 권위를 슝비ᄒᆞ며 우리가 육경을 인ᄒᆞ야 하ᄂᆞ님ᄭᅴ 멀니 ᄯᅥ낫던 것과 죄인되여 공로업ᄂᆞᆫ 것슬 고ᄒᆞ고 그의 은헤롭게 림ᄒᆞ심을 겸손ᄒᆞ

모음으로 근구ᄒᆞ며 례빙드리는 일에 딕ᄒᆞ야 셩신의 도오심과 우리 쥬 예수 그리스도의 공로로 우리의 구홈을 허락ᄒᆞ실 이 모든 것을 구홀지니라

2. 시나 찬숑을 부른 후 강도ᄒᆞ기 젼에 보통으로 완젼혼 긔도를 홀지니

1. *하ᄂᆞ님ᄭᅴ 영광돌님* 하ᄂᆞ님ᄭᅴ셔 셰샹을 창조ᄒᆞ시고 셰샹을 거나리시는 즁 나타내시는 것과 셩경 말ᄉᆞᆷ 가온ᄃᆡ 분명ᄒᆞ고 완젼ᄒᆞ게 나타내신 영광과 완젼ᄒᆞ심을 숭빅홀 것

2. *감샤홀 것* 하ᄂᆞ님의 주신 각양 은혜를 샤례홀지니 보통 은혜와 특별 은혜와 신령뎍 은혜와 육신뎍 은혜와 모든 사ᄅᆞᆷ의 밧는 은혜와 기인으로 밧는 은혜를 감샤ᄒᆞ되 모든 은혜우애 쒸어나는 은혜는 말홀 수 업는 션물로 예수 그리스도를 주신 것과 그로 말미암아 영생의 쇼망을 엇은 것과 셩신을 보ᄂᆡ주심과 셩신의 역ᄉᆞᄒᆞ시는 거슬 크게 감샤홀 것

3. *ᄌᆞ복* 원죄와 우리의 범혼 죄를 ᄌᆞ복ᄒᆞ되 죄를 ᄭᅴ닷라 ᄌᆞ복ᄒᆞ고 긔도ᄒᆞ며 홈ᄭᅴ 례빙보는 모든 사ᄅᆞᆷ으로 ᄒᆞ야곰 죄라는 거슨 그 셩질이 하ᄂᆞ님의게셔 ᄯᅥ나는 거시니 심히 악흔 거스로 ᄭᅴ닷라 알게 ᄒᆞ여보며 ᄯᅩ ᄒᆞ나되는 죄ᄲᅮ리에서 나는 각 죄를 말홀 거시니 하ᄂᆞ님을 거역ᄒᆞ는 것과 리웃 사ᄅᆞᆷ과 샹관되는 죄와 ᄌᆞ긔의게 샹관되는 죄와 생각과 말과 힝실에 범ᄒᆞ는 죄와 은밀혼 죄와 참람혼 죄와 우연히 범ᄒᆞ는 죄와 습관으로 범ᄒᆞ는 죄를 ᄭᅴ닷를 거시오 ᄯᅩ 죄샹텸죄(罪上添罪)ᄒᆞ는 것도 말홀지니 가령고도 범ᄒᆞ는 죄와 분변홀 도리가 잇는 ᄃᆡ 범ᄒᆞ는 죄와 ᄌᆞ비홈을오히ᄒᆞ는 죄와 특권을 밧은 후 범혼 죄와 딍셰혼 후 범혼 죄들이니라

4. *근구* 여러 가지 근졀히 근구홀 거시 잇스니 곳 구쇽ᄒᆞ신 피의 공로로 죄샤홈과 하ᄂᆞ님으로 더브러 화평을 엇은 것과 싸라나는 즁대ᄒᆞ고 쾌락혼 결과를 위ᄒᆞ야 근구홀 거시오 ᄯᅩ 사ᄅᆞᆷ을 셩결케 ᄒᆞ시는 셩신과 우리의 직임을 셩취ᄒᆞ기 위ᄒᆞ야 만죡혼 능력주심과 인죵이오 죄인인즉 맛당히 밧을 고난 즁에서 권고ᄒᆞ시며안위ᄒᆞ심과 이 슮흔 셰샹을 지ᄂᆡ기 위ᄒᆞ야 뎍당혼 ᄌᆞ비를 베프시기 위ᄒᆞ야 긔도홀 거시니 이 모든 일을 근구홀 ᄯᅢ에 맛당히 긔억홀 거슨 이 은혜는 하ᄂᆞ님의 언약ᄒᆞ신 ᄉᆞ랑에셔 나는 거시오 우리의 신령뎍 생활을 보호ᄒᆞ며 진보케 ᄒᆞ시기 위ᄒᆞ야 주시는 거시니라

5. *의지홀 공로* 긔도홀 ᄯᅢ에 우리의 근구ᄒᆞ는 바를 응낙ᄒᆞ실 연고는 온 신구약에 잇는 모든 허락과 우리의 부죡홈과 하ᄂᆞ님의 풍셩ᄒᆞ심과 예수의 공로와 우리를 위ᄒᆞ야 근구ᄒᆞ심과 ᄌᆞ긔 빅셩의 위로와 깃븜에서 나타낸 하ᄂᆞ님의 영광을 의지홀 거시니라

6. *다른 사ᄅᆞᆷ을 위ᄒᆞ야 긔도* 다른 사ᄅᆞᆷ 곳 온 셰계 모든 인류를 위ᄒᆞ야 긔도홀

거시니 모든 인류의게 셩신부어 주실 것과 하느님의 교회의 화평과 쳥결과 흥왕흠을 위ᄒᆞ야 긔도ᄒᆞ며 여러 목ᄉᆞ와 외디에 가잇ᄂᆞᆫ 션교ᄉᆞ를 위ᄒᆞ야 긔도ᄒᆞ며 의를 인ᄒᆞ야 히밧ᄂᆞᆫ 모든 사ᄅᆞᆷ과 본 교회와 밋 우리와 련합ᄒᆞᄂᆞᆫ 각 교회와 병인과 죽게 된 사ᄅᆞᆷ과 비참ᄒᆞᆫ 일당ᄒᆞᆫ 사ᄅᆞᆷ과 빈한ᄒᆞ고 궁핍ᄒᆞᆫ 쟈와 나그ᄂᆡ와 옥에 갓친 이와 늙은이와 젊은이와 수륙에 려힝ᄒᆞᄂᆞᆫ 사ᄅᆞᆷ과 본 교회 잇ᄂᆞᆫ 동리와 나라 관리와 기타 필요ᄒᆞᆫ 일을 위ᄒᆞ야 긔도ᄒᆞᆯ지니 이샹에 긔록ᄒᆞᆫ 예목 즁에 어ᄂᆞ 거슬 더 말ᄒᆞ고 덜 말ᄒᆞᆯ 거슨 쥬쟝ᄒᆞᄂᆞᆫ 목ᄉᆞ가 깁히 싱각ᄒᆞ야 작뎡ᄒᆞᆯ 거시니라

3. 강도ᄒᆞᆫ 후에 ᄒᆞᄂᆞᆫ 긔도는 그 강도ᄒᆞᆫ 말ᄉᆞᆷ에 관계되ᄂᆞᆫ 거슬 들어 긔도ᄒᆞ고 기타 모든 공식 긔도는 그ᄯᅢ 모든 졍힝(情形)에 의지ᄒᆞ야 ᄒᆞᆯ 거시니라

4. 이 우에 보인 바에 의지ᄒᆞᆫ 즉 긔도 예목은 그 범위가 넓고 죵류가 허다ᄒᆞ니 그 틱ᄒᆞᄂᆞᆫ 거슨 그 봉직ᄒᆞᆫ 목ᄉᆞ의 츙셩과 싱각에 맛길지니 혹 이를 덜 ᄒᆞ던지 더 ᄒᆞ던지 형편을 ᄯᅡ라 하느님의 인도ᄒᆞ심과 본 교회의 각양 형편과 ᄌᆞ긔 ᄆᆞ음에 싱각나ᄂᆞᆫ대로 ᄒᆞᆯ지니라 우리 쟝로회가 공식 긔도의 일뎡ᄒᆞᆫ 모범을 좃게ᄒᆞᄂᆞᆫ 거슨합당치 못ᄒᆞᆫ 일노 알되 그러ᄒᆞ나 목ᄉᆞ가 례빅셕에 나오기 젼에 반ᄃᆞ시 그 강도를준비ᄒᆞᄂᆞᆫ 것 ᄀᆞᆺ치 쏘ᄒᆞᆫ 긔도ᄒᆞᆯ 것도 준비ᄒᆞᄂᆞᆫ 거시 가ᄒᆞ니라 목ᄉᆞ는 반ᄃᆞ시 셩경을 슉독ᄒᆞ고 긔도에 디ᄒᆞᆫ 셔ᄎᆡᆨ을 연구ᄒᆞ고 묵샹ᄒᆞ며 하느님으로 더브러 교통홈으로 긔도ᄒᆞᄂᆞᆫ 능력과 졍신을 엇어볼 거시오 그 ᄲᅮᆫ아니라 아모 ᄯᅢ나 공긔도를 ᄒᆞ랴ᄒᆞᆯ ᄯᅢ는 그 젼에 ᄌᆞ긔의 ᄆᆞ음을 안돈ᄒᆞ고 긔도ᄒᆞᆯ 것 가온ᄃᆡ 엇더ᄒᆞᆫ 말이 됴ᄒᆞᆯ지 ᄆᆞ음 속에 ᄎᆞ례로 준비ᄒᆞᆯ 거시니 약ᄎᆞ(若此)히 ᄒᆞ여야 긔도ᄒᆞᄂᆞᆫᄃᆡ 그 위엄과 례모를 구비케 ᄒᆞ며 또 ᄀᆞᆺ치 참빅ᄒᆞᄂᆞᆫ 사ᄅᆞᆷ들의게도 유익이 되도록 힘쓸 거시오 결코 쳔루ᄒᆞ고 불규측ᄒᆞ며 부쥬의ᄒᆞᄂᆞᆫ 힝동으로 즁대ᄒᆞᆫ 례식을 더럽게 ᄒᆞ지 못 ᄒᆞᆯ거시니라

5. 공식 긔도에 참예ᄒᆞᆫ 모든 사ᄅᆞᆷ의 ᄌᆞ셰는 반ᄃᆞ시 흥샹 공경ᄒᆞᄂᆞᆫ 틱도를 가질 거시오 쏘ᄒᆞᆫ 무리가 일뎡ᄒᆞᆫ 틱도를 가지ᄂᆞᆫ 거시 맛당ᄒᆞ니 니러나셔 긔도ᄒᆞᄂᆞᆫ ᄌᆞ셰는 셩경에 ᄀᆞᄅᆞ친대로 ᄒᆞ고 녯젹 교회의 ᄒᆞ던대로 ᄒᆞ며 쟝로교회의 녯법(舊法)을 좃ᄎᆞ ᄒᆞᄂᆞᆫ 거시 맛당ᄒᆞ니라 그러ᄒᆞ나 혹 ᄭᅮᆯ던지 업ᄃᆡᄂᆞᆫ 것이 다 무방ᄒᆞ니라

뎨육쟝 강도

1. 강도는 사ᄅᆞᆷ을 구원ᄒᆞᄂᆞᆫ 하느님의 방침이니 반ᄃᆞ시 크게 쥬의ᄒᆞ야 힝ᄒᆞᆯ지니라 목ᄉᆞ는 반ᄃᆞ시 진심진력ᄒᆞ야 ᄌᆞ긔가 붓그럽지 아니ᄒᆞᆫ 일군이 될만 ᄒᆞ게 힘써 진리의 말을 올케 분히ᄒᆞᆯ지니라

2. 강도의 본문은 엇던 셩경 일졀이나 혹 몃졀을 퇵ᄒᆞᆯ거시오 강도의 목뎍은 하ᄂᆞ님의 진리 범위 즁 일부분을 히셕하고 반딕ᄒᆞᆫ 쟈 잇스면 그 말을 막고 그 진리를 뎍용ᄒᆞᆯ 거슬 ᄀᆞᄅᆞ치며 그러치 아니ᄒᆞ면 맛당히 힝ᄒᆞᆯ 본분의 셩질과 한명을 셜명ᄒᆞᄂᆞᆫ 것이니라 강도ᄒᆞᆯ 본문은 반ᄃᆞ시 그 문뎨의 확실ᄒᆞᆫ 쯧이 잇ᄂᆞᆫ 거슬 퇵ᄒᆞᆯ지니라 엇던 ᄯᅢ는 만흔 셩경을 히셕ᄒᆞ야 교우로 ᄒᆞ여곰 셩경의 쯧과 ᄉᆞ용ᄒᆞᆯ 것을 ᄀᆞᄅᆞ치ᄂᆞᆫ 것이 가ᄒᆞ니라

3. 강도ᄒᆞᄂᆞᆫ 방법은 어느 것이 됴흔지 반ᄃᆞ시 연구ᄒᆞ고 묵샹ᄒᆞ며 긔도ᄒᆞᆯ지니 목ᄉᆞ는 반ᄃᆞ시 죠심ᄒᆞ야 강도를 예비ᄒᆞᆷ이 가ᄒᆞ고 결코 쥰의 업고 예비 아니ᄒᆞᆫ 연셜을 ᄒᆞ지 말며 힘드리지 아니ᄒᆞᆫ 말슴으로 하ᄂᆞ님을 셤기지 말아야 ᄒᆞᄂᆞ니라(삼하24 : 24) 복음은 아라듯기 쉬운 거시니 목ᄉᆞ가 반ᄃᆞ시 셩경에 뎍합ᄒᆞ고 듯ᄂᆞᆫ 사름 즁 무식ᄒᆞᆫ 쟈의게 알아듯기 쉽게 말ᄒᆞᆯ거시오 즈긔의 학문이나 ᄌᆡ죠를 즈랑ᄒᆞ지 말고 즈긔의 힝실노 즈긔의 ᄀᆞᄅᆞ치ᄂᆞᆫ 도리를 빗ᄂᆞ게 ᄒᆞ고(딛2 : 10) 즈긔의 싱활을 합ᄒᆞ야 말과 힝실과 ᄉᆞ랑과 쯧과 밋음과 쳥결ᄒᆞᆷ으로 모든 신쟈의 본이 되게 ᄒᆞᆯ지니라

4. 공식 례비에 ᄀᆞ쟝 요긴ᄒᆞᆫ 거슨 ᄀᆞ쟝 놉ᄒᆞ신 하ᄂᆞ님ᄭᅴ 향ᄒᆞ야 경의를 표ᄒᆞᄂᆞᆫ 거시니 목ᄉᆞ는 반ᄃᆞ시 강도를 너무 길게 ᄒᆞ야 요긴ᄒᆞᆫ 긔도와 찬숑을 못ᄒᆞ거나 부죡ᄒᆞ게 ᄒᆞ지 말고 뎍당ᄒᆞᆫ 비례로 시간을 ᄉᆞ용ᄒᆞ야 례비를 온젼케 ᄒᆞᆷ이 가ᄒᆞ니라

5. 강도를 필한 후에는 목ᄉᆞ가 긔도ᄒᆞ야 젼능ᄒᆞ신 하ᄂᆞ님ᄭᅴ 감샤를 돌니고 그 다음에는 시나 찬미나 부르고 ᄉᆞ도의 츅복 긔도로 폐회ᄒᆞᆷ이 가ᄒᆞ니라

6. 셩경에 분명히 ᄀᆞᄅᆞ친대로 교회의 비용을 유지ᄒᆞ기 위ᄒᆞ며 ᄂᆡ디와 외디에 복음을 젼ᄒᆞ며 빈궁ᄒᆞᆫ 쟈를 구졔ᄒᆞ기 위ᄒᆞ야 규측뎍으로 감심 연보ᄒᆞᄂᆞᆫ 거슬 힘쓰되 은혜 밧을 목뎍과 례비의 ᄒᆞᆫ 부분으로 알고 힝ᄒᆞᆯ 거시니 이와 ᄀᆞᆺᄒᆞᆫ 일ᄒᆞᄂᆞᆫ 시간은 당회에셔 의명(議定)ᄒᆞ야 례비 시간 즁 혼 편리ᄒᆞᆫ ᄯᅢ를 퇵ᄒᆞ야 힝ᄒᆞᆷ이 가ᄒᆞ니라

7. 우리 관할 아ᄅᆡ에 잇ᄂᆞᆫ 어느 지교회에셔던지 로회에셔 보닌 사름 외에ᄂᆞᆫ 아모를 물론ᄒᆞ고 당회나 목ᄉᆞ의 허락업시ᄂᆞᆫ 강도ᄒᆞᆷ을 허락지 말지니라

뎨칠쟝 쥬일 학교

1. 쥬일 학교에셔 응용ᄒᆞᄂᆞᆫ 졀ᄎᆞ는 긔도, 찬숑, 셩경, 신경, 교회의 요리와 규측 등을 공부ᄒᆞ고 교회를 위ᄒᆞ야 ᄂᆡ디와 외디에 젼도ᄒᆞᆯ 일을 위ᄒᆞ야 죵교샹 ᄉᆞ용ᄒᆞᆯ 목뎍으로 연보ᄒᆞᄂᆞᆫ 여러 가지 일을 힝ᄒᆞᆯ지니라 그리ᄒᆞᆯ ᄯᅢ에 쥬일 공식 례비보ᄂᆞᆫ 일에 거리ᄭᅵ지 안케 죠심ᄒᆞ며 ᄯᅩᄒᆞᆫ 부모가 직접 즈녀 교훈ᄒᆞᄂᆞᆫ 칙임에 히틔ᄒᆞᆷ이 발ᄉᆡᆼ되지 안케 ᄒᆞᆯ거시니라 학교는 항샹 당회의 관할과 감독 하에 잇슬지니라

2. 쥬일 학교 교쟝은 일뎡흔 시각에 학교를 열고 그 분비흔 시간에 각 반을 살펴보아 각 반에 뎍당흔 션싱이 잇스며 션싱과 학싱 수이에 샹당흔 질셔가 잇셔 학싱으로 ᄒᆞ여곰 밋는 ᄆᆞ음을 고발ᄒᆞ야 공부에 착미케 ᄒᆞ는 동시에 또 경건흔 틴도를 가지게 홀지니라

3. 쥬일 학교 션싱은 맛당히 주긔 홀 일을 위ᄒᆞ야 셩경을 연구ᄒᆞ며 묵샹ᄒᆞ며 긔도흠으로 진력예비홀지니 주긔 학싱 즁 아직 밋지 아니ᄒᆞ는 학싱이 잇스면 밋도록 권면ᄒᆞ며 집에 가 심방ᄒᆞ며 특별히 병난 ᄯᅢ와 무슴스고 잇슬 ᄯᅢ에 심방ᄒᆞ고 위ᄒᆞ야 하ᄂᆞ님ᄭᅴ 복을 빌지니라 션싱은 시간을 확수ᄒᆞ야 학싱들노 ᄒᆞ여곰 시간을 직히도록 쟝려ᄒᆞ는 거시 ᄆᆡ우 요긴ᄒᆞ니라

4. 사ᄅᆞᆷ들이 흔히 쟝셩ᄒᆞ여지면 쥬일 학교에 ᄃᆞ니지 아니ᄒᆞ는 줄노 아나 이는 오히롬이니 아모됴록 홀수 잇는대로 ᄃᆞ닐지니 직원이나 션싱이나 학싱이나 긱이나 교회 젼부가 쥬일 학교에 참예홀거시오 쟝년반을 두어 쟝년으로 ᄒᆞ여곰 셩경을 공부케 ᄒᆞ는 거시 심히 요긴ᄒᆞ니라

뎨팔쟝 긔도회

1. 긔도홀 목뎍으로 모히는 회도 반ᄃᆞ시 당회의 인도ᄒᆞ는대로 홀지니 홀 수 잇는 경우에는 계속 ᄒᆞ여 모힐 수도 잇고 혹 각쳐에 헛터져 잇는 교우들의 쟉뎡흔대로 모힐수 업는 형편을 ᄯᅡ라 특별히 엇더흔 ᄯᅢ를 뎡ᄒᆞ야 모히게 홀 수도 잇ᄂᆞ니라 이와 ᄀᆞᆺ흔 회는 반ᄃᆞ시 목ᄉᆞ나 당회 회원이나 혹 교회에 샹당흔 ᄌᆞ격잇는 형뎨가 인도홀지니 반ᄃᆞ시 긔도 찬숑 셩경랑독과 권면ᄒᆞ는 말노 례식을 거힝홀지니라

2. 공식 긔도는 각 교우가 인도홈이 가ᄒᆞ니 긔도는 경외ᄒᆞ는 틴도로 ᄒᆞ고 너무 지리ᄒᆞ게 ᄒᆞ지 안토록 권면홀지니라

뎨구쟝 셰례주는 것 쳣셰례

1. 셰례는 공연히 지쳬ᄒᆞ야 줄 것도 아니오 엇더흔 형편을 물론 ᄒᆞ고 ᄉᆞᄉᆞ사ᄅᆞᆷ(私人)이 줄 수가 업고 반ᄃᆞ시 하ᄂᆞ님의 ᄉᆞ역쟈로 부름을 밧은 그리스도의 목ᄉᆞ가 줄지니라

2. 셰례는 흔히 교회 안 모든 회즁에셔 베풀지니라

3.. 주긔 ᄌᆞ녀가 셰례밧기를 원ᄒᆞ는 쟈는 그 ᄯᅳᆺ을 목ᄉᆞ의게 미리 고ᄒᆞ고 그 부모 즁 일인이나 혹 두 사ᄅᆞᆷ이 다 그 셰례 밧을 어린 ᄋᆞ희를 다리고 올지니라

4. 셰례주기 젼에 목ᄉᆞ는 셩례에 관흔 셩질과 소용과 이 례식의 목뎍을 좌와 ᄀᆞᆺ치 셜명ᄒᆞ야 훈계홀지니 이 례식은 그리스도ᄭᅴ셔 셰우신 거시니 밋음으로 의롭다 ᄒᆞ심을

엇은 표이라 구약 째에 아브라함의 ᄌ손이 할례를 밧는 권이 잇던 것과 ᄀ치 복음의 은혜 아린에 잇는 셩도의 ᄌ손의게 이 례식힝ᄒ는 권이 잇ᄂ니 그리스도ᄭ셔 만국 ᄇ셩의게 명ᄒ샤 셰례를 밧으라 ᄒ셧고 유ᄋ들의게 츅복ᄒ샤 텬국의 ᄇ셩은 이와 ᄀ다 ᄒ셧스며 복음의 허락ᄒ신 거슨 셩도와 밋 그 집안에 밋친다 ᄒ셧고 ᄉ도들도 이와 ᄀ치 집안 셰례를 베푼지라 우리의 셩품은 죄와 허믈로 더럽게 된 것을 인ᄒ야 부득불 그리스도의 피로 씨스며 셩신의 권능으로 셩결홈을 밧어야 홀지니라 목ᄉ는 ᄯᅩᄒᆫ 좌와 ᄀ치 그 부모를 권면ᄒ야 죠심ᄒ야 부모의 직분을 다ᄒ라 홈

부모는 하ᄂ님의 말ᄉᆷ으로 ᄌᄀᆡ의 ᄌ녀를 ᄀᆞᄅ칠지니 신구셩경에 ᄀᆞᄅ친 우리 거ᄅ륵ᄒᆫ 죵교의 원리대로 ᄀᆞᄅ칠 것이니라 이 원리의 요령은 우리 교회 신경과 대쇼요리문답에 간단히 ᄀᆞᄅ쳣ᄉᆞ즉 이 모든 ᄎᆡᆨ은 부모의 직분을 도아주는 것이니라 그 ᄋ희를 위ᄒ야 긔도ᄒ며 친히 그 ᄋ희와 ᄀ치 긔도ᄒ며 그 아희의 압헤 츙셩홈과 경건홈의 본을 보여 하ᄂ님의 주시는 힘을 엇어진력ᄒ야 쥬의 셩품과 훈계 안에서 자라게 홀지니라

5. 목ᄉ는 좌와 ᄀ치 무를지니라

1. 그ᄃᆡ가 이 ᄋ희가 예수 그리스도의 피로 씨슴을 밧고 셩신의 은혜로 새롭게 되어야 홀줄 아ᄂ뇨

2. 그ᄃᆡ는 ᄋ희를 위ᄒ야 하ᄂ님의 언약의 허락ᄒ신 거슬 ᄇ라며 ᄌᄀᆡ 구원엇기를 위ᄒ야 진력ᄒ는 것과 ᄀ치 이 ᄋ희 구원엇기를 위ᄒ야 쥬 예수 그리스도를 밋는 가온ᄃᆡ 셔 ᄇ라ᄂ뇨

3. 그ᄃᆡ는 지금 온젼히 이 ᄋ희를 하ᄂ님ᄭ 밧치며 겸손ᄒᆫ ᄆᆞ음으로 하ᄂ님의 은혜를 의지ᄒ며 친히 경건ᄒᆫ 본을 이 ᄋ희의 압헤 보이기를 진력ᄒ며 이 ᄋ희를 위ᄒ야 긔도ᄒ며 이 ᄋ희와 ᄀ치 긔도ᄒ며 우리 거ᄅ륵한 죵교의 도리를 ᄀᆞᄅ치며 하ᄂ님의 주시는 힘대로 진력ᄒ야 이 ᄋ희를 쥬의 권고와 교훈에서 자라게 ᄒ기를 허락ᄒᄂ뇨

4. 그 후에는 례식을 힝ᄒ랴고 목ᄉ가 츅복ᄒ는 긔도를 올니고 ᄋ희의 일홈을 불너 ᄀᆞᆯᄋᄃᆡ 「내가 셩부와 셩ᄌ와 셩신의 일홈으로 네게 셰례를 주노라」 홀 거시라

목ᄉ가 이 말을 ᄒ면셔 물노 그 ᄋ희의 낫에 븟던지 물방울을 ᄯᅥ러트리던지 ᄒ야 셰례를 주고 다른 례식을 더 ᄒ지 안코 모든 사ᄅᆞᆷ이 긔도로 맛치ᄂ니라

셰례는 교회 무리 압헤셔 베프는 거시 맛당ᄒ나 엇더ᄒᆫ 째에는 편의를 취ᄒ야 ᄉ가에셔도 힝ᄒ는 거시 잇스나 목ᄉ가 그 일에 ᄃᆡᄒ여 결뎡홀지니라

뎨십쟝 례식에 참예홈을 허락ᄒ는 것

1. 교회 안에 잇는 교우의게셔 츌싱흔 ᄌ녀로 젓셰례를 밧은 으히는 교회의 권고치리하에 잇고 요리문답과 ᄉ도신경과 쥬긔도문을 넑어 외오게 ᄒ며 긔도ᄒ는것과 죄를 뮈워 ᄒ는 것과 하ᄂ님을 두려워 ᄒ며 쥬 예수 그리스도를 ᄉ랑ᄒ고 슌죵ᄒ는 거슬 ᄀᄅ칠 거시오 셩년이 된 후에는 그 나면셔 엇은 권으로 말미암아 교회의 교우되는 거슬 긔억케 ᄒ고 반ᄃ시 사ᄅᆷ 압헤셔 그리스도를 안다 ᄒ며 증거ᄒ고 셩찬에 참예홈을 원ᄒ는 ᄆᆞ음이 나게 홀지니라

2. 쇼년의 셩년되는 년긔는 졍밀히 뎡홀 수 업스나 이는 반ᄃ시 그 교회 당회가 그 사ᄅᆷ이 셩례에 참예홀 원이 잇는가 ᄌ격을 ᄌ셰히 살핀 후에 혜아려 뎡홀지니라

3. 셰례밧지 아니흔 사ᄅᆷ이 입교ᄒ랴고 ᄒ면 흔히 하ᄂ님을 아는 것과 츙셩홈에 디ᄒ야 만죡흔 증거를 나타닌 후에 교회의 압에서 공톄(公體)로 뎌희의 신앙을 션언ᄒ고 셰례를 주ᄂ니라

4. 젓셰례 밧엇던 사ᄅᆷ이 당회 허락을 밧아 셩찬에 참예홀 ᄯᅢ는 졍식대로 ᄒ면 반ᄃ시 교회의 압에서 뎌희의 밋음을 공톄로 션언흔 후에 허락홈이 가ᄒ나 그 사ᄅᆷ은 나던 ᄯᅢ브터 교회에 특별흔 관계 잇던 것을 표시ᄒ고 ᄭᅵ둣게 홀지니라

5. 1. 셩년에 니르러 공식 션언ᄒ는 쟈와 당회의 허락을 엇어 교회에 입회ᄒ는 쟈는 교회의 압에 셰우고 목ᄉ가 그 ᄉ실을 말홀지니라

「젓셰례를 밧음으로 날 ᄯᅢ브터 교인이 되고 약됴(約條)의 허락으로 후ᄉ가 되며 으히 ᄯᅢ에 그 부모의 엄즁흔 딩셰로 하ᄂ님ᄭᅴ 밧친 쟈들은 당회가 그리스도를 밋는 것과 셩찬에서 쥬의 몸를 분변ᄒ는 지식을 문답ᄒ야 가합흔 줄노 아랏슨즉 (각기 호명ᄒ면셔 아모아모씨가 지금브터 밋음의 권쇽 즁에셔 ᄌ긔 유업에 관흔 칙임의 특권을 담부홀 쟈가 된다 홀지니라」

2. 셰례밧을 쟈가 그 자리에 참예ᄒ엿거든 목ᄉ가 ᄯᅩ흔 셜명홀지니 「셰례를 밧고 하ᄂ님의 교회에 입교ᄒ기를 권ᄒ는 쟈는 (이 셰례는 우리를 그리스도의게 졉븟침과 쥬와 합ᄒ는 표와 인치는 거시라) 당회가 거륵ᄒ신 은혜밧은 일에 디흔 뎌희의 경력과 그리스도를 밧은 일을 사실ᄒ야 인뎡ᄒ고로 지금 아모아모씨는 셩도와 동반되는 거슬 환영ᄒ며 감샤히 녁이노라」 ᄒᄂ니라

3. 그 다음에는 목ᄉ가 그 션언ᄒ는 쟈들에게 좌와 ᄀᆞ치 말ᄒᄂ니

「밋음의 공식 션언을 ᄒ랴고 이 자리에 참예흔 그ᄃᆡ들은 다 좌의 션언과 허락ᄒ는 말을 듯고 그ᄃᆡ들이 하ᄂ님과 그의 교회로 더브러 엄즁흔 언약을 밋는 줄 알지여다

(1) 그ᄃᆡ들이 하ᄂ님 압헤 죄인인줄 알며 맛당히 그의 진노를 밧을만 ᄒ고 그의

크신 주비호심에셔 구원엇을 것 외에 소망이 업는 쟈인 줄 아느뇨

(2) 그딕들이 쥬 예수 그리스도가 하느님의 아들되심과 죄인의 구쥬되시는 줄을 밋으며 복음에 말훈 바와 ᄀᆞ치 구원호실 이는 다만 예수씬이신줄 알고 그를 밧으며 그의게만 의지호느뇨

(3) 그딕들이 지금 성신의 은혜만 의지호고 그리스도를 좃는 쟈가 되여 그대로 힘써 힝호며 모든 죄를 바리며 그의 ᄀᆞ르치심과 본보이신 거슬 ᄯᆞ라 살기를 작뎡호며 허락호느뇨

(4) 그딕들이 교회의 정치와 다사림을 복죵호고 그 쳥결호고 화평홈을 빈호기로 허락호느뇨

목ᄉᆞ가 이 밋음의 션언을 공고호야 엄즁훈 의무의 요긴훈 거슬 지은 쟈들의게 힘잇게 권면호고 셰례를 베플고 긔도로 폐회호느니라

6. 다른 교회에셔 이명 증서를 맛하가지고 온 쟈는 그 셩명을 교회에 공포호고 그 신덕과 ᄉᆞ랑을 소기호느니라

예십일쟝 셩찬 설힝호는 법

1. 셩챤은 간혹 베프는 거시 가호나 몃번을 거힝호던지 각 교회 당회가 작뎡호되 덕을 세우기에 합당훈대로 뎡홀지니라

2. 교회를 씻둣지 못호는 쟈와 교회를 붓그럽게 호고 훼방홀 긔회를 짓는 쟈는 셩찬에 참예홀 수 업느니라

3. 셩찬을 베플냐고 홀 때는 교회에 공식 광고를 홈이 당연호나 젹어도 일쥬일젼긔(期)호여 광고호되 그 광고호는 날에나 혹 그 쥬일 안으로 어느 날에던지 예비 례빅를 보아 모든 셩도로 호여곰 셩찬의 셩질을 알게 호며 예비케 호야 합당훈틱도로 이 셩연에 참예케 홀지니라

4. 강도를 맛친 후에는 목ᄉᆞ가 좌와 ᄀᆞ치 말홈

「이는 그리스도ᄭᅴ셔 셰우신 례식이라」 복음 즁에셔나 고린도젼셔 십일쟝에셔이 례식에 관훈 말슴을 랑독호고 편의를 ᄯᆞ라 셜명호야 글으되 「이는 그리스도를 긔렴호야 그의 직립호시기ᄭᅡ지의 죽으심을 긔억케 호는 례식이니 이는 주긔 빅셩의게 힘을 주샤 죄를 딕뎍케 호며 모든 고난에셔 뎌희를 견고호심과 뎌희를 쟝려호고 격발호야 직분을 감당케 호며 ᄉᆞ랑과 열심으로 뎌희를 감화호며 량심에편안홈을 엇으며 영싱의 소망을 확실케 호는 모든 일에 밋음과 거룩훈 쥬의를 흥호게 호며 다 말홀 수 업는 유익이

되느니라」 ᄒᆞ고 셩신을 거스리는 쟈와 거룩ᄒᆞᆫ 뜻을 ᄭᆡᄃᆞᆺ지 못ᄒᆞ는 쟈와 교회를 붓그럽게 ᄒᆞ며 훼방ᄒᆞᆯ 긔회를 짓는 쟈와 무슴 은밀ᄒᆞᆫ 즁에셔 알고 지은 죄잇는 쟈들을 경계ᄒᆞ야 참예치 못ᄒᆞ게 ᄒᆞ고 일변으로는 죄에 ᄲᅡ져 ᄒᆞᆯ 수 업는 형편인줄 ᄭᆡᄃᆞ라 죄샤ᄒᆞ심을 밧으며 하ᄂᆞ님의 허락ᄒᆞ심을 엇기 위ᄒᆞ야 그리스도의 구속ᄒᆞ심을 의지ᄒᆞ는 쟈와 복음의 도리 ᄀᆞᄅᆞ침을 밧아 쥬의 몸 분변ᄒᆞ는 온젼ᄒᆞᆫ 지식이 잇는 쟈와 뎌희의 죄를 ᄯᅳᆫ허바리며 거룩ᄒᆞ고 경건ᄒᆞᆫ 싱활을 ᄒᆞ고져 작뎡ᄒᆞ는 쟈들을 인도ᄒᆞ야 참예ᄒᆞ게 ᄒᆞᆯ지니라

쥬의 명ᄒᆞ신대로 이 셩례는 셩도의 련합ᄒᆞᆷ을 나타냄이니 목ᄉᆞ는 이 례식을 시작ᄒᆞ기 젼에 모든 (반ᄃᆞ시) 진리덕 죵교를 신죵ᄒᆞ는 쟈와 밋 교통ᄒᆞ는 다른 교파 사ᄅᆞᆷ이라도 ᄒᆡᆼ위가 단졍ᄒᆞ야 흠업시 가히 셩례에 참예ᄒᆞᆯ만ᄒᆞᆫ 쟈들을 다 쳥ᄒᆞ야 이 례식에 참예케 ᄒᆞᆯ 거시오 셰례인이 아니라도 이 례식 ᄭᅳᆺᄂᆞ기 머믈너 잇게 ᄒᆞᆷ이 가ᄒᆞ니라

5. 셩찬 물건을 노흔 샹은 단졍히 덥고 ᄯᅥᆨ과 포도즙을 예비ᄒᆞᆫ 후 참예ᄒᆞᆯ 사ᄅᆞᆷ들이 ᄎᆞ셔를 바르게 ᄒᆞ고 엄숙ᄒᆞᆫ 틱도로 둘너 안던지 혹 안즌 ᄌᆞ리대로 분급ᄒᆞ던지 ᄒᆞ되 뎍당ᄒᆞᆫ 쟝소에 쟝로들이 모혀 잇고 목ᄉᆞ가 감샤와 긔도를 고ᄒᆞᆫ 후에 셩찬을각 사ᄅᆞᆷ의게 주느니라 ᄯᅥᆨ과 포도즙을 이와 ᄀᆞᆺ치 놋코 긔도ᄒᆞ고 감샤를 올닌 후에목ᄉᆞ가 ᄯᅥᆨ을 가지고 사ᄅᆞᆷ 압헤셔 ᄶᅢ이며 글ᄋᆞᄃᆡ 「쥬 예수 그리스도ᄭᅴ셔 잡히던 날 밤에 ᄯᅥᆨ을 취ᄒᆞ야 가지시고 축ᄉᆞᄒᆞ신 후 ᄶᅢ이샤 뎨ᄌᆞ의게 주셧스니 나도 지금 그의 일흠으로 이 ᄯᅥᆨ을 ᄂᆞ화주노라 쥬 글ᄋᆞ샤ᄃᆡ 이 ᄯᅥᆨ은 나의 몸이니 너희들을 틱신ᄒᆞ야 ᄶᅢ인거시라 나를 긔억ᄒᆞ기 위ᄒᆞ야 이를 ᄒᆡᆼᄒᆞ라」

ᄯᅥᆨ을 준 후에 잔을 들어 글ᄋᆞᄃᆡ

「ᄀᆞᆺᄒᆞᆫ 모양으로 우리 구쥬ᄭᅴ셔 ᄯᅩᄒᆞᆫ 잔을 가지샤 그의 일흠으로 감샤를 드린 후에 뎨ᄌᆞ의게 주신지라」 목ᄉᆞ는 젼과 ᄀᆞᆺ치 말ᄒᆞ면셔 잔을 주며 글ᄋᆞᄃᆡ 「이 잔는(은) 나의 피로 셰운 새 언약이니 만흔 사ᄅᆞᆷ을 위ᄒᆞ야 흘녀 죄사ᄒᆞᆷ을 엇게 ᄒᆞᆷ이라 ᄒᆞ신지라 이를 밧어 마실지어다」

ᄎᆞ셔대로 ᄒᆞ면 모든 교우가 밧은 후에 목ᄉᆞ가 밧고 그 다음에 목ᄉᆞ가 쟝로들의게주는 거시 합당ᄒᆞᆯ 듯 ᄒᆞ니라 혹 교우가 밧기 젼에 목ᄉᆞ가 밧으면 조곰 후에 ᄌᆞ긔가 니러셔셔 도아주고 나죵에 쟝로의게 줄 수 잇ᄂᆞ니라 엇더ᄒᆞᆫ ᄎᆞ셔로 ᄒᆞ던지 ᄎᆞ셔가 잇셔야 편ᄒᆞ게 되ᄂᆞ니라

6. 모든 신쟈는 각각 쥬로 더브러 약됴ᄒᆞ는 가온ᄃᆡ에셔 ᄒᆡᆼᄒᆞᆯ지니 이 셩찬을 분ᄒᆞ는 일에 다쇼간 시간을 허비ᄒᆞ야 모든 사ᄅᆞᆷ이 죵용히 쥬로 더브러 련합ᄒᆞ며 감샤 ᄒᆞ며 늚을 위ᄒᆞ여 ᄀᆞᆫ구ᄒᆞ며 긔도ᄒᆞ게 ᄒᆞᆯ지니라

7. 목ᄉ는 몃 마듸 말노 셩찬에 참예ᄒᆞᆫ 무리의게 ᄆᆞ음에 박히도록 권면ᄒᆞᆯ지니 이 례식에서 예수로 말매암아 뵈여 주신 하ᄂᆞ님의 은혜와 ᄌᆞ긔가 하ᄂᆞ님의 사름으로맛당히 ᄒᆡᆼᄒᆞᆯ 의무를 말ᄒᆞ며 뎌희의 부르심을 닙은 바 그 거룩ᄒᆞᆫ 직분을 만죡히ᄒᆡᆼᄒᆞ게 ᄒᆞ도록 ᄒᆞ며 뎌희가 임의 쥬 그리스도 예수를 드러나게 밧앗ᄉᆞ니 맛당히죠심ᄒᆞ야 그 안에셔 ᄒᆡᆼᄒᆞ며 션ᄒᆞᆫ 일을 ᄒᆡᆼᄒᆞ도록 권면ᄒᆞᆷ이 가ᄒᆞ니라

목ᄉ는 ᄯᅩᄒᆞᆫ 구경ᄒᆞᄂᆞᆫ 쟈들의게도 권면ᄒᆞᄂᆞᆫ 말을 ᄒᆞ야 좌와 ᄀᆞᆺ치 쥬의식히ᄂᆞᆫ 거시 가ᄒᆞ니

밋을 본분을 ᄀᆞᄅᆞ치고 그리스도를 슌죵치 아니ᄒᆞ며 이 거룩ᄒᆞᆫ 례식을 경홀히 녁이ᄂᆞᆫ 가온ᄃᆡ 싱활ᄒᆞᆷ으로 뎌희 죄 되ᄂᆞᆫ 것과 위틱ᄒᆞᆫ 거슬 말ᄒᆞ여 주고 권면ᄒᆞ야속히 셩례에 참예ᄒᆞᆯ 수 잇도록 진심 쥰비ᄒᆞ라고 권ᄒᆞᆯ지니라 그 다음에는 목ᄉ가 긔도ᄒᆞ고 하ᄂᆞ님끠 감샤를 돌녀 글ᄋᆞ디 이 셩경으로 말미암아 풍셩ᄒᆞ신 은혜와 무한히 ᄌᆞ비를 나타ᄂᆡ심과 이 례식ᄒᆡᆼᄒᆞᆫ 가온ᄃᆡ 결뎜된 일이 잇스면 이를 용셔ᄒᆞᆷ밧기를 ᄀᆞ구ᄒᆞ며 뎌희의 몸과 ᄒᆡᆼ실을 밧으시기를 위ᄒᆞ야 긔도ᄒᆞ며 셩신의 은혜로 도아주심을 닙어 쥬 예수 그리스도를 밧으며 그 안에셔 ᄒᆡᆼᄒᆞ며 뎌희로 ᄒᆞ야곰 임의 밧은 거슬 굿게 잡으며 뎌희 면류관을 ᄲᅢ아슬 사람이 업게 ᄒᆞ며 뎌희의 언ᄒᆡᆼ이 복음에 합ᄒᆞ게 ᄒᆞ며 뎌희 쥬 예수의 죽으심을 ᄒᆞᆼ샹 긔억ᄒᆞ며 ᄯᅩᄒᆞᆫ 예수의 싱명이 뎌희의 육신에 나타나게 ᄒᆞ며 사름 압헤 뎌희의 빗을 빗최여 사롬으로 ᄒᆞ야곰 뎌희 션ᄒᆡᆼ을 보고 하늘에 계신 뎌희의 아바지의게 영광을 돌니게 ᄒᆞ시기를 빌지니라

빈궁ᄒᆞᆫ 쟈를 위ᄒᆞ야 연보ᄒᆞᄂᆞᆫ 거시나 혹 기타 신령ᄒᆞᆫ 일를(을) 위ᄒᆞ야 이 ᄯᅢ에 연보ᄒᆞᄂᆞᆫ 것도 가ᄒᆞ니 이도 ᄯᅩᄒᆞᆫ 당회의 명령으로 뎡ᄒᆞᆯ지니라

그 다음에는 시나 찬숑을 부르고 좌와 ᄀᆞᆺᄒᆞᆫ 츅복 긔도나 혹 다른 츅복 긔도로 폐회ᄒᆞᆯ지니라

「양의 큰 목쟈되신 우리 쥬 예수를 영원ᄒᆞᆫ 언약의 피로 죽은 즁에셔 잇슬어내신 평강을 주신 하ᄂᆞ님이 모든 착ᄒᆞᆫ 일에 너희를 완젼케 ᄒᆞ야 ᄌᆞ긔의 ᄯᅳᆺ을 ᄒᆡᆼᄒᆞ게ᄒᆞ시고 그 압헤 즐거움을 예수 그리스도로 말매암아 우리 ᄆᆞ음에 일우시기를 원ᄒᆞ노라 영광을 셰셰에 돌닐지어다 아멘」

8. 우리 교회 즁 엇더ᄒᆞᆫ 디셔는 셩찬 베플기 젼긔ᄒᆞ야 금식을 ᄒᆡᆼᄒᆞᄂᆞᆫ 습관도 잇스니 이와 ᄀᆞᆺᄒᆞᆫ ᄯᅢ는 토요일과 월요일에 예비 강도가 잇ᄂᆞᆫᄃᆡ 2, 3 목ᄉ를 쳥ᄒᆞ야인도ᄒᆞᄂᆞ니 이와 ᄀᆞᆺᄒᆞᆫ ᄯᅢ에 큰 은혜를 밧ᄂᆞᆫ 일이 만코 목ᄉ들과 교회들이 더욱 친밀히 련합되ᄂᆞᆫ 힘이 나ᄂᆞ니 이와 ᄀᆞᆺ치 ᄒᆞᄂᆞᆫ거슬 불가타아니ᄒᆞ고 원ᄒᆞᄂᆞᆫ대로 그 풍속을 ᄯᆞ라 ᄒᆞᆯ지니라

뎨십이쟝 혼례

1. 혼례는 셩례도 아니오 그리스도 교회에만 잇는 거시 아니오 쏘흔 하느님의 세우신 보통 례법이니 국민이 유익을 도ᄒᆞ기 위ᄒᆞ야 각 국에서 혼인 규측을 졔뎡ᄒᆞ야 모든 국민으로 직히게 ᄒᆞ느니라

2. 셩도들은 반드시 쥬 안에셔 결혼ᄒᆞᆯ지니 그런고로 안슈식으로 셰운 목ᄉᆞ나 기타 ᄉᆞ역쟈로 뎌희들의 혼례를 쥬쟝ᄒᆞ야 엄슉ᄒᆞ게 ᄒᆞᆯ지니 혼례를 힝ᄒᆞᆯ 쌔는 특별ᄒᆞᆫ 훈계와 뎍당ᄒᆞᆫ 긔도로 힝ᄒᆞᆯ지니라

3. 혼인은 다만 일남일녀가 합ᄒᆞ여 됨이니라 셩경에 금ᄒᆞᆫ 혈족 범위 안에셔는 결혼ᄒᆞ지 못ᄒᆞᆯ 거시니라

4. 남녀가 각각 샹당ᄒᆞᆫ 년령에 니르러 뎌희 ᄆᆞ음대로 쟉뎡ᄒᆞᆯ지니 부모와 동거ᄒᆞ는 쟈면 몬져 그 부모나 그 보호쟈의 허락을 엇어 혼례 젼 목ᄉᆞ의게 분명히 증명ᄒᆞᆯ지니라

5. 부모는 뎌희의 ᄌᆞ녀로 ᄒᆞ여곰 뎌희의 원치 아니ᄒᆞ는 거슬 강졔로 혼인ᄒᆞ지 못ᄒᆞᆯ지며 쏘흔 뎌희의 ᄒᆞ고져 ᄒᆞ는 거슬 샹당ᄒᆞᆫ 리유업시 금지치 못ᄒᆞᆯ지니라

6. 혼인은 공동ᄒᆞᆫ 셩질을 가진 거시라 국민 샤회의 복리와 가족샹 힝복과 죵교샹 신용에 깁흔 관계가 잇스니 그러ᄒᆞᆫ고로 이 혼인의 목뎍을 예뎡ᄒᆞ야 혼례 일ᄌᆞ를 샹당ᄒᆞᆫ 시일노 지뎡ᄒᆞ야 공포ᄒᆞᆯ지니라 목ᄉᆞ들은 이 일에 깁히 쥬의ᄒᆞ야 하느님의 법을 범흠이 업도록 ᄒᆞ며 쏘흔 나라의 법률에 져촉흠이 업도록 ᄒᆞ며 가뎡의 화평과 안위를 손샹치 안토록 반드시 량방이 샹합ᄒᆞ야 이 혼인에 디ᄒᆞ야 반디되는 일이 업는 것을 증명ᄒᆞᆯ지니라

7. 혼인은 반드시 츙분흔 증인의 압헤셔 힝ᄒᆞᆯ 거시며 쥬일에는 힝ᄒᆞ지 아니 ᄒᆞ는거시 합당ᄒᆞ니라 목ᄉᆞ는 요구흠을 ᄯᆞ라 혼인 증셔를 줄지니라

8. 목ᄉᆞ는 혼례를 일워준 사름의 일흠과 일ᄌᆞ를 결혼 명부에 ᄌᆞ셰히 긔록ᄒᆞ야 두어 후일 요구ᄒᆞ는 쟈의 검열흠에 편리ᄒᆞ도록 ᄒᆞᆯ지니라

뎨십삼쟝 병쟈의 심방

녯젹 ᄉᆞ도 시디에는 셩신의 권능으로 병곳치는 능력을 밧은 사름들이 만히 잇셧스나 지금 교회에 그런 권능을 주시지 아니 ᄒᆞ셧느니라

그러ᄒᆞ나 오히려 지금도 고시와 ᄀᆞ치 병든 쟈의게 맛당히 ᄒᆞᆯ 모든 일을 위ᄒᆞ야하느님의 복 베프심을 구ᄒᆞᆯ지니 밋음으로 ᄒᆞ는 긔도의 능력은 고금이 일반인줄노 긔억ᄒᆞᆯ지니라 그러ᄒᆞᆫ즉 사름이 병이 나거든 뎌희의 톄력과 졍신이 쇠ᄒᆞ기 젼에 뎌희의 목ᄉᆞ나 쟝로를 쳥ᄒᆞ야 삼가 뎌희의 신령샹 형편을 말ᄒᆞ고 뎌희의 불결흔령혼의 일을 의론ᄒᆞ는

거시 맛당ᄒᆞ니라

목ᄉᆞ나 쟝로는 ᄯᅩᄒᆞᆫ 병쟈를 심방ᄒᆞ고 ᄌᆞ션과 애(愛, ᄉᆞ랑)를 나타내며 병쟈의 신령샹 유익을 위ᄒᆞ야 힘쓸지니 그러ᄒᆞ나 병쟈의 각양 졍형을 ᄯᅡ라 이 일를(을) 힝ᄒᆞ는 사름의 의견에 의지ᄒᆞ야 힝ᄒᆞᆯ지니라

뎨십사쟝 쟝례

1. 쟝례 ᄯᅢ에 맛당히 힝ᄒᆞᆯ 례식은 적당ᄒᆞᆫ 시나 찬숑을 부르고 합당ᄒᆞᆫ 셩경을 랑독ᄒᆞ고 목ᄉᆞ의 싱각ᄒᆞᆫ대로 합당ᄒᆞᆫ 셜명을 ᄒᆞ고 특별히 비참ᄒᆞᆫ 일당ᄒᆞᆫ 쟈를 위ᄒᆞ야 뎌희로 ᄒᆞ야곰 하ᄂᆞ님의 은혜를 밧게 ᄒᆞ며 뎌희의 고난이 변ᄒᆞ야 영셩의 유익ᄒᆞᆫ 복이 되게 ᄒᆞ며 뎌희가 보호ᄒᆞ심을 밧아 비참ᄒᆞᆫ 가온ᄃᆡ셔 위로ᄒᆞᆷ을 밧게 긔도ᄒᆞᆯ지니라

2. 이 쟝례식은 흔히 일보는 목ᄉᆞ의 의견대로 ᄒᆞ는 거시 만ᄒᆞ나 그러ᄒᆞ나 그 쥬요ᄒᆞᆫ ᄯᅳᆺ은 일치말지니 경계ᄒᆞᆷ과 훈계ᄒᆞᆷ과 산 쟈를 위로ᄒᆞᆷ을 쥬의ᄒᆞ고 밋지 안코회ᄀᆡ치 아니ᄒᆞ고 죽은 쟈도 복음의 소망이 잇다 ᄒᆞ야 하ᄂᆞ님 말솜을 그릇 쓰지 안토록 쥬의 ᄒᆞᆯ지니라

뎨십오쟝 금식일과 감샤일

1. 셩도의 사밧날되는 쥬일을 졔ᄒᆞᆫ 외에는 복음에 거륵되히 직히라 명ᄒᆞᆫ 일이 업ᄂᆞ니라

2. 그러ᄒᆞ나 금식일과 감샤일은 하ᄂᆞ님의 권고ᄒᆞ심을 ᄯᅡ라 직히는 거시 셩경에응ᄒᆞ며 유리ᄒᆞ니라

3. 금식일과 감샤일은 긔인의 셩도나 혹 ᄒᆞᆫ 가족이 ᄉᆞᄉᆞ로히 직히는 일도 잇고 혹 ᄒᆞᆫ 지교회나 혹 친밀히 교제ᄒᆞ는 교회의 교우들 ᄭᅵ리 직히는 일도 잇고 로회나 대회의 보호 아릭에 잇는 회무리이나 우리 교회의 젼부가 직히는 일도 잇ᄂᆞ니라

4. 각 교인과 가뎡이 금식일과 감샤일을 ᄉᆞᄉᆞ로히 직히랴면 각기 의견에 의지ᄒᆞ야 ᄒᆞᆯ지며 ᄒᆞᆫ 지교회가 직히랴면 당회의 작뎡으로 뎡ᄒᆞ고 더 큰 디방이 직히랴면로회나 대회가 뎡ᄒᆞᆯ지며 만일 보통으로 이 날들을 직히랴면 반듯시 춍회가 작뎡ᄒᆞᆯ 거시니라 ᄯᅩ 혹 어ᄂᆞ ᄯᅢ던지 나라에셔 뎡ᄒᆞ야 금식일과 감샤일을 직히기로 ᄒᆞ는 ᄯᅢ는 목ᄉᆞ와 일반 교인들은 이를 존즁히 녁이는 거시 맛당ᄒᆞ니라

5. 금식일과 감샤일은 젼긔(前期)ᄒᆞ야 공식 광고를 ᄒᆞ야 교우들노 ᄒᆞ여곰 육신의 일을 졍돈ᄒᆞ여 놋코 이 날에 뎌희의 직분을 다 ᄒᆞ도록 쥰비케 ᄒᆞᆯ지니라

6. 이와 ᄀᆞᆺ흔 날에는 공식 례빅를 보는 거시 가ᄒᆞ니 시나 찬숑을 부르고 셩경을 랑독ᄒᆞ며 강도를 ᄒᆞ되 모도 그 날에 뎍당ᄒᆞ도록 ᄒᆞᆯ지니라

7. 금식일에는 목ᄉ가 이 날 직히ᄂ 일에 디흔 셩경에 허락흔 직권과 교우의 특별흔 형편을 셜명홀지니라 이와 ᄀᆞᆺ흔 쌔는 보통 례빅날보다 넉넉흔 시간을 들이어 엄슉흔 긔도와 특별흔 ᄌᆞ복을 ᄒᆞ되 특별히 그 곳에서 그 쌔에 범흔 그 죄와 그 죄로 인ᄒᆞ야 텬국 심판 밧게된 일을 위ᄒᆞ야 홀지니 종일토록 하ᄂᆞ님의 압헤셔 겸손흔 팁도와 통회ᄒᆞᄂᆞᆫ ᄆᆞ음으로 지닐지니라

8. 감샤일에도 ᄯᅩᆺ흔 목ᄉ가 이 날 직히ᄂᆞᆫ 일에 디흔 셩경에 허락흔 직권과 교우의 특별흔 형편을 셜명ᄒᆞ·되 넉넉흔 시간을 들이며 시와 찬숑ᄒᆞᄂᆞᆫ 노릭를 부르며 감샤를 돌니되 그 시긔에 덕당ᄒᆞ도록 홀지니라 이와 ᄀᆞᆺ흔 날에ᄂᆞᆫ 거륵ᄒᆞ며 쾌락흔 ᄆᆞ음으로 지내ᄂᆞᆫ 거시 당연ᄒᆞ되 연락ᄒᆞᄂᆞᆫ 가온 딕에셔도 경외ᄒᆞᄂᆞᆫ ᄆᆞ음을 더ᄒᆞ야 방탕흔 디경에 니르지 안토록 쥬의홀지니라

예십육쟝 은밀 긔도와 권속 례빅

1. 교회 안에셔 공식 례빅를 보ᄂᆞᆫ 것 외에 긔인이 은밀히 긔도ᄒᆞᄂᆞᆫ 것과 일가족이 ᄉᆞᄉᆞ로히 하ᄂᆞ님ᄭᅴ 경빅ᄒᆞ고 긔도ᄒᆞᄂᆞᆫ 거시 맛당히 업지 못홀 직무이니라

2. 은밀 긔도ᄂᆞᆫ 우리 쥬ᄭᅴ셔 명빅히 명령ᄒᆞ신 거시니 사름마다 당연히 시간을 뎡ᄒᆞ야 ᄉᆞᄉᆞ로 긔도ᄒᆞ며 셩경을 보며 거륵ᄒᆞ게 묵샹ᄒᆞ며 엄슉히 ᄌᆞ긔를 살펴볼지니 이 직무를 진심ᄒᆞ야 힝ᄒᆞᄂᆞᆫ 가온딕셔 다대흔 유익을 엇ᄂᆞ니 이와 ᄀᆞᆺ치 진실흔 ᄆᆞ음으로 힝ᄒᆞᄂᆞᆫ 사름들이 그 유익을 밧을 줄 알지라

3. 권속 례빅ᄂᆞᆫ 집안마다 반ᄃᆞ시 힝홀지니 죠셕으로 긔도ᄒᆞ며 셩경보며 찬숑홈으로 홀지니라

4. 가장된 이ᄂᆞᆫ 이 직분을 거힝ᄒᆞ되 맛당히 죠심ᄒᆞ야 모든 권속으로 ᄒᆞ야곰 참예케 ᄒᆞ고 시작브터 ᄆᆞᆺ시ᄀᆞ지 흔 사름이라도 불참ᄒᆞᄂᆞᆫ 일이 업도록 ᄒᆞ며 셩경 볼 쌔에 모든 보통 ᄉᆞ무를 중지ᄒᆞ고 엄슉히 례빅ᄒᆞ되 긔도ᄒᆞ며 찬숑홀 쌔와 ᄀᆞᆺ치 죠심홀지니라

5. 가장된 이ᄂᆞᆫ 맛당히 죠심ᄒᆞ야 종교의 원리로 그 ᄌᆞ녀와 집 사름을 ᄀᆞᄅᆞ치고 뎍당흔 긔회를 엇ᄂᆞᆫ대로 이 교훈을 힘쓸지니 그러ᄒᆞᆫ고로 쥬일은 부득이 흔 경우이나 구제홀 목뎍으로 ᄒᆞᄂᆞᆫ 것 외에ᄂᆞᆫ 반ᄃᆞ시 사름을 심방ᄒᆞ거나 손님을 쳥ᄒᆞ여 드리지(人) 말며 기타 무숨 일이던지 이 우에 말흔 요긴흔 직분을 힝ᄒᆞ기에 방히되ᄂᆞᆫ 일이면 결코 허락지 말지니라

예십칠쟝 시벌

1. 교회의 쳑벌은 그 범과의 셩질에 의지ᄒᆞ야 합당ᄒᆞ게 베플지니 은밀히 범흔 죄ᄀᆞᆺㅎ

면 혹 심판셕에셔 비밀히 칙벌ᄒᆞ던지 혹 본치리회 회원 이, 삼인을 파송ᄒᆞ야디표로 시벌홀 것이니라

현져히 범흔 죄와 ᄀᆞᆺᄒᆞ면 본 치리회 공긔 회셕에셔 칙벌ᄒᆞ던지 혹 교회 압헤셔 공포ᄒᆞ던지 홀지니라 드러난 죄라도 이상흔 형편이나 특별흔 리유가 잇스면 그 셩질이 과히 즁ᄒᆞ지 아니홀 째는 비밀히 셜유ᄒᆞ던지 혹 유긔 칙벌을 홀 것이니라 그러나 만일 무긔 칙벌이면 흔이 교회에 공포홀 거시오 츌교와 면직은 교회 압에셔 직졉 본인의게 붓치던지 혹 본 치리회에 의결대로 교회에 공포만 ᄒᆞ던지 홀 거시니라

2. 교회에 회원이나 직원이 당연히 슈벌홀 만흔 범과가 잇스면 본 치리회는 주비흔 ᄆᆞ음으로 그 일를(을) 판단ᄒᆞ고 온유 겸손흔 ᄯᅳᆺ으로 그 사름을 경계ᄒᆞ되 쏘흔 맛당히 조심ᄒᆞ야 ᄌᆞ긔도 슈혹됨이 업도록 쥬의홀지니라

3. 셜유는 고의로 범죄ᄒᆞ지 아니ᄒᆞ고 ᄭᅢᄃᆞ라 아는 쟈가 업는 경우에 본 치리회가 1, 2 회원을 파송ᄒᆞ야 비밀히 셜유홀 수 잇스나 만일 그 과실이 드러난 째는 회장이 심판셕에셔 셜유ᄒᆞ되 흔히 공긔회에셔 힝홀 거시니라

4. 유긔 칙벌의(은) 타인의게 경계ᄒᆞ는 거울이 되게 ᄒᆞ는 벌인즉 본 치리회 공긔시에 본인의게 붓치던지 교회에 공포ᄒᆞ던지 홀지니라

5. 무긔 칙벌을 베플 째는 심히 신즁흔 틱도로 ᄒᆞ되 그 범과쟈로 ᄒᆞ여금 사라계신 하ᄂᆞ님의 교회의 셩례에 참예치 못ᄒᆞ는 디위에 잇슴으로 ᄌᆞ긔의 위틱흔 졍형을 ᄭᅢᄃᆞᆺ게 ᄒᆞ며 셩신의 감동ᄒᆞ심으로 회긔흠을 엇도록 홀거시니라 심판명에셔 션고를 당흔 후에는 회장이 ᄎᆞ와 ᄀᆞᆺ치 범죄쟈의게 션고홀지니

「지금 아모아모씨는 (목ᄉᆞ나 치리 장로 집ᄉᆞ나 보통 교우의 별명을 불너) 분명흔 증거로 (혹은 ᄌᆞ복흔대로) 죄(죄명을 말홀 것)를 범흔고로 로회는 (혹 당회) 쥬 예수 그리스도의 일흠과 그 직권과 그의 명의로 형데를 완젼히 회긔ᄒᆞ야 만족흔 증거를 내기ᄭᆞ지 교회의 셩례에 참예치 못ᄒᆞ게 된 것을(쏘흔 직분 쉬는 일) 션고ᄒᆞ노라」

필요흔 줄노 싱각ᄒᆞ는 째는 합당흔 권고나 셜유(說諭)를 ᄒᆞ고 젼능ᄒᆞ신 하ᄂᆞ님이 이 권징ᄒᆞ신 일로써 이 밧는 쟈의게 복이 되게 ᄒᆞ기를 위ᄒᆞ야 긔도흠으로 폐회홀지니라

6. 츌교ᄒᆞ는 션고 통과흔 후에는 당회 쟝은 교회 압에셔 그 범과흔 형데에 디흔 몃 가지 됴사흔 ᄉᆞ실을 공식으로 션언ᄒᆞ고 교회 안에 둘 수 업는 ᄉᆞ유를 셜명흔 후 마 18:15-18, 젼고 5:1-5 교훈에 거ᄒᆞ야 부졍흔 교원을 츌교홀만흔 권이 잇는 것을 보이고 이 벌의 셩질과 유익과 결과를 셜명ᄒᆞ고 일반 교우를 경계ᄒᆞ야 교회에 즁대흔 벌 아래 잇는 쟈로 싱각ᄒᆞ야 교졔ᄒᆞ는 가온디 힝홀 일을 ᄀᆞᄅᆞ치고 ᄎᆞ와 ᄀᆞᆺ치 ᄉᆞ실을

션고홀지니

「지금 이 교회의 회원 아모아모씨는 아모 죄를 범흔 거시 분명흔 증거가 잇는디여러 번 권면호고 긔도호엿스나 고집호야 교회의 권면을 듯지 안코 회기호는 증거를 나타내지 안는고로 주 예수 그리스도의 일흠과 그의 직권으로 아모 당회는성례에 참예치 못홈을 션고호노라」

그 후에는 하느님끠셔 이 일 힝호는 가온대 복을 느리샤 츌교당흔 사름으로 호여금 죄를 씨듯고 회기케 호며 쏘흔 모든 진실히 밋는 사름들의 덕을 셰우는디 유익호가를 위호야 긔도홀지니라

7. 면직 션고는 회쟝이 좌와 ᄀᆞᆺ흔 쯧으로 션고홀지니

「본 로회의 목ᄉ(혹 본 교회의 치리 쟝로 집ᄉ 아모아모씨)는 아모 죄의 츙분흔 증거가 드러낫기로 아모 로회(혹 당회)는 심사흔 결과 우씨는 그리스도 교회에 목ᄉ직 (혹 쟝로직, 집ᄉ)을 거힝호는 거시 만만부당흔 줄 확인호는고로 지금 쥬 예수그리스도의 일흠과 그 직권으로 아모아모씨의 목ᄉ직(장로직, 집ᄉ직)을 파면호고쏘 그 직분 거힝홈을 금호노라」

만일 그 션고가 칙벌 혹 츌교ᄭᅡ지 포함된 째는 회쟝은 계쇽호야 션고호기를

「우리는 쏘흔 ᄀᆞᆺ흔 직권으로 아모아모씨는 진실흔 회기의 만족흔 증거를 나타내기ᄭᅡ지 교회에 셩례에 참예치 못홀 것(츌교홀 째에는 셩례에 졀긔(絕棄)되는 것과 셩도 즁에 졀긔되는 것)을 공고호노라」 면직 션고도 임의 보인바 츌교 션고와 갓치 엄즁히 쳐벌홀지니라

예십팔쟝 히벌

1. 아모 사름이던지 셩례에 참예홈을 정지흔 후에는 교회 치리호는 쟈들은 맛당히 자조 그 사름으로 더브러 교접호고 그로 더브러 ᄀᆞᆺ치 긔도호며 그를 위호야긔도홀지니 그리호면 능히 하느님을 깃브시게 호야 그를 회기케 호실거시니라

2. 치리회 심판명에셔 아모 칙벌당흔 쟈의 회기의 진상을 만족히 아는 째는 본 치리회 결의에 의지호야 본 치리회 압에나 교회 공회셕에서 ᄌᆞ복호게 호고 교회의 셩례에 다시 참예호는 권을 회복호며 혹시 그의 직분을 회복홈을 엇느니라 이와 ᄀᆞᆺ흔 일은 본 치리회에 좌와 ᄀᆞᆺ치 션언호느니

「지금 셩례에 참예홈을 정지흔 쟈(복음 션젼호는 목ᄉ직, 장로직, 집ᄉ의 직 파면당흔 쟈) 아모아모씨는 이제 회기호는 증거를 나타내여 교회를 만족호게 흐고로 아모

당회(로회)는 쥬 예수 그리스도의 일흠과 그 직권으로 그듸를 히벌ᄒᆞ고본직 교회 례뎐에 참예ᄒᆞᄂᆞᆫ 것을 회복(직분이 잇던 쟈는 혹 복직ᄒᆞ고 그 직에 딕ᄒᆞᆫ 일체 권리를 회복)ᄒᆞ야 주노라」 그 후에ᄂᆞᆫ 긔도와 감샤를 올닐지니라

3. 츌교당ᄒᆞᆫ 사ᄅᆞᆷ의 회개ᄒᆞ고 교회에 다시 드러오기를 원ᄒᆞᄂᆞᆫ 째는 당회는 그의 진실ᄒᆞᆫ 회개의 만죡ᄒᆞᆫ 증거를 엇은 후에 다시 회복ᄒᆞ야 줄지니 이 일를(을) 힝ᄒᆞ랴면 당시 회쟝된 목ᄉᆞ는 그 본교회에 히벌ᄒᆞᄂᆞᆫ 리유와 당회에셔 결의된 거슬 공포 회복ᄒᆞ게 홀지니라 회복ᄒᆞ여 주기로 뎡ᄒᆞᆫ 시일에는 츌교당ᄒᆞᆫ 사ᄅᆞᆷ을 호츌ᄒᆞ야교회 압헤셔 좌와 ᄀᆞᆺᄒᆞᆫ 문답을 홀 것이니라

(문) 그듸가 큰 죄악 지은 줄 알고 하ᄂᆞ님을 비반ᄒᆞ야 거역ᄒᆞᄂᆞᆫ 죄와 그의 교회를 해ᄒᆞᆫ 죄를 단ᄆᆞ음으로 ᄌᆞ복ᄒᆞ고 츌교ᄒᆞᆫ 거시 공평ᄒᆞ고 인ᄌᆞᄒᆞᆷ으로 힝ᄒᆞᆫ 줄노아ᄂᆞᄂᆢ? (답) 녜 (문) 지금은 그듸의 죄와 고집ᄒᆞᆫ 거슬 위ᄒᆞ야 진실ᄒᆞᆫ 회개와 통회ᄒᆞᆷ을 원ᄒᆞᄂᆞᆫ ᄆᆞ음으로 선언ᄒᆞ며 겸손ᄒᆞᆫ ᄆᆞ음으로 하ᄂᆞ님과 그의 교회의 용셔ᄒᆞ심을 구ᄒᆞᄂᆞᄂᆢ? (답) 녜 (문) 하ᄂᆞ님의 은혜로 말미암아 겸비ᄒᆞᆫ ᄆᆞ음과 근신 즁에살기를 허락ᄒᆞ며 힘써 우리 구쥬 하ᄂᆞ님의 교훈을 빗나게 ᄒᆞ며 그듸의 언힝으로 복음에 합당ᄒᆞ도록 힘써 ᄒᆡᆼᄒᆞ겟ᄂᆞᄂᆢ? (답) 녜 그 다음에는 목ᄉᆞ가 통회ᄒᆞᆫ 쟈의게뎍당ᄒᆞᆫ 권면을 ᄒᆞ고 위로ᄒᆞ며 좌와 ᄀᆞᆺ치 회복ᄒᆞᄂᆞᆫ 선언을 공포ᄒᆞᆯ지니라

「지금 셩도 즁에셔 피츌되엿던 아모아모씨는 교회를 만죡케 홀만ᄒᆞᆫ 회개를 나타낸 고로 쥬 예수 그리스도 명의와 그의 직권으로 우리 본교회 당회는 젼일에 ᄒᆞᆫ츌교 선고에셔 히벌ᄒᆞ야 교회와 교통ᄒᆞᄂᆞᆫ 권을 회복ᄒᆞ고 쥬 예수의 모든 유익을 밧ᄂᆞᆫ 쟈가 되며 영원ᄒᆞᆫ 구원을 엇게 ᄒᆞ노라」

그 다음에ᄂᆞᆫ 긔도와 감샤로 폐회ᄒᆞᆯ지니라

4. 면직당ᄒᆞᆫ 쟈를 히벌ᄒᆞᄂᆞᆫ 것도 이우에 츌교당ᄒᆞᆫ 쟈 히벌ᄒᆞᄂᆞᆫ 것과 ᄀᆞᆺ치 공식 ᄌᆞ복을 밧은 후 ᄎᆞ와 ᄀᆞᆺ치 회쟝이 공포ᄒᆞᆯ지니라

「지금 본로회에 목ᄉᆞ(혹 본교회에 치리 쟝로, 집ᄉᆞ)로셔 면직당ᄒᆞ엿던 아모아모씨는 지금 교회를 만죡케 홀만ᄒᆞᆫ 증거를 나타내엿ᄂᆞᆫ고로 쥬 예수 그리스도의 일흠과 그의 직권으로 아모 로회(본당회)는 젼일에 그듸를 딕ᄒᆞ야 면직ᄒᆞᆫ 거슬 히벌ᄒᆞᆷ을 공고ᄒᆞ고 견직을 회복ᄒᆞ야 주노니 언제던지 피임될 째는 교회 규례대로피직되면 그 직에 딕ᄒᆞᆫ 일체 권리를 누리케 ᄒᆞ노라」 그 후에는 긔도와 감샤를 올니고 본 치리회 회원은 일제히 악슈ᄒᆞ야 교졔ᄒᆞᄂᆞᆫ ᄯᅳᆺ을 표시ᄒᆞᆯ지니라

5. 면직되엿던 쟝로나 집ᄉᆞ가 히벌 후에는 그 교회에셔 다시 피션되지 못ᄒᆞ면 일보지

못ᄒᆞᄂᆞ니라

　6. 벌 아ᄅᆡ에 잇ᄂᆞᆫ 사ᄅᆞᆷ이 그 벌당ᄒᆞᆫ 치리회 심판명에서 원거리 되ᄂᆞᆫ 디방에 이거ᄒᆞᆯ 쌔에 회기ᄒᆞᆷ을 션언ᄒᆞ고 회복ᄒᆞᆷ 엇기를 원ᄒᆞᄂᆞᆫ 쌔ᄂᆞᆫ 본치리회 결의대로 본회에 등인(謄印)ᄒᆞᆫ 긔록을 그 회에 교부ᄒᆞᆯ 것이오 그 회ᄂᆞᆫ 당초 쳐벌ᄒᆞᆫ 쟈와 ᄀᆞᆺ치 히벌ᄒᆞᆯ지니라

　7. 처벌 혹 면직ᄒᆞᆫ 목ᄉᆞ를 히벌ᄒᆞ야 회복ᄒᆞᆯ 째ᄂᆞᆫ 로회ᄂᆞᆫ 극히 근신ᄒᆞ야 ᄒᆡᆼᄒᆞᆯ지니 셩례에 참예ᄒᆞᆷ을 허락지 아니ᄒᆞ던 쟈이면 참예ᄒᆞᆷ을 허락ᄒᆞᆯ거시오 그 후ᄂᆞᆫ 젼도만허락 ᄒᆞᆯ지니 이ᄂᆞᆫ 그 사ᄅᆞᆷ의 회기의 진실 여부와 유용ᄒᆞᆫ 희망을 허락ᄒᆞᆯ 째ᄂᆞᆫ 그 후에 시험ᄒᆞ 기 위ᄒᆞ야 강도ᄒᆞᆷ을 허락ᄒᆞ야 그 회기의 진상을 시험ᄒᆞᆫ 후에 ᄒᆞᄂᆞᆫ 거시니라 그 후에 비로소 복직ᄒᆞᆯ 거시니 그러ᄒᆞ나 이런 경우에ᄂᆞᆫ 온젼ᄒᆞᆫ 결명이 되기ᄭᆞ지 근신 즁에 잇ᄂᆞ니라

뎨십구쟝 연보

　1. 교회에 각 신도ᄂᆞᆫ 쥬ᄭᅴ로브터 밧은 재물을 가지고 연보ᄒᆞᄂᆞᆫ 일을 빙양ᄒᆞᆯ지니 이로써 쥬 예수 그리스도의 명ᄒᆞ신 대로 복음을 텬하 만민의게 젼파ᄒᆞᄂᆞᆫ 일을 도울지니 라 쥬일마다 이 일를(을) 위ᄒᆞ야 회즁으로 ᄒᆞ야금 연보ᄒᆞᄂᆞᆫ 긔회를 뎡ᄒᆞᄂᆞᆫ 거슨 합당ᄒᆞ 고 미우 아름다온 일이라 셩경에 ᄀᆞᄅᆞ치신 대로 이ᄀᆞᆺ치 연보드리ᄂᆞᆫ거슨 젼능ᄒᆞ신 하ᄂᆞ 님을 례빙ᄒᆞᄂᆞᆫ 엄ᄒᆞᆫ 규모이니라

　2. 연보ᄒᆞᆯ 일에 ᄃᆡᄒᆞ야 엇던 례빙회에서 ᄒᆞᆯ 것과 례빙 회즁 츠셔에 죠만(早晩)은 목ᄉᆞ와 당회의 결의대로 ᄒᆞᆯ 거시오 목ᄉᆞᄂᆞᆫ 연보ᄒᆞᄂᆞᆫ 일이 례빙회의 일부분이 되게 ᄒᆞ기 위ᄒᆞ야 연보젼 혹 후에 특별히 간단ᄒᆞᆫ 긔도로 연보에 ᄃᆡᄒᆞ야 복 주시기를 구ᄒᆞ고 쥬의 물건으로 봉헌ᄒᆞᆯ 거시니라

　3. 그 거둔 연금은 교회 각 ᄃᆡ리국과 기타 ᄌᆞ션ᄒᆞᆫ 일과 그리스도의 ᄉᆞ업을 위ᄒᆞ야 분비ᄒᆞᆷ은 반ᄃᆞ시 당회의 감독 아래에셔 ᄒᆞᆯ거시니 분비 다쇼와 일체 계획은 째째로 의결ᄒᆞ되 혹 연보로 밧치ᄂᆞᆫ 사ᄅᆞᆷ이 특별ᄒᆞᆫ 원ᄒᆞᄂᆞᆫ 일이 잇셔 밧칠 째ᄂᆞᆫ 그 사ᄅᆞᆷ의 원을 ᄯᆞ를 거시오 그의 원ᄒᆞᄂᆞᆫ ᄉᆞ업을 삼가 ᄒᆡᆼᄒᆞᆯ지니라

　4. 쥬일 학교이나 기타 각양회 혹 교회의 ᄃᆡ표로 집회ᄒᆞᄂᆞᆫ 가온대셔 슈납ᄒᆞᄂᆞᆫ 연금은 흥샹 교회 당회에 보고ᄒᆞ야 인가를 엇을 거시오 당회의 허가업시는 조션 쟝로회와 관계된 일이 아니면 무슴 일을 물론 ᄒᆞ고 연보이나 집금을 ᄒᆞ지 못ᄒᆞᆯ지라

　5. 목ᄉᆞ마다 ᄌᆞ긔 교회에 단무음으로 연보ᄒᆞᄂᆞᆫ 습성을 빙양ᄒᆞᄂᆞᆫ 거시 맛당ᄒᆞ니 신도 마다 다소를 물론ᄒᆞ고 ᄌᆞ긔 힘대로 밧치게 ᄒᆞᆯ지니라

4) 1919년 예배모범 분석 및 평가

1919년 예배모범은 한국 장로교 예배 역사에 있어서 위대한 성취라고 할 수 있을 것이다. 아직 교회가 그 자리를 제대로 잡기도 전인 선교 초창기에 한국 장로교회가 예배에 대하여 관심을 가지고 이와 같은 예배모범을 만들게 되었다는 것은 하나님의 은총이요 한국 교회를 위한 귀중한 선물이라고 하겠다. 하나님께 드리는 예배의 원리와 정신에 대한 지침을 이와 같이 일찍이 작성하여 제공함으로써, 그 후 한국 장로교회는 예배에 대한 커다란 갈등이나 문제없이 오늘에 이르게 되었다고 본다. 영국의 경우 국교인 성공회와 청교도 사이의 갈등은 예배의 문제가 주된 것이었으며, 영국과 스코틀랜드 교회 역시 갈등의 가장 큰 요인이 예배에 있었다. 예배는 중요한 것인 만큼 언제나 갈등의 큰 원인이 될 수도 있었던 것이다.

그러나 한국 장로교회는 그 후 많은 갈등과 분열을 하기도 했지만 대부분 신학이나 제도, 정치적 이해관계의 문제였지 예배의 문제는 아니었다. 이것은 한국 장로교회에 예배모범이 초기부터 작성되어 적용됨으로써, 예배로 인한 갈등의 소지가 없어졌기 때문이라고 본다. 그런 의미에서 1919년에 만들어진 한국 장로교 최초의 예배모범은 한국 장로교회의 예배를 위해서 뿐만 아니라 전체 교회를 위해서도 커다란 공헌을 하였다고 하겠다.

먼저 1919년 예배모범의 가치는 무엇보다도 그것이 최초 한국 장로교회의 예배모범이라는 점이다. 한국 장로교회의 선교가 시작된 지 얼마 후에 바로 이런 예배모범을 가질 수 있었다는 것은 커다란 하나님의 은혜요 축복이 아닐 수 없다. 하나님께 드리는 예배의 소중함을 알고, 그 예배를 어떻게 드릴 것인가에 대한 정신과 원리를 제시함으로써, 한국 장로교회는 그 후 경건한 예배를 실현할 수 있는 기틀을 마련할 수 있었다.

둘째로 이 예배모범은 개혁교회 전통을 계승하고 있다는 점에서 의미를 갖는다. 장로교회는 개혁교회의 신학과 예배를 그 근본으로 하고 있다. 따라서 1919년 예배모범은 한국 장로교회가 독자적으로 전혀 새롭게 만든 것이 아니라 이미 웨스트민스터 예배모범(1644년)을 통해서 인정된 예배에 대한 지침을 수용하면서, 그 정신과 원리를 그대로 계승하고 있다. 그러므로 1919년 예배모범은 한국 장로교회로 하여금 장로교 예배의 전통을 이어나갈 수 있도록 그 기반을 제공해 준 초석이 되었다고 할 수 있을 것이다.

셋째로 이 예배모범은 한국 장로교회의 예배가 정착되는 계기를 제공하였다. 장로교 예배 정신을 계승하면서, 그것이 이 땅의 교회에 정립될 수 있도록 함으로써, 그 후 한국 장로교회는 자신의 예배 정신과 원리를 지키고 나갈 수 있었던 것이다. 만일 이때 이 예배모범이 작성되지 못했다면 한국 장로교회는 그 후 예배에 대한 상당한 혼란이 불가피했을 것이다. 특별히 한국 교회의 선교는 서구 선교사들의 교파적 선교 양상을 띠고 있었기 때문에 조기에 이런 예배모범이 작성되지 않았다면 장로교의 정체성을 확립하는 데도 상당한 어려움이 따랐을 것이다. 그러나 선교 초기에 일찍이 예배모범이 만들어짐으로써, 이러한 어려움 없이 한국 장로교회는 자신의 예배에 대한 입장을 정리할 수 있었고 나아가서는 장로교의 정체성을 확립하는 데도 커다란 도움이 되었던 것이다.

그러나 이런 공헌도 있었지만 한편으로는 1919년 예배모범이 1894년 미국 남장로교회의 예배모범을 거의 그대로 수용함으로써 독창성을 갖지 못했다는 점, 선교사들이 중심이 되어 작성됨으로써[51] 우리의 문화와 신앙적인 요소들이 반영되지 못했다는 점은 아쉬운 면이라고 하겠다.

4. 1934년 예배모범의 구조와 내용[52]

1934년의 예배모범(禮拜模範, 례배모범)은 1919년 예배모범 중에서 13장 환자심방을 제외시키고 나머지는 모두 같은 순서로 되어 있다. 물론 각 항목의 전체 줄거리는 1919년 예배모범과 유사하지만 그 표현은 새롭게 바뀌어 있다. 따라서

---

51) 이때 한국 교회 상황은 선교사들이 주도적 역할을 했다는 사실과 함께, 한국 장로교 예배모범과 헌법의 작성 과정에서 한국 목사들이 참여할 수 없었던 또 하나의 이유는 1919년 독립운동으로 인해서 당시 한국 교회의 많은 지도자들이 체포되어 투옥되었다는 점도 있다. Kyeong Jin Kim, "The Formation of Presbyterian Worship in Korea", p. 121.

52) 조선예수교장로회 총회, 『조선예수교장로회 헌법』(서울 : Presbyterian Publication Fund, 1948), pp. 216-67.

1934년 개정판은 총 18장으로 구성되어 있으며, 한글과 한문을 함께 병용하고 있다. 1919년 예배모범과 마찬가지로 각 장마다 번호를 달아 기술하고 있는 것이 특징이며 한문과 한글을 혼용하면서 한문에 대해서는 한글로 토를 달아 놓고 있다. 1919년에 비해서 그 내용은 약간 간결해졌음을 볼 수 있고, 맞춤법도 약간 변화가 있는 것 정도가 특징이다. 1934년 한국어판은 한글을 사용했음에도 불구하고 오늘의 언어와는 약간의 차이가 있으므로, 이 예배모범의 내용은 그 당시 언어를 중심으로 기록함으로써 보다 현장감을 주고자 한다. 당시의 어감을 그대로 보고 느끼는 것이 그 때를 이해하는데 보다 유익하리라 생각해서 여기서는 그대로 기록하도록 하였다. 1934년 당시의 상황과 그 때 작성된 예배모범의 구조와 내용을 보면 다음과 같다.

1) 시대적 배경

1930년대는 한국 교회의 역사에 있어서 매우 복잡하면서 어려운 시기였다. 교회 외적으로는 일본 군국주의의 강화와 함께 교회를 향한 핍박, 이에 따른 교회의 항거와 함께 한편에서의 변절, 교회 내적으로는 신비주의와 이단 세력의 발흥, 그리고 신학적 갈등으로 인한 교회 분열 등 수많은 사건들이 일어났다.

일제는 한일 합병 이후 조선을 통치하는데 있어서 가장 걸림돌이 되는 단체로 교회를 지목하였다. 그래서 그들은 끊임없는 위협과 박해를 교회를 향하여 가해왔다. 1930년대에 들어와서는 소위 신사 참배(神士 參拜)라는 것을 강요하면서, 조선 교회를 완전히 일본화시키려고 하였다.[53] 수많은 성도들이 이에 대하여 항거하면서 거부하기도 하였으나, 결국 한국의 대부분 교회는 거기에 굴복함으로써 국가 의식이라는 미명하에 우상 앞에 절하는 죄악을 범하고 말았던 것이다. 일제는 이에서 더 나아가 기독교 지도자들을 박해하고 회유하였으며, 기독교 학교에 대한 탄압 등을 가속화하였다.

교회 외적으로 일제의 이런 혹독한 탄압과 함께 이 시기 한국 교회는 내적인 문제로도 시련을 겪어야 했었다. 우선 이용도 목사와 같은 이들의 신비주의,

---

53) 김인수, 『한국 기독교회의 역사』, p. 493.

사이비 접신파, 황국주의 혼음 교리, 김교신의 무교회주의 등이 이 시대 교회 안에 등장하면서 한국 교회를 혼란스럽게 하였다.[54] 1907년 대 부흥 운동을 통하여 놀라운 성장을 지속해 오던 한국 교회에 이러한 신앙 형태와 사상들의 등장은 교회 외적인 박해 못지않게 교회를 위협하는 도전이 되었다. 그 뿐만이 아니라 박형룡과 김재준을 대표로 하는 보수와 진보의 대립은 신학적 문제로 교회 분열을 가져오는 계기로 작용하였다. 물론 이러한 일들은 교회 내적으로 커다란 시련이 되기도 하였지만, 오히려 이러한 일들을 통해서 한편으로는 한국 교회가 더욱 성숙하는 계기가 되었음도 부인할 수 없을 것이다.

그러나 이 시기에도 한국 교회는 애국애족하는 운동을 멈추지 않았었다. 한국 교회와 지도자들은 사회 계몽 운동을 적극 펼치면서, 절제 운동을 통한 금연과 금주 운동, 공창 폐지 운동, 성경 구락부를 통한 빈민 교육 등을 계속함으로써 이 민족을 계도하는 사명을 다 하였었다. 이와 함께 국외에 대한 선교도 이루어져서, 만주와 몽골 등에 선교사를 파송하여 복음을 전파하는 사명을 수행하기도 하였다.

한편 조선예수교장로회는 이 시기에 교회 헌법을 다시 개정하게 되는데, 그 주된 이유는 조선어 사용법이 많이 변경된 점과 지금까지 사용해 오던 헌법의 내용이 번역했던 원문과도 상위(相違)되는 점이 있었기 때문이라고 한다. 1934년 헌법의 서문을 보면 거기에 대하여 다음과 같이 서언에서 언급을 하고 있다.[55]

> 현 장로교회 신경과 요리 문답은 1907년 조선 교회 설립 초에 번역한 것인데 그 후 근년에 와서 조선어 사용법이 많이 변경되어 일반에게 통용 상 적합하지 못할 뿐 아니라 원문과도 상위되는 점이 있어 불편을 느끼던 중 1932년 총회에서 장로회 정치 제 21장 3조에 의하여 위원 15인을 택하여 개역 수정을 명하였으므로 해 위원들이 본 개역문을 1933년 총회 앞에 보고한 결과 총회의 승인을 득하여 이에 개역을 출판하게 되었으니 이것은 본래의 구역 신조

---

54) 위의 책, pp. 426-46.
55) 조선예수교장로회 총회, 『조선예수교장로회 헌법』(1934년 수정판) (서울 : Presbyterian Publication Fund, 1948), 서언.

와 요리 문답 대신으로 사용할 원 헌법이 되었다. 1934년 1월 발행 위원 아룀.

2) 예배모범의 구조

第一章 主日(쥬일)을거륵히직힐것
第二章 敎會會集과禮拜時行儀(교회회집과례배시행의)
第三章 禮拜時聖經拜讀(례배시성경배독)
第四章 詩와讚頌(시와찬숑)
第五章 公式祈禱(공식긔도)
第六章 講道(강도)
第七章 主日學校(쥬일학교)
第八章 祈禱會(긔도회)
第九章 幼兒洗禮(유아세례)
第十章 入敎禮式(입교례식)
第十一章 聖餐禮式(성찬교식)[56]
第十二章 婚禮式(혼례식)
第十三章 葬禮式(쟝례식)
第十四章 禁食日과感謝日…(금식일과감샤일)
第十五章 隱密祈禱와家庭禮拜(은밀긔도와가정례배)
第十六章 施罰(시벌)
第十七章 解罰(해벌)
第十八章 獻金(헌금)

3) 1934년 예배모범의 내용[57]

---

56) 한문은 聖餐禮式(성찬예식)으로 되어 있으나, 한글은 "성찬교식"으로 기록됨.
57) 본 예배모범의 내용은 전체를 게재하지 못하고 핵심적인 내용을 중심으로 기록하였으며, 당시의 언어를 그대로 사용하였음을 밝혀 둔다.

제1장 주일을 거룩히 직힐 것

1. 주일을 긔념하는 것은 사람의 당연한 의무니 미리 육신의 모든 사업을 정돈하고 조속히 준비하야 셩경에 가라친대로 그 날을 거룩히 함에 구애가 업게 할지니라.

2. 이 날은 쥬일인 즉 죵일토록 거룩히 직힐지니 공동 회집으로나 개톄(個體)로 례배하는 일에 씀이 가하며 죵일토록 거룩히 안식하고 위급한 일 외에 모든 사무와 육신뎍 쾌락의 일을 폐할지니 셰상 념려와 속된 말도 금함이 가하니라.

3. 식물까지라도 미리 준비하고 이 날에는 가족이나 집안 사환으로 공동례배하는 사(事)와 쥬일을 거룩히 함에 구애가 되지 안토록 함이 가하니라.

4. 쥬일 아츰에는 개인으로나 혹 권쇽으로 자긔와 타인을 위하야 긔도하대 특히 뎌희 목사가 그 봉직하는 가운대서 복밧기를 위하야 긔도하고 셩경을 연구하며 믁샹함으로 공동 례배에 하나님과 교통하는 것을 준비할 것이니라.

5. 개회 째부터 일심 단합함으로 례배젼부에 참예하기 위하야 명한 시간에 일졔히 회집함이 가하고 마지막 츅복 긔도할 째까지 특별한 연고업시는 츌입함이 불가하니라.

6. 이와 갓치 엄숙한 태도로 공식 례배를 필한 후에는 이 날 남은 시간은 긔도하며 영덕 슈양셔를 보대 특별히 셩경을 공부하며 믁샹하며 셩경 문답을 교슈하며 종교샹 담화를 하며 시편과 챤숑과 신령한 노래를 불을 것이오 병쟈를 방문하며 빈한 쟈를 구졔하며 무식한 쟈를 가라치며 불신쟈의게 젼도하며 경건하고 사랑하며 은혜로온 모든 일을 행함이 가하니라.

제2장 교회 회집과 예배시 행의

1. 례배 시간이 되거든 례배당에 드러가 각기 자리에 안즈대 단졍하고 엄숙하며 경건한 모양을 직히여 자긔와 목사와 그 참셕한 모든 사람과 참셕치 못한 사람들을 위하야 믁긔도로 복을 빌지니라.

2. 례배 시간에는 모든 사람이 엄숙한 태도와 공경하는 마음으로 예비하고 목사가 랑독하거나 인증하는 셩경 외에는 다른 것을 보지 말 것이오 귀말이나 츌입하는 쟈의게 인사나 곁눈질이나 조름이나 웃거나 긔타 모든 합당치 못한 행동을 일체 하지 말 것이오 유아들은 각기 부모가 다리고 잇는 것이 조흐니 한 가족이 하나님의 집에 갓치 모혀 안는 것이 가장 맛당하며 유년 례배회로 싸로 회집할 째는 당회원이 반다시 출셕 인도할 것이니라.

제3장 례배 시 성경 배독

1. 례배 시에 성경 배독은 공식 례배의 일부분이니 반드시 목사나 긔타 허락을 밧은 사람이 배독할 것이니라.

2. 신구약 성경은 텽즁으로 알아듯게 하기 위하야 본방문(本邦文)[58] 성경을 랑독할 것이니라

3. 배독할 성경 쟝 절은 목사의 의향대로 작뎡할지니 유익할줄노 생각할 째는 그 읽는 즁에 엇던 부분을 해석함도 가하나 성경을 읽던지 찬숑을 하던지 긔도하던지 강도하던지 각 졀차의 시간이 서로 뎍당하게 하고 결코 모든 것이 합하야 너무 싸르던지 너무 지리하게 하지 말지니라.

제4장 시와 찬숑

1. 례배당에서 공동으로나 혹 일가족끼리나 시와 찬미로 하나님을 찬숑하는 것은 모든 신쟈의 맛당한 본분이니 성경에 합한 말과 하나님께 영광돌니는 언사를 사용할 것이니라.

2. 하나님을 찬숑하는 노래를 부를 째는 정신으로 하며 그 뜻을 쌔다르며 곡죠를 맛초아 쥬께 우리 마음을 다 할지니 음악의 지식을 련습하야 우리의 마음으로 하나님을 찬양하는 동시에 쏘한 우리의 음성으로도 하나님을 찬숑하는 것이 가하고 온 교우는 반다시 찬숑책을 준비하야 함께 찬숑하는 것이 맛당하니라.

3. 공식 례배 째에 찬숑하는 시간의 다소는 목사가 조심하야 뎡할 것이나 아모조록뎍당하게 하야 교인 젼례로 찬숑하는 실력을 엇게 함이 가하니라.

제5장 공식 긔도

1. 교회당 공식 례배를 시작할 째는 간단한 긔도로 함이 가하니 겸비한 태도로 영생하신 하나님의 무한한 권위를 숭배하며 우리가 육정을 인하야 하나님께 멀니 써낫던 것과 죄인이 되여 공로업는 것을 고하고 그의 은혜롭게 림하심을 겸손한 마암으로 간구하며 례배에 대하야 셩신의 은조(恩助)와 우리 쥬 예수 그리스도의 공로로 우리를 용납하시기를 구할지니라.

2. 시나 찬숑을 부른 후 강도하기 전에 신쟈의 일체 소원을 포괄한 긔도를 할지니[59]

---

58) 자기 나라 글

   1) 영광돌님

   2) 감샤

   3) 자복

   4) 간구

   5) 간구할 근거

   6) 타인을 위하야 긔도

  3. 강도한 후에 하는 긔도는 그 강도한 말삼에 관계되는 것을 들어 긔도하고 그타 모든 공식 긔도는 그 쌔 모든 졍형에 의하야 할 것이니라.

  4. 이샹과 갓치 긔도 데목은 그 범위가 넓고 종류가 허다하니 그 택하는 것은 당직한 목사의 츙셩과 생각에 맛길지니라. 우리 쟝로회가 공식 긔도의 일뎡한 모범을 조칠[60]할 것은 아니나 목사가 례배석에 나오기 젼에 반다시 그 강도를 준비하는 것과 갓치 쏘한 긔도할 것도 준비하는 것이 가하니라. 목사는 반다시 셩경을 숙독하고 긔도에 대한 셔책을 연구하고 묵샹하며 하나님으로 더부러 교통함으로 긔도하는 능력과 졍신을 엇을 것이오 그 쑨 아니라 아모 쌔나 공식 긔도를 하랴 할 쌔는 그 젼에 자긔 마음을 안돈하고 긔도할 것 즁 엇더한 말이 조흘지 심즁에 차례로 준비할 것이니 이러케 하여야 긔도하는대 그 위엄과 례모를 구비하며 쏘 갓치 참배하는 사람들의게도 유익이 될 것이오 무미하고 불규측하며 부주의한 행동으로 즁대한 례식을 오손치 말 것이니라.

  5. 공식 긔도에 참여한 모든 사람의 자세는 항샹 공경하는 태도를 가질 것이오 회즁은 가급뎍 일뎡한 태도를 가지는 것이 당연하니 긔립 긔도하는 자세는 셩경에 말하고 옛날 교회의 실행하던 일이오 쟝로교회의 녯법이라 그리하나 긔립하던지 부복함이 다 무방하니라.

제6장 강도(講道)

  1. 강도는 사람을 구원하는 하나님의 방침이니 크게 주의하야 행할지니라. 목사는 진심진력하야 붓그럽지 아니한 일군이 될만 하게 힘써 진리의 말을 올케 분해할지니라.

  2. 강도의 본문은 엇던 셩경 한 졀이나 혹 몃 졀을 택할 것이오 강도의 목뎍은 하나님의 진리 범위 즁 한 부분을 해석하고 쟝편의 본문을 강론하야 그 진리를 가라치며

---

59) 본 항은 소제목만 기록하고, 자세한 내용은 생략한 것임.

60) 좇을

당행할 본분의 셩질과 한뎡(限定)을 셜명하며 혹시 변증도 하나니라.

3. 강도하는 쟈는 방법을 만히 연구하고 믁샹하며 긔도하며 조심하야 예비함이 가하니 결코 쥬의와 예비 업시 하지 말고 (삼하 24 : 24) 복음의 단순한 것을 짜라 그 언어가 셩경에 뎍합하고 텽쟈(聽者) 즁 무식한 쟈라도 알아듯기 쉽게 말할 것이오 자긔의 학문이나 재조를 자랑하지 말고 자긔 행실노 자긔의 가라치는 도리를 빗내게 하고(딋 2 : 10) 생각와 말과 사랑와 밋음과 쳥결함으로 모든 신쟈의 본이 될지니라.

4. 공식 례배에 가장 요긴한 것은 가장 놉흐신 하나님끠 향하야 단톄(團體)뎍 경의를 표하는 것이니 목사는 강도를 넘우 길게 하야 요긴한 긔도와 찬숑을 못하거나 부족하게 하지 말고 뎍당한 비례로 시간을 사용하야 례배를 완젼케 함이 가하니라.

5. 강도를 필한 후에는 목사가 긔도하야 젼능하신 하나님끠 감샤를 돌니고 그 다음에는 시나 찬미를 부르고 하나님을 대표하야 축복 긔도로 폐회함이 가하니라(고후 13 : 14, 히 13 : 20-21, 읏 24-25, 엡 3 : 20-21, 살후 2 : 16-17, 민 6 : 24-26).

6. 셩경에 분명히 가라친대로 교회의 비용을 지판(支辦)하며 내디와 외디에 복음을 젼하며 빈궁한 쟈를 구제하기 위하야 명긔(定期)로 죠리잇게 감심 헌금 하는 것을 힘쓰대 은혜밧을 목뎍과 례배의 한 부분으로 알고 행할 것이오 시간은 당회에서 의뎡하야 례배 시간 즁 편리한 째를 택하야 행함이 가하니라.

7. 로회 관할 하에 잇는 어나 지교회에서던지 로회에서 보낸 사람 외에는 아모를 물론하고 당회나 목사의 허락업시는 강도함을 허락지 말지니라.

제7장 쥬일 학교

1. 쥬일 학교에서 뎍용하는 절차는 긔도, 찬숑, 셩경, 신경, 교회의 요리와 헌법 등을 공부하고 종교샹 목뎍과 내디와 외디에 젼도 사업을 위하야 헌금하는 것이니 쥬일 학교로 인하야 쥬일 공례배에 츌석하는 것과 쏘한 부모가 직접 자녀 교훈하는 책임에 거리낌이 되지 안케 할 것이오 항샹 당회의 관할과 감독 하에 잇슬 것이니라

2. 쥬일 학교교쟝은 일뎡한 시각에 개회하고 시종 각반을 삷혀보아……

3. 쥬일 학교 선생은 맛당히 쟈긔 할 일을 위하야 셩경을 연구하며 믁샹하며 긔도함으로 진력 예비할지니……

제8장 긔도회

1. 긔도할 목뎍으로 모히는 회도 당회의 인도하는대로 하대 가급뎍 쥬간 뎡긔회로

계속 집회하며 각 처에 산재한 교우들은 형편을 ᄯᅡ라 특별히 엇더한 ᄯᅢ를 뎡하야 모히게 할 수도 잇ᄂᆞ니라. 이와 갓흔 회는 목사나 당회 회원이나 혹 교회에 샹당한 자격잇는 형뎨가 인도할지니 긔도, 찬송, 셩경 랑독과 간단한 권면으로 행할지니라.

2. 각 교우로 긔도하게 하대 경건히 하고 넘우 지리하게 하지 안토록 권면할지니라.

제9장 유아 셰례

1. 셰례는 공연히 지체할 것도 아니오 엇더한 형편을 물론하고 평신도가 줄 수 업고 반다시 하나님의 사역쟈로 부르심을 밧은 그리스도의 목사가 줄지니라.

2. 셰례는 교회 안 모든 회중 압헤서 베푸는 것이 통례니라.

3. 자긔 자녀의 셰례밧기를 원하는 쟈는 그 ᄯᅳᆺ을 목사의게 예고하고 그 부모 즁 일인이나 혹 량인이 다 그 셰례밧을 유아를 다리고 올지니라.

4. 셰례 주기 젼에 목사는 셩례에 관한 셩질과 소용과 이 례식의 목덕을 좌긔(左記)[61] 례사(例詞)로 셜명할지니라……

5. 목사는 좌(左)와 갓히 문(問)하ᄂᆞ니라……

제10장 입교 례식

1. 교회 교우의게서 츌생한 자녀로 유아 셰례를 받은 아해는 …… 셩년이 된 후에는 힘써 권고하야 츌생하면서부터 교회의 교우된 것을 알게 하고 개인으로 그리스도를 밋고 사람 압헤서 증거하며 셩찬 참여함을 쳥원하는 것이 자긔의 의무와 특권임을 긔억케 할지니라.

2. 쇼년의 셩년되는 년긔는 확뎡할 수 업스나 ……당회가 결뎡할지니라.

3. 셰례밧지 아니한 셩인이 입교하랴고 하면 하나님을 아는 것과 츙셩함에 대하야 만족한 증거를 나타내고 교회 공즁 압헤서 자긔의 밋음을 션언케 한 후에 셰례를 주는 것이 통례니라.

4. 유아 셰례 밧은 쟈가 ……자긔의 밋음을 션언함이 가하나……

5. (1) 셩년이 되여 공식 션언하는 날에 당회의 허락을 엇어 교회에 입회하는 쟈들이 회즁 압헤셔면 목사는 그 사실을 아래와 갓치 말할지니라……

---

61) 1934년 예배모범은 오늘날과 같이 '좌에서 우로' 기록된 것이 아니라 '위에서 아래로' 써졌기 때문에 그 다음 내용은 좌측에 오게 되므로 "좌긔(左記, 왼쪽에 기록된)"로 쓰고 있다.

6. 다른 교회에서 이명 증셔를 가지고 온 쟈는 그 씨명을 교회에 공포하고 그 신덕과 사랑을 쇼개하나니라.

제11장 셩찬 례식

1. 셩찬은 죵죵히 베푸는 것이 가하나 …… 각 교회 당회가 쟉뎡하대 덕을 세우기에 합당한 대로 뎡할지니라.
2. 교리를 쌔닷지 못하는 쟈와 교회를 붓그럽게 하는 쟈는 셩찬에 참여할 수 업나니라
3. 셩례를 시행하려 할 째는 교회에 공식 광고를 함이 당연하니 적어도 일쥬일 젼긔(前期)하야 광고하대……
4. 강도를 맛친 후에는 목사의 할 일이 이러하니[62]
……
5. 셩찬을 셜비한 샹은 단정히 덥고 썩과 포도즙을 예비한 후 참여할 신쟈의 자리를 졍돈하야 쟝로는 편리한 쟝소에 잇게 하고 목사가 감사와 긔도를 함으로 썩과 포도즙을 셩별한 후에 목사가 썩을 취하야 사람 압헤서 쎄이며 갈아대…… 또 잔을 들어 갈아대 ……하고 쟝로의게 주어 난호게 할 것이라

슈찬 슌서는 모든 교우가 밧은 후에 목사가 밧고 그 다음에 목사가 쟝로들의게 주는 것도 합당하며 목사가 몬져 밧고 다음에 교우가 밧고 그 다음에 목사가 쟝로의게 줌도 가하니라.

6. 신쟈마다 각각 쥬로 더부러 약됴(約條)하는 가운데서 행할지니 이 셩찬을 분배하는 동안은 죵용히 묵샹하며 감사하며 간구하며 긔도할지니라.
7. 목사는 몃마대 말노 셩찬에 참여한 회원의게 인샹되도록 권면할 수 잇스니……
8. 엇던 디방 교회에서는 셩찬 베풀기 젼긔(前期)하야 금식을 행하는 습관도 잇스니 ……원하는대로 그 풍속을 싸라 할지니라.

제12장 혼례식

1. 혼례는 셩례도 아니오 그리스도 교회에만 잇는 것도 아니나 하나님의 세우신 신셩한 례법이라……

---

62) 여기서 목사는 셩찬에 관계된 셩경 봉독-셩찬의 유익함을 설명-셩찬 참여가 불가한 자에 대한 경계와 참여 자격이 있는 자에 대한 언급을 하게 된다.

2. 셩도들은 맛당히 쥬 안에서 결혼할지니 혼례에 특별한 훈계와 뎍당한 긔도로 행하기 위하야 목사나 긔타 교역쟈로 쥬례케 함이 가하니라.

3. 혼인은 다만 일남 일녀로 하고 셩경에 금한 혈족과 친족 범위 안에서는 못할 것이니라.

4. 남녀가 각각 샹당한 년령에 도달하여야 할지니 부모나 그 후견쟈의 동의를 엇고 목사 압헤 증명한 후에야 목사가 쥬례할지니라.

5. 부모는 그 자녀의 혼인을 강졔로 하지 말며 쏘한 뎌희의 혼인을 샹당한 리유업시 금지말지니라.

6. ……결혼 례식 거행할 일을 여러 날 젼에 작뎡하고 넓히 공포할지니라. 목사들은 이 일에 깁히 주의하야 하나님의 법을 범함과 국가의 법률에 져촉함이 업도록 하며 가뎡의 화평과 안위를 손상치 안키 위하야 이 혼인에 반대되는 것이 업다하는 쌍방의 증명을 요할지니라.

7. 혼인은 충분한 증인의 압헤서 행할 것이며 목사는 그 요구를 짜라 혼인 증셔를 줄지니라.

8. 목사는 셩례(成禮)한 쟈의 씨명과 일자를 결혼 명부에 샹긔하야 후일 요구하는 쟈의 검열에 편리하도록 할지니라.

제13장 쟝례식

1. 쟝례 시에 당행할 례식은 뎍당한 시나 찬숑을 부르고 합당한 셩경을 랑독하고 목사의 생각한 대로 합당한 셜명을 하고 특별히 비참한 일을 당한 쟈로 하나님의 은혜를 밧게 하며 뎌희의 슯흠이 변하야 영원한 유익이 되게 하며 뎌희가 보호하심을 밧아 비참한 가온대서 위로함을 밧게 긔도할지니라.

2. 이 쟝례식은 쥬례 목사의 의견대로 하는 것이 만흐나 그러나 그 쥬요한 쯧은 일치말지니 경계함과 훈계함과 생존쟈 위로함을 주의하고 하나님의 말삼을 오용하야 신앙업시 생활하다가 별셰한 쟈도 복음의 소망이 잇다함을 면하도록 주의할지니라.

제14장 금식일과 감샤일

1. 금식일과 감샤일은 셩경에 명시한바 업스나 형편을 짜라 직힘이 셩경 교훈에 합당하니라.

2. 금식일과 감샤일은 셩도 개인이나 혹 한 가족이 사사로히 직히는 일도 잇고 혹

한 지교회나 혹 친밀히 교졔하는 교회의 교우들끼리 직히는 일도 잇고 한 로회의 관하에 잇는 모든 교회나 젼국 교회가 직히는 일도 잇나니라.

3. 금식일과 감샤일은 편리한 째에 미리 공포하야 교우들노 하야곰 ……준비케 할지니라.

4. 이와 갓흔 날에는 공식 례배를 보는 것이 가하니 시나 찬숑을 부르고 셩경을 랑독하며 강도를 하대 모도 그 날에 뎍응하게 할지니라.

5. 금식일에는 목사가 이 날 직히는 일에 대한 리유와 특별한 형편을 설명할지니라……

6. 감샤일에도 쏘한 목사가 이 날 직히는 일에 대한 리유와 특별한 형편을 설명하대……

제15장 은밀 긔도와 가뎡 례배

1. 교회 내에서 공식 례배를 보는 것 외에 개인이 은밀히 긔도하는 것과 일가족이 사사로히 하나님끠 경배하고 긔도하는 것이 업지 못할 당연한 본분이니라.

2. 은밀 긔도는 우리 쥬끠서 명백히 명령한 것이니 사람마다 당연히 시간을 뎡하야 사사로 긔도하며 셩경을 보며 거륵하게 믁샹하며 엄숙히 자긔를 삷혀볼지니 이와 갓치 진실한 마음으로 행하는 사람들이 그 유익이 만흔 것을 증명하나니라.

3. 가뎡 례배는 집안 마다 행할지니 조석으로 긔도하며 셩경을 보며 찬숑함으로 할지니라.

4. 인도하는 이는 이 직분을 거행하대 맛당히 주의하야 모든 권쇽으로 하여곰 참여케 하고……

5. 인도하는 이는 맛당히 주의하야 종교의 원리로 그 자녀와 집 사람을 가라치고……

제16장 시벌

1. 교회의 책벌은 그 범과의 셩질에 의하야 합당하게 베풀지니 개인 자톄(自體)에 관한 죄 갓흐면 혹 심판셕에서 비밀히 책벌하던지 혹 본 치리회 회원 이 삼인을 파송하야 대표로 시벌할 것이니라.

현져히 범한 죄 갓흐면 본 치리회 공개회셕에서 책벌하거나 혹 교회 압헤서 공포할지니라. 드러난 죄라도 이샹한 형편이나 특별한 리유가 잇어 그 셩질이 과히 즁하지 아니한 째는 비밀히 권계하던지 혹 유긔(有期) 책벌을 할 것이니라. 그러나 만일 무긔

(無期) 책벌이면 흔히 교회에 공포할 것이오 츌교급 면직은 교회 젼에서 직졉 본인의게 언도하거나 혹 본 치리회의 의결대로 교회에 공포만 할 것이니라.

2. 교회 회원이나 직원이 당연히 벌을 밧을 만한 범과가 잇스면 본 치리회는 자비한 마음으로 그 일을 판단하고……

3. 권계(勸戒)는 고범(故犯)이 아니오 쏘 비밀에 속한 경우에 본 치리회가 일 이 회원을 파송하야 비밀히 권계할 수 잇스나……

4. 유긔 책벌은 타인의게 감계(鑑戒)되는 벌인즉 본 치리회 공개 시에 본인의게 언도하던지 교회에 공포할지니라.

5. 무기 책벌은 심히 신즁한 태도로 하대……

6. 츌교하기를 결의한 후에는 당회 회장이 교회 압헤서 그 범과한 형뎨를 심사한 견말을 공식으로 션언하고 교회 안에 둘 수 업는 사유를 셜명한 후……

7. 면직 션언은 회쟝이 아래와 갓치 할지니라……

제17장 해벌

1. 교회 치리쟈들은 슈챤 뎡지를 당한 쟈와 자조 교졉하고 그로 더부러 갓치 긔도하며 그를 위하야 긔도할지니라.

2. 치리회에서 어나 책벌한 쟈의 회개의 진상을 만족히 아는 째는 본 치리회 결의에 의하야 그로 본 치리회 젼이나 교회 공셕에서 자복하게 하고 교회의 셩례에 다시 참여하는 권을 회복하며 혹시 복직케 할 수 잇나니라.

3. 츌교 당한 교인이 회개하고 교회에 다시 드러오기를 원하는 째는 당회는 그의 진실한 회개의 만족한 증거를 엇은 후에 허락할지니 이 일을 행하랴면 당시 회쟝된 목사는 그 본 교회에 해벌하는 리유와 당회에서 결의된 것을 공포할지니라.[63] ……

4. 면직을 당한 쟈가 젼항과 갓치 공식 자복과 문답을 경하엿으면 임직식을 밧을 것이니라.

5. 뎡직(停職)한 목사를 복직하며 면직한 쟈를 임직할 째는 로회는 극히 근신하야 행할지니……

6. 면직되엿던 쟝로나 집사가 복직되엿스나 그 교회에서 다시 피션되지 못하면 시무치 못하나니라.

---

63) 그리고 나서 출교당한 교인을 교회 앞에서 문답함.

7. 벌 아래 잇는 교인이 그 벌 당한 치리회 소재디에서 원거리되는 디방에 이뎐할 때에……

제18장 헌금

1. 교회에 각 신도는 쥬씌로부터 밧은 재물을 가지고 뎡측(定則)대로 헌금하는 일을 배양할지니 이로써 쥬 예수 그리스도의 명하신대로 복음을 텬하 만민의게 전파하는 일을 도음이 가하니 쥬일 마다 이일을 위하야 회즁으로 헌금하는 긔회를 뎡하는 것이 합당하고 매우 아름다운 일이라. 셩경에 가라치신대로 이 갓치 헌금하는 것은 젼능하신 하나님씌 엄숙히 례배하는 일부분으로 할지니라.

2. 헌금은 어나 례배회에서 할 것과 그 슌셔는 목사와 당회의 결의대로 할 것이오 목사는 헌금하는 일을 례배의 일부분이 되게 하기 위하야 헌금 젼 혹 후에 특별히 간단한 긔도로 복주시기로 구하고 쥬의 물건으로 봉헌할 것이니라.

3. 그 슈납금은 당회의 감독하에서 교회 각 대리국과 그타 자션 사업과 그리스도의 사업을 위하야 분배할 것이니…… 혹 헌금하는 쟈가 특별한 소원이 잇슬 때에는 그의 원을 싸라 삼가 실행할지니라.

4. 목사마다 자기 교회가 감심으로 헌금하는 습셩을 배양하는 것이 맛당하니 신도마다 다쇼를 물론하고 자긔 사력대로 밧치게 할지니라.

5. 1983년 예장(통합) 예배모범의 구조와 내용[64]

1983년에 개정된 예배모범은 그 명칭부터가 새롭게 바뀌었다. 과거에 사용했던 "예배모범"이라는 용어 대신 "예배와 예식"이라는 용어를 채택하였다. 그리고 그 내용에 있어서도 획기적인 변화를 가져오게 되었다. 이 예배모범은 1980년 제65회 총회에서 1971년도에 개정된 헌법을 다시 개정하기로 결의한 바에 따라 개정 작업이 시작되어, 개정안이 1982년 제67회 총회에서 승인을 받아 1983년 8월 24일자로 공고되었다.[65] 그러면 1983년 예배모범이 개정될 시기의 한국 교회의 상황과 1983년의 예배모범 구조와 그 내용에 관하여 살펴보도록 하겠다.

1) 시대적 상황

1980년대는 한국 개신교회가 선교 100년(1984년)을 맞게 되는 뜻깊은 시간이었다. 선교 1세기를 지나 한국 교회는 이제 보다 성숙한 교회로서 선교 2세기를 준비해야 하는 시점에 이른 것이다. 따라서 한국 교회는 자신의 지나온 100년을 돌아보면서, 동시에 앞으로 나가야 할 길을 모색해야 하는 시대적 과제를 안게 된 것이다.

1970, 1980년대는 한국 개신교회가 가장 활발한 활동을 하면서 복음을 전한 시기라고 할 수 있으며, 거기에 맞게 한국 교회는 이 시기에 급속한 성장을 이루기도 하였다. "삼천만을 그리스도에게로"라는 슬로건을 걸고 복음화 운동이 전개되었으며, 대형 전도 집회들이 계속되면서 많은 사람들을 결신하였다.

이런 복음화 운동뿐만 아니라 이 시기에 한국 교회는 사회에 대한 참여도 활발하였다. 1960년대 이후 한국 사회의 산업화에 따른 문제와 부작용들을 극복하고자 도시 산업 선교 운동이 일어났으며, 이와 함께 군사 독재의 억압적 상황에서 교회는 이에 맞서 힘찬 저항을 하는 데 앞장서기도 하였다.

그리고 교회 내부적으로는 그동안 분열을 거듭해 오던 것에 대한 반성과 함께

---

64) 총회 헌법 개정 위원회 편, 『대한예수교장로회 헌법』(서울 : 대한예수교장로회 총회 출판국, 1988), pp. 243-70.
65) 위의 책, 서문 참조.

교파 간의 대화와 교류를 통한 일치 운동이 일어나기도 하여, 한국 교회가 그리스도 안에서 하나되는 데 힘을 모으기도 하였다. 신학적으로는 토착화 신학과 같은 한국적 신학을 정립하려는 움직임이 일어나서, 그동안 서구 선교사들에 의하여 전수된 신학을 벗어나서 우리의 것을 기독교 복음과 접목하려는 시도들이 이때 일어나기도 하였다. 이런 현상은 선교 1세기를 맞는 한국 교회가 이제 그만큼 성장했다는 한 증거이기도 할 것이라고 본다. 또한 시대적 상황을 외면하지 않고 민중 신학과 같은 주장들이 등장하여, 소외되고 억압된 민중들에 대한 관심을 표명하면서 그들의 고난에 교회가 함께 동참해야 할 당위성을 이론적으로 정립하기도 하였다.[66]

또한 이 시기는 한국 사회가 1차 산업의 농업 구조에서 산업화의 과정으로 넘어가는 전환기를 맞으면서 경제적 발전과 함께 거기에 따른 많은 부작용이 나타나기도 하였다. 따라서 교회도 이러한 변화에 적절히 대응할 수 있어야 했으며, 자신의 사명과 역할에 대한 새로운 정립이 필요하게 되었던 것이다. 교회 내부의 제도와 조직뿐만 아니라 신학과 교리 등에 대한 수정도 불가피하게 되었으며, 시대적 상황이 이에 반영될 수밖에 없었다.

이러한 변화에 따라 대한예수교장로회(통합)도 1980년 제65회 총회에서 헌법을 다시 개정하기로 결의하고, 81년과 82년 총회를 거쳐 승인을 한 후, 1983년 8월 24일자로 개정된 헌법을 공고하기에 이르렀다. 여기에는 교리, 정치, 권징, 예배와 예식(전 예배모범)에 대한 수정이 전반적으로 이루어졌다. 이러한 변화는 한국 사회의 현대적 변화에 교회가 함께 발맞추려는 노력으로 보인다.

2) 예배모범의 구조

1983년의 예배모범 구조는 1934년과 같이 장수는 모두 18장으로 되어 있다. 그러나 1934년 판에 비교할 때 어떤 내용은 추가가 되고, 어떤 내용은 삭제가 되었으며, 어떤 부분은 하나로 통합되었다.

먼저 1934년 예배모범 내용 중 제1장의 주일 성수 부분은 "주의 날"로(제3장),

---

66) 김인수, 『한국 기독교회의 역사』, pp. 643-83.

제2장 교회 회집과 예배 시 행위는 삭제되었고, 제3장 성경 봉독과 제6장 강도는 하나로 합하여 "예배와 말씀"(제6장)으로 되었고, 제7장 주일 학교는 제목은 사라졌으나 내용은 제14장 "교육과 훈련" 부분에 포함되어 있고, 제8장 기도회는 제13장 "예배의 분류" 안으로 들어갔고, 제9장 유아세례와 제10장 입교 예식은 "세례"(제11장)로 묶여졌다. 제14장 금식일과 감사일, 제15장 은밀 기도와 가정 예배는 삭제되었으며, 제16장 시벌과 제17장 해벌은 "교회의 기율"(제18장)로 통합되었다.

특별히 1983년 개정본에서는 제1장 교회, 제2장 예배, 제4장 예배의 내용, 제5장 예배의 배열, 제10장 성례전, 제13장 예배의 분류, 제14장 교육과 훈련, 제15장 교회 예식 등이 새롭게 등장하고 있다. 이러한 내용들은 예배모범이 무엇보다도 예배 자체에 초점을 맞추어 거기에 많은 비중을 두고 있음을 보여주는 것이라고 하겠다. 그리고 또 하나는 그동안의 예배모범들은 예배의 개념을 주로 교회 생활 안에 국한하여 규정하고 있으나, 1983년 개정판은 예배의 개념을 교회 안에서뿐만 아니라 교회 밖 세상으로 그 범위를 확대하는 변화를 볼 수 있다. 교회 안에서 드려지는 예배에 최선을 다해야 할 뿐만 아니라 성도는 그 예배가 세상 생활로 이어지도록 해야 한다는 것이다. 이러한 것들은 현대 기독교의 사회적 책임에 대한 강조가 반영된 결과라고 하겠다. 그 구조를 보면 다음과 같다.

제1장 교회
제2장 예배
제3장 주의 날
제4장 예배의 내용
제5장 예배의 배열
제6장 예배와 말씀
제7장 시와 찬미와 음악
제8장 공중 예배 기도
제9장 예배와 예물
제10장 성례전
제11장 세례

제12장 성찬
제13장 예배의 분류
제14장 교육과 훈련
제15장 교회 예식
제16장 혼례식
제17장 장례식
제18장 교회의 기율

1919년, 1934년, 1983년 한국 장로교 예배모범의 구조를 비교하면 다음과 같이 정리할 수 있다.

1919년 예배모범	1934년 예배모범	1983년 예배와 예식
제1장 주일 성수	주일 성수	교회
제2장 교회 회집	교회 회집	예배
제3장 성경 봉독	성경 봉독	주의 날
제4장 시편과 찬송	시와 찬송	예배의 내용
제5장 공식 기도	공식 기도	예배의 배열
제6장 강도(설교)	강도(설교)	예배와 말씀
제7장 주일 학교	주일 학교	시와 찬미와 음악
제8장 기도회	기도회	공중 예배 기도
제9장 세례(유아세례)	유아세례	예배와 예물
제10장 입교 예식	입교 예식	성례전
제11장 성만찬	성만찬	세례
제12장 혼례	혼례	성찬
제13장 환자 심방	장례	예배의 분류
제14장 장례	금식일과 감사일	교육과 훈련
제15장 금식일과 감사일	은밀 기도와 가정 예배	교회 예식
제16장 은밀 기도와 가정 예배	시벌	혼례식
제17장 시벌	해벌	장례식
제18장 해벌	헌금	교회의 기율
제19장 연보		

3) 1983년 예배모범의 내용

제1장 교회

1. 교회는 예수 그리스도를 구세주로 영접한 하나님의 자녀들이 모인 공동체이다. 이 교회는 성령의 역사 아래서 예배와 그 외의 사역을 통하여 하나님을 영화롭게 하고 영원토록 그를 즐거워하는데 그 존재의 목적을 두어야 한다.

2. 교회에 속한 모든 성도들은…… 하나님의 은총 앞에 경건한 응답으로써 영광과 찬양과 감사를 드려야 한다.

3. 교회는 주님의 몸으로서 성령의 역사를 통하여 계속적으로 말씀이 선포되고 성례전이 바르게 집례되어야 할 것이며……

4. 교회는 이 사명을 위하여 부름 받았음을 확인해야 한다. 그러나 이 소명은 교회 공동체 구성원에게 각각 구별된 분야를 섬기도록 하셨으며, 특히 목사에게는 예배를 인도하며 설교와 성례전의 집례를 통하여 하나님의 말씀을 선포하는 특수한 임무가 부여되었으며, 당회는 모든 회중을 대표하여 예배의 준비와 질서를 맡아 수행해야 한다.

제2장 예배

1. 예수 그리스도를 통하여 구속의 역사를 펴신 분이 하나님이시며, 오늘도 예배를 드리도록 성도들을 부르시는 것도 전적으로 하나님의 주권적인 행사에 속한다……

2. 그러므로 예배는 하나님을 섬기는 성도들의 응답이며 구체적인 행위이다. 이 예배는 인위적인 행사로 되는 것이 아니며 성경 말씀의 증거와 성례전 가운데서 성령의 역사를 통하여 보여주신 예수 그리스도의 구속의 은총을 깨닫는 믿음 가운데서 이룩되어야 한다.

3. 시간을 초월하신 하나님 앞에 성도들은 언제나 예배를 드릴 수 있다. 그러나 모든 성도들이 함께 모여 드리는 공중 예배는 주님이 부활하신 주님의 날이 합당하다……

4. …… 예배의 장소도 자유로울 수 있다. 그러나 예배는 성별된 장소인 예배당에서 드리는 예배가 필수적이다.

5. 성도들은 함께 모여 드리는 예배드림과 동시에 세상으로 흩어져 영적인 생활을 힘써야 한다.

제3장 주의 날

1. 사도 시대부터 우리 주님께서 죽음으로부터 부활하신 일주일의 첫날을 우리 기독교는 거룩한 안식일로 정하여 지켜 오고 있다. 이 날을 거룩하게 지키기 이하여 그리스도인들은 육신의 생업을 중지하고 모든 가족이 예배당에 나아가 성도들과 함께 예배를 드리며, 하나님께서 내리시는 은혜를 받으며, 하나님의 자녀 된 특권을 누려야 한다.
  2. 이 날은 주님의 날인즉 이른 아침부터…… 준비해야 한다.
  3. 주님의 날에 드리는 예배는 정한 시간에 한 마음 한 뜻으로 모든 성도가 참여해야 하며, 예배의 처음부터 끝까지 경건한 마음으로 질서를 지켜야 한다.
  4. 공중 예배를 마친 후에는 그 남은 시간을 영적인 성장을 위하여 기도, 찬송, 성경 공부를 비롯하여 신앙 담화나 영적인 수양지를 읽도록 할 것이며 병자 위문, 가난한 자 구제, 전도 등을 하면서 사랑과 은혜의 예배가 연속되도록 해야 한다.

제4장 예배의 내용
  1. 성도들이 드리는 예배의 대상은 하나님이시다. 그러므로 모든 예배의 목적과 내용은 인간 중심적인 것이 될 수 없고 오직 하나님께만 영광과 감사와 찬송을 드리도록 준비되어야 한다.
  2. 예배를 인도하는 목사는 깨끗한 마음과 몸으로 하나님이 기뻐하시고 성도들이 감격적으로 드릴 수 있는 예배가 되도록 그 책임을 다해야 하며 하나님의 말씀을 바르게 전달하는 종으로서 최선을 다해야 한다.
  3. 모든 성도들은 …… 몸과 마음을 준비하고 나아가야 하며 예배의 모든 순서에 처음부터 끝까지 적극적으로 참여하고 응답해야 한다.
  4. 모든 예배의 참여자들은 한 마음 한 뜻을 가진 공동체로서…… 흩어지는 교회로 계속되어야 한다.
  5. 공중 예배는 가급적 다음과 같은 교회력에 맞추어 진행하도록 하며……

제5장 예배의 배열
  1. 공중 예배는 신령과 진정이 표현되는 질서 의식이 내포되어야 한다……
  2. 공중 예배의 기본 배열은 다음과 같이 구분할 수 있다.
  첫째로, 하나님 앞에 나아가는 부분이다. 하나님의 부르심과 그 부르심에 응답하는 순서로 예배가 시작된다.
  둘째로, 찬송과 고백과 기도이다……

셋째로, 말씀의 순서이다……

넷째로, 감사와 응답의 순서이다……

다섯째로, ……성례전을 포함한 예배가 자주 있어야 한다.

끝부분은 찬송과 위탁의 말씀과 축도(강복 선언)이다……

제6장 예배와 말씀

1. 하나님의 말씀은 살아 계신 생명의 말씀이다……

2. 이 하나님의 말씀은 …… 하나님의 계시로서 성경과 설교와 성례전을 통하여 우리에게 하나님의 현존을 선포하시는 삶의 원천을 제공해 주신다.

3. 그러므로 기록되어진 하나님의 말씀은 예배 가운데서 반드시 봉독되어져야 한다……

4. 봉독할 성경의 내용은 목사가 작성하되 그 봉독은 목사나 목사의 허락을 받은 사람이 봉독하도록 해야 한다……

5. 설교는 하나님의 부름받은 말씀의 종을 통하여 오늘의 회중들에게 바르게 선포되고 정확하게 해석되고 효율적으로 적용되는 하나님의 말씀이다……

6. ……설교자는 부름받은 말씀의 종으로서 소명감과 함께 영적인 생활과 깊은 연구 생활을 계속하여 하나님의 말씀이 정확히 전달되도록 준비가 있어야 한다.

7. 예배 중의 설교는…… 적당한 시간 내에 강론하여 그 진리를 가르치며 그들의 생활 속에 연결지어 주어야 한다. 결코 인간적인 사상이나 학문이나 재주의 자랑이 아닌 진리만을 전해야 한다.

8. 교회는 당회장이나 당회의 허락 없이는 설교하는 것을 허락하지 아니한다.

9. 성례전은 행동으로 표현되는 하나님의 말씀이다……

제7장 시와 찬미와 음악

1. 예배 가운데 모든 성도들이 한 공동체로서 시와 찬미로 하나님을 찬송하는 것은 모든 신자의 마땅한 본분으로 하나님께 영광을 돌리는 일이다.

2. ……성도들은 찬송을 부를 때 깊은 이해를 가지고 적극적인 참여를 해야 할 것이며, 모든 음악 순서는 그 예배의 목적과 일치되도록 해야 한다.

3. 당회는 예배 순서에 찬양과 연주를 맡을 성도를 정성을 기울여 선정하고……

제8장 공중 예배 기도

1. 공중 예배에서 드리는 기도는 개인적인 소원을 하나님께 아뢰는 것이 목적이 아니라 하나님의 무한한 권위를 숭배하며…… 허물과 죄를 고백하는 기도이어야 한다. 이 기도는 성령의 도우심과 예수 그리스도의 공로로 …… 구하는 기도가 되어야 한다.

2. 예배를 인도하는 목사는…… 중재적 의미를 가진 목회 기도를 드려야 한다. 이러한 기도 가운데는 경배, 감사, 자복, 간구, 중재와 같은 요소들이 있어야 한다……

3. 설교 후에 드리는 기도는 그 증거한 말씀에 관계되는 기도로서 선포된 말씀이 귀한 결실을 맺도록 성령의 역사에 의탁하는 내용이어야 한다.

4. 공중 예배 순서에 평신도가 드리는 기도는 목회 기도가 아니므로 그 내용은 감사와 자복과 은혜의 말씀을 사모하는 내용이어야 한다.

5. 공중 예배에서 기도를 인도하는 목사와 평신도는…… 기도의 내용을 준비하여 마음과 몸의 자세를 경건하게 가져야 한다.

6. 공식 예배의 기도에 참여하는 모든 성도들의 자세는…… 경건한 태도이어야 하며 한 마음으로 기도를 드려야 한다.

7. 모든 기도는 예수가 명하신 대로(요 15 : 16) 예수 그리스도의 이름으로 드려야 한다.

제9장 예배와 예물

1. 예배 가운데 희생의 제물을 대신하여 예물을 드림은 예배자의 당연한 일이다……

2. 성도들의 정성어린 이 예물은…… 오직 기쁜 마음과 감사한 마음으로 드려야 한다.

3. ……목사는 이 순서 전이나 후에 드리는 기도 가운데 성도들의 정성을 하나님이 받아주실 것을 기도해야 한다.

4. 이 봉헌된 예물은 당회의 감독 하에 주님의 복음 사업에 아름답게 사용되도록 특별한 주의를 기울일 것이며 모든 성도들이 그 과정과 결과를 알 수 있도록 해야 한다.

제10장 성례전

1. 세례와 성찬은 예수께서 친히 세우신 거룩한 예전으로 하나님이 사람에게 주시는 은총의 보이는 형태이다……

2. 이 예식들은 예수께서 친히 은혜를 베푸시는 방법으로 삼으시고 교회를 위하여

세우셨다. 그러므로 교회는 어디서나 이 예전을 자주 또 정당하게 거행하여 신령한 유익을 얻어야 한다……

3. 성례전은 어떠한 형편을 막론하고 평신도가 집례할 수 없고 반드시 하나님의 사역자로 부르심을 받은 목사에 의해서 집례되어져야 한다. 그 집례의 장소는 교회가 되어야 함이 원칙이나 특별한 경우 그 외의 장소에서도 당회의 결정에 따라 교회를 대표하는 교인들의 참석하에 집례할 수 있다.

제11장 세례

1. 세례는 죄의 용서와 함께 죄인이 그리스도의 사람이 되는 하나님의 은총의 표시이다……

2. 성례전으로서의 세례는 전체 교회의 행위이다. 그렇기 때문에 세례는 정기적으로 베풀어져야 하며, 예배드리는 회중의 참여 가운데서 베풀어지는 것이 마땅하다……

3. 어린이 세례는 구약 시대에 할례를 베풀어 어린이도 은총의 언약 아래 있게 했던 것처럼 예수께서 세우신 새 언약에 들어가는 표인 세례를 어린이에게 주는 것은 합당한 일이다……

4. 입교는 어린이 세례를 받은 사람이 장성해서 스스로 예수 그리스도를 구주로 고백하고 하나님의 은총에 대한 개인적인 응답을 하도록 하는 것이다……

5. 어른 세례는 어린이 세례를 받지 않은 사람이 성인이 된 후에 예수 그리스도를 구주로 영접하고 신앙을 고백하여 교인이 되고자 할 때에 세례를 받도록 하는 것이다. 이 세례를 받기 전에 당회는…… 교육을 받도록 한 후 적절한 시취와 당회의 결의를 거쳐서 공중 예배에서 세례를 받도록 한다. 세례 예식은 목사가 회중에게 세례의 의미를 선포한 후 다음과 같이 말하고 서약을 해야 한다. ……이상과 같은 서약에…… 대답을 받고, 목사가…… 세례를 베푼다. "○○○, 내가 성부와 성자와 성령의 이름으로 세례를 주노라. 아멘"……

6. 학습은 원입 교인이 신앙의 도리를 바르게 이해하고 복음적인 신앙 안에서 성장하도록 지도하는 과정이다……

제12장 성찬

1. 세례의 예전을 통하여 교회의 일원이 된 우리들은 성찬의 예전을 통하여 보이는 은혜로 선포되는 하나님의 말씀 앞에 임하게 된다. 이 예전의 주인은 성령 안에서

임재하시는 예수 그리스도 자신이시다.

2. 성찬은 예수께서 제정하신 것으로…… 교회는 예수님과 사도의 이와 같은 명령에 따라 초대교회 때부터 현재까지 성찬을 신령한 예전으로 지켜 오고 있다.

3. 모든 참여자들은 이 성찬의 예전에…… 영적으로 임재하시는 주님을 뵙는 경험을 갖도록 하며…… 기쁨과 감사와 소망을 가지고 살아야 한다.

4. 이 예전을 집례하는 목사는…… 자신의 막중한 사명을 깨닫고 몸과 마음을 깨끗하게 해야 한다……

5. 이 성례전은 기본적으로 그리스도의 마지막 만찬과 사도 바울이 고린도 전서에서 기록한 만찬의 유형을 따라야 한다……(떡-잔의 순서)

6. ……영광과 감사를 드리는 기도와 찬양을 드리고…… 축복 기도로 끝을 맺는다……

제13장 예배의 분류

1. …… 어떠한 성격의 예배에서나 하나님을 찬양하고 그의 말씀을 들으며 그의 은혜를 감사하고 새 삶을 결단하는 기도가 포함되어야 한다.

2. 주일 예배……
3. 찬양 예배……
4. 기도회……
5. 새벽 기도회……
6. 구역 예배……
7. 가정 예배와 개인 기도 생활……

8. ……필요에 따라 교회는 특별 집회를 가질 수 있다. ……사경회를 비롯하여 철야 기도회, 금식 기도회, 또는 교회 봉사를 위한 기타 집회를 가짐이 유익하다.

제14장 교육과 훈련

교회는 지상에서 하나님의 나라가 건설되고 교회가 성장하고 확장되게 하기 위한 일꾼이 필요하므로 교인들에 대한 신앙 교육을 수행해야 한다. ……교회는 이러한 기능을 수행하기 위하여 아동부, 중.고등부, 대학부, 청년부, 장년부, 노년부 등의 교육 훈련을 가진다.

제15장 교회 예식

1. 그리스도의 몸인 교회공동체를 바로 세우고 질서를 유지하기 위하여 사역자들을 세우는 일과 성전의 봉헌 등은 적절한 예식을 통하여 이행함이 타당하다.

2. 이 예식에 필요한 모든 절차는 예식서에 정한 대로 따르도록 노력해야 할 것이며,

모든 예식이 경건되이 실시되도록 기도로 준비하여 하나님께 영광을 돌리도록 해야 한다.

제16장 혼례식

1. 성도들은 마땅히 주 안에서 혼인할 것이니 혼인을 특별한 훈계와 적당한 기도로 행하기 위하여 목사나 그밖의 교역자로 주례케 해야 한다.
2. 주례자는 남녀가 각각 일정한 연령에 도달하여 부모나 그 후견자의 동의를 얻었을 때 이를 확인하고 집례해야 한다.
3. 혼인식은 여러 증인 앞에서 행할 것이며 주례자는 그 요구를 따라 혼인 증서를 줄 것이다.

제17장 장례식

1. 장례식에 행할 예식은 적당한 찬송을 부르고 성경을 봉독하고 목사가 적절한 말씀으로 유족에게 하는 것이다
2. 이 장례식은 집례자가 유족들의 의견을 참작한 순서대로 실시하는 것이 좋으며 구체적인 절차는 예식서를 참고하여 이행할 것이다.

제18장 교회의 기율

1. 시벌 : 교회는 성도들 가운데 어떤 과오를 범했을 때 그들에게 적절한 벌을 주어야 한다. 교회가 벌을 받은 사람을 버리려는 것이 아니라 본인의 과오를 깨닫고 반성함과 동시에 더 경건한 신앙 생활을 하도록 하는 것이다. 교회의 벌은 …… 공중 예배 시간에 이를 공포하고, 벌을 받는 사람은 참회하는 마음과 하나님께 감사하는 마음으로 이를 받아들여야 한다.
2. 해벌 : 교회는 벌을 과한 후에 계속해서 그를 위하여 기도하고 돌보고 위로하고 격려해야 한다. 벌을 받은 교인이 일정한 기간 동안 참회하고 회개하여 더 좋은 신앙 생활을 하려는 노력이 보일 때 치리회는 지체없이 해벌하여 그가 좋은 교인의 생활을 할 수 있도록 해야 한다…… 치리회는 본인을 불러 기도한 후 그가 벌을 받은 후의 생활에 대하여 물어본 후 그가 그의 과오를 깨닫고 회개하는 마음으로 생활했음이 분명할 때 그에 대한 벌을 권징 조례에 의해 풀고…… 목사는 교인들에게 예배 시간을 통하여 해벌의 사실을 공포하고 그가 받은 위로와 기쁨과 새로운 결심을 나누어 가질 것이다……

4) 1983년 예배모범에 대한 평가

　1983년의 예배모범은 전통적인 예배모범에 대하여 그 용어나 구성에 있어서 획기적인 변화를 하고 있음을 볼 수 있다. 1919년 판이나 1934년 판은 거의 미국 장로교 예배모범을 그대로 수용하고 있는데 비해서, 1983년 판은 보다 새로운 구성을 하고 있는 것이 특징이다. 이러한 시도는 당시 선교 100년을 눈앞에 둔 한국 교회가 그 나름대로 독창성을 세우려 했다는 점에서 높이 평가해야 하리라 본다. 그러나 1983년 예배모범에는 몇 가지 개선해야 할 점도 있다고 본다.

　첫째로, 새롭게 독특한 것을 만들겠다는 의도가 전통적인 것을 너무 인위적으로 바꾸는 결과를 가져온 것을 볼 수 있다. 예를 들어 웨스트민스터 예배모범은 교회 회집에서부터 예배 시의 자세, 성경 봉독, 기도, 설교 등의 순서로 되어 있어서, 예배에 임하는 절차를 따라서 분명하게 항목들을 정리하고 있음을 볼 수 있다. 여기에 비해서 1983년 한국 장로교 예배모범은 예배의 현장과 관련하여 무언가 질서 정연하게 정리가 되지 못하고 산만하다는 느낌을 받게 된다. 예배모범은 보다 많은 사람이 보다 쉽고 분명하게 이해할 수 있도록 하는 것이 내용을 편집, 구성하는 데 있어서 필수적이라고 하겠다. 사용 언어나 표현, 내용들이 간결하고 정확하면서 질서가 있게 배열되면 보다 많은 사람들이 쉽게 그 내용을 이해하게 될 것이다.

　둘째로 제2장 예배, 제4장 예배의 내용, 제5장 예배의 배열, 제13장 예배의 분류 등이 나오고 있는데, 제목들을 보아서는 상당히 중복감을 느끼게 하고 있다. 보다 내용을 선명하게 하면서, 여러 항목으로 나뉘어진 것을 단일화했으면 한다. 웨스트민스터 예배모범이나 미국 예배모범은 각 장에 대한 제목이 매우 분명하기 때문에 제목만 보고서도 무엇을 말하고 있는지를 짐작할 수 있도록 하고 있다. 우리 예배모범도 보다 제목의 선명성을 살리는 것이 필요하리라 생각한다. 예를 들어 "주의 날"이라는 제목보다는 "주일 성수"(또는 "주일을 거룩히 지킬 것")라는 제목은 우리가 무엇을 해야 하는가를 분명하게 보여 주고 있다 하겠다.

　셋째로 몇 가지 항목은 조정이 필요하다고 본다. 제10장의 "성례전"은 "세례"(제11장)와 "성만찬"(제12장) 항목이 있으므로 함께 묶거나, 삭제하는 것이 내용의 중복을 피하고 단순화시키는데 좋겠다고 생각된다. 그리고 14장의 "교육과 훈련"은 꼭 예배모범에 포함되어야 할 것은 아니라고 여겨진다. 이는 미국 남장로 교회가 1894년 예배모범에 "주일 학교"를 넣음으로써 오게 된 영향이라 보는데, 예배모범은 예배를 위한 지침이라는 근본 목적을 생각할 때 교육에 관한 부분을 예배모범에 포함시킬 이유가 없다고 본다. 이제 기독교 분야가 전문화되었기 때문에 이것은 기독교교육 분야로 넘기는 것이 타당하리라 본다.

또한 제18장의 "교회의 기율"은 헌법의 권징편으로 옮기는 것이 타당하다고 생각된다. 이것 역시 미국 장로 교회가 1788년 예배모범에 "책벌"에 관한 항목을 삽입하여 넣은 것인데, 웨스트민스터 예배모범에는 이런 내용을 찾아볼 수 없다. 실제적으로 교회의 시벌과 해벌은 권징에 해당하는 것이지 예배에 관계된 것은 아니다. 그러므로 이 항목은 헌법의 권징편으로 옮겨야 하리라 본다.

끝으로 참고적인 것은 예배모범의 역사에 대한 기록을 반드시 예배모범에 기록하는 문제이다. 제정 연도나 그 후 개정 연도와 그 내용들을 정확하게 기록해 둠으로써 후대들이 예배모범의 변화된 역사를 쉽게 알아볼 수 있도록 해야 할 것이다.

6. 2002년 예장(통합) 개정판 예배모범

1997년 제82차 대한예수교장로회(통합) 총회는 헌법(1. 교리와 신앙고백, 2. 정치, 3. 권징, 4. 예배와 예식)을 개정하기로 결의하였다. 따라서 개정 작업이 시작되어 먼저 "정치"와 "권징"이 확정되었고, "교리와 신앙고백"과 "예배와 예식"은 2001년 제86차 총회에서 만장일치로 채택하기로 하고[67] 노회의 수의를 거쳐 2002년 확정되었다.[68] 따라서 개정된 "예배와 예식"은 2002년 8월 31일 공고와 함께 그 시행에 들어가게 되었다.

---

67) 대한예수교장로회 총회, 『대한예수교장로회 제86회 총회 회의록』(서울 : 한국장로교출판사, 2001), p. 56.
68) 노회 수의 결과 제 4편 "예배와 예식"은 2002년 8월 31일자로 시행하고, 제 1편 교리(제 6부 "21세기 대한예수교장로회 신앙고백서" 신설) 개정안은 제 87회 총회(2002년)에 보고 후에 공고할 예정. 「기독공보」(서울), 2002. 8. 31. 2면.

1) 시대적 상황

현대 사회의 특징이라면 변화의 급속함과 함께 다원화된 사회 구조라고 하겠다. 전통적 사고와 기준이 이제는 일률적으로 적용하기가 어렵게 될 만큼 모든 사상과 체계와 가치관들과 문화가 다양화하고 있다. 그리고 거기에 따른 변화 속도도 예측하기가 어려울 만큼 빠르게 일어나고 있다.

이러한 변화는 교회에도 많은 변화를 요구하고 있다. 이제 한국 교회는 21세기의 새로운 변화에 직면하여 거기에 능동적으로 대처할 필요가 있다. 신앙과 신학과 교회의 모든 체계들이 적절한 대응을 할 수 있어야 복음이 위축되지 않고 현대 사회 속에서 확산될 수 있을 것이기 때문이다.

무엇보다도 한국 교회는 이제 문화와의 관계를 새롭게 정립해야 할 필요에 직면하였다. 한국 문화와 기독교의 관계를 재정립하면서, 우리의 문화 속에 복음이 뿌리를 내릴 수 있도록 해야 한다. 선교 2세기를 맞고 있는 개신교는 이제 우리의 문화와 함께 기독교 복음이 진정한 이 민족의 가슴에 뿌리를 내리도록 하는 데 그 노력을 아끼지 않아야 한다. 그리고 시간적으로는 현대 문화의 변화에 응전하면서, 거기에 적절한 복음의 내용과 방법을 제시할 수 있어야 한다.

그런 의미에서 전통적 신조와 교리, 신학, 교회의 체계 등에 대한 변화가 불가피하다고 하겠다. 대한예수교장로회(통합) 총회가 21세기를 맞으면서, 교회의 교리와 정치, 권징, 예배와 예식 등을 새롭게 개정하기로 결의한 것도 이러한 현실 인식의 반영이라고 하겠다.

한국 교회는 이제 교회 내부적으로 시대에 맞는 변화를 시도해야 할 뿐만 아니라 외부적으로는 복음 전파와 함께 사회에 대한 변혁을 주도하고, 더 나아가서는 남북 교회의 교류와 평화 통일, 그리고 세계 교회와의 연대를 이루어야 할 시대적 과제를 안고 있다. 이를 위해서 우리 교회는 그 어느 때보다도 지혜를 모아 이에 대한 연구와 실천 방안을 모색해야 할 것이다.

2) 예배모범의 구조와 특징

2002년 "예배와 예식" 개정안[69]은 그 구조에서부터 지금까지의 예배모범과 차이를 보이고 있다. 지금까지 예배모범이 항목마다 한 장(章)으로 정리가 되었다면, 2002년 예배와 예식은 크게 6장으로 구성이 되어 있으며, 거기에서 세부 항목을 나누는 형식으로 되어 있다. 제4장까지는 1983년 예배모범의 내용을 거의 그대로 수용함으로써 전통성을 이어가고, 제5장 교회와 예식은 이전 것에 비하여 교회 안에서 이루어지는 예식(임직, 봉헌, 결혼, 장례)을 보다 세분화하여 구체적으로 기술하고 있으며, 제6장 예배와 목회는 2002년 개정안에 새로 도입된 것으로서 현대 교회의 예배를 보다 넓은 차원으로 연결시키려는 노력이 보인다.

제6장은 예배를 선교적 차원으로 확대하여 예배자들의 선교적 사명을 언급하고 있으며, 예배를 하나님과 인간의 화해의 자리요 더 나아가 인간과 인간의 화해를 실현하는 장으로 규정하고 있으며, 그리고 그리스도인들은 예배를 통하여 경건의 삶을 배우며 이를 바탕으로 서로를 돌보는 일에 참여한다고 한다. 그러기에 예배는 그리스도인의 경건을 위한 가장 중요한 기초가 되는 것이다. 제6장이 2002년 "예배와 예식"에서 새롭게 첨가된 것이라면, 1983년 "예배와 예식" 제14장 교육과 훈련, 제18장 교회의 기율은 삭제되었다.

2002년 예배와 예식은 급변하는 현대 사회 속에서 그 변화를 예배에 반영하려는 시도가 보이며, 예배를 세상과 이웃에게로 확대하여 해석함으로써 지금까지의 예배모범보다 그 지평을 넓히고 있다고 하겠다. 그리고 교회의 기율이 삭제된 것 역시 오늘의 대부분 한국 교회가 이미 책벌을 거의 시행하지 않고 있는데 대한 현실적 반영이라고 하겠다. 2002년 예배와 예식의 내용에 있어서는 1997년 미국 장로교회의 개정된 예배모범의 내용이 어느 정도 반영된 것을 볼 수 있다.

1983년과 2002년 대한예수교장로회(통합) 예배와 예식을 비교하면 다음과 같다.

1983년 예배와 예식	2002년 예배와 예식
제1장 교회	제1장 교회와 예배
제2장 예배	1-1 예배 공동체로서의 교회
제3장 주의 날	1-2 예배
제4장 예배의 내용	1-3 예배의 시간

---

69) 대한예수교장로회 총회, 『헌법』(서울 : 한국장로교출판사, 2004) 참조.

제5장 예배의 배열	1-4 예배의 장소
제6장 예배와 말씀	1-5 예배의 교육
제7장 시와 찬미와 음악	제2장 예배의 기본 요소
제8장 공중 예배 기도	2-1 말씀의 예전
제9장 예배와 예물	2-2 성례전
제10장 성례전	제3장 예배의 배열
제11장 세례	제4장 예배의 분류
제12장 성찬	제5장 교회 예식
제13장 예배의 분류	5-1 임직 예식
제14장 교육과 훈련	5-2 봉헌 예식
제15장 교회 예식	5-3 결혼 예식
제16장 혼례식	5-4 장례 예식
제17장 장례식	제6장 예배와 목회
제18장 교회의 기율	6-1 예배와 선교
	6-2 예배와 화해
	6-3 예배와 목회적 돌봄
	6-4 예배와 경건

3) 2002년 예배모범의 내용

제1장 교회와 예배

1-1. 예배 공동체로서의 교회

교회는 예수 그리스도를 구세주로 영접한 하나님의 자녀들이 모이는 공동체이다. 이 교회는 성령님의 역사 아래서 예배와 선교, 교육, 봉사, 친교를 통하여 하나님을 영화롭게 하고 영원토록 그를 즐거워하는 데 그 존재의 목적을 두어야 한다. 교회의 모든 성도들은 하나님의 자녀로 선택되어 구원에 이르게 하신 성부, 성자, 성령되신 하나님의 은총 앞에 경건한 응답으로써 영광과 찬양과 감사를 드려야 한다. 교회는 주님의 몸으로서 성령님의 역사를 통하여 계속적으로 바르게 말씀이 선포되고 성례전이 집례되어야 할 것이며 여기에 참예한 모든 성도들이 그리스도의 증인으로서 세상 속에 하나님의 뜻이 이루어지도록 해야 한다.

1-2. 예배

기독교의 참된 예배는 하나님의 백성들이 하나님이 창조의 역사와 예수 그리스도를 통하여 구원의 역사를 이룩하신 사실을 깨닫고 감격하여 드리는 응답의 행위이다. 여기서 예배자들은 최상의 마음과 목숨과 뜻을 다하여(마 22 : 37) 경배와 찬양과 영광과 권세를 삼위일체 되신 하나님께 드려야 한다.

이 예배는 어떤 경우도 인위적으로 드려질 수 없다. 예수 그리스도를 통하여 구속의 역사를 펴신 하나님이 예배의 주권을 행사하신다. 또한 어떤 경우에도 인간 중심으로 드려질 수 없고 오직 삼위 일체 하나님만이 중심이 되고 대상이 되어야 한다. 그리스도인들은 오직 하나님의 은혜만을 생각하면서 예배를 드려야 하며, 성령님의 역사 아래서 성경 말씀의 선포와 성례전이 진행되도록 해야 한다. 특별히 예수 그리스도를 구원의 주님으로 영접하는 믿음이 이 예배의 기본이 되어야 한다.

1-3. 예배의 시간

1-3-1. 예배의 날

기독교는 사도시대부터 우리 주님 예수 그리스도께서 죽음으로부터 부활하신 안식 후 첫날을 주님의 날로 정하고 이 날에 예배를 드린다. 또한 이날은 하나님께서 창조의 역사를 시작한 날이며 창조 후에 새로운 출발을 가져온 날이다. 이 날에 그리스도인들이 삼위일체 되신 하나님의 창조의 은총과 부활의 승리를 송축하면서 예배를 드림으로 한 주간을 출발하는 것은 기독교의 역사적 전통이며 당연한 의무이다.

그러므로 그리스도인들은 이날을 성별하여 이른 아침부터 육신의 생업을 중지하고, 모든 가족이 예배를 드릴 준비에 거리낌이 되는 생각이나 말이나 행동을 삼가야 한다. 그리고 하나님의 말씀을 묵상하고 예배를 인도할 하나님의 종을 위하여 기도하면서 그 예배 가운데서 하나님과 교통하는 특별한 은총을 받도록 준비해야 한다. 주님의 날에 드리는 예배는 정한 시간에 한 마음으로 모든 성도가 참예해야 하며 예배의 처음부터 끝까지 경건한 마음으로 질서를 지켜야 한다.

공중 예배를 마친 후에는 그 남은 시간을 영적인 성장을 위하여 기도, 찬송, 성경공부를 비롯하여 신앙의 대화나 경건한 서적을 읽도록 할 것이며 병자 위문, 가난한 자 구제, 불신자를 위한 전도 등을 하면서 예배를 통하여 받은 사랑과 은혜가 생활에 이어지도록 해야 한다.

1-3-2. 교회력

주님의 몸된 교회는 예배가 형식이나 타성에 젖지 않도록 하기 위하여 신선한 의미가 주어지는 예배의 계획과 진행은 매우 중요한 일이다. 이러한 목적을 위하여 세계 교회와 같이 예수님의 생애에 맞춘 교회력과 성구집을 사용함이 합당하다. 매 주일의 예배가 예수 그리스도의 구속의 역사에 초점을 두기 위하여 제정한 교회력은 대림절, 성탄절, 주현절, 사순절, 부활절, 성령강림절 등이다.

1-3-3. 명절과 국경일

세계의 교회는 신앙에서는 통일성을 가지고 있으나 그들이 살고 있는 문화권은 각각 달리하고 있다. 문화는 자신들이 살고 있는 나라의 기본으로서 언어와 삶의 양태와 사고의 구조와 표현에 이르기까지 절대적인 영향을 끼치고 있다. 그러므로 우리나라의 민족이 오랫동안 지켜 온 명절과 국경일 등은 우리의 교회가 깊은 관심을 가지고 거기에 맞는 예배의 계획과 설교의 준비를 해야 할 것이다.

1-4. 예배의 장소

하나님은 일정한 장소에 국한되어 예배를 받으시고 은총을 베푸시지 아니한다. 그러나 구약에서는 이스라엘 백성들이 정착하기 시작하면서 성전을 세워 하나님을 섬기는 것이 예배의 전통이 되었다. 예수께서도 성전이나 회당을 정기적으로 출입하면서 예배하였으며 그 제자들도 그러하였다. 초기의 성도들은 환난과 핍박의 절박한 환경에서는 가정집이나 동굴과 같은 곳에서 하나님을 예배하였으나, 그들은 변함없이 시간과 장소를 정하여 하나님을 예배하였다. 오늘도 교회가 자신들의 정성을 다하여 성전과 같은 예배의 장소를 봉헌하고 그 안에서 성도들이 예배를 드림은 당연한 일이다.

1-5. 예배의 교육

교회가 하나님이 원하시는 예배하는 공동체가 되기 위하여서는 삼위일체 하나님이 예배를 받으셔야 할 타당성을 비롯하여 예배하는 개인들과의 관계성에 대한 신학적인 이해를 정확히 할 수 있도록 교육을 해야 한다.

제2장 예배의 기본 요소

2-1. 말씀의 예전

2-1-1. 기도

　* 예배 준비를 위한 기도 – 예배에서의 기도는 그리스도인들이 하나님을 찾는 첫 행위로서 하나님 앞에 예배를 드리기 위하여 성전에 모인 예배자들이 가져야 할 가장 기본적인 행위이다. 이 기도와 함께 예배자들은 하나님의 백성으로서 예배의 자세를 가다듬어야 한다.

　* 목회기도 – 목회기도는 예배를 위하여 하나님 앞에 나아와 있는 회중들의 죄용서와 소원을 구하는 중보적 의미를 가진 기도로서 목사에 의하여 드려진다. 목회기도에는 경배, 감사, 자복, 간구, 중보와 같은 요소들이 있어야 한다.

　* 설교 전 기도 – 이 기도는 선포되어질 하나님 말씀의 경청을 위하여 성령님이 임재하시어 깨닫게 하시는 역사를 간구하는 기도이다. 이 기도에는 설교자가 말씀의 선포를 위한 순수한 도구가 되어 성령님에 의하여 유용하게 사용해 달라는 간구와 의탁이 있어야 한다.

　* 설교 후 기도 – 이 기도는 설교자가 선포한 하나님의 말씀이 성령님의 내적 역사에 의하여 말씀을 경청한 회중에게서 귀한 결실을 맺도록 간구하는 기도이다.

　공중 예배에서 기도를 인도하는 목사나 평신도는 반드시 성경을 숙독하고 기도에 대한 서적을 읽고 묵상하며 하나님과 더불어 교제하기 위한 준비를 해야 한다. 그뿐 아니라 언제나 공중 예배의 기도를 위하여 자기 마음을 안정하고 기도의 내용을 준비하여 마음과 몸의 자세를 경건하게 가져야 한다. 공중예배의 기도에 참여한 모든 성도들의 자세는 기도 인도자와 더불어 경건한 태도이어야 하며 한 마음으로 기도 드리고, 아멘으로 응답한다. 모든 기도는 예수님이 명하신 대로(요 15 : 16) 예수 그리스도의 이름으로 드려야 한다.

2-1-2. 말씀

　하나님의 말씀은 살아 계신 생명의 말씀이다. 하나님은 이 말씀 속에서 구속의 역사를 과거, 현재, 미래를 통하여 예수 그리스도 안에서 펼치신 것을 확실하게 보여 주시고 계신다. 하나님의 말씀은 예배를 받으시는 하나님의 계시로서 성경과 설교를 성례전을 통하여 삶의 원천적인 근원을 제공해 준다.

　그러므로 기록된 하나님의 말씀은 예배 가운데 반드시 봉독되어야 한다. 성경 봉독은 구약과 신약에 있는 하나님 말씀이 조화를 이루어 선포되기 위하여 구약과 서신서와 복음서가 가급적 봉독되도록 한다. 설교는 말씀 선포를 위해 하나님으로부터 부름 받아 훈련받은 종을 통하여 오늘의 회중들에게 바르게 선포하고 정확하게 해석되고 효율적으로 적용되는 하나님의 말씀이다. 예배 가운데서 선포되어진 이 말씀을 통하여 성도들은 하나님과 늘 새로운 만남을 가져와야 하며 믿음 속에서 하나님의 자녀되는 확신과 구원의 은총을 계속 받아야 한다.

설교자는 부름 받은 말씀의 종으로서 소명감과 함께 영적인 생활과 성경을 깊이 연구하는 생활을 계속하여야 하며, 말씀을 경청하게 될 회중의 삶의 장에 대하여 깊은 관찰을 계속 하여 말씀이 효과적으로 적용될 수 있도록 해야 한다.

설교는 봉독한 하나님의 말씀을 적당한 시간 내에 설교하되 설교자의 지식과 경험과 예화로 일관되지 않고 하나님과 그 말씀이 주종이 되어 회중들이 하나님과의 만남을 가져오도록 최선을 다해야 한다. 교회는 담임 목사나 당회의 허락 없이는 누구도 설교하는 것을 허락하지 아니한다.

2-1-3. 시와 찬미와 찬양

시와 찬미와 찬양은 하나님을 찬송하는 것으로 하나님의 영광을 위하여 모든 성도가 드려야 할 마땅한 본분이다. 경배와 감사를 포함한 찬양을 하나님께 드릴 때, 찬양은 회중의 감정이나 경험 때문이 아니라 오직 하나님의 영광만을 위한 찬양이 되어야 한다. 성도들은 찬송을 부를 때 깊은 이해를 가지고 경건하고 적극적인 참여를 해야 할 것이며 모든 음악 순서는 그 예배의 목적과 일치되도록 해야 한다.

2-2. 성례전

2-2-1. 성례전

성례전은 예수께서 친히 세우신 거룩한 예전으로 하나님이 사람에게 주시는 은총의 보이는 형태인데, 세례와 성찬을 의미한다. 성례전은 예수께서 친히 은혜를 베푸시는 방법으로 교회를 위하여 세우셨다. 그러므로 교회는 어디서나 이 예전을 자주 또 정당하게 거행하여 신령한 유익을 얻도록 한다.

성례전은 어떠한 형편을 막론하고 평신도가 집례할 수 없고 반드시 이를 위해서 부르심을 받은 목사에 의해서 집례되어져야 한다. 그 집례의 장소는 교회가 되어야 함이 원칙이나 특별한 경우 그 외의 장소에서도 당회의 결정에 따라 교회를 대표하는 교인들의 참석 하에 집례할 수 있다.

2-2-2. 세례 성례전

세례는 죄인이 죄의 용서를 받고, 그리스도의 사람이 되는 하나님의 은총의 표시이다. 세례는 그리스도의 죽음과 부활에의 참여와 중생을 의미한다. 이로써 우리는 성령 안에서 그리스도와 연합하여 그의 몸의 지체가 되고, 우리 자신에 대하여 완전히 죽고 예수 그리스도 안에서 하나님을 위하여 사는 새로운 삶을 살게 된다. 이때부터 교회의 책임적인 구성원이 되어 의무와 권리를 갖게 된다.

세례는 전체 교회의 행위이므로, 공중예배에서 회중의 참여 가운데 베풀어져야 한다. 이때 세례의 의미와 함께 말씀의 선포가 있어야 한다. 임종을 맞는 이의 경우, 목사의 인도로 신앙고백 후에 먼저 세례를 베풀고 후에 당회에 보고할 수 있다. 이때 세례자의 명단은 당회록에 기록해 두어야 하고, 세례 교인 명부에도 기록해야 한다. 세례는 일생에 단 한 번만 받아야 하기 때문에 교단이 인정하는 타 교단의 교회에서 세례를 받은 자들에게는 다시 베풀지 아니한다.

세례의 물은 십자가의 보혈과 천지 창조, 노아 홍수, 출애굽 때의 물을 상징함으로써 죄 씻음과 하나님의 언약의 은총을 나타낸다. 세례의식에서 성부, 성자, 성령의 이름으로 세례반의 물을 한번 또는 세 번 뿌리거나, 또는 흐르는 물에 잠글 수도 있다.

구약시대에 할례를 베풀어 유아도 은총의 언약 아래 있게 했던 것처럼 예수께서 세우신 새 언약에 들어가는 표인 세례를 유아에게 주는 것은 합당한 일이다. 입교는 유아세례를 받은 사람이 장성해서 스스로 예수 그리스도를 구주로 고백하고 하나님의 은총에 대한 개인적인 응답을 하도록 하는 예식이다.

성인 세례는 유아세례를 받지 않은 사람이 성인이 된 후에 예수 그리스도를 구주로 영접하고 신앙을 고백하여 교인이 되고자 할 때 세례를 받도록 하는 것이다. 이 세례를 받기 전에 당회는 그에게 기독교 신앙의 본질과 거기에 수반되는 의무와 권리에 대한 교육을 받도록 하고 신앙고백을 포함한 적절한 문답을 한 후, 당회의 결의를 거쳐서 공중예배에서 세례를 받도록 하고, 교인 명부에 기록한다.

2-2-3. 성찬 성례전

세례 성례전을 통하여 교회의 일원이 된 성도들은 성찬 성례전에서 보이는 하나님의 말씀으로 성장한다. 이 예전의 주인은 성령님으로 임재하시는 예수 그리스도 자신이시다. 예수께서는 최후의 만찬에서 새 언약의 떡과 잔을 나누셨다.

성찬성례전의 집례는 그리스도의 최후의 만찬(마 26 : 26-29 ; 막 14 : 12-26 ; 눅 22 : 15-20)과 바울이 기록한 만찬(고전 11 : 23-29)의 유형을 따라야 한다. 말씀과 성례전은 절대적 관계를 갖고 있기 때문에 성찬성례전이 집례될 때마다 말씀을 읽고 선포하는 일이 선행되어야 한다.

성찬의 성물은 떡과 포도즙으로 해야 한다. 준비된 성찬상 앞에서 성령임재를 위한 기도를 드린 후 집례자는 떡을 손에 들고 주님이 말씀하신 대로 "이것은 너희를 위한 내 몸이니 너희는 이것을 행하여 나를 기념하라"는 말씀을 한다. 떡의 분배는 집례자 분병 위원 회중의 순으로 한다. 이어서 집례자는 잔을 손에 들고 주님이 말씀하신 대로 "이 잔은 내 피로 세운 새 언약이니 이것을 행하여 마실 때마다 나를 기념하라"는 말씀을 전한다. 잔의 분배도 집례자, 분잔 위원, 회중의 순으로 한다.

2-2-4. 봉헌

봉헌은 죄인을 구속해 주신 하나님의 은총에 대한 감사의 표시이며, 모든 것이 주께로부터 온 것임을 고백하는 신앙적 행위이다. 성도들의 정성어린 예물은 하나님의 말씀대로 오직 기쁨과 감사와 응답으로 드려야 한다.

예물의 봉헌은 예배 중의 순서로 정중히 행해져야 하며 목사는 이 순서 전이나 후에 드리는 기도 가운데 성도들의 정성을 하나님이 받아 주시기를 위해서 기도해야 한다. 봉헌된 예물은 당회의 감독 하에 주님의 복음 사업에 사용되도록 특별히 주의를 기울일 것이며 모든 성도들이 그 과정과 결과를 알 수 있도록 해야 한다.

제3장 예배의 배열

공중 예배는 신령과 진정이 표현되는 질서의식이 내포되어야 한다. 공중예배의 기본 배열은 다음과 같이 구분할 수 있다.

첫째로, 하나님 앞에 나아가는 부분이다. 하나님의 부르심과 그 부르심에 응답하는 순서로 예배가 시작된다.

둘째로, 찬송과 고백과 기도이다.

셋째로, 말씀의 순서이다. 하나님 앞에 나온 성도들이 하나님의 말씀을 경청하는 부분이다. 이 순서는 성경봉독, 설교, 성례전을 통하여 예배드리는 성도들의 영혼에 새로운 영양소를 공급하는 소중한 부분이다.

넷째로, 감사와 응답의 순서이다. 선포된 말씀에 구체적인 응답으로써 찬송과 예물을 하나님께 드리면서 새로운 헌신과 결단을 보이는 부분이다.

다섯째로, 예배는 말씀과 성례전으로 이루어지므로 주일 예배에는 성례전이 포함되도록 한다.

끝 부분은 찬송과 위탁의 말씀과 축도이다. 여기서는 신앙적 결단을 촉구하는 찬송을 부르고 믿음과 소망과 사랑으로 세상에서 그리스도의 증인으로 살 것을 다시 한번 부탁한 후 하나님이 내리시는 복을 목사가 선언한다. 이때의 축도는 성경대로 한다(민 6 : 24-26, 고후 13 : 13, 히 13 : 20-21, 살후 2 : 16-17).

제4장 예배의 분류

* 주일 예배 : 주일 예배는 교회의 모든 예배 가운데 가장 기본적이고 필수적인 예배이다. 주일 예배는 교회에 속한 모든 성도들이 함께 참여하여야 하며, 시간과 장소를 포함하여 모든 예배 의식에서 질서가 있어야 한다.

* 찬양 예배 : 주일 오후나 저녁에 모이는 찬양 예배는 성도의 교제와 교회 공동체의 역동성을 위해서 중요하다. 이 예배에서는 교인들의 신앙 체험을 간증하고 고백하며, 서로 격려하여 신앙 성장으로 이끌며, 신앙생활을 통하여 얻은 기쁨을 찬양으로 표현하는 내용을 위주로 하여 예배를 드릴 수 있다.

* 수요 기도회 : 이 기도회에 교회의 회중들은 주일 예배에서 가졌던 결단을 새롭게 다진다. 이 집회에는 회중들이 생활 현장에서 하나님의 말씀을 따라 살아가려고 할 때, 다가오는 여러 형태의 어려움을 극복할 수 있도록 체계적인 성경의 연구와 구체적인 기도의 시간이 포함되는 것이 좋다.

* 새벽 기도회

* 교회 학교 예배 : 교회학교 예배는 교회학교 학생의 연령과 이해력에 맞춰 예배의 형식을 다양하게 할 수 있으나, 기도와 찬송과 말씀 봉독과 말씀 선포의 시간이 포함되어야 한다.

* 구역 기도회
* 가정 기도회와 개인 기도생활

제5장 교회 예식

교회 생활과 교인들의 생활에는 변화와 특별한 경우가 있는데, 이때에 적절한 예식으로써 하나님께 영광을 돌리는 것이 교회 예식이다. 출생, 결혼, 죽음, 임직, 건축 등은 교인들의 삶과 직결되고, 이들과 관련된 모든 예식은 예배의 정신으로 행해져야 한다.

5-1. 임직 예식

교회는 선거를 통해 권사, 집사, 장로, 목사로 봉사하도록 부름 받은 사람들을 위하여 임직 예식을 거행하며 기도와 안수함으로써 그들을 거룩하게 구별하여 세워야 한다.

5-2. 봉헌 예식

그리스도의 몸인 교회가 예배, 교육, 봉사, 그리고 선교를 위하여 예배당과 교육관, 봉사관, 그리고 선교관 등의 봉헌을 적절한 예식을 통하여 이행함이 타당하다. 봉헌 예식에는 기공 예식, 정초 예식, 입당 예식, 그리고 헌당 예식이 있으며, 각 예식들은 순수한 봉헌에 초점이 맞추어져야 한다.

5-3. 결혼 예식

하나님께서 세상을 창조하실 때에 사람을 창조하시되 남자와 여자로 창조하셨고(창 1 : 24-27), 한 남자와 한 여자가 결합하여 한 가정을 이루는 것은 창조주 하나님의 섭리이다. 그러므로 하나님의 창조질서에 속한 결혼 예식을 통하여 남자와 여자는 서로 돕는 배필이 되어(창 2 : 18) 하나님의 뜻을 함께 이루며 하나님의 영광을 드러내야 한다.

결혼 예식을 특별한 훈계와 적당한 기도로 행하기 위하여 목사나 그밖의 목회자로 주례케 해야 한다. 주례자는 남녀가 각각 일정한 연령에 도달하여 부모나 그 후견자의 동의를 얻었을 때 이를 확인하고 집례해야 한다.

5-4. 장례 예식

장례 예식은 부활의 소망을 확인하며 증거하는 예식이다. 그러므로 장례 예식은 부활을 증거하기 위하여 예식을 갖는 장소에서 목회자의 집례 아래 거행되어야 한다. 장례 예식은 성경 말씀을 봉독하고, 죽음을 지배하시는 하나님의 능력과 영원한 생명의 부활 신앙에 대한 말씀의 선포와 모든 성도의 교제를 확신케 하는 찬송 등을 부르는 것이 합당하다.

제6장 예배와 목회

6-1. 예배와 선교

하나님은 교회를 세우사 예배하게 하시고 세상을 향한 선교에 참여하게 하신다.

예배는 하나님이 예수 그리스도 안에서 세상을 다스리고 계심을 알게 하는 행위이다. 그리스도인은 예배에서 말씀과 성례전을 통하여 세상에 대한 하나님의 통치를 확인한다. 그리스도인은 복음의 선포, 화해의 사역, 보상의 삶, 그리고 청지기 직책을 감당하므로 하나님의 다스리심을 증거한다. 예배에 참여한 회중은 날마다 세상에서 하나님의 부르심을 따라 살면서 만나는 사람들을 하나님 앞에 나아오도록 인도해야 한다.

6-2. 예배와 화해

교회는 예배에서 예수 그리스도의 구속의 역사를 통해 하나님 앞에 나아오고, 먼저 하나님과 인간의 화해를 이룬다. 그리고 교회는 예배에서 그리스도 안에 있는 화해를 다른 이들에게 선포하고, 실천하며, 또한 세계 안에서 하나님의 정의와 평화를 이룩하기 위한 결단을 한다.

6-3. 예배와 목회적 돌봄

그리스도인들은 예배를 통하여 경건의 삶을 배우고, 영적인 성장을 이루어 서로 간에 목회적 돌봄에 참여한다. 예배는 날마다 경건의 실천으로서 희로애락을 함께 나누고, 서로 용서와 화해를 이룩하면서 피차에 돌보도록 부름 받았다. 이와 같은 돌봄은 신앙공동체가 다 함께 예배드림으로 얻어진다.

6-4. 예배와 경건

경건은 믿음 안에서 우리가 하나님을 알아가는 경험을 말하며, 우리의 믿음을 살아가는 방식들이다. 경건은 우리가 하나님을 알아감과, 하나님께 대한 우리의 응답으로서 믿음 안에서 행하는 사역을 말한다. 그리스도인들의 경건은 예배에서 더욱 확실하게 경험된다. 그러므로 예배는 경건을 위한 중요한 기초이다. 그러므로 경건은 교회의 예배로부터 나오며, 회중은 신앙공동체의 삶의 중심인 예배를 통하여 더욱 깊은 경건을 이루어 간다.

4) 2002년 예배모범에 대한 분석과 평가

시대의 변화는 모든 분야의 변화를 부르게 된다. 이것은 예배에 있어서도 예외는 아니다. 한국 장로교회의 첫 예배모범이 작성된 것은 1919년이었다. 그리고 그 후 몇 번의 과정을 거치면서 2002년 다시 한번 예배모범을 개정하게 되었다. 한국 교회는 선교 1세기를 지나면서 많은 발전과 성숙을 이루게 되었으며, 이제는 거기에 맞는 새로운 패러다임(paradigm)의 변화가 요구되고 있다. 무엇보다도 지금 한국 교회의 외적인 상황은 급변하고 있다. 소위 산업 사회를 지나서 정보와 지식 사회로의 전환, 국민들의 지적 수준 향상, 문화의 발전과 다양성, 계층과 세대의 차이 등 급속한 세상의 변화는 여기에 적절히 대응하는 교회의 노력을 요구하고 있다. 예배에도 이제는 새로운 변화들이 시도되고 있다.

이런 상황에서 먼저 2002년에 개정된 "예배와 예식"은 한국 장로교 예배를 보다 새롭게 정립하고자 하는 노력으로서 그 의미가 크다고 하겠다. 즉 이 예배모범은 그 내용과 구성을 현대적 상황에 맞추기 위해서 시도된 작품이라는 점이 가장 우선된 특징이라고 하겠다. 20여 년 전에 개정된 1983년 "예배와 예식"은 급변하는 현대적 상황에 그대로 적용하기에는 한계가 있었던 것이다. 그러므로 시대적 변화에 맞추어 현대화한 것이 바로 2002년 예배와 예식이라고 하겠다. 그 예로 새롭게 첨가된 제6장 예배와 목회에서는 오늘의 교회적 상황을 반영하여 선교와 화해, 목회적 돌봄 등의 주제를 다루고 있다.

둘째로 이 예배모범은 그 내용들을 보다 구체적이고 상세하게 분류를 하면서 정리를 하고 있는 것이 또 다른 특징이라고 하겠다. 한 예로 제5장 교회 예식은 교회에서 거행되는 예식들을 구체적으로 임직 예식, 봉헌 예식, 결혼 예식, 장례 예식 등으로 나누어서 거기에 대한 지침들을 제공하고 있는 것을 볼 수 있다. 항목을 보다 세분화하여 이해를 돕도록 하고 있다.

셋째로 그 전 예배모범에서 볼 수 없었던 한국 고유의 명절과 국경일에 대하여 언급을 하고 있는 것이 새로운 면이라고 하겠다. 그동안은 주일과 교회력에 따른 절기를 언급하는 정도였으나, 이번에 개정된 예배모범은 우리의 문화를 반영하고자 하는 뜻으로 "복음에 손상을 끼치지 않은 범위 내에서 우리의 문화적 요소를 교회가 복음적 차원에서 보존하고 활용하도록"[70] 권고하고 있다. 이것은 이번 개정 예배모범이 우리의 문화를 예배와 접목시키려는 획기적 노력을 보이고 있음을 볼 수 있다. 그동안 한국 교회 내에서 일어난 토착화 신학, 우리 문화에 대한 새로운 인식과 예배에서의 활용 등이 이런 결실을 이루도록 하는 배경이 되었을 것으로 생각한다.

넷째로 예배의 범위를 타 분야와 더 나아가서는 세상으로까지 확대하고 있다는 점이다. 제6장 예배와 목회에서 6-1 예배와 선교, 6-2 예배와 화해, 6-3 예배와 목회적 돌봄 등은 예배를 교회 주된 활동과 연결시키고 있을 뿐만 아니라 더 나아가서는 예배를 세상에서의 삶으로까지 확대하고 있다. 즉, 세상에 대한 선교적 사명, 죄악된 세상에 대하여 그리스도 안의 화해를 선포하고 실현하는 일까지를 포함하고 있다.[71]

그러나 한편으로 2002년 예배모범은 예배에 있어서 실제적인 문제들을 간과한 점이 없지 않아 보인다. 웨스트민스터 예배모범과 비교할 때 웨스트민스터 예배모범은 주일 성수나 예배 시의 자세 등에 대하여 한 장씩 그 내용을 구성함으로써, 예배자들로 하여금 예배에 임하는 자세 등에 대하여 실제적이고 분명하게 정리를 해 주고 있으나 이번 개정 예배모범은 이런 점에서 실제적인 문제들을 소홀히 한 측면이 없지 않다.

둘째로 2002년 예배모범이 외형적인 면에서는 현대의 변화된 상황에 맞추려는 노력을 기울이고 있으나, 실제적으로 사용된 언어나 표현들은 과거의 내용을 많이 답습하고 있음을 보게 된다. 단어의 선정이나 문장의 표현이 오늘 시대의 언어로 되었으면 하는 아쉬움이 없지 않다. 특별히 2-1-3 항 "시와 찬미와 찬양"의 경우는 시와 찬미와 찬양의 차이가 무엇인지를 알기 어려울 뿐만 아니라, 시(시편송)의 경우 현재 한국 장로교회에서 시편송을 사용하는 경우는 거의 없다. 그러므로 이런 단어는 제외시키고, "찬양" 내지 "찬송"의 항목으로 바꾸는 것이 현실을 제대로 반영하는 것이라고 생각된다.

---

70) 대한예수교장로회 총회, 『대한예수교장로회 헌법 개정안(노회 수의용)』, 2002, p. 31. 1-3-3 명절과 국경일. 2002년 개정예배모범(예배와 예식)은 대한예수교장로회총회, 『헌법』(서울 : 한국장로교출판사, 2004)을 참조하라.
71) 위의 책, pp. 45-47. 제6장 예배와 목회

다음으로 한국 문화에 대한 반영이 보다 적극적이지 못하다는 것이다. 2002년 예배와 예식에서 새로운 시도로 한국의 명절과 국경일을 그 내용에 포함한 것은 긍정적 평가를 할 수 있는 부분이지만, 여기서 더 나아가서 예배 음악에 한국 가락을 활용하는 문제, 교회 건축 양식이나 미술, 조각, 상징 등에 한국의 고유한 문화를 표현하는 것들에 대한 언급이 없다는 것이 아쉬움으로 남는다.

그럼에도 불구하고 2002년 예배와 예식은 우리의 예배를 보다 현대화하려는 시도와 함께 예배를 세상으로 확대하여 해석한 점, 그리고 우리 고유의 문화를 반영하려는 노력을 했다는 점에서 그 가치가 높이 평가받아야 할 것이라 본다.

7. 한국 장로교 교단(고신, 합동, 기장)별 예배모범의 변천과 비교[72]

서구 선교사들에 의해서 세워진 초기 한국 장로교회는 단일한 체제로 출발하였다. 그러나 교회의 역사가 진행되면서 장로교회는 여러 가지 교회 내외적인 요인들로 말미암아서 분열을 거듭하게 되었다. 최초 한국 장로교회의 분열은 해방 후 교회 재건 과정에서 신사 참배 문제로 인한 고려파의 분립(1950년)이었다. 그리고 다시 신학적 문제로 인한 기독교장로회의 분립(1953년)이 있었으며, 1959년 예수교장로회의 통합 측과 합동 측의 분립으로 이어졌다.

이러한 장로교 내부의 분열은 자연스럽게 예배모범에 대한 변화를 동반할 수밖에 없었다. 물론 예배모범 자체는 교회의 정치나 행정과 직접 관련된 것은 아니었기에 분열 후에도 큰 차이가 나타나지는 않았고, 초기 한국 장로교회가 만든 예배모범을 거의 그대로 사용했었다. 그러나 시간이 흐르면서 각 교단은 예배모범의 내용을 조금씩 수정 보완하는 과정을 거치게 되었고, 차츰 자신들의 독자적인 예배모범을 만들게 되었다. 여기서는 한국 장로교회 대표적 교단인 대한예수교장로회 고려신학 측(고신)과 합동 측, 그리고 한국기독교장로회(기장)의 예배모범의 역사적 변천 과정과 함께 각 교단의 현재 예배모범을 간단히 비교하도록 하겠다.[73]

---

72) 본 내용은 필자의 논문 "한국 장로교 예배모범 비교 연구"에서 가져온 것이다. 이현웅, "한국 장로교 예배모범(禮拜模範) 비교 연구," 『신학과 실천』 제36호 (2013. 9), pp. 65-95.

1) 대한예수교장로회(고신) 예배지침

대한예수교장로회 고신 측 교회는 1950년 분립 후 그동안 한국 장로교회가 써오던 교회 헌법을 그대로 사용하다가 1958년 헌법을 개정하여 출판하였다. 이 개정판은 다른 부분은 그대로 두고 교회 정치에 관한 내용을 일부 개정하였다.[74] 그 후 1969년 웨스트민스터 신앙고백과 대요리문답을 고신 측 교회의 신경으로 채택을 하였으며, 1974년 새로 개정된 헌법책을 출판하게 되었다. 그리고 1981년 다시 헌법 내용을 약간 수정하여 약 10여 년간 사용하다가, 1992년 제42회 총회에서 교회 정치, 권징 조례, 예배모범 등 헌법에 관한 전반적인 내용을 새롭게 개정하여 사용하고 있다.

1992년 공포된 헌법은 크게 두 부분으로 구성되어 있는데, 제1부는 교리 표준으로 그 안에는 신앙고백과 대·소교리 문답에 관한 내용이 들어 있으며, 제2부 관리 표준에는 교회 정치, 권징 조례, 예배 지침이 포함되어 있다. 예배모범과 관련하여 독특한 점은 그 명칭을 "예배 지침"으로 하고 있다는 점이다. 영어의 Directory for Worship을 그동안 한국 장로교회는 주로 "예배모범"이란 말로 번역하여 사용해 왔었는데, 그 내용상으로 볼 때 예배모범은 예배의 정신이나 원리를 제공하고 있기 때문에 예배 지침이란 표현이 더욱 적합하다고 본다.[75] 대한예수교장로회 고신 교단이 1992년 개정하여 현재 사용하고 있는 예배 지침은 총 10장 40조로 구성되어 있는데, 그 순서를 보면 다음과 같다.

  제1장 교회와 예배
   제1조 교회
   제2조 예배

---

73) 예수교 장로회 통합측의 예배모범에 대해서는 이미 기술하였으므로, 여기서는 그 외 장로교 교단들의 예배모범을 중심으로 역사적 변천 과정을 소개하고, 현재 장로교 교단 간의 예배모범을 간단히 비교하고자 한다.
74) 대한예수교장로회 총회 헌법위원회, 『헌법』(서울 : 대한예수교장로회 총회 출판국, 2005), p. 5. 헌법 연혁 참조.
75) 예수교 장로회 통합 측에서는 현재 "예배와 예식"이란 명칭을 사용하고 있다.

제2장 주일성수
　제3조 주일성수의 의무
　제4조 주일공동회집
　제5조 주일준비
　제6조 주일에 할 수 있는 일

제3장 주일예배
　제7조 주일예배 참석자의 자세
　제8조 주일예배의 순서
　제9조 공동의 찬송
　제10조 찬송의 회수
　제11조 공식 기도
　제12조 설교 후의 기도
　제13조 기도의 준비
　제14조 공식기도에 참석한 자의 자세
　제15조 예배와 헌금
　제16조 폐회

제4장 말씀의 선포
　제17조 말씀 선포자의 자질
　제18조 성경봉독
　제19조 설교

제5장 성례
　제20조 성례의 종류
　제21조 세례식
　제22조 유아세례
　제23조 성찬예식

제6장 신앙고백

제24조 신앙고백의 제도
　　제25조 학습
　　제26조 입교

　제7장 금식일과 감사일
　　제27조 금식일
　　제28조 감사일

　제8장 기도회
　　제29조 기도회의 의의
　　제30조 기도의 의무
　　제31조 기도회의 종류
　　제32조 기도회의 인도

　제9장 주일학교
　　제33조 명칭
　　제34조 주일학교의 예배
　　제35조 주일학교의 편제
　　제36조 주일학교의 책임자
　　제37조 주일학교의 교사
　　제38조 주일학교의 교재

　제10장 시벌과 해벌
　　제39조 시벌
　　제40조 해벌

　이상과 같이 고신 측 예배지침을 보면 예배와 관련된 사항들을 매우 자세하고 구체적으로 기술하고 있음을 볼 수 있다. 이러한 것은 예배를 인도하는 목회자나 예배에 참여하는 교인들에게 보다 세밀한 내용들을 알 수 있게 한다는 점에서 긍정적으로 평가할 수 있겠다. 그러나 예배 지침에 있어서 고려해야 할 중요한 원리는 그 내용이 예배와 관련하여 가능하면 간결하고 필수적인 요소에 국한할 수 있어야 한다는 점이다. 그리고 시대적인 변화를 반영할 수 있어야 한다. 그 이유는 기독교 예배는 전통적인 요소와 함께 언제나 시대적 문화적 요소를 함께 고려해야 할 수 있기 때문이다. 1600년대 웨스트민스터 예배모범이나 1900년대 한국 교회 초기 예배모범에는 우리가 계속 보존해야 할 것들이 있다. 그러나 어떤 것들은 지금 시대에는 적합하지 않는 것들도 있다.

예를 들어 금식일과 감사일(제7장) 같은 내용은 오늘 한국 교회와는 상당한 거리가 있다. 과거 기독교가 국교였던 서구에서는 교회나 국가 전체가 함께 기도하면서 이 날을 지킬 수 있었다. 특별히 최초 예배모범이 만들어졌던 영국 같은 경우는 기독교가 국교였으며, 교회의 수장이 바로 국왕이었다. 그러기에 교회와 국가가 함께 특정한 날을 금식일이나 감사일로 정하여 시행할 수가 있었다. 미국 역시 청교도들이 세운 기독교 정신의 국가였기 때문에 이것이 가능했었다. 그러나 지금 한국 교회 상황은 전혀 다르다. 거의 금식은 개인적 차원에서 이루어지고 있다. 이런 상황을 고려할 때 이 내용이 예배 지침에 넣어야 할 만큼 꼭 필요한 요소인가에 대해서도 신중히 생각해 볼 필요가 있다.

또한 주일학교에 관한 내용은 현대 교회에서 예배보다는 교육 분야로 넘기는 것이 타당하다고 본다. 이것은 미국에서 주일학교 운동이 일어나면서 미국 장로교 예배모범에 처음 반영이 되었던 것인데, 지금은 예배보다는 교회의 교육적 기능으로 취급하는 것이 타당하다고 본다. 꼭 필요하다면 주일학교의 예배는 예배에 관한 부분에서 적절하게 언급해 주는 것이 좋을 것이다.

그리고 시벌과 해벌 부분 역시 이제는 예배보다는 권징 부분에서 다루어져야 한다. 이것 역시 미국 장로교 초기 예배모범에 처음 등장하고 있는데, 사실 예배와는 전혀 무관한 내용이다.

1992년 개정된 고신 측 예배 지침 제1장은 '교회와 예배'에 관한 항목으로 시작되고 있다. 이것은 전통적 예배모범에는 없었던 것을 새롭게 추가한 내용이다. 이것은 1984년 예배모범을 개정한 예수교장로회 통합 측 예배모범에 처음 나타나게 되는데, 그 영향이 있었지 않았는가 생각된다.

고신 측 예배지침은 전반적으로 과거의 전통적 예배모범 요소들을 보존하면서, 그 내용들을 보다 구체적으로 정리하고 있다는 점에서 좋은 면이 있다고 본다.

2) 대한예수교장로회(합동) 예배모범

1953년 기독교장로회의 분립 이후 1959년 한국 장로교회는 다시 대한예수교장로회 통합 측과 합동 측으로 분열되었다. 에큐메니칼 운동에 대한 입장 차이, 경기노회의 총대 선출 문제 등이 분열의 중요한 요인으로 작용했었다. 통합 측과 분립된 합동 측은 자신들의 교회 헌법을 수정하는 작업을 하였는데, 1962년 헌법과 일부 규칙을 수정하여 공포하였고, 다시 1968년 재수정을 하였다. 그 후 1992년 제77회 총회에서 정치와 예배모범의 일부 내용을 수정하게 되었고, 다시 2000년 헌법을 수정하여 현재까지 사용하고 있다.[76]

대한예수교장로회 합동 측 예배모범의 특징은 한국 교회 초기 예배모범을 거의 그대로 보존하고 있다는 점이다. 1919년 한국 장로교회 예배모범이 만들어진 후, 다시 약간의 수정이 이루어진 것이 1934년이었다. 그런데 현재 합동측 예배모범은 거의 1934년 예배모범을 그대로 따르고 있다. 약간의 용어를 바꾸었을 뿐 내용은 거의 그대로이다.

과거 예배모범의 내용을 보존하고 있다는 것은 그 나름대로 의미와 가치가 있다. 그러나 중요한 것은 예배는 언제나 시대와 문화를 따라서 변화한다는 사실이다. 구약의 제사와 신약의 예배는 큰 변화가 있었다. 그리고 중세 미사와 종교개혁가들의 예배 역시 크게 달랐다. 그리고 몇 백 년 전의 예배와 현대 예배 역시 큰 차이가 있다. 여기서 우리가 기억해야 할 것은 예배는 고정된 명사적 개념이 아니라 변화하는 동사적 개념이라는 사실이다. 그러므로 우리가 보존해야 할 예배의 전통적 유산은 잘 지켜 나가야 하지만, 한편으로 기독교 예배는 시대적 변화에 함께 할 수 있어야 한다는 사실이다. 그런 점에서 합동 측 예배모범은 오늘 우리 시대의 변화를 제대로 반영하고 있지 못하다고 하겠다.

---

76) 대한예수교장로회(합동) 총회, 『헌법』(서울 : 대한예수교장로회 총회 출판부, 2005), 서문 참조.

예배모범에 사용되는 용어 역시 현대적 감각에 맞지 않는 것들이 많다. 집안 사환, 권속, 봉직, ……할지니, 회집 등 이런 용어는 오늘의 언어생활에 적합한 것으로 바꾸어져야 한다고 본다. 더군다나 지금 어느 가정에 사환을 두고 있는 집은 없다. 시대적 변화를 제대로 반영하지 못할 때, 그것은 사람들의 관심을 떠나 하나의 죽은 문자에 불과할 수 있다는 사실을 간과해서는 안 될 것이다.

제4장 '시와 찬송' 부분에서 '공식 예배 때에 찬송은 찬송가에 한한다.'고 언급하고 있는데 이것 역시 문제가 있다고 본다.[77] 물론 예배 중 하나님을 찬양하면서, 거기에 합당치 않은 노래를 금하겠다는 의도를 이해할 수 있다. 그러나 우리가 예배에서 사용하는 찬송의 형태는 계속 변해 왔고 앞으로도 계속 변하게 된다는 사실을 기억해야 한다. 어느 한 가지 스타일만이 정답이라고 해서는 안 된다. 예배의 경건성을 해치는 음악은 물론 예배에 사용해서는 안 된다. 그러나 예배의 의미를 살리고 하나님을 찬양하고 높이는 음악은 예배에서 사용될 수 있도록 열려 있어야 한다. 찬송가는 되고 복음성가는 안 된다는 생각도 잘못된 것이다. 현재 우리가 사용하고 있는 찬송가 안에는 많은 복음 성가들을 포함되어 있기 때문이다.

제6장 '강도'라는 용어가 오늘 우리에게 적합한가에 대해서 다시 생각해 보아야 한다. 과거에는 설교를 강도라고 했지만 오늘 그렇게 사용하는 사람은 거의 없다. 그렇다면 이 용어 역시 오늘 기독교인들이 이해할 수 있는 용어로 바꾸어야 한다. 그리고 15장 '은밀 기도' 역시 오늘 날에는 '개인 기도'로 표현하는 것이 더 적절하리라 본다. 이미 고신 측 예배지침에서도 지적했듯이 합동 측 예배모범 역시 제7장 주일학교, 제16장 시벌과 제17장 해벌 부분 등은 이제 예배모범에서 다른 분야로 옮겨야 한다고 본다. 주일학교는 교육 분야로 옮기고, 시벌과 해벌은 헌법의 권징이나 치리 부분으로 옮기는 것이 타당하다. 이런 사항들이 예배와 관련된 것은 아니기 때문이다.

합동 측 예배모범은 한국 장로교회 초기 예배모범을 잘 보존하고 있다는 측면

---

77) 이 내용은 1934년 한국 장로교 예배모범에는 없었던 것을 합동 측에서 추가한 것으로 보인다.

과 함께 그만큼 오늘의 시대를 제대로 반영하고 있지 못하고 있다는 아쉬움이 있다. 이 현재 사용 중인 예배모범은 총 18장으로 돼 있는데, 그 항목은 다음과 같다.

> 제1장 주일을 거룩히 지킬 것
> 제2장 교회의 예배 의식
> 제3장 예배 때 성경 봉독
> 제4장 시와 찬송
> 제5장 공식 기도
> 제6장 강도
> 제7장 주일 학교
> 제8장 기도회
> 제9장 유아세례
> 제10장 입교 예식
> 제11장 성찬 예식
> 제12장 혼례식
> 제13장 장례식
> 제14장 금식일과 감사일
> 제15장 은밀 기도와 가정 예배
> 제16장 시벌
> 제17장 해벌
> 제18장 헌금

3) 한국기독교장로회 예배모범

1953년 한국기독교장로회는 분립 이후 자신들의 신학과 교단의 입장을 견지하면서 꾸준한 변화와 발전을 해 왔다. 2005년 개정판 교회 헌법 서문에서 그들은 자신의 전통을 다음과 같이 말하고 있다.[78]

---

78) 한국기독교장로회 총회, 『헌법』(서울 : 한국기독교장로회 출판사, 2005), p. 3. 발간사 참조.

1953년, '새 역사'로 출범한 우리 기장 교회는 진보적 에큐메니칼 정신에 입각하여 '하나님의 선교'(Missio Dei) 사명을 훌륭히 수행해 왔습니다. 우리는 지난 50년 동안 '신학과 신앙고백의 자유'를 구현하고, 교회 연합과 일치, 세계 교회 협력 활동에 앞장섰으며, 시대와 역사를 향한 교회의 책임을 감당하기 위해 담대히 고난의 십자가를 짊어졌습니다. 이는 참으로 아름답고 자랑스런 전통이며, 후손들에게 반드시 물려주어야 할 신앙의 유산입니다.

한국기독교장로회(기장)의 교회 헌법 역사를 보면, 1953년 분립 이후 1962년 정치편을 전면 수정하게 되고, 그 이후 정치편을 조금씩 수정하다가, 다시 1973년 정치편을 전면 개정하였다. 그리고 1977년 제62회 총회에서 교회 헌법 내용 중 신앙요리문답, 예배모범, 권징조례를 개정하기로 결의한 후 1980년 제65회 총회에서 이를 가결하여 사용하게 되었다. 이때 예배모범과 관련한 개정 원칙과 내용은 (1) 웨스트민스터 체제의 기본정신은 그대로 계승하되 그 구조와 사상은 현대 상황에 맞게 재편하고, (2) 세계 개혁교회의 여러 예배모범과 최근의 학문적 성과를 참조, 포함시키며, (3) 헌금에 대한 모범을 추가시켰다고 언급하고 있다.[79]

그 이후 기장 교회 헌법은 주로 정치편을 중심으로 약간씩 개정 작업이 진행되다가, 2002년 제87회 총회에서 신조, 정치, 권징조례를 개정하여 2003년 공포하였다. 그리고 2005년 신조, 신앙고백서, 신앙요리문답, 정치, 권징조례, 예배모범 등 전 부분을 시대와 교회 현장의 변화에 맞추어 수정, 보완하여 개편하는 작업을 하였다.

예배모범 역시 혁신적 변화를 가져오는 것을 볼 수 있다. 2005년 개정된 예배모범은 총 7장 50항으로 되어 있다. 그 내용을 보면 다음과 같다.[80]

제1장 온 생명의 찬양
1. 온 만물과 생명의 창조주 하나님

---

79) 한국기독교장로회 총회, 『헌법』(서울 : 한국기독교장로회 출판사, 2001), 헌법 개정 약사(9).
80) 한국기독교장로회 총회, 『헌법』(2005), pp. 165-191.

2. 온 생명에 가득한 주님의 은총
3. 온 피조물의 찬양과 예배
4. 하나님의 새 창조

제2장 교회의 예배
5. 예배 공동체인 교회
6. 모든 찬양과 예배를 엮는 교회
7. 구원의 방주인 교회의 예배
8. 예배는 구원의 잔치
9. 예배는 하나님과의 만남
10. 예배는 부르심과 은총
11. 예배는 응답과 생명
12. 예배는 생명의 계약
13. 성령의 임재
14. 하나님 나라와 섬김

제3장 예배의 원리
15. 그리스도께서 제정하심
16. 감사와 응답
17. 예배의 표현
18. 예배를 통한 구원과 창조
19. 예배를 통한 화해
20. 성경을 통한 말씀
21. 설교를 통한 말씀
22. 성례전을 통한 말씀

제4장 예배의 순서
23. 모임
24. 말씀
25. 성만찬
26. 보냄

제5장 성례전

27. 성례전의 의미
28. 세례의 의미
29. 세례의 집례
30. 어린이 세례
31. 견신례
32. 어른 세례
33. 성찬의 의미
34. 성찬의 집례
35. 성령과 성찬 예식
36. 성찬 예식의 순서
37. 성찬 예식과 회중의 참여

제6장 회중 모임

38. 주일예배와 다른 신앙 모임
39. 매일기도
40. 새벽 기도 모임
41. 주일 저녁 모임
42. 수요 저녁 기도 모임
43. 구역 모임
44. 그 밖의 상황에 따른 현장 모임

제7장 상황예식

45. 상황예식의 의미와 가치
46. 믿음예식
47. 희망예식
48. 사랑예식
49. 축복예식
50. 목양예식

기장 예배모범을 보면서 가장 먼저 느끼게 되는 것은 그 형식이나 내용에 있어서 획기적 변화를 시도하였다는 것과 현대적 감각에 맞추기 위해서 노력한 점이라 하겠다. 예배는 시대와 문화적 변화를 반영할 수 있어야 한다는 점에서 이런 시도는 매우 돋보인다고 하겠다. 그러나 자칫 상황적인 면을 강조하다 보면 전통적 요소들을 잃어버릴 위험이 있다. 오늘의 기장 예배모범을 최초 웨스트민스터 예배모범의 원리와 정신에 비추어 본다면 어떤 차이를 느낄 수 있을까? 하나님 앞에 드리는 교회의 예배를 바로 세우고자 최초 예배모범을 만들면서 그들이 이루고자 했던 정신과 원리들이 오늘 기장 예배모범에서도 잘 반영되고 있는지 한번쯤 생각해 보아야 할 것이라 본다.

그리고 기장 예배모범은 그 항목과 내용들이 다른 교단에 비해서 가장 많고 길다는 것이다. 물론 이것은 하나님께 드리는 예배에 대해서 보다 구체적이고 세밀하게 그 원리와 정신을 제공할 수 있다는 점에서 긍정적이라고 하겠다. 그러나 예배모범은 큰 틀에서 원리를 제공하는 것이 중요하다고 본다. 너무 세밀한 것들은 오히려 복잡함을 가중할 뿐이다. 예배모범은 큰 틀의 원리를 제시하고, 보다 세밀하고 구체적인 것은 교회적 상황이나 개인의 상황에 따라 적절히 적용할 수 있도록 배려하는 것이 더욱 좋다고 본다.

또한 기장의 예배모범은 신학적인 면과 이론적인 면에서 충실하고자 하는 면을 보이고 있다. 신학적 이론이 받침 되지 않고 실제적인 면만을 추구하는 것은 매우 위험할 수 있다. 예배 역시 실제 이전에 먼저 이론이 받침되어야 한다. 그러나 지나친 이론은 실제 적용 현장에서 별 관심을 갖지 못하게 한다. 그런 면에서 기장 예배모범은 이론적 부분들이 예배 현장을 위한 필수적인 내용들로 간략하게 정리될 필요가 있다고 본다. 예를 들어 제2장 교회의 예배와 제3장 예배의 원리는 마치 예배학 교과서를 보는 듯한 느낌을 준다. 보다 현장을 생각하면서 간결한 지침을 제공하는 것이 바람직하다고 본다.

또 하나 기장 예배모범에서 특이한 것은 제7장 상황예식에 관한 것이다. 이것은 다른 교단 예배모범이 갖지 않는 새로운 내용이다.[81] 오늘의 그리스도인이나

---

81) 물론 장례예식이나 결혼예식에 관한 것은 웨스트민스터 예배모범 이후 모든 장로교 예

교회 공동체와 관련된 예식들에 대해서 새로운 분류를 하면서 거기에 대한 설명을 하는 것은 좋은 면이 있다고 본다. 그러나 이미 장로교회는 예배모범과 함께 예식서를 별도로 발행해서 이런 예식들을 충분히 설명하고 있다. 그런 점에서 이런 내용이 꼭 예배모범에 포함되어야 하는가는 고려해 볼 문제이다. 더군다나 이런 예배의 분류(믿음예식, 희망예식, 사랑예식, 축복예식, 목양예식)가 보편성을 결여한 한 개인의 입장을 반영한 것이 아닌지도 깊이 생각해 볼 필요가 있다고 본다. 예배모범은 그 특징상 보편적이어야 하며, 모든 교회와 개인들이 함께 공유할 수 있어야 한다.

〈장로교 교단별 예배모범 비교〉

예장 통합(2002)	예장 고신(1992)	예장 합동(2000)	기장(2005)
제1장 교회와 예배	제1장 교회와 예배	제1장 주일을 거룩히 지킬 것	제1장 온 생명의 찬양
1-1 예배공동체로서의 교회	제1조 교회	제2장 교회의 예배 의식	1. 온 만물과 생명의 창조주 하나님
1-2 예배	제2조 예배	제3장 예배 때 성경 봉독	2. 온 생명에 가득한 주님의 은총
1-3 예배의 시간	제2장 주일성수	제4장 시와 찬송	3. 온 피조물의 찬양과 예배
1-4 예배의 장소	제3조 주일성수의 의무	제5장 공식 기도	4. 하나님의 새 창조
1-5 예배의 교육	제4조 주일공동회집	제6장 강도	제2장 교회의 예배
제2장 예배의 기본요소	제5조 주일준비	제7장 주일 학교	5. 예배 공동체인 교회
2-1 말씀의 예전	제6조 주일에 할 수 있는 일	제8장 기도회	6. 모든 찬양과 예배를 엮는 교회
2-2 성례전	제3장 주일예배	제9장 유아세례	7. 구원의 방주인 교회의 예배
제3장 예배의 배열	제7조 주일 예배 참석자의 자세	제10장 입교 예식	8. 예배는 구원의 잔치
제4장 예배의 분류	제8조 주일예배의 순서	제11장 성찬 예식	9. 예배는 하나님과의 만남
제5장 교회예식	제9조 공동의 찬송	제12장 혼례식	10. 예배는 부르심과 은총
5-1 임직예식	제10조 찬송의 회수	제13장 장례식	11. 예배는 응답과 생명
5-2 봉헌예식	제11조 공식 기도	제14장 금식일과 감사일	12. 예배는 생명의 계약
5-3 결혼예식	제12조 설교 후의 기도	제15장 은밀 기도와 가정 예배	13. 성령의 임재
5-4 장례예식	제13조 기도의 준비	제16장 시벌	14. 하나님 나라와 섬김
제6장 예배와 목회	제14조 공식기도에 참석한 자의 자세	제17장 해벌	
6-1 예배와 선교	제15조 예배와 헌금	제18장 헌금	
6-2 예배와 화해	제16조 폐회		
6-3 예배와 목회적 돌봄			
6-4 예배와 경건			

배모범에 포함되어 있다.

제4장 말씀의 선포 제17조 말씀 선포자의 자질 제18조 성경봉독 제19조 설교 제5장 성례 제20조 성례의 종류 제21조 세례식 제22조 유아세례 제23조 성찬예식 제6장 신앙고백 제24조 신앙고백의 제도 제25조 학습 제26조 입교 제7장 금식일과 감사일 제27조 금식일 제28조 감사일 제8장 기도회 제29조 기도회의 의의 제30조 기도의 의무 제31조 기도회의 종류 제32조 기도회의 인도 제9장 주일학교 제33조 명칭 제34조 주일학교의 예배 제35조 주일학교의 편제 제36조 주일학교의 책임자 제37조 주일학교의 교사 제38조 주일학교의 교재 제10장 시벌과 해벌 제39조 시벌 제40조 해벌	제3장 예배의 원리 15. 그리스도께서 제정하심 16. 감사와 응답 17. 예배의 표현 18. 예배를 통한 구원과 창조 19. 예배를 통한 화해 20. 성경을 통한 말씀 21. 설교를 통한 말씀 22. 성례전을 통한 말씀 제4장 예배의 순서 23. 모임 24. 말씀 25. 성만찬 26. 보냄 제5장 성례전 27. 성례전의 의미 28. 세례의 의미 29. 세례의 집례 30. 어린이 세례 31. 견신례 32. 어른 세례 33. 성찬의 의미 34. 성찬의 집례 35. 성령과 성찬 예식 36. 성찬 예식의 순서 37. 성찬 예식과 회중의 참여 제6장 회중 모임 38. 주일예배와 다른 신앙 모임 39. 매일기도 40. 새벽 기도 모임 41. 주일 저녁 모임 42. 수요 저녁 기도 모임 43. 구역 모임 44. 그 밖의 상황에 따른 현장 모임 제7장 상황 예식 45. 상황 예식의 의미와 가치

		46. 믿음예식
		47. 희망예식
		48. 사랑예식
		49. 축복예식
		50. 목양예식

8. 장로교 예배 순서 비교

장로교회는 이미 언급한 대로 예배에 대한 두 가지 중요한 전통을 가지고 있다. 하나는 예배모범(Directory for Worship)을 통해서 하나님께 드리는 예배가 갖추어야 할 정신과 원리, 신학 등에 대한 지침을 제시하는 것이다. 그리고 하나는 예식서(Worshipbook)로서 이것은 예배 시에 진행되는 순서들에 대하여 그 모델을 제시함으로써 교회 현장에서 활용하는 데 도움을 주기 위한 것이다. 칼빈의 예식서, 낙스의 예식서, 그리고 웨스트민스터 예배모범과 그 이후에 나오는 예배모범과 예식서들은 장로교 예배의 소중한 유산들이다. 본 난에서는 장로교 예배의 줄기를 파악하기 위해 웨스트민스터 예배 순서(1664년)와 현대 미국 장로교회의 예배 순서(1993년 Book of Common Worship), 그리고 최근의 한국 장로교 예배 순서(1997년 『표준 예식서』, 2008년 『예배 예식서』)를 간단히 비교함으로써, 장로교 예배에 대한 이해를 갖고자 한다.[82]

1) 웨스트민스터 예배모범에 따른 예배 순서[83]

〈말씀의 예전〉
예배로 부름 : "하나님께 예배드립시다."
기원(Pray of Approach)

---

[82] 본 서의 주제가 "예배모범"에 관한 것이기 때문에 여기서는 예배 순서를 간단히 소개하는 정도에서 마치고자 한다.
[83] 이 예배 순서는 Maxwell이 그의 저서에서 정리해 놓은 것이다. William D. Maxwell, *A History of Christian Worship* (Grand Rapids : Baker Book House, 1982), pp. 129-31 참조.

- 경배와 성령 임재를 위한 기원
구약 봉독 : 1장
신약 봉독 : 1장
운율 시편송 : 성경 봉독 전이나 그 사이에 부름
고백과 중보의 기도
　　- 죄의 고백, 용서를 구하는 기도, 용서의 선언
　　- 중보기도 : 전 세계와 교회들과 왕과 국회와 지도자들을 위해
　　　　　　　목사, 교사, 학교, 대학, 도시와 지역 회중들을 위해
　　　　　　　좋은 일기와 결실을 위하여
　　　　　　　주일 성수를 위하여
　　　　　　　모든 사람들이 함께 하나님과의 충만한 교제의 은혜를 나누도록
　　　　　　　목회자의 직무와 생활을 위해
설교
기도
　　- 복음과 구원에 대한 감사
　　- 설교 말씀과 관계된 간구
　　- 영적인 제물로 예배 속에서 자신을 헌신하도록
　　- 그 시간에 필요한 특별한 기도나 중보 기도
주기도문 : 성만찬이 없을 때는 주기도문에 이어 시편 찬송과 축복 기도로 예배를 마쳤다. 성만찬이 있는 경우는 주기도문 후에 바로 성만찬으로 이어진다.
시편 찬양(성만찬이 없을 때)
축도(降福 宣言 : 성만찬이 없을 때)

〈성만찬 예전〉
봉헌 : 성찬상에 성물이 놓여서 덮여 있다.
시편송을 부른다.
성찬 초대사와 성찬상에 대한 보호(fencing)
성물 배열

성찬 제정사
권면
성찬 기도
   - 입례 기도
   - 창조와 섭리에 대한 감사 기도
   - 구속에 대한 감사 기도
   - 말씀과 성례전에 대한 감사 기도
   - 기념
   - 성령 임재 기원
분병(Fraction)
배찬
성찬 참여
권면 : 값진 생활을 위해
성찬 후 기도
   - 성만찬을 받은 은혜에 대한 감사
   - 값진 생활을 위해
운율 시편 찬송
축도(강복 선언)

웨스트민스터 예배모범에 따른 예배 순서를 보면, 먼저 예배는 크게 두 부분, 즉 말씀의 예전과 성만찬 예전으로 구성되어 있다.[84] 이것은 초대교회 이후 기독교 예배가 갖는 핵심적 요소를 그대로 계승한 것이라고 하겠다. 그리고 예배의 시작은 예배의 부름으로 시작이 되고 있는데, 이 역시 칼빈 이후 만들어진 개혁교회 예배의 전통을 이어받은 것이라고 하겠다. 웨스트민스터 예배에서는 성경봉독을 구약과 신약 각각 한 장씩 읽도록 하고 있는데, 이것은 특별히 새로운 시도라고 하겠다. 예배 시간에 성경의 긴 본문을 읽도록 한 것은 말씀을 강조한 개혁교회

---

84) 웨스트민스터 예배 형식이 성만찬을 갖는 예배와 갖지 않는 예배로 분리하여 작성하고 있는 것을 보아서, 성만찬을 매 주일 가져야 한다는 입장을 갖고 있는 것은 아니라고 하겠다.

정신이 반영된 결과라고 할 것이다. 그리고 예배에서 하나님을 찬양하는 것 역시 하나님의 말씀으로 해야 한다는 입장에 따라서, 오직 시편송만을 예배에서 사용하고 있는 것도 특징이다. 그동안 주로 사용되어 오던 자비송(키리에) 대신 죄의 고백과 용서를 구하는 기도, 그리고 용서의 선언도 칼빈의 예배 전통을 이어받은 것이다. 그동안 주로 성만찬 예전 순서 중에 있었던 중보 기도가 설교 전으로 나오고, 주기도문이 설교 후에 오게 된 것도 변화된 특징이다.

성만찬 예전은 전통적 방식대로 봉헌 순서로 시작이 되며, 성찬 초대-제정사-권면-성찬 기도 등으로 이어지는데, 성찬 기도에서는 '성령 임재를 위한 기원'이 있음을 볼 수 있다. 그리고 성찬 참여 후에 다시 한번 권면의 순서가 있는데, 성찬을 받은 신자들이 거기에 합당한 삶을 살도록 당부하기 위한 것으로 보인다.

이 예배 순서는 웨스트민스터 예배모범에 따라 작성된 것이나 예배 순서가 너무 길어서 비실제적인 면이 있다. 그 결과 스코틀랜드 교회는 얼마 후 다시 이 예배 순서를 간단하게 만드는 작업을 하게 되었다. 여기서 우리가 얻을 교훈은 아무리 좋은 이론과 원리라고 할지라도 현실적인 고려가 함께 있어야 한다는 사실이다. 예배의 정신과 원리는 분명히 하되 그것을 어떻게 현실에 적용해야 할 것인가에 대한 연구도 함께 할 때 보다 효율적인 예배가 실현될 수 있을 것이라 본다.

2) 미국 장로교 예배 순서(1993년 Book of Common Worship)[85]

미국 장로교회는 1983년 남북 장로교회가 다시 연합하게 되었다. 그 결과 미 장로교회(PCUSA)는 다시 1989년에 예배모범을 개정하고, 이 예배모범과 조화를 이룰 수 있는 예배서를 1993년에 만들게 되는데 이것이 바로 『공동 예배서』 (*Book of Common Worship*)이다. 다음에 소개되는 주일 낮 예배 순서는 공동 예배서에 예시된 것으로서, 크게 4부로 구성되어 "개회-말씀-성만찬-폐회"의 순서로 되어 있다.

---

85) P.C.(U.S.A.), *Book of Common Worship* (Lousville : Westminster/John Knox Press, 1993), 예배 순서 참조.

⟨주일 예배⟩　　　　　　　　　　⟨성찬 주일 예배⟩

개 회(Gathering)
　예배의 부름
　오늘의 찬송 또는 개회 기도
　찬송, 시편 또는 영가
　죄의 고백과 용서
　평화의 인사
　송가, 시편, 찬송, 또는 영가

말 씀
　성령 임재를 위한 기도
　첫 번째 성경 봉독
　시편송
　두 번째 성경 봉독
　교송, 찬송, 시편송, 송가, 또는 영가
　복음서 봉독
　설교
　초청
　찬송, 송가, 시편송, 또는 영가
　신앙의 확증(신앙고백)
　(목회 예식 : 세례 등)
　회중의 기도(중보 기도)
　평화의 인사

　　　　　　　　　　　　　　　성만찬
　봉 헌　　　　　　　　　　　봉헌
　　　　　　　　　　　　　　　성만찬 초대
　감사 기도　　　　　　　　　대 감사 기도
　주기도문　　　　　　　　　주기도문
　　　　　　　　　　　　　　　분병(breaking)
　　　　　　　　　　　　　　　회중의 수찬

파 송
　찬송, 영가, 송가, 또는 시편송
　위탁과 축도(강복 선언)

한국 장로교 예배모범　311

미국 장로교 예배 순서를 보면 크게는 물론 두 부분, 즉 '말씀-성만찬 예전'으로 구성되어 있다. 그러나 이것을 보다 세분화시켜서 '개회-말씀-성만찬-폐회' 순으로 정리를 하고 있음을 볼 수 있다.

개회 순서는 예배를 시작하는 부분으로서, 예배의 부름과 죄의 고백, 평화의 인사, 찬송 등의 순서가 있다. 특별한 것은 평화의 인사가 두 번, 즉 개회 순서에서와 설교 후 봉헌 전에 등장하고 있다는 점이다. 평화의 인사는 기독교 전통적 예배에서 언제나 성만찬 예전에 있었던 순서인데, 종교개혁기부터 사라진 것을 다시 복원한 것이라고 하겠다. 또 하나 특별한 것은 말씀의 예전에서 '성령 임재를 위한 기도' 순서가 가장 먼저 나오고 있다는 점이다. 그동안 이 기도는 주로 성만찬 예전에서 떡과 잔 위에 성령의 임재를 간구하는 순서로 사용되었었다. 그런데 미국 장로교회가 말씀의 예전에 이 순서를 넣는 것은 말씀을 강조하는 개혁교회의 전통에 따라 하나님의 말씀에 성령께서 임재하여 역사하시기를 간구하는 의미에서 그렇게 한 것으로 보인다. 성경 봉독은 성서정과에 따라서 세 번 갖게 되며,[86] 설교가 있은 후 초청과 신앙고백, 그리고 회중의 기도(중보 기도)가 있는 것을 볼 수 있다.

성만찬 예전은 봉헌 순서로 시작하여, 초대, 기도 순으로 이어지는데, 웨스트민스터 예배 순서에서 말씀의 예전에 포함되어 있었던 주기도문이 다시 성만찬 예전으로 돌아와 위치하고 있다. 전반적으로 1993년 미국 장로교 예배 순서는 개혁교회의 전통을 계승하면서, 한편으로는 현대적인 변화를 반영하고 있는 것이 특징이라고 하겠다. 이것은 기독교 예배가 전통을 지키되, 문화적인 요인을 또한 적극적으로 반영할 수 있어야 한다는 실례를 보여 주는 것이라고 하겠다.

3) 한국 장로교(예장 통합) 예배 순서(1997년 『표준 예식서』)[87]

대한예수교장로회(통합)가 예식서를 처음 발간하여 사용한 것은 1971년이었

---

86) 최근 모든 교회들에서 성서일과(lectionary)의 사용이 강조되면서, 미국 장로교회도 이것을 받아들인 것으로 보인다. 성서일과에서는 구약-서신서-복음서 순으로 성경을 읽을 수 있도록 편성되어 있다.
87) 대한예수교장로회 총회, 『표준 예식서』(서울 : 한국장로교출판사, 1997) 참조.

다. 이것은 총회 교육부에서 마련한 것으로써 교회 예식의 규범과 통일성을 갖게 하는 데 공헌하였다.[88] 그리고 1984년 제69회 총회에서 "가정 의례 지침서"가 마련되어, 1987년 예식서와 가정 의례 지침서를 합본한 예식서가 나오게 되었다.

이후 이 예식서에 대한 개정 작업이 이루어져 1997년 『표준 예식서』라는 이름으로 발간되었다. 이 예식서는 개혁교회의 전통과 우리의 문화적 상황을 고려하여 만들어진 것이었다.[89] 이 예식서는 총 11장으로 구성되어 있는데, 제1장 예배를 위한 준비, 제2장 예배 순서의 실제, 제3장 성례전, 제4장 임직 예식, 제5장 봉헌 예식, 제6장 결혼 예식, 제7장 상례 예식, 제8장 경축례, 제9장 계절에 관한 예식, 제10장 주택 및 생업에 관한 예식, 제11장 총회 임원 이취임식 순서로 되어 있다. 다음은 표준 예식서의 "주일 예배의 개요"(『표준 예식서』, 40쪽 이하)에 예시된 순서를 소개한다.

〈기본 구조〉	〈첨가할 수 있는 순서〉
예배의 말씀	
경배의 찬송	
참회의 기도	
용서의 확신	
영광송	
	성시 교독
목회 기도	
구약의 말씀	
신약의 말씀	
	성가대 찬양
설교	
	결단을 위한 초청
신앙고백	

---

88) 대한예수교장로회, 『예식서-가정 의례 지침』(서울 : 예장 총회 출판국, 1987), 3쪽 이하. 머리말 참조.
89) 『표준 예식서』 머리말 참조.

세례
                                 응답 찬송
공동체를 위한 중보 기도
평화의 인사
헌금
                                 특송
                                 헌금송
성찬 초대
제정의 말씀
성령 임재를 위한 기도
주기도
떡을 뗌
떡을 나눔
잔을 부음
잔을 받음
감사의 기도
감사의 찬송
파송의 말씀
축도(강복 선언)
성도의 교제 및 교회 소식

여기에 제시된 예배의 특징들을 살펴보면 모두 개혁교회 전통에 따르고자 하는 모습이 보인다. 예를 들면 참회의 기도나 용서의 확신, 구약과 신약의 말씀 봉독, 파송의 말씀과 같은 순서들은 개혁교회 고유의 순서들이다. 한국 장로교회가 개혁교회의 전통에 뿌리를 두고 있음을 생각할 때 이러한 전통을 우리의 예배 현장에서 살려 나가는 것은 매우 중요한 일이라 본다.

그러나 하나 생각해야 할 점은 말씀을 강조하는 개혁교회의 전통에 따라 구약과 신약을 예배에서 봉독하도록 한 순서이다. 웨스트민스터 예배모범에서는 구약과 신약을 한 장씩 읽도록 하고 있는데, 이것은 후에 예배의 지루함과 비현실적이라는 점 때문에 스코틀랜드 교회에서도 제대로 시행되지 못했던 것이다.[90]

여기서 우리는 예배가 원칙과 현실이라는 두 가지 면을 고려하면서 보다 지혜롭게 적용해야 할 필요가 있다는 점을 언제나 잊지 않아야 될 것이라 생각한다. 그리고 이미 예식서에서도 여기에 대한 예배 모델이 제시되고 있지만, 성경 본문은 그동안 대부분의 교회에서 해온 것처럼 설교자가 선택한 한 본문을 읽는 형식, 구약과 신약을 각각 읽는 형식, 그리고 성서정과에 따른 구약-서신서-복음서를 읽는 형식 등을 고려하면서 어느 한 방법보다는 다양한 방법을 적절하게 병행하는 것도 좋으리라고 본다.

그리고 특이한 것으로 『표준 예식서』에서 제시하고 있는 주일 예배 순서를 보면 성도의 교제와 교회 소식이 예배 후에 자리 잡고 있다는 점이다. 그동안 한국 교회의 관례가 성도의 교제와 교회 소식을 예배 안에 포함시켜 왔음을 생각할 때, 새로운 변화라고 보여진다. 여기에는 예배는 하나님께 드리는 것인 만큼 인간에게 하는 순서는 예배에 포함시키지 않는 것이 합당하다는 그런 입장이 반영된 것으로 보인다.

또 하나 "첨가할 수 있는 순서"를 제시해 둠으로써 예배 집례자가 자율성을 가지고 예배를 인도할 수 있도록 한 점은 예배의 현장을 고려한 매우 사려 깊은 일이라 생각한다. 예배는 어느 교회 어느 문화권에서나 변할 수 없는 보편적인 기본 원리가 있는 것이지만 거기에 못지않게 생각해야 할 것이 바로 예배가 진행되는 각각의 현장이다. 그러므로 예배 순서도 기본적인 순서와 함께 예배 현장에 따라서 변화할 수 있는 순서들을 갖게 함으로써, 보다 현실에 맞도록 해야 할 것이다.

4) 한국 장로교(예장 통합) 예배 순서(2008년 『예배 예식서』)

21세기를 들어서면서 한국교회에 나타난 중요한 변화 중의 하나는 대부분의 교파나 교단들의 예배에 대한 관심이 증대되었다는 점이다. 이런 결과는 각 교단마다 자신들의 예배 예식서를 새롭게 수정하거나 보완하는 작업들로 그 결실이 나타나게 되었는데, 대표적으로 대한예수교장로회 통합 측을 비롯하여, 기독교

---

90) William D. Maxwell, *A History of Christian Worship*, pp. 131f.

장로회, 감리교, 성결교 등이 그렇다.

　최근 개정된 대부분 교단들의 예식서 내용을 보면 거기에 소개된 예배 형식이나 내용들이 훨씬 다양해지고 풍부해지면서, 예식서의 부피도 두꺼워진 것이 특징이다. 이런 결과는 각 교단마다 예배를 연구하는 학자들이 많이 배출되고, 한국교회 전체가 예배와 관련하여 그만큼 지적 수준이 높아졌기 때문에 가능한 것이라 보여진다.

　장로교 통합 측도 자신들의 예식서를 2008년에 새롭게 수정 보완하면서, 1997년 『표준예식서』에 비해 그 내용이나 형식들이 훨씬 다양해지고, 예식서의 이름도 『예배 예식서』[91]로 바뀌게 된다. 새로운 예식서는 총 8장으로 구성되어 있는데, Ⅰ 예배를 위한 준비, Ⅱ 주일예배, Ⅲ 찬양예배 및 기도회, Ⅳ 치리회와 각 기관에 관련된 예배, Ⅴ 임직예배, Ⅵ 예배당 봉헌예식, Ⅶ 가정의례 예식, Ⅷ 명절에 관한 예식으로 되어 있다. 성례전(세례, 성찬)과 함께하는 주일예배 순서를 보면 다음과 같다.

> Ⅰ 예배로 나아감
> 　전주
> 　예배선언
> 　응답송
> 　예배로 부름
> 　기원
>
> Ⅰ 찬양과 고백
> 　경배의 찬송
> 　언약의 확인(십계명)
> 　참회의 기도
> 　침묵의 기도
> 　사죄의 확신

---

91) 총회예식서개정위원회 편, 『대한예수교장로회 예배·예식서』(서울 : 한국장로교출판사, 2008).

영광송

교회의 기도
   기도
   주기도

말씀의 선포
   구약의 말씀
   서신서의 말씀
   찬양
   복음서의 말씀
   설교 전 기도
   말씀의 선포
   설교 후 기도
   봉헌

세례성례전
   세례후보자 호명
   서약
   성령임재를 위한 기도
   세례
   선포와 환영

성찬성례전
   신앙고백
   성찬찬송
   제정의 말씀
   성령임재를 위한 기도
   떡을 뗌
   참예선언
   떡을 받음
   잔을 부음
   참예선언

잔을 받음
　　감사의 기도
　　감사의 찬송

｜위탁과 축도
　　파송의 말씀
　　축도
　　후주

　　예식서들을 통해서 17세기 작품인 웨스트민스터 예배와 20세기의 미국과 한국 예배는 역사가 흐르면서 많은 변화가 있음을 쉽게 볼 수 있다. 이제 오늘의 교회들은 자신의 전통을 유지하면서 또한 시대적인 감각을 예배 가운데 반영할 수 있어야 할 것이다. 전통만 고집해서도 안 될 것이요, 현실만을 우선하는 것도 안 될 일이다. 전통을 무시한 현실주의는 언제나 탈선의 위험이 있다. 그런가 하면 현실을 무시한 전통주의는 사람들에게 공허할 뿐이다. 그러므로 오늘의 교회와 목회자들과 신학자들은 예배의 역사에 대한 관심을 가지고, 기독교의 전통적 예배와 함께 개혁교회의 예배 의식 등을 연구하여 이해함으로써 자신의 예배 전통을 알고, 더 나아가서는 오늘의 시대적 문화적 상황을 이해하여 이 둘이 예배를 통하여 조화를 이룰 수 있도록 해야 할 것이다. 예배 의식에 대한 흐름을 파악하는 것은 그런 의미에서 예배와 관련된 사람들에게 중요성을 갖게 되는 것이다.

　　이상과 같이 한국 장로교회 예배모범을 살펴보면서 무엇보다도 놀라운 사실은 우리 한국 장로교회가 짧은 선교 역사 속에서도 일찍이 예배에 대한 관심을 가지고 예배모범을 마련하여서 이것을 활용하였다는 점이다. 개혁교회의 예배 전통을 이어받아 예배모범을 마련한 이 일은 한국 장로교회의 예배 역사에 있어서 매우 의미 있는 작업이었다고 평가된다. 그러나 우리 장로교회는 이런 예배모범을 초기에 이미 마련했지만 그것에 대한 실제적 관심과 교회적 활용은 거의 없었던 것이 또한 사실이다. 좋은 보화를 갖고 있으면서도 그것을 땅에 묻어 두고 활용하지 못한 것이었다. 이제 우리는 장로교회의 예배 정신과 원리를 담은 이 소중한 재산을 잘 활용함으로써 보다 하나님이 기뻐하시고, 선배 개혁자들이 그토록 실현하기를 원했던 하나님 말씀에 근거한 예배를 구현할 수 있어야 할 것이다.

웨스트민스터 예배모범을 근본으로 하여 오늘까지 세계 장로교회는 어디서나 예배를 소중히 여겨 왔다. 웨스트민스터 예배모범은 개혁적 예배를 성취하기 위하여 많은 신앙의 선진들이 피를 흘리면서까지 값진 희생을 치루고 얻어 낸 결실이다. 그들이 값진 희생을 지불한 것은 다른 이유가 아니었다. 오직 하나님의 말씀에 근거한 예배를 철저히 드리겠다는 그들의 신앙 때문이었다.

그러나 한국 장로교회는 그동안 예배에 대하여 얼마나 많은 관심과 노력을 기울여 왔느냐는 질문을 받을 때 자신 있는 대답을 할 수가 없는 것이 현실이라 본다. 장로교 전통은 결코 예배를 소홀히 하지 않았다. 칼빈이나 낙스도 개혁과 함께 "예식서"를 만들어 개혁교회 예배의 근간을 이루도록 하였고, 그 후 웨스트민스터 회의에서는 예배모범을 만듦으로써 모든 장로교 예배의 지침이 되도록 하였다. 그러므로 장로교 전통에서는 언제나 "예배모범"과 "예식서"를 양손에 들고 하나님 앞에 바른 예배를 드리는 것이 자랑스런 전통으로 계승되어 온 것이다. 이제 한국 장로교회는 보다 예배에 대한 관심을 가져야 할 때가 되었으며, 무엇보다도 장로교 예배의 전통을 연구하고 바로 이해하여 오늘의 현장에 적용할 수 있어야 하리라 본다. 이를 위해서는 이미 선진들이 이룩해 놓은 값진 유산들의 가치를 새롭게 인식하고, 그것을 바탕으로 오늘의 문화적 현실에 대한 이해와 함께 적절한 예배를 실현해 나갈 수 있어야 할 것이다. 예배모범은 그런 의미에서 과거의 것이 아니라 오늘 우리 예배와 함께 해야 할 값진 전통이다.

제7장

예배모범의 비교 분석과 새로운 전망

The Spirit

and Principles

of

Presbyterian

Worship

예배모범의 비교 분석과 새로운 전망

지금까지 장로교 예배모범의 효시인 웨스트민스터 예배모범에서부터 미국 장로교 예배모범, 그리고 한국 장로교 예배모범의 변천 과정을 살펴보았다. 그것들이 나오게 된 시대적 배경과 종교적 상황, 그러한 문서들이 작성된 역사적 과정, 그리고 시간을 지나면서 변화된 내용들을 정리해 보았다.

이제 본 장에서는 먼저 과거 장로교 예배모범 중 예배와 관련된 항목들(성경봉독, 설교, 찬송, 기도, 세례와 성만찬, 헌금, 주일 성수)을 중심으로 그것들이 발전되거나 변화된 내용들을 신학적으로 분석하면서 평가하려 한다. 예배모범 역시 시대적 문화적 상황에 따라 다양한 변화를 거듭해 왔기에, 각 항목에 대한 이러한 분석과 평가는 의미 있는 일이라고 생각된다.

그리고 이를 바탕으로 이 시대에 장로교 예배모범이 추구해야 할 방향을 생각하면서, 거기에 따른 새로운 모델을 제시하려고 한다. 오늘의 시대적 상황을 고려하면서 이에 적절히 대응할 수 있는 예배모범은 어떤 것인가를 생각하면서, 21세기 미래지향적인 모델을 마련하고자 한다.

1. 예배모범에 대한 신학적 분석과 평가

1) 말씀

말씀(the Word)이 읽어지고 선포되어지는 곳에서, 살아 있는 말씀(the Living Word)이신 예수 그리스도가 성령의 내적 증거에 의하여 임재하신다. 이런 이유 때문에 말씀을 봉독하고, 듣고, 설교하고, 고백하는 것은 기독교 예배의 핵심인 것이다.[1]

기독교의 많은 전통(교파)들 가운데 개혁교회만큼 말씀을 강조하는 곳도 없을 것이다. 따라서 개혁교회 전통은 기록된 말씀(Written Word)으로서의 성경을 읽는 것과 그 성경을 설교하는 것(Spoken Word)을 예배의 가장 중요한 부분으로 여겨 왔다. 이러한 경향은 웨스트민스터 예배모범이나 그 이후 장로교 예배모범에서 변함없이 이어지고 있다. 그러면 말씀과 관련된 부분으로서 "성경 봉독"과 "설교"에 대하여 장로교 예배모범들에서 각각 어떻게 언급하고 있는지 그 내용들을 비교 분석해 보도록 하겠다.

(1) 성경 봉독

예배에서 성경을 읽는 전통은 이미 구약 시대부터 보편화된 것으로서, 특별히 에스라가 이스라엘 백성들을 모으고 하나님의 말씀을 읽고 해석한 사건은 이것을 잘 증명해 주고 있다(느 8 : 2-3, 8). 신약 시대에도 예수님께서 회당에 들어가셔서 성경을 읽으셨으며(눅 4 : 16-21), 사도들이 서신서에서 교회에서 회중과 함께 그 말씀을 읽으라는 편지나(골 4 : 16), 초대교회의 기록들에서도 예배 가운데 이미 성경 봉독이 행해지고 있었음을 알 수 있다.[2] 그러면 이런 전통을 장로교

---

1) The Office of the General Assembly, *The Constitution of the Presbyterian Church(U.S.A), Part Ⅱ Book of Order* (Louisville : The Office of the General Assembly, 1997), W-2.2001.
2) 2세기에 활동한 저스틴 마터(Justin Martyr)의 글에서도, 당시 기독교 예배에 성경 봉독이 있었음을 기록하고 있다. "일요일이라고 불리는 날에 도시나 지방에서 사는 모든 사람들이 한 곳에 함께 모여, 사도들의 글이나 선지자들의 책을 시간이 허락하는 대로 읽었다. 봉독자가 읽는 것을 마치면, 집회의 인도자가 그러한 선한 일들을 따라 살도록 가르치고 권한다."(the First Apology of Justin, LXⅦ). Alexander Roberts and James Donaldson, ed., *Ante-Nicene Fathers : the Apostolic Fathers, Justin Martyr, Irenaeus* (Peabody : Hendrickson Publishers, 1999), p. 186. James F. White, *Documents of Christian Worship* (Louisville : Westminster/John Knox

예배모범에서는 어떻게 계승해 가고 있는가?

먼저 1644년 웨스트민스터 예배모범에서는 성경 봉독은 하나님께 드리는 예배의 한 부분으로서, 이것은 목사나 교사들에 의해서 수행되어져야 한다고 말한다.[3] 봉독할 성경은 외경을 제외하고 신·구약으로 하되, 가능하면 신·구약 한 장씩을 읽는 것을 권하고 있으며, 성경 전체를 차례대로 계속하여 읽어 나가라고 하고 있다. 그리고 성경은 모든 사람이 알아들을 수 있는 대중 언어로 번역된 것을 읽도록 하고 있다.[4] 읽는 내용과 길이는 목사의 지혜로 결정하되, 설교나 다른 순서에 지장이 안 되도록 하며 지루하지 않아야 할 것이라고 한다. 특별한 것은 공중 예배 시간의 성경 봉독 외에도 개인적으로 성경을 읽도록 하고, 개인이 성경을 소지할 수 있다는 것을 언급하고 있다.[5]

그러면 미국 장로교 예배모범에서의 성경 봉독에 관한 내용은 어떠했는가? 1787년 예배모범과 가장 최근인 1997년 예배모범을 중심으로 분석해 보도록 하겠다.

먼저 미국 장로교 최초의 예배모범[6]인 1787년 예배모범은 성경 봉독에 관한 제목(Of the public reading of the Holy Scripture)에서부터 내용에 이르기까

Press, 1992), p. 101.
3) Thomas Leishman, ed., *The Westminster Directory* (Edinburgh and London : William Blackwood and Sons, 1901), p. 17. 웨스트민스터 예배모범 제 2항 "성경 봉독에 관하여"(Of Public Reading of the Holy Scripture).
4) 위의 책, p. 18.
5) 중세교회에서 성경은 사제들의 독점물이었다. 무식한 일반 대중은 글을 알 수 없었기 때문에 읽을 수도 없었을 뿐만 아니라 — 더구나 대부분 라틴어 성경이었기 때문에 라틴어를 아는 사제 정도 말고는 읽을 수가 없었다. — 성경을 소지할 수가 없었다. 그러나 종교개혁 이후 하나님 말씀에 대한 열망과 함께 성경이 각 나라 언어로 번역되기 시작하면서 성경을 자기 나라 언어로 읽을 수 있는 기회가 주어지게 되었고, 특별히 구텐베르크(Johannes Gutenberg)의 인쇄술 발명으로 책이 대량 보급될 수 있는 길이 열리면서 일반 대중들도 쉽게 성경을 소유할 수 있는 길이 열리게 된 것이다.
6) 이미 언급한 대로 미 장로교는 웨스트민스터 예배모범에 기초하여 1787년 뉴욕-필라델피아 대회(the Synod of New York and Philadelphia)에서 최초의 예배모범을 만들었다. 그리고 그것을 약간 수정하여 1788년 제1회 미국 장로교 총회에서 인준하게 되었다. 여기서는 미 장로교 최초의 예배모범인 1787년 내용을 근거로 하였다. The Synod of New York and Philadelphia, *A Draught of the Form of the Government and Discipline of the Presbyterian Church in the United States of America* (New York : S. and J. Loudon, 1787).

지 웨스트민스터 예배모범의 내용과 거의 비슷하다. 성경 봉독이 예배의 한 부분이라는 것, 목사나 교사에 의하여 봉독되어야 한다는 것, 정경인 신약과 구약이 모든 사람들이 알아들을 수 있는 대중 언어로 공중에게 읽혀져야 한다는 점, 읽을 본문의 길이는 목사의 재량에 따라 하되 각 예배에서 적어도 한 장이나 그 이상 읽어야 한다. 여기서 웨스트민스터 예배모범은 신, 구약 한 장씩 읽도록 권하고 있으나, 미 장로교 예배모범에서는 신, 구약에 관계없이 한 장 정도 읽도록 하고 있는 것을 볼 수 있다. 이것은 웨스트민스터 예배모범에서 제시한 성경 봉독 양이 너무 길 수밖에 없는 현실적 이유에서 조절을 한 것으로 보인다. 왜냐하면 바로 이어서 예배의 모든 순서들은 시간적으로 불균형을 이루지 않도록 하라는 것과, 너무 짧거나 지루하게 하지 않아야 한다는 점을 강조하고 있는 것을 볼 수 있기 때문이다.[7]

또 하나 특징은 웨스트민스터 예배모범에서 개인이 성경을 읽는 것과 성경을 소지하도록 권하고 있는 내용이 여기서는 빠져 있다는 사실이다. 그 이유는 그동안 이미 개인적으로 성경 보급이 많이 되었기 때문에 이 시대에 특별히 강조할 필요가 없었기 때문인 것으로 보인다. 시대적 변화가 신앙 환경에도 변화를 가져왔음을 보여주는 것이라고 하겠다.

1787년 예배모범 이후 미국 장로교회는 몇 번의 개정을 거듭하면서, 가장 최근인 1997년에 최신 예배모범을 마련하였다.[8] 여기서 성경 봉독은 제Ⅱ장 기독교 예배의 요소(The Elements of Christian Worship)의 2항(W-2.2000)에서 취급을 하고 있다. 먼저 성경은 하나님의 계시(God's self-revelation)를 증언하는 기록되어진 하나님의 말씀(the Word of God)이다. 성경은 모든 공적 예배에서 봉독되어져야 하며, 성경의 선택은 주의를 기울여 함으로써 정해진 시간에 사람들이 온전한 메시지를 들을 수 있도록 해야 한다. 주일 예배에서는 구약과 서신서

---

7) 위의 책, pp. 58f.
8) 그동안의 미국 장로교 예배모범들이 주로 장로교회의 분열에 따른 것이었다면, 1997년 예배모범은 미국 장로교회가 다시 연합을 이룬 후 현대 사회의 변화에 맞추어서 개정한 것이라고 볼 수 있다. The Office of the General Assembly, *The Constitution of the Presbyterian Church (U.S.A), Part Ⅱ Book of Order* (Louisville : The Office of the General Assembly, 1997).

와 복음서를 봉독하는 것이 적절하며, 시편을 예배에 사용하도록 한다. 특별히 여기서는 성서정과(Lectionary)를 사용하는 것도 권장하고 있다. 그리고 가정이나 개인적 예배를 통해서 성경을 읽는 것도 강조를 하고 있다.

여기서 새로운 변화는 그동안 장로교 예배모범에서 성경 봉독의 범위를 신·구약에서 각각 읽도록 한 것을 구약과 서신서와 복음서 세 군데서 읽도록 확대한 점이다. 물론 이것은 성서정과에 따른 형식이라고 볼 수 있겠으나, 장로교 예배가 세계 교회들의 추세에 맞춰 성서정과를 새롭게 예배에 도입하려는 노력이라고 할 수 있을 것이다. 그리고 1997년 예배모범에서는 다시 개인적인 성경 봉독의 필요성을 강조하고 있다. 이것은 그동안 장로교 예배가 설교 중심으로 흐르면서, 개인적 경건과 말씀 훈련이 부족한 데 대한 반성의 결과로 해석할 수 있겠다.

미국 교회로부터 선교를 받은 한국 장로교회 역시 예배모범을 마련해서 예배를 드렸는데, 최초의 예배모범은 1919년에 만들어졌다. 1919년 예배모범은 1894년판 미국 남장로교회의 예배모범을 거의 그대로 따르고 있다.[9] 1919년 판 예배모범에서 "성경 봉독"은 제3장에서 언급되고 있는데, 거의 웨스트민스터 예배모범과 미국 초기 예배모범의 내용을 그대로 하고 있다. 성경 배독(拜讀, 봉독)하는 것은 예배의 한 부분이며, 반드시 목사나 허락받은 사람이 인도해야 한다. 예배 시 읽을 성경책은 본국어로 번역한 것을 사용하여 듣는 사람들이 모두 알아들을 수 있도록 한다. 성경의 범위는 목사의 의향에 따라서 할 것이며, 너무 짧든지 지루하지 않게 적당히 하도록 권하고 있다.

여기서 특이한 것은 웨스트민스터 예배모범이나 미국 초기 예배모범(1787)에서 성경의 범위를 신, 구약으로 언급을 하고 있는데 비해서, 한국 초기 예배모범은 그 범위를 구체적으로 명시하지 않고 있음을 보게 된다. 이것은 1894년 미국 남장로교회의 예배모범을 그대로 수용한 것으로써,[10] 이미 미국 장로교회가 최초

---

9) 조선예수교쟝로회, 『조선 예수교 쟝로회 헌법』(경성 : 조선 야소교서회, 대정 11년, 1922).
10) Presbyterian Church in the United States, *The Constitution of the Presbyterian Church in the United States* (Richmond : Presbyterian Committee of Publication, 1894). Chapter Ⅲ. Of the Public Reading of the Holy Scripture 참조.

예배모범 작성 후 100년 정도의 시간이 지나면서 그 내용을 개정한 데서 기인한다고 하겠다.

한국 장로교 역시 역사의 흐름과 함께 몇 차례 예배모범을 개정하였고, 최근에는 2002년에 다시 예배모범을 개정하였다. 여기서 성경 봉독에 관한 내용을 보면, 기록된 하나님의 말씀인 성경이 예배 가운데 반드시 봉독되어야 한다는 점, 그 내용은 구약과 서신서와 복음서를 조화 있게 봉독해야 한다고 하고 있다. 그리고 성경 본문은 목사가 정하되, 봉독하는 것은 목사나 또는 목사가 허락한 사람이 하도록 하며, 봉독자는 미리 준비하여 경건하고 엄숙한 자세로 말씀을 정확하게 봉독해야 한다고 언급하고 있다.[11] 2002년 예배모범은 성경의 범위를 구약, 서신서, 복음서로 나누고 있다는 점과, 특별히 성경 봉독자의 자세를 구체적으로 언급하고 있는 것이 특징이라고 하겠다.

전반적으로 볼 때 "성경 봉독"은 예배모범의 중요한 요소로 웨스트민스터 이후 지속되고 있다는 것을 볼 수 있으며, 그 범위가 시대적 상황에 따라서 약간씩 변화하고 있음이 특징이라고 하겠다.

(2) 설교

예배에서 하나님의 말씀은 두 가지 방법, 즉 기록된 말씀을 봉독하는 것과 그 말씀을 해석하고 적용하는 설교에 의해서 회중에게 전달되어 왔다. 개신교 예배에서 설교가 차지하는 비중은 아무리 강조하여도 지나치지 않을 것이다. 그러면 우리 장로교회에서는 예배 중 설교에 대하여 어떻게 정의하고 실천해 왔는지, 예배모범의 변화를 통해서 추적해 보도록 하겠다.

먼저 웨스트민스터 예배모범에서는 제4항 "설교에 관하여"(Of the Preaching of the Word)에서, 먼저 설교는 구원에 이르게 하는 하나님의 능력이요, 복음의 사역에 가장 위대하고 탁월한 사역의 하나로서 설교자 자신과 그에게 듣는 사람들을 구원하게 된다고 한다.[12] 목회자는 원어(original languages)에 대한 숙달,

---

11) 대한예수교장로회 총회, 『대한예수교장로회 헌법 개정안』(노회 수의용) (서울 : 대한예수교장로회 총회, 2002).
12) Thomas Leishman, ed., *The Westminster Directory*, p. 29.

예술과 학문에 대한 세련됨, 신학 전반과 성서에 대한 지식, 성령의 조명, 그리고 남을 가르치는 은사를 가지고 있어야 한다.[13] 일반적으로 설교의 주제(subject)는 성경의 어떤 본문에서 나와야 하며, 성경 본문에 대한 소개(introduction)는 간단하고 명료하되, 본문 자체나 그 배경, 또는 성경의 일반적 구절이나 평행 부분에서 끄집어내도록 한다. 본문을 분석하거나 나누는 데 있어서는 단어보다는 내용(matter)의 순서에 따라 하도록 한다.[14] 교리적인 설교는 그 내용이 하나님의 진리에 관한 것이어야 하며, 그 진리가 본문 안에 포함되어 있거나 성경 본문에 기초한 것이어야 하고, 그 표현은 쉽게 해야 한다.[15] 그러나 교리적인 설교가 항상 성경에 관계한 것이지 않아도 되며, 회중의 생활과 관련된 것이어도 된다. 그리고 특별히 그리스도의 종으로서 설교자들이 갖추어야 할 일곱 가지를 언급하고 있는데, 주님의 일을 태만히 하지 않고 각고의 노력으로(painfully), 진리를 전달할 때는 이해할 수 있도록 명확하게(plainly), 그리스도의 영광과 백성들의 회심과 교화와 구원을 위해서 신실하게(faithfully), 교리나 권면이나 질책을 지혜롭게(wisely), 하나님의 말씀이 되도록 엄숙하게(gravely), 애정을 가지고(with loving affection), 그리고 그가 가르친 것들이 그리스도의 진리가 되게 하라고 말하고 있다.[16]

전반적으로 웨스트민스터 예배모범에서 언급한 설교에 관한 사항은 설교가 백성의 구원과 교화에 중요하다는 점, 설교의 주제나 내용이 본문 중심이어야 한다는 점, 설교자 자신이 얼마나 중요한가를 강조하고 있으며, 설교의 표현에 있어서도 간단하고 쉽게 해야 할 것을 말하고 있다. 그러나 설교에 있어서 청중의

---

13) 여기서 설교자로서 장로교 목사의 수준이 매우 높은 것을 볼 수 있다. 이러한 것은 그 후에도 계속 장로교회 목회자들의 수준을 높게 요구하는 전통으로 자리를 잡게 되었다. 특별히 미국 장로교회에서는 목회자 수급 문제로 어려움이 있을 때, 컴버랜드 장로교회(Cumberland Presbyterian Church)는 이러한 장로교 정책에 반대하여 새로운 교단을 만드는 일까지 있었다.
14) Thomas Leishman, ed., *The Westminster Directory*, pp. 29f. 웨스트민스터 예배모범에서는 설교가 철저히 본문 중심이어야 한다는 것을 강조하고 있다. 이런 경향은 그 후 장로교 설교가 본문을 중심한 강해 설교(Expository Preaching)의 발전을 가져 오도록 하였다고 본다.
15) 위의 책, p. 31.
16) 위의 책, pp. 35-37.

중요성이 최근에 부각되고 있는데 비해서[17] 웨스트민스터 예배모범에서는 청중에 관해서 별 언급이 없다는 점과, 성경 본문 중심에 치우침으로써 교회나 그 외 인간들의 작품들에 대하여 도외시하고 있는 것을 볼 수 있다.[18] 이러한 현상은 웨스트민스터 예배모범을 만들던 당시 사람들이 오직 하나님 말씀에 중심한 예배를 성취하고자 했던 강렬한 의지 때문이라고 하겠다. 그들은 하나님 말씀 이외의 것에 대하여는 별 관심을 갖지 않았으며, 심지어는 하나님의 뜻에 대치되는 것으로 보는 극단적인 면도 없지 않았다.

다음으로 미국 장로교 예배모범에서 설교는 어떻게 언급되고 있는가? 먼저 1787년 최초 미 장로교 예배모범에서는 제6항에서 설교(Of the preaching of the Word)를 취급하고 있다.[19] 여기서 거의 모든 내용은 웨스트민스터의 내용과 비슷하게 되어 있으며, 어떤 부분은 더 간략하게 하거나 추가한 정도이다.

---

17) 헨리 그레이디 데이비스(Henry Grady Davis)가 1958년 자신의 작품 「설교의 구성」을 발표한 이후 현대 설교학계에는 새로운 설교학 운동(New Homiletical Movement)이 일어나는 계기가 되었다. 물론 주된 주장은 그동안 전통적 설교가 너무 논리적으로 치우침으로써 많은 청중들이 설교를 듣는데 부담을 갖거나 심지어 듣지 않으려는 외면 현상을 가져왔다는 인식 하에 그 대안으로 이야기식 설교(Narrative Preaching 또는 Story-telling)가 등장하게 되었다. 그런가 하면 이런 형식뿐만 아니라 이들은 설교에 있어서 청중의 역할이 얼마나 중요한가를 강조하고 있다. Henry Grady Davis, *Design for Preaching* (Philadelphia : Fortress Press, 1958). 데이비스 이후 이러한 설교 방법은 Charles Rice, Fred Craddock, Eugene L. Lowry, David Buttrick 등으로 이어지면서, 그 꽃을 피우게 된다. Charles L. Rice, *Interpretation and Imagination : the Preacher and Contemporary Literature* (Philadelphia : Fortress Press, 1970) ; Fred B. Craddock, *As One without Authority : Essay on Inductive Preaching* (Enid : The Phillips University Press, 1974) ; *Overhearing the Gospel* (Nashville : the Parthenon Press, 1981) ; *Preaching* (Nashville : Abingdon Press, 1985) ; Eugene L. Lowry, *The Homiletical Plot : The Sermon as Narrative Art Form* (Louisville : Westminster John Knox Press, 2001) ; *How to Preach a Parable : Designs for Narrative Sermons* (Nashville : Abingdon Press, 1990) ; David Buttrick, *A Captive Voice : The Liberation of Preaching* (Louisville : Westminster/John Knox Press, 1994) ; *Homiletic* (Philadelphia : Fortress Press, 1987).
18) 웨스트민스터 예배모범 중 그리스도의 종으로서 설교자가 갖추어야 할 조건 중 제 2항에 보면, 교회나 인간들의 작품을 인용하는 것은 그렇게 품위 있는 일이 못된다고 언급하고 있다. Thomas Leishman, ed., *The Westminster Directory*, p. 36.
19) The Synod of New York and Philadelphia, *A Draugh of the Form of the Government and Discipline of the Presbyterian Church in the United States of America*, pp. 72-75.

먼저 설교(the Preaching of the Word)는 인간을 구원하기 위한 하나님의 한 가지 방편(institution)[20]으로서, 설교자는 그 자신과 그에게 듣는 사람들을 구원하기 위해서 설교해야 한다.[21] 이러한 거룩한 사역을 맡은 모든 사람들은 성경의 규범에 따라 하나님과 교회의 부름에 늘 주의하여 행해야 한다. 설교의 주제(subject)는 성경의 어떤 구절에서 찾도록 하고, 설교의 서론(introduction)은 간단하고 분명하도록 해야 한다.[22] 본문을 너무 많이 나누지 않도록 하고, 교리는 분명하고, 설명은 쉽게 하며, 예화는 명확하고, 논증은 확신 있게 하며, 추론하는 것은 자연스럽도록 한다. 그리고 적용은 진지하고, 애정이 담기고, 힘이 있으며, 설득력 있게 해야 한다.[23]

설교의 방법(method)은 연구와 묵상과 기도를 요구한다. 목회자들은 자신의 설교를 반드시 써서, 즉흥적인 말이 되지 않도록 해야 한다. 그러나 그 설교 원고를 충분히 소화하여 기억할 수 있어야 한다. 노트를 가지고 설교할 경우 그것을 잠깐씩 보면서 설교해야지, 강단에서 설교를 읽어서는 안 된다.[24]

그리스도의 종으로서 목회자는 그리스도의 영광을 바라보며 백성들의 구원을 위해서 신실하고(faithfully) 진지해야(sincerely) 하며, 주님의 일에 태만하지 않도록 각고의 노력을 하며(painfully), 진리를 전달할 때는 이해할 수 있도록 명확하게(plainly) 하고, 교리나 권면이나 질책을 지혜롭게(wisely) 하며, 하나님의 말씀이 되도록 엄숙하고 고상하게(gravely and decently) 하고, 온유하고 애정을 가지고(with meekness and tender affection), 그리고 하나님에 대하여 가르칠 때 그 자신의 마음에 먼저 믿어짐으로써 자신이 가르친 것들이 그리스도의 진리가 되게 하라. 설교 시간은 일반적으로 30분보다 짧지 않아야 하며, 40분

---

20) 웨스트민스터 예배모범에서는 하나님의 방편(an institution of God)이란 단어 대신 능력(the power of God)이란 표현을 사용하고 있다.
21) The Synod of New York and Philadelphia, *A Draught of the Form of the Government and Discipline of the Presbyterian Church in the United States of America*, pp. 72f.
22) 위의 책, p. 73.
23) 위의 책.
24) 위의 책, pp. 73f.

내지 45분을 넘지 않아야 한다.[25]

미국 초기 예배모범에서 설교에 관한 지침은 웨스트민스터 예배모범을 수용하면서도, 보다 구체적인 내용들이 언급되고 있다. 설교의 방법을 위해서 연구하고 묵상하고 기도해야 한다는 점을 강조함으로써, 설교 방법론에 대한 관심이 보다 높아졌음을 볼 수 있다. 이것은 미국 교회가 대각성 운동 등을 거치면서 설교에 대한 관심과 설교 수준이 향상된 결과라고 할 수 있을 것이다.

따라서 이들은 계속 설교 방법론에 대하여 구체적인 것을 언급하고 있는데, 설교를 기록하여 즉흥적인 열변을 피하도록 하라는 점과, 기록하되 원고를 잘 소화하고 기억하여 강단에 올라감으로써 원고를 읽는 일이 없도록 하라고 하고 있다. 이것은 미국 대각성 운동 당시 즉흥적 설교들이 이점도 있었지만 그 부작용 또한 없지 않았음을 경험한 장로교회가 이런 문제들을 예방하려는 차원에서 삽입한 것으로 보인다.[26] 그리고 설교의 무질서함을 피하기 위해서 설교 시간도 규정을 하는데, 보통은 최소 30분에서 최대 45분까지로 하고 있다. 보다 질서 있게 예배를 드리고, 하나님의 말씀을 듣도록 하기 위한 조치라고 하겠다.

1997년 미국 장로교 예배모범은 제2장 2항에서 "성경 봉독과 설교"를 함께 다루고 있다.[27] 여기서 설교는 먼저 기록된 말씀(성경)에 기초해야 한다고 한다. 즉 설교란 성경 말씀을 선포하는 것(proclamation of Scripture)으로서, 예수 그리스도께서 은혜를 주시고 순종하도록 부르신 백성들에게 말씀하신 것을 성령을 통하여 확신 있게 전하는 것이다. 설교는 성실하고 분별력 있는 성경 연구와 매일의 기도 훈련, 인간들의 삶에 영향을 주는 사건이나 이슈들에 대한 민감성, 그리고 예수 그리스도에 대한 지속적이고 개인적인 순종이 요구되어진다. 또한

---

25) 위의 책, pp. 74f.
26) 이미 언급했듯이 미국 대각성 운동(the Great Awakening Movement)은 많은 기여를 했음에도 불구하고, 그 후유증 또한 적지 않았다. 그 결과 미국 장로교회도 신파(New Side-대각성 운동에 긍정적 입장)와 구파(Old Side-대각성 운동에 부정적 입장)로 나뉘는 사건이 있었다. 설교 원고를 작성할 것인가에 대한 문제도 그 후에 계속적으로 논란되었다.
27) The Office of the General Assembly, *The Constitution of the Presbyterian Church (U.S.A), Part Ⅱ Book of Order*, W-2.2000 "Scripture Read and Proclaimed."

설교는 사람들이 이해할 수 있는 언어로 간결하고 분명하게 복음을 전해야 한다. 그리고 설교는 일상적으로 목회자에 의하여 수행되어져야 한다.[28]

1997년 예배모범은 주로 설교가 무엇인가 하는 정의와 함께 설교자들이 설교를 위해서 어떻게 준비하고 행해야 할 것인가에 초점을 맞추고 있다. 그리고 설교 전달은 간결하고 분명하게 하도록 충고하고 있으며, 설교는 보통 부름 받은 목회자에 의해서 행해져야 한다는 점을 진술하고 있다.

조금 특별한 것은 말씀의 선포가 노래나 찬양, 드라마(drama)나 춤과 같은 예술적 방법을 통해서도 이루어질 수 있다는 점을 언급하고 있다.[29] 이것은 그동안 전통적으로 하나님의 말씀의 선포는 설교를 통해서만 가능하다는 입장에서 더욱 확대된 것이라고 하겠다. 현대의 다양한 문화적 발전은 하나님의 말씀을 선포하는데도 다양한 방법을 요구하고 있다. 따라서 이러한 방법이 복음을 선포하는데 기여할 수 있다면, 교회는 이러한 수단들을 동원하여 보다 효과적으로 복음을 전할 수 있어야 할 것이다. 그러나 이러한 것들은 하나님의 백성들이 수용하고 응답할 수 있는 범위 안에서 주의 깊게 이루어져야 한다는 점을 또한 간과해서는 안 될 것이다.

그러면 한국 장로교 예배모범에서 설교는 어떻게 정의되고 기술되어 있는가? 먼저 1919년 예배모범에서는 설교라는 표현 대신 '강도'(講道)라는 용어를 사용하고 있다. 이것은 설교가 백성들에게 하나님의 말씀을 가르친다는 의미로 사용되어진 것이라고 하겠다. 특별한 것은 설교에 관한 항목을 7개의 내용으로 번호를 매겨 그 형식을 정리하고 있다는 점이다.[30] 그 내용을 간추려 보면 다음과 같이 정리할 수 있다.[31]

① 강도는 사람을 구원하는 하나님의 방침(institution)이니, 주의하여 행하라

---

28) 위의 책, W-2.2007.
29) 위의 책, W-2.2008.
30) 1919년 한국 장로교 예배모범은 1894년 미 남장로교회의 예배모범을 거의 그대로 번역하여 약간의 수정을 가한 채 사용하고 있다. "강도"에 관한 부분도 미국 남장로교의 "설교에 관하여"(Of the Preaching of the Word)를 거의 그대로 번역한 것이다.
31) 조선 예수교 쟝로회, 『조선 예수교 쟝로회 헌법』, pp. 199-202.

는 것.

② 강도의 본문은 성경에서 한 절이나 몇 절을 택할 것이며, 강도의 목적은 하나님의 진리의 어떤 부분을 해석하고, 옹호하고, 적용하는 것이다.

③ 강도하는 방법은 많이 연구하고 묵상하고 기도해야 한다. 목사는 조심해서 강도를 준비해야 하며, 준비되지 않은 설교는 하지 않도록 한다. 설교는 사람들이 알아듣기 쉽게 전해야 한다. 목사는 자기의 학문이나 재주를 자랑하지 말고, 자기의 설교한 바를 행실로 보여 모든 신자의 본이 되어야 한다.

④ 강도를 너무 길게 하여 기도나 찬송에 지장이 되지 않도록 적당한 시간을 지킨다.

⑤ 강도가 끝난 후에는 기도를 하여 하나님께 감사를 드린다.

⑥ 교회의 비용과 선교, 그리고 구제를 위하여 연보를 한다.

⑦ 당회나 목사의 허락 없이는 누구도 설교하는 것을 허락하지 말라.

대부분의 내용은 미국 장로교회 예배모범과 비슷하지만, 특별히 설교자에 대하여 강조하는 것이 다르다고 하겠다. 설교자가 준비 없이 설교해서는 안 된다는 것, 설교에서 자기의 학문이나 재주를 자랑하지 말고, 자기의 가르친 대로 삶으로써 칭송을 얻고 신자의 본이 되어야 함을 말하고 있다.[32] 설교 시간은 전체 예배 순서와 균형 있게 맞추어져야 한다고 한다.

"설교 후 기도"에 관한 언급이 여기서 나오는 것은 웨스트민스터 예배모범과 1787년 미 장로교 예배모범에서는 "설교 후 기도"(Of Prayer after the Sermon) 항목이 별도로 있었으나, 1894년 미 남장로교 예배모범에서는 이 항목이 폐지되었기 때문에 여기서 언급을 하고 있는 것이다. 한국 예배모범도 미 남장로교회의 내용을 그대로 따른 결과 여기서 그 내용이 나오고 있다.

그리고 연보가 여기서 언급된 것은 1919년 예배모범 제19장 "연보"와 중복된 것으로서, 이것은 연보 항목으로 보내져야 한다고 본다. 이런 문제가 나온 것은

---

32) 설교자가 자기의 학문이나 재주를 자랑하지 말라는 것은 한국 장로교 예배모범에서 새롭게 등장하는 내용이다. 그리고 설교자의 행실에 대하여도 더 많은 내용들이 첨가되어 있다.

미 남장로교 예배모범을 그대로 번역한 데 따른 것이다. 미 남장로교 예배모범에서는 "연보"라는 별도의 항목이 없기 때문에,[33] 연보를 하는 것에 대하여 설교와 함께 여기서 언급을 하고 있다. 그러나 1919년 한국 장로교 예배모범은 제19장에서 "연보"라는 항목을 별도로 신설하였다. 그러므로 여기서 언급할 아무런 이유가 없는 것이다. 하나의 오류라고 하겠다.

2002년 한국 장로교 예배모범에서 설교는 "말씀 선포를 위해 하나님으로부터 부름 받아 훈련받은 종을 통하여 오늘의 회중에게 바르게 선포되고 정확하게 해석되고 효율적으로 적용되는 하나님의 말씀"이라고 정의를 하고 있다.[34] 그리고 설교자는 부름 받은 말씀의 종으로서 소명감과 함께 영적인 생활과 성경을 깊이 연구하는 생활을 계속하면서, 설교를 듣는 회중들의 삶도 깊이 살펴보아야 한다고 한다. 설교 시간은 적당하게 해야 하며, 설교자의 지식과 경험과 예화로 일관하지 않고 하나님의 말씀이 주가 되도록 해야 한다. 그리고 강단에 서는 설교자는 담임 목사나 당회의 허락 없이는 설 수 없다.[35]

2002년 예배모범에서 특별한 점은 성례전을 "보이는 하나님의 말씀"으로 해석하고 있다는 점이다. 물론 이것은 아우구스티누스(Augustinus)와 칼빈으로 이어지는 성례전에 관한 신학을 적용한 것으로서, 칼빈은 성례전을 "보이는 말씀"(visible word)이라고 해석하고 있다.[36] 개혁교회가 무엇보다도 말씀을 강조하고 있다는 점에서, 말씀의 관점에서 성례전을 해석한 견해라고 볼 수 있겠다.

---

33) 웨스트민스터 예배모범에도 "연보"에 관한 항목이 없다. 그래서 웨스트민스터 예배모범에서는 연보에 관하여 성만찬 항목의 끝 부분에서 언급을 하고 있다.
34) 대한예수교장로회 총회, 『대한예수교장로회 헌법 개정안』(노회 수의용), 2-1-2-5. p. 35.
35) 위의 책, pp. 35f.
36) Ronald S. Wallace, *Calvin's Doctrine of the Word and Sacrament* (Edinburgh : Oliver and Body, 1953), p. 140. 아우구스티누스는 성례전을 "불가시적 은총의 가시적 표징"("a visible sign of a sacred thing" or "a visible form of an invisible grace")이라고 진술하고 있는데(De catechizandis rudibus xx-50), 칼빈은 "말씀을 들을 때에 비로소 보이는 표징(sign)을 이해하게 된다."(Institute Ⅳ-ⅹⅳ-4)고 주장하면서, 성례전을 "보이는 말씀"으로 해석을 하고 있다. John T. McNeill, ed., *Calvin : Institutes of the Christian Religion 2* (Philadelphia : the Westminster Press), p. 1,279 ; Philip Sahaff, ed., *Nicene and Post-Nicene Fathers, vol. 3 : Augustin : On the Holy Trinity, Doctrinal Treatises, Moral Treatises*(Peabody : Hendrickson Publishers, 1999), p. 312.

2002년 예배모범은 계속해서 기록된 말씀(성경)과 선포된 말씀(설교)과 함께 성례전은 의식을 통해 예수 그리스도를 모든 사람에게 선포하는 하나님의 말씀의 연속이라고 진술하고 있다.

이상과 같이 웨스트민스터, 미국 장로교회, 한국 장로교회의 예배모범은 개혁교회의 신학을 바탕으로 예배에서 말씀의 중요성을 어느 교파보다도 더 강조하고 있다. 이러한 전통은 오늘의 장로교회 예배에서도 계속 이어지고 있다. 하나님의 말씀이 떠난 교회는 그 순간부터 교회로서의 생명력을 상실할 수밖에 없다. 오늘의 교회들은 다시 한번 하나님의 말씀의 중요성을 인식하면서, 예배 현장을 통해서 기록된 말씀(Written Word)과 선포된 말씀(Spoken Word), 그리고 보이는 말씀(Visible Word)을 증거하기에 최선을 다해야 할 것이라고 본다. "하나님의 말씀이 선포되어지는 때에 하나님은 영광을 받으신다."(When God's Word is heard, God is glorified.)[37]

2) 기도

칼빈은 자신의 저서 『기독교 강요』에서 기도에 대하여 상당히 많은 부분을 언급하고 있다.[38] 그는 기도의 필요성을 다음과 같이 주장하고 있다.

> 우리가 필요한 것이나 부족한 것은 무엇이든지 하나님과 성부의 모든 것으로 충만하신 주 예수 그리스도 안에 있다는 것을 믿음으로 안다. 우리는 풍성한 샘으로부터 그것을 가져올 수 있다. 그러기 위해서 우리는 그분 안에서 구하고, 또한 그분께 기도로 요구하여야 한다.[39]

---

37) Hughes Oliphant Old, *The Reading and Preaching of the Scriptures in the Worship of the Christian Church*, vol. 4 : *The Age of the Reformation* (Grand Rapids : William B. Edrdmans Publishing Company, 2002), p. 132.
38) 칼빈은 『기독교 강요』 제3권 20장에서 한 장 전체를 통해서 기도에 관한 내용들을 언급하고 있다.
39) Calvin's Institutes. Ⅲ-xx-1. John T. McNeill, ed., *Calvin : Institutes of the Christian Religion 2* (Philadelphia : The Westminster Press), p. 850.

계속해서 칼빈은 기도해야 할 이유 여섯 가지(Ⅲ-xx-3)와 네 가지 법칙(Ⅲ-xx-4~16), 그리고 개인적인 기도와 공적인 기도에 대하여 진술하고 있다. 특별히 공적인 기도(public prayer)는 "적당하고 질서 있게" 해야 한다는 것과(Ⅲ-xx-29), 언어는 전체 회중이 알아들을 수 있는 말을 사용해야 한다는 것을 강조하고 있다(Ⅲ-xx-33).

기도는 구약 시대로부터 신약 시대, 그리고 교회사 시대를 통해서 교회 예배의 빼놓을 수 없는 중요한 요소가 되어 왔다. 그러면 장로교 예배모범에서는 기도에 대하여 어떻게 기록하고 있는가 그 내용들을 분석해 보도록 하겠다.[40]

먼저 웨스트민스터 예배모범에서는 성경 봉독 후 설교하기 전에 설교하는 목사가 이 기도를 드렸다. 그 내용은 자신과 회중의 죄를 고백하고, 하나님의 자비와 용서를 구한다. 그리고 성화와 순종하는 믿음 생활을 위해서 간구하며, 교회와 나라와 지도자들을 위해서 중보 기도한다.[41] 웨스트민스터 예배모범에서는 목회자가 공중 기도를 담당한다는 것과, 기도 내용(기도 예문)이 소개되고 있는 것이 특징이다. 개혁교회가 예배에서 기도문을 사용하는 것에 대하여는 반대 입장을 가지고 있었지만, 여기서 기도 예문을 기록한 것은 기도의 한 모델을 제시해 주기 위한 것으로 이해하면 될 것이다.

다음으로 1787년 미국 장로교 예배모범에서 "설교 전 기도"(Of Public Prayer before Sermon)는 성경 봉독이 끝난 후 시편 찬송을 하고, 이 기도를 하도록 하고 있다. 웨스트민스터 예배모범에 비해서 그 사이에 시편 찬송이 삽입된 것이다. 그리고 기도의 내용은 하나님께 대한 찬양(adoration), 죄의 고백, 감사, 간구, 다른 사람을 위한 중보 기도로 구성되어 있다.[42] 그리고 미 장로교 예배모범

---

40) 여기서 취급하는 기도란 예배 중의 공중 기도에 관한 것이다.
41) 웨스트민스터 예배모범 제3장 설교 전 공중 기도(Of Public Prayer before the Sermon)에서는 목사가 공중 기도를 담당한다는 것과 어떤 내용을 기도할 것인가 하는 내용이 예시되어 있다. 목사는 설교 전과 설교 후에 기도를 하며, 기도하는 방법은 목사가 자유롭게 할 수 있도록 하고 있다. Thomas Leishman, ed., *The Westminster Directory*, pp. 19-29, 37-39.
42) The Synod of New York and Philadelphia, *A Draught of the Form of the Government and Discipline of the Presbyterian Church in the United States of America*, p. 60.

역시 긴 기도 예문이 제시되고 있다.

그러나 기도의 순서나 내용은 목사의 재량에 따라서 조정할 수 있다는 것과 특별히 기도 시간에 대하여 언급하고 있는데, 설교 전 공중 기도는 12분보다는 짧지 않게 하고, 길어도 18분에서 20분을 넘어서는 안 된다고 하고 있다.[43] 이러한 정황은 당시의 공중 기도 시간이 현재에 비하여 길었음을 알 수 있다. 이것은 설교나 기타 전체 예배 시간이 지금의 예배보다는 훨씬 길었던 탓이라고 생각된다.

1997년 미국 장로교 예배모범에서는 기도에 관한 정의와 기도의 내용이 언급되어 있다. 특별한 점은 기도를 말로만 하는 것이 아니라 노래나 침묵, 몸동작으로 할 수 있다고 함으로써 기도의 형태에 대한 해석을 확대하고 있음이다.[44] 먼저 기도는 예배의 핵심으로서, 사람들은 기도 안에서 성령을 통해 예수 그리스도 안에 계시된 한 분 참 하나님을 찾고 만나게 된다. 그리고 기도는 말로, 노래로, 침묵으로, 몸 동작(춤, 안수)으로 드려질 수 있다.[45] 기도 속에서 우리는 여러 가지 방법으로 하나님께 응답할 수 있는데, 그것은 하나님께 대한 찬양, 은혜에 대한 감사, 죄의 고백, 자신과 공동체를 위한 간구, 이웃과 나라와 세계를 위한 중보 기도, 하나님께 자신을 드리겠다는 결단(self-dedication) 등이다.[46]

1997년 예배모범이 기도에 대한 형태를 보다 광범위하게 해석한 것은 현대적 상황을 예배에 반영하려 했다는 점에서 그 의도를 높이 평가할 수 있어야 하리라고 본다. 예배는 언제나 본질에 충실하면서도, 그 형식은 변할 수 있어야 하는 것이기 때문이다.

그러면 한국 장로교회의 예배모범에서 기도는 어떻게 하였는가? 먼저 1919년 예배모범에서는 기도를 제5장(공식 기도)에서 취급하면서, 그 내용을 5개항으로 정리하고 있다.[47] 항목 별로 보면 제1항에서 "신령한 공식 예배를 시작할 때는 반드시 간단한 기도로 시작함이 가하다"라고 하는데, 이것은 예배 시작 시의

---

43) 위의 책, p. 72.
44) The Office of the General Assembly, *The Constitution of the Presbyterian Church (U.S.A), Part II Book of Order*, W-2.1000 "Prayer"
45) W-2.1001.
46) W-2.1002.
47) 조션 예수교 쟝로회, 『조션 예수교 쟝로회 헌법』, pp. 192-99.

기원에 해당하는 기도라고 할 수 있겠다. 그리고 제2항에서 설교 전 기도에 관하여 말하고 있는데, 그 기도 내용은 "하나님께 영광 돌림, 감사할 것, 자복, 간구, 의지할 공로(예수 그리스도의 공로와 하나님의 영광), 다른 사람을 위하여 기도"할 것을 언급하고 있다. 제3항에서는 설교 후 기도에 관해서 언급을 하면서, 설교한 말씀에 관계된 기도를 할 것을 권하고 있다.[48] 제4항에서는 기도의 범위나 내용의 장단(長短) 등은 목사가 결정할 것이며, 특별히 장로교회는 기도에 관한 모범(기도문)을 사용하는 것을 합당치 않은 것으로 아나[49] 기도에 관한 준비는 철저히 해야 한다는 점을 강조하고 있다. 그리고 제5항에서는 기도의 자세를 언급하면서 서든지, 무릎을 꿇든지, 엎드리는 자세가 다 무방하되 공경하는 자세를 갖는 것이 중요하다고 한다.

1919년 한국 장로교회 예배모범에서 특이한 점은 기도문을 예배에서 사용하는 것에 대하여 반대하며, 기도에 참여하는 자세를 마지막에 첨가하고 있다는 것이다. 이것은 로마가톨릭교회 등에서 사용하는 기도문이 기도하는 사람의 자발성과 성령의 인도하심을 막을 수 있다는 관점에서 종교개혁 후 개신교를 중심으로 이런 경향이 나오기 시작하였는데, 한국 장로교 예배모범에서도 이에 대한 분명한 입장을 기록하고 있다.[50]

2002년 한국 장로교 예배모범은 기도에 대하여 아주 상세하게 언급을 하고 있다. 예배 중에 있는 모든 기도의 형태를 정리하면서, 거기에 대한 내용들을 구체적으로 설명하고 있는 것이 특징이라고 하겠다.[51] 여기서는 예배 준비를

---

48) 웨스트민스터 예배모범과 1787년 미국 장로교 예배모범에서는 "설교 후 기도"(Of Prayer after the Sermon)가 한 장(chapter)으로 구성이 되어 있다. 그러나 1919년 한국 장로교 예배모범에서는 설교 후 기도가 생략되었다. 이것은 한국 장로교 예배모범의 모델이 되었던 1894년 미국 남장로교 예배모범에서 이미 설교 후 기도가 생략된 것을 그대로 따랐기 때문이다. 그래서 1919년 한국 장로교 예배모범에서는 설교 후 기도를 "공식 기도"(미국 남장로교회 예배모범에서는 "Of Public Prayer")에 포함시켜 버린 것이다.
49) 여기서 말하는 기도문은 공중 기도를 위하여 개인이 작성하는 그런 기도문을 말하는 것이 아니라 로마가톨릭교회 등에서 아예 책으로 만들어 사용하는 기도문을 말하고 있다.
50) 물론 미국 남장로교 예배모범에서도 기도의 고정된 형식(fixed form)을 반대하고 있다.
51) 대한예수교장로회 총회, 『대한예수교장로회 헌법 개정안』(노회 수의용), 2-1-1~5. pp. 33-35.

위한 기도, 목회 기도, 설교 전 기도, 설교 후 기도, 예배에서 평신도가 드리는 기도 등으로 나누어 설명을 하고 있으며, 기도자나 기도에 함께 하는 회중의 자세가 어떠해야 할 것과 마지막에는 예수 그리스도의 이름으로 기도할 것을 규정하고 있다.

먼저 예배 준비를 위한 기도(2-1-1-1)는 하나님께서 예배를 받아 주시고, 예배하는 무리들을 받아 주시도록 기도하며, 목회 기도(2-1-1-2)는 목회자가 하나님께 목양하는 회중들을 위해서 중보 기도하는 것으로서, 그 내용은 경배, 감사, 자복, 간구, 중보의 내용이 되어야 함을 말하고 있다. 그리고 설교자가 설교 전과 설교 후에 하는 기도(2-1-2-3, 4)는 말씀과 관련된 내용이 되어야 함을 언급하고 있다. 그리고 목회자나 평신도나 기도를 인도하는 사람은 반드시 준비를 철저히 해야 한다는 것과(2-1-2-6), 기도에 함께 하는 성도들도 기도자와 한 마음을 가지고 경건한 태도로 참여해야 하며(2-1-1-7), 모든 기도는 예수 그리스도의 이름으로 드려야 함을 분명히 하고 있다(2-1-1-8).

기도는 기독교 예배의 중요한 요소인 만큼 모든 예배모범에서 이에 대한 내용을 취급하고 있다. 물론 시대의 변화에 따라서 약간의 형식적 차이는 있을 수 있으나, 그 내용과 원리는 변함이 없음을 볼 수 있다. 오늘 현대 교회들 역시 예배를 통하여 드리는 기도가 얼마나 소중한가를 다시 한번 생각하고, 하나님께 예배하는 시간마다 하나님께서 열납하시는 기도를 드리도록 최선을 다 해야 할 것이다.[52]

3) 찬양

찬양이 없는 예배를 생각할 수 있을까? 기독교 예배는 찬양과 함께 시작되었고, 지금까지 찬양과 함께 그 역사를 같이 하고 있다. 그러나 예배의 역사 속에서 찬양에 대한 관점은 기독교 전통이나 신학에 따라서 약간의 차이를 보여 왔다.

---

52) 참고로 웨스트민스터 예배모범이나 미국과 한국 장로교 예배모범 등에서는 정규 예배와 관련되지 않는 기도회, 금식 기도나 감사일 등에 드리는 기도에 대해서도 언급을 하고 있다. 그러나 본 장에서는 정규 예배에 관련된 주요한 요소들만 취급하려 했기 때문에 이런 부분은 생략을 하였음을 밝혀 둔다.

그러면 우리 장로교에서는 예배 중에 사용되는 찬양에 대하여 어떤 입장을 취하여 왔는가를 예배모범을 통해서 알아보도록 하겠다.

먼저 웨스트민스터 예배모범에서는 찬양이란 말을 쓰지 않고 시편 찬송이란 말을 쓰고 있다.[53] 여기서 개혁교회 계열이 시편 찬송이란 단어를 사용한 데는 그럴 만한 이유가 있는 것이다. 종교개혁가들은 교회를 개혁하면서 무엇보다도 예배가 개혁되기를 원했었다. 그래서 그들은 예배를 개혁하면서 예배 음악도 함께 바꾸려는 시도를 하였다.

루터는 중세 라틴 음악보다는 독일의 온 회중들이 함께 부를 수 있는 예배 음악을 만들기를 원했었고, 그 결과 그는 독일어 회중 찬송 "코랄"(Chorale)을 만들어 예배에서 사용하게 되었다. 그러나 칼빈을 비롯한 개혁교회 계열은 입장이 조금 달랐다. 그들은 자신들의 신학(말씀 중심 신학)에 따라 예배도 하나님의 말씀에 근거한 것일 뿐만 아니라 예배에서 사용되는 찬송도 하나님의 말씀에 근거한 것이 되기를 원했었다. 그래서 그들은 하나님의 말씀으로 찬송을 하는 시편송을 예배에서 사용하게 된 것이다. 그 결과 개혁교회 정신과 신학을 이어받은 웨스트민스터 예배모범은 "시편 찬송에 관하여"라는 항목을 사용하게 된 것이다.

웨스트민스터 예배모범에서는 예배에 모인 회중들이 시편 찬송으로 하나님을 함께 찬양하는 것은 그리스도인의 의무이며, 이것은 가정 안에서 개인적으로도 마찬가지라고 한다.[54] 그러면서 시편 찬송을 할 때는 곡을 잘 맞추고 진지한 목소리고 하고, 중요한 것은 그 내용을 이해하고, 마음속으로 은혜롭게 주님을 노래하는 것이다.

특이한 것은 당시 회중이 글을 모르는 경우가 많았으므로, 글을 읽을 수 있는 사람은 시편 찬송가를 소지하고, 글을 모르는 사람은 글을 배우도록 권하고 있다. 글을 모르는 경우가 많은 경우는 선창자를 세워서 노래를 인도하도록 하고 있다.

---

53) 웨스트민스터 예배모범 13장에서는 "시편 찬송에 관하여"(Of Singing of Psalms)라는 제목으로 찬송에 관한 내용을 설명을 하고 있다. Thomas Leishman, ed., *The Westminster Directory*, p. 77.
54) 위의 책.

다음으로 1787년 미국 장로교 예배모범에서는 시편 찬송이 성경 봉독과 설교 사이에 놓여 있다.[55] 전체적인 내용은 웨스트민스터 예배모범과 비슷하나, 하나님을 찬양할 때 찬양 내용에 대한 이해와 가슴으로 노래할 뿐만 아니라 영으로 찬양해야 한다는 것이 추가되어 있다. 그럴 뿐만 아니라 음악적인 지식도 함양하여 가슴으로 뿐만 아니라 좋은 목소리로도 찬양할 것을 권하고 있다.

1997년 미국 장로교 예배모범에서는 기독교 예배의 구성 요소에서 찬송에 대하여 언급하고 있지 않다.[56] 단지 제3장 "예배의 순서"에서 주일 예배에서 음악이 시편송이나 찬송이나 영가를 통해서 성경을 소개하고 해석하며, 복음에 응답하고, 기도로서 봉사할 수 있을 것이라고 한다(W-3.3101-3).[57] 그리고 마지막 제7장 "세상 속에서의 예배와 사역"에서 "찬양으로서의 예배"(Worship as Praise)라는 항목을 두고 있는데, 그것도 찬송에 관한 언급이 아니라 세상 모든 사람들이 하나님을 찬송하는 날을 대망하고, 교회가 이 일을 이루어 나가야 할 것임을 사명적 차원에서 진술하고 있을 뿐이다. 미국 장로교회가 예배모범에서 찬송에 관한 부분을 예배의 구성 요소에서 가볍게 취급한 것은 이해하기 어려운 일이라고 생각된다.

한국 장로교회의 최초 예배모범에서 찬송에 관한 내용은 제4장 "시와 찬송을 부르는 일"에 기록되어 있다.[58] 그 내용은 웨스트민스터 예배모범에 기초한 미국 장로교회 예배모범(1787년 예배모범, 1894년 남장로교 예배모범)과 거의 비슷하다. 그러나 제목이 "시와 찬송"이라고 함으로써, 이 시대 한국 교회는 일반 찬송가

---

55) 웨스트민스터 예배모범에서는 "시편 찬송에 관하여"가 거의 끝 부분에 위치하고 있다. 그러나 미 장로교 예배모범에서는 성경 봉독과 설교 사이에 위치하고 있다. The Synod of New York and Philadelphia, *A Draught of the Form of the Government and Discipline of the Presbyterian Church in the United States of America*, pp. 59f.
56) 1997년 예배모범은 예배의 구성 요소에서 여섯 가지를 제시하고 있는데, 그것들은 기도, 성경 봉독과 설교, 세례, 성찬, 봉헌, 그리고 이웃과 세상에 관계된 것들로 되어 있다. The Office of the General Assembly, *The Constitution of the Presbyterian Church (U.S.A), Part II Book of Order*, W-2.0000.
57) 그 외에 W-2.1003~4에서 기도와 연결하여, W-2008에서는 하나님의 말씀을 증거하고 말씀에 응답하는 것으로서의 찬양에 대하여 간단히 언급을 하고 있다.
58) 조선 예수교 쟝로회, 『조선 예수교 쟝로회 헌법』, pp. 191f.

를 사용하기 시작하였음을 짐작할 수 있다.[59]

그 내용은 교회에서 공동으로 하든 아니면 개인적으로 가정에서 하든 시와 찬미로 하나님을 찬송하는 것은 모든 신자의 본분이라는 것, 하나님을 찬송할 때는 정신(영)으로 하며, 그 뜻을 이해하고, 곡조를 맞추어 마음을 다하라는 것, 그럴 뿐만 아니라 음악에 대한 지식을 연습하여 마음으로만 아니라 좋은 음성으로 찬송하라는 것, 찬송 시간은 목사가 적당하게 정하라는 것, 그리고 교회는 찬송책을 준비하여 함께 찬송하는 것이 합당하다는 것을 말하고 있다.

2002년 한국 장로교 예배모범은 그 제목을 "시와 찬미와 찬양"이라고 하고 있다.[60] "찬양"이라는 단어가 추가되었는데. 이것도 시대적인 현상의 반영이라고 하겠다. 최근 세계적으로 찬양의 새로운 형식들이 등장하면서, 교회들이 "찬양과 경배" 등의 이름으로 예배에서 찬양을 강화하고 있다. 그런 의미에서 이런 형태의 찬양까지 포함하려는 의도에서 찬양이란 단어를 추가한 것으로 보인다.

주된 내용은 시와 찬미와 찬양으로 하나님을 찬송하는 것이 성도의 본분이라는 것, 찬양은 인간의 감정이나 경험보다는 하나님의 영광을 위한 것이어야 한다는 것, 성도들이 찬송을 할 때는 찬송에 대한 이해를 가지고 경건하고 적극적으로 참여해야 한다는 것과 함께 모든 음악 순서는 그날의 예배 목적과 일치하도록 할 것을 권하고 있다.

그리고 교회가 찬양대원에 대한 일정한 기준을 두고 선발할 것과 주일 예배에서는 교회 전통에 공인된 찬송을 부르고, 기타 집회에서는 다른 곡들을 활용할 것을 언급하고 있다. 마지막으로 하나님을 찬송하는 것은 교회의 예배에서뿐만 아니라 가정이나 일터에서 생활화되어야 한다는 점도 강조하고 있다.

전체적으로 볼 때 2002년 예배모범은 장로교 전통적인 예배모범의 내용을 수용하면서, 오늘의 현실을 반영하고 있다고 평가할 수 있겠다. 그리고 무엇보다도 찬송을 삶으로 생활화하려는 의지는 오늘의 그리스도인들에게 중요한 교훈이

---

59) 그러나 실제적으로 한국 교회에서 시편송은 사용되지 않았을 것으로 본다. 왜냐하면 한국에 선교할 당시 미국은 대각성 운동과 함께 일반 찬송과 복음송가들이 이미 대중화되었으므로, 한국에 온 선교사들도 이런 찬송들을 보급하였기 때문이다.
60) 대한예수교장로회 총회, 『대한예수교장로회 헌법 개정안』(노회 수의용), 2-1-3. p. 36.

되어야 하리라 본다.

4) 성례전

개혁교회는 전통적으로 세례와 성만찬만을 성례로 인정해 왔다. 그러나 가톨릭을 비롯한 몇 개의 기독교 전통은 일곱 가지 성례(칠 성사 : 세례, 견진, 성체, 고해, 혼인, 신품, 병자 성사)를 지금도 지키고 있다. 칼빈이나 개혁교회 계열에서 세례와 성만찬만을 성례로 인정하는 것은 예수님께서 이 두 가지만을 명령하셨다는 성경적인 근거에서 비롯되었다. 개혁교회의 가장 큰 특징은 무엇이든 그 근거가 하나님의 말씀이어야 한다는 철저한 말씀 중심 신학이라고 하겠다. 이러한 입장이 성례전에도 그대로 적용되어진 것이다. 그러면 개혁교회의 성례전인 세례와 성만찬을 장로교 예배모범에서는 어떻게 정리하고 진술하고 있는지 알아보도록 하겠다.

(1) 세례

칼빈은 그의 『기독교 강요』에서 "세례는 교회 공동체로 받아들여지는 입교의 표시(the sign of the initiation)요, 그리스도께 접붙임되는 것이요, 하나님의 자녀가 되는 것"[61]이라고 하면서, 세례는 죄 사함의 표시요, 그리스도의 죽음과 부활과 새로운 생명과 축복된 삶에 연합하는 징표라고 말하고 있다.[62]

1644년 웨스트민스터 예배모범에서는 먼저 세례가 우리 주 예수 그리스도에 의하여 제정되었다는 것과, 세례는 하나님의 은혜에 대한 언약의 인증(a Seal of the Covenant of grace)이요, 그리스도 안으로 접붙임과 연합의 인증이며, 죄 사함과 중생과 양자 됨과 영생의 인증이라고 세례의 신학적 의미를 해석하고 있다.[63]

---

61) Calvin's Institution, Ⅳ-xv-1.
62) Calvin's Institution, Ⅳ-xv-1~6.
63) Thomas Leishman, ed., *The Westminster Directory*, p. 41. 웨스트민스터 예배모범에서 세례에 대한 의미는 칼빈의 해석을 거의 그대로 따르고 있다. 그리고 세례에 관한 사항은 간단한 의미와 함께 주로 세례를 집례하는 것에 대하여 많은 언급을 하고 있다.

세례는 어떠한 경우에도 어떤 개인에 의해서 집례될 수 없으며, 반드시 하나님의 종으로 부름받은 목사에 의해서 집례되어야 한다. 그리고 그 장소는 사적인 곳이 아니라 회중들이 모인 공중 예배 자리에서 행해야 한다. 그리고 유아세례의 집례는 먼저 세례의 의미와 목적 등을 목사가 설명하고, 예배에 참석한 사람들에게 다시 한번 세례의 뜻을 되새기게 하며, 그 다음 세례받는 아이의 부모에게 권면을 하고, 기도를 한 후에 세례를 주고, 기도로서 마친다.[64]

웨스트민스터 예배모범에서 세례에 관한 항목은 유아세례에 관해서만 언급하고 있다는 점이 주목된다. 이것은 당시 영국 사회 전체가 복음화되어 있었기 때문에, 누구나 태어나면서부터 그리스도인이 되었다는 사회적 상황과 관계가 있는 것이라고 하겠다. 그러므로 성인 세례는 당시에 언급할 필요가 없었던 것이다. 그러나 시간이 흐르면서 장로교 예배모범에서 성인 세례가 등장하게 되는데, 특별히 피선교지 국가에서 이런 내용을 볼 수가 있다. 미국이나 1919년 한국 최초 장로교 예배모범에서는 유아세례뿐만 아니라 성인 세례가 함께 기록되고 있다.

그러면 그 후 미국 장로교 예배모범에서 세례에 관한 사항은 어떻게 변화되거나 발전되었는가? 1787년 미국 장로교 예배모범[65]에서는 웨스트민스터 예배모범과 비슷하게 전개되고 있는데, 먼저 세례는 목사가 집례해야 한다는 것과 회중의 참여 하에 교회에서 주어야 한다는 점을 언급하고 있다.[66] 세례를 집례할 때 목사는 먼저 세례의 의미와 목적 등을 설명하고, 이어서 부모에게 권면을 하며, 기도한 후에 목사가 아이를 팔에 안거나 아니면 부모가 안은 채로 아이의 이름을 호명한 후 성부와 성자와 성령의 이름으로 세례를 준다. 이때 아이의 얼굴에 물을 붓거나(pouring) 아니면 물을 끼얹는다(sprinkling). 그리고 기도

---

64) 위의 책, pp. 40-46.
65) The Synod of New York and Philadelphia, *A Draught of the Form of the Government and Discipline of the Presbyterian Church in the United States of America*, pp. 76-79.
66) 그러나 미국 장로교 예배모범에서는 사적인 장소에서 세례를 주지 말라는 언급은 없어졌다. 대신 형편에 따라서는 개인의 가정에서 세례를 베풀 수 있다는 내용을 첨가하고 있다. 위의 책, p. 79.

함으로 세례를 마친다.

1787년 미국 장로교 예배모범에서는 유아세례에 이어서 입교 의식에 관한 항목(Of the Admission of Person to Sealing-Ordinances)을 추가하고 있다.[67] 웨스트민스터 예배모범에는 없었던 내용을 여기서는 첨가함으로써, 유아세례 받은 아이들이 성장한 후에 입교 문답을 통해서 자신의 신앙을 고백하고 성찬에 참여하도록 하고 있다. 또 하나 특별한 것은 유아세례를 받지 아니한 사람들이 자신의 신앙을 공개적으로 고백하고, 신앙 지식이 만족할 만하면 이들에 대하여 세례를 줄 것을 말하고 있다.[68] 이미 전술하였듯이 영국에서는 성인세례의 필요성이 별로 없었으나, 신대륙으로 옮겨간 기독교의 상황은 성인이 되어서 회심한 사람들에 대한 세례가 불가피하게 되었다. 이런 사회적 상황이나 변화가 기독교의 변화를 요구하였으며, 교회는 여기에 기꺼이 능동적으로 대처한 것이다.

1997년 미 장로교 예배모범은 실제적인 집례 방법보다는 주로 세례의 신학적 의미와 그 내용에 초점이 맞추어져 있다.[69] 세례는 그리스도 안으로 결합하는 징표요 인증(the sign and seal of incorporation into Christ)이다. 세례 안에서 우리는 예수님의 죽으심과 부활에 참여하게 된다. 그리고 세례를 통하여 성령님은 교회를 언약 안에서 주님께 연결시켜 주신다. 세례는 하나님의 언약과 은총 안에 들어가는 표징인 것이다. 그러므로 세례는 하나님의 신실하심과 죄 씻음, 거듭남, 그리스도로 옷 입음, 하나님의 성령으로 인침 받음, 교회의 언약 가족(covenant family) 안으로 양자 됨, 그리고 그리스도 안에서의 부활과 빛됨을 의미하는 것이다(W-2.3001~4).

또한 세례는 그리스도와 연합됨과 함께 교회와 하나님의 백성들과 서로 연합되는 것이다. 그럴 뿐만 아니라 세례는 하나님의 은총의 선물이면서 동시에 그 은총에 응답하기를 원하시는 하나님의 부르심이다(W-2.3005~6).

---

67) 위의 책, pp. 85-87.
68) 위의 책, p. 87.
69) The Office of the General Assembly, *The Constitution of the Presbyterian Church (U.S.A), Part II Book of Order*, W-2.3000.

그리고 세례는 오직 한 번 받는 것이다. 왜냐하면 세례의 효력은 그것이 집례되는 순간에 얽매여 있는 것이 아니기 때문이다. 즉 세례는 그리스도 안에서 이제 새롭게 삶을 출발하는 것이지, 그리스도 안에서의 삶이 완성되는 순간이 아니기 때문이다(W-2.3007). 이것을 여기서 언급한 것은 재세례에 관한 장로교의 입장을 분명하게 정리하기 위해서다. 교회사적으로도 많은 논란이 되어 온 재세례의 문제에 대하여 장로교회의 입장은 그 세례를 주는 사람이나 그 순간의 상황이 세례의 효력을 좌우하지 않는다는 것이다(이것은 아우구스티누스 이후 개혁교회로 이어지는 전통적 입장이다).[70] 그러나 재세례파의 경우 신자의 세례(believer's baptism)만을 주장하면서, 그들이 볼 때 신앙적으로 문제가 있는 사람은 다시 세례를 받아야 한다고 주장하여 논란이 되어 왔다. 그러나 장로교의 입장은 세례가 그 사람의 신앙과 삶이 완전하기 때문에 받는 것이 아니라, 세례는 이제 그리스도 안에서 한 개인이 자신의 신앙과 삶을 새롭게 출발하는 단계라는 것을 말하고 있다.[71] 따라서 장로교는 세례가 더욱 성화되는 단계로 들어가는 과정으로 해석하기 때문에, 비록 불완전한 상태에서 세례를 받았을지라도 그것은 계속 유효하다는 점을 인정하고 있다.

그리고 미국 장로교 예배모범은 유아세례와 성인 세례를 인정하며(W-2.3008), 더 나아가 "한 몸 한 세례"(One body, One Baptism)를 언급하면서, 다른 교회들에서 성부와 성자와 성령의 이름으로 물과 함께 베풀어진 모든 세례를 인정한다고 진술하고 있다. "몸도 하나요 세례도 하나"(엡 4 : 4-6)이기 때문이다(W-2.3010).

---

70) 아우구스티누스(St. Augustinus)는 도나티스트(the Donatist)들이 박해 시기에 배교한 성직자들이 준 세례는 무효라고 주장했을 때, "세례에 관하여"(De Baptismo)라는 작품을 통하여 세례가 비록 신령 상 문제가 있는 사람이 집전을 했다고 할지라도, 세례의 효력은 그 세례를 집례한 사람에 의해서 좌우되는 것이 아니기 때문에 그 효력이 상실되지 않는다고 하였다. Philip Schaff, ed., *Nicene and Post-Nicene Fathers, vol. 4 : Augustin : The Writings against the Manichaeans, and against the Donatists* (Peabody : Hendrickson Publishers, 1999), pp. 411-514 ; J. L. Neve, *A History of Christian Thought, vol. 1 : History of Christian Doctrine*, 서남동, 『기독교 교리사』 (서울 : 대한기독교서회, 1983), p. 247.
71) 그런 의미에서 장로교회는 그리스도인의 삶에 대하여 그것이 점진적으로 성화(Sanctification)되어 가는 과정으로 보는 것이다.

세례는 당회에 의하여 인정되어야 하며, 목사가 집례하고, 말씀의 봉독과 선포가 있어야 하며, 세례는 공중 예배에서 행하되 특별한 경우에는 공중 예배가 아닌 경우에도 행할 수 있다(W-2.3011). 그리고 계속하여 세례와 관련된 당회의 책임, 세례받은 사람들을 양육하기 위한 교회의 책임, 그리고 부모의 책임에 대하여 언급하고 있다(W-2.3012~4).

지금까지의 세례에 관한 내용들이 세례의 정의나 집례에 대하여 주로 다룬 것에 비해서, 1997년 미국 장로교 예배모범에서는 세례받은 이후 양육에 관하여 그 책임을 비중 있게 다루고 있는 것이 또 하나의 특징이라고 하겠다. 이것은 그동안 교회의 입장들이 세례를 주는 것에 주로 목표를 두고 있었으나, 이제는 세례받은 신자들을 잘 양육하는 것이 중요함을 인식한 결과라고 하겠다.

그러면 한국 장로교회의 예배모범에서는 세례에 관하여 어떻게 기술하고 있는가? 먼저 1919년 장로교 예배모범부터 살펴보도록 하겠다. 1919년 한국 장로교 예배모범에서는 세례에 관한 항목을 두 장에서 취급하고 있다. 제9장 "세례 주는 것(젖 세례)"에서는 유아세례에 관한 내용을 언급하고 있으며, 제10장 "예식에 참예함을 허락하는 것"에서는 유아세례받은 자에 대한 입교 문답과 함께 유아세례를 받지 않은 성인 세례에 관해서 말하고 있다.[72]

세례는 어떤 개인이 줄 수 없고 반드시 하나님의 사역자로 부름 받은 목사가 줄 것이요, 교회 내 모든 회중이 참여한 자리에서 하며,[73] 유아세례 받을 부모는 미리 그 사실을 목사에게 알리고 세례 받을 때 부모 중 1~2인이 참예한다. 세례식 때 목사는 먼저 성례에 관한 의미와 목적을 설명하고, 부모에게 문답을 한 후, 목사가 축복 기도를 하고, 아이의 이름을 부른 후 성부와 성자와 성령의 이름으로 세례를 준다. 이때 세례는 물을 얼굴에 붓든지 아니면 물방울을 떨어뜨리면서 하고, 세례 후에 기도로 마친다(9장).

입교 문답의 경우는 유아세례를 받은 자가 나중에 성년이 되어서 당회의 문답과 허락을 받은 후 자신의 신앙을 교회 앞에서 공개적으로 고백하고, 성찬에

---

72) 조선 예수교 쟝로회, 『조선 예수교 쟝로회 헌법』, pp. 205-14.
73) 그러나 특별한 경우에는 목사가 판단하여 개인의 가정에서 세례를 줄 수 있다는 것도 뒤에서 첨가하고 있다.

참예할 수 있다. 입교 문답을 하는 연령은 규정하지 않으나 당회가 그 자격을 판단하여 결정하도록 하고 있다(10장).

그리고 계속해서 성인으로서 세례를 받을 사람들에 대하여 언급을 하고 있는데, 먼저 당회가 그의 신앙을 사실(査實)하여 그 자격을 인정하고 세례를 주게 된다. 세례식에서 목사는 세례의 의미를 설명하고, 문답을 한 후 권면하고 세례를 주도록 하고 있다(10장). 한국 역시 피선교국으로서 성인들이 예수를 믿는 경우가 많았기 때문에 유아세례와 함께 성인 세례를 언급하고 있는 것이다.[74]

그 후 1934년 예배모범에서는 세례에 관한 사항이 제9장과 10장(제9장 유아세례, 제10장 입교 예식)에서 언급되고 있으나 내용은 1919년 예배모범과 거의 그대로이다. 단지 1919년 예배모범에서 "젖 세례"라고 한 것을 1934년 예배모범에서는 "유아세례"라는 단어를 사용하는 차이를 발견할 수 있다. 1983년 개정 예배모범에서는 세례에 관한 항목을 한 장(章)으로 통합을 하면서, 특이한 것은 "학습"에 관해서 기록하고 있다는 점이다(제11장 세례 제6항). 이는 교회에 등록한 교인(원입 교인이라 함)이 성인 세례를 받기 전 신앙에 대하여 교육을 받도록 한 후에 받도록 세례를 주기 위한 제도였다.[75] 그러나 이 제도는 다시 폐지되어서, 2002년 예배모범에서는 언급되고 있지를 않다.

2002년 한국 장로교 예배모범에서 세례에 관한 내용은 일곱 개 항목으로 보다 체계 있게 정리가 되고 있다(2-2-2). 그 구성 내용을 보면 세례의 의미, 세례의 집례, 세례수에 관한 사항, 유아세례, 입교 문답, 성인 세례, 그리고 양육과 지도 등으로 되어 있다.[76]

먼저 세례는 죄의 용서와 그리스도의 사람이 되는 하나님의 은총의 표시로서, 죄 씻음과 그리스도의 죽음과 부활에 참여함과 중생을 의미한다. 그리고 이 세례를 통해서 교회의 정식 구성원이 되는 것이다(2-2-2-1). 세례의 집례는 공중

---

74) 세례에 관한 내용은 1894년 미 남장로교 예배모범과 거의 같은 내용이다.
75) 당시 학습 교인의 자격은 원입 교인(교회에 등록한 교인)으로 13세 이상된 자였으며, 세례 교인(입교인)은 유아세례 교인이나 학습 교인으로 16세 이상된 자가 될 수 있었다. 『대한예수교장로회 헌법』(서울 : 대한예수교장로회 총회 출판국, 1988), 제 2편 정치 제3장 교인 제14장 교인의 신급, p. 188.
76) 대한예수교장로회 총회, 『대한예수교장로회 헌법 개정안』(노회 수의용), pp. 37f.

예배에서 회중들의 참예 하에 하며, 이때 세례의 의미와 말씀의 선포가 있어야 한다. 임종과 같은 특별한 상황에서는 목사가 먼저 세례를 주고 당회에 보고할 수 있으며, 세례받은 사람은 세례 교인 명부에 기록하도록 한다. 그리고 세례는 일생에 한 번 받는 것으로서, 교단이 인정하는 타 교단의 세례자들에 대하여 그 세례를 인정한다(2-2-2-2). 세례 시 사용하는 물은 죄 씻음과 하나님의 은총을 나타내는 것으로서, 세례를 줄 때 한 번 또는 세 번 뿌리거나, 또는 흐르는 물에 잠글 수 있다(2-2-2-3).[77]

유아세례는 합당한 것으로 인정하며, 부모 가운데 한 사람 이상이 세례 교인일 경우 받을 수 있다(2-2-2-4).[78] 유아세례를 받은 사람은 그가 장성한 후에 자신의 신앙고백과 문답을 한 후에 세례 교인으로서의 의무와 권리를 갖게 된다(2-2-2-5). 유아세례를 받지 않은 성인은 기독교 신앙에 관한 교육과 문답을 한 후 공중 예배에서 세례를 받도록 한다(2-2-2-6). 그리고 마지막으로 교회의 성도들은 세례자들을 기도와 사랑으로 돕도록 하며, 유아세례자의 부모는 자녀

---

[77] 장로교 예배모범에서는 그동안 주로 물을 붓거나 손으로 끼얹는 형태만을 언급하고 있었으나, 2002년 한국 장로교 예배모범에서는 "흐르는 물"에서도 세례를 줄 수 있음을 언급하고 있다. 세례 시 물에 관한 논란이 있으나, A.D. 100년 경 기독교는 이미 "열두 사도의 교훈"을 통해서 여기에 대한 입장을 분명히 하고 있다. 열두 사도의 교훈에서는 흐르는 물(강물)이나 다른 물로 줄 수가 있으며, 찬 물이나 더운 물도 가능하고, 아니면 머리에 세 번 물을 붓도록 하고 있다.
1 Περὶ δὲ τοῦ βαπτίσματος, οὕτω βαπτίσατε· ταῦτα πάντα προειπόντες, βαπτίσατε εἰς τὸ ὄνομα τοῦ πατρὸς καὶ τοῦ υἱοῦ καὶ τοῦ ἁγίου πνεύματος ἐν ὕδατι ζῶντι. 2 Ἐὰν δὲ μὴ ἔχῃς ὕδωρ ζῶν, εἰς ἄλλο ὕδωρ βάπτισον· εἰ δ᾽ οὐ δύνασαι ἐν ψυχρῷ, ἐν θερμῷ. 3 Ἐὰν δὲ ἀμφότερα μὴ ἔχῃς ἔκχεον εἰς τὴν κεφαλὴν τρὶς ὕδωρ εἰς ὄνομα πατρὸς καὶ υἱοῦ καὶ ἁγίου πνεύματος. (1. 세례에 관해서 여러분은 이렇게 세례를 주시오. 이 모든 것들을 먼저 말하고 나서 성부와 성자와 성령의 이름으로 흐르는 물로 세례를 주시오. 2. 만일 흐르는 물이 없으면 다른 물로 주시오. 찬 물로 할 수 없으면 더운 물로 하시오. 3. 둘 다 없으면, 성부와 성자와 성령의 이름으로 머리에 세 번 물을 부으시오.) ΔΙΔΑΧΗ ΤΩΝ ΔΩΔΕΚΑ ΑΠΟΣΤΟΛΩΝ, 정양모 역, 『열두 사도들의 가르침』(왜관 : 분도출판사, 1998), pp. 54-57.

[78] 유아세례를 반대하는 대표적 그룹이 재세례파(Anabaptist)이다. 이들은 오직 신자의 세례(believer's baptism)만을 인정하면서, 세례는 자기 스스로 신앙을 고백할 수 있을 때에 받아야 한다고 주장한다. 그러나 개혁교회는 성서적인 배경이나 교회의 전통적 입장을 따라 유아세례를 인정하고 있다.

의 신앙에 대한 양육과 지도를 책임지도록 하고 있다(2-2-2-7).

　2002년 한국 장로교 예배모범의 세례에 관한 내용은 개혁교회의 전통적 신학을 따르면서 종합적이고 체계적으로 잘 정리가 되어 있다고 하겠다. 1919년 예배모범에는 세례 문답에 관한 사항 등이 포함되어 있으나, 2002년 예배모범에서는 이런 내용들이 생략되고 있는데, 이것은 "장로교 예식서"가 별도로 만들어져 사용되면서 그런 내용들은 예식서에 수록되었기 때문이다. 한 가지 아쉬운 점은 1997년 미국 장로교 예배모범과 비교할 때 세례의 해석을 좀 더 확대할 수 있었으면 하는 것이다. 미 장로교 예배모범은 세례를 그리스도와의 연합이요 이웃과의 연합으로 해석을 하면서(The Constitution of the P.C(.USA.), W-2.3005), 세례를 받은 사람이 교회와 하나님의 백성들과 연합을 이룰 뿐만 아니라 모든 민족, 성, 신분, 연령의 장벽까지도 초월할 수 있어야 한다고 진술하고 있다. 그러나 한국 예배모범은 세례의 의미를 그리스도와 연합이며 교회의 지체가 되는 것 정도로 해석을 하고 있다(2-2-2-1). 세례를 받음으로 우리는 그리스도와 연합을 이루며 교회의 지체로서 한 구성원이 될 뿐만 아니라, 더 나아가서는 세상에서 모든 이웃들로 더불어 하나를 이루어 나가는 삶을 실천함으로써 초대교회 성도들처럼 삶의 현장에서 모든 백성들에게 칭송을 받는 그리스도의 사람이 될 수 있으리라고 본다.

　"교회는 그 시작으로부터 세례 공동체(baptizing community)이었다."[79] 초대교회는 "회개하여 각각 예수 그리스도의 이름으로 세례를 받음"(행 2 : 38)으로 세워지기 시작하였다. 오늘도 마찬가지로 교회는 예수 그리스도를 구주로 믿고 세례를 받은 사람들에 의하여 이루어진다. 그러므로 교회와 목회자들은 다시 한번 세례에 대한 이해와 목회적 관심을 새롭게 함으로써, 한 사람이 그리스도 안에서 새롭게 출발하는 일을 더욱 의미 있게 도우며, 교회가 그 신앙적 기초를 더욱 견고히 하도록 해야 할 것이다.

---

79) Daniel B. Stevick, *Baptismal Moments ; Baptismal Meanings* (New York : The Church Hymnal Corporation, 1987), p. 5.

(2) 성찬

"교회는 주님이 주시는 선물(gift)로서 성찬을 받는다."[80]

성만찬은 주님께서 분부하신 것으로서 우리는 이 예전을 통하여 우리를 위해 죽으시고 부활하신 주님을 기리며(고전 11 : 24-25), 또한 이 예전을 통하여 주님의 임재를 체험(the experience of Christ's presence)하고, 그 안에서 신자들과 교제(fellowship)를 이루게 된다.[81] 이러한 성서적 신학적 근거에 의하여 개혁교회 전통 역시 성찬을 예배에서 중요시하고 있다. 물론 종교개혁의 말씀 중심적인 경향에 따라 매 주일 행해지던 성찬의 횟수가 예배에서 줄어든 것은 사실이지만 그렇다고 그 의미가 축소되거나 약화된 것은 결코 아니다. 그렇다면 개혁교회의 전통을 이어받은 장로교는 성찬에 대하여 어떤 입장을 가지고 그것을 수행해 왔는지 예배모범을 통해서 정리해 보도록 하겠다.

먼저 1644년 웨스트민스터 예배모범에서는 성만찬의 집례를 중심으로 하여 진술하고 있다. 따라서 성찬 항목에 관한 제목도 "성만찬 집례에 관하여"(Of the Celebration of the Communion, or Sacrament of the Lord's Supper.)라고 하고 있음을 볼 수 있다.[82] 성찬은 자주 거행되어야 하며, 그 횟수는 목사나 교회 지도자들에 의하여 좋은 시기를 결정할 것이다. 신앙에 무지하고 불경스러우며 중상모략을 하고 범죄 속에 있는 자들은 성찬을 받기에 합당치 않다. 성찬 예전은 한 주일 전에 공고하며, 성찬에 대한 교육을 실시한다.

성찬을 거행할 때는 목사가 설교와 기도를 끝낸 후 간단한 권면의 말씀을 통해서 성찬의 의미와 목적, 그것을 통해 받게 되는 은혜 등에 대해서 설명한다. 그리고 성찬에 합당치 않는 자들에게 대하여는 경고의 말씀을 한 후, 성찬으로 초대를 한다. 그 후 성찬상 주변에 참여자들이 질서 있게 앉고, 목사가 성물(떡과 포도주)에 대하여 성별(sanctifying and blessing, 축성)을 하는데, 이것은 성찬

---

80) World Council of Churches. *Baptism, Eucharist and Ministry*, Faith and Order Paper, No. 111 (Geneva : World Council of Churches, 1982), p. 10.
81) Oscar Cullmann and F. J. Leenhardt, *Essays on the Lord's Supper*, trans. J. G. Davies (Atlanta : John Knox Press, 1975), p. 19.
82) Thomas Leishman, ed., *The Westminster Directory*, p. 46.

제정사(고전 11:23-27)와 기도에 의하여 거룩케 된다. 그리고 목사는 떡을 나누되 자신이 먼저 받고 참여자들에게 나누어 주며, 그 후에 잔을 나눈다. 성찬 후에 목사는 몇 마디 말로 그들의 가슴에 새기도록 하며, 마지막 감사의 기도로 마친다. 그리고 가난한 자들을 위한 헌금을 적절한 순서에 할 수 있다.

웨스트민스터 예배모범에 나오는 성찬에 관한 내용은 이미 언급했듯이 성찬의 집례 의식에 초점을 두고 있다. 그러므로 여기서는 성찬의 신학적 의미나 해석은 나오지 않는다. 성찬의 성서적 근거와 신학적 내용들을 생략한 것은 성찬을 이해하는 데 혼란을 가져올 수도 있다. 그러므로 마땅히 이론적 근거와 내용을 먼저 제시하고 그 후에 실제에 관련된 사항들을 예시함으로써, 성만찬에 관한 개혁교회의 입장을 보다 종합적이고 체계적으로 정리했으면 하는 아쉬움이 남는다.

그러면 그 후 미국 장로교회는 성찬에 대하여 어떻게 언급하고 있는가를 보도록 하겠다. 1787년 미 장로교 예배모범은 거의 웨스트민스터 내용을 그대로 따르고 있다.[83] 성찬은 자주 실시할 것이며, 그 시기는 목사나 장로들이 결정할 것이다. 그러나 여기서 하나 분명하게 언급한 것은 일년에 적어도 분기(4개월)마다 한 번은 실시하는 것이 좋다고 한 점이다. 그리고 성찬은 일요일 오전 설교 후에 하는 것이 좋되, 오후에도 할 수 있다고 한다. 성찬 한 주일 전에 회중에게 알리고, 주 중 어느 날 성찬의 본질과 준비, 그리고 방법 등에 대하여 교육을 한다.

성찬식에서는 설교가 끝난 후, 목사가 성찬은 주님의 명하신 것이라는 점을 말하고, 성찬 제정사를 읽으면서 성찬에 관해서 설명을 한다. 그리고 신앙에 무지한 자와 범죄자들은 이 성찬에 임하지 못하도록 경고한다. 성찬을 받을 때는 회중이 성찬상 주변에 질서 있고 엄숙하게 앉거나 혹은 성찬상 앞 자기 좌석에 앉는다. 그리고 목사는 떡과 잔을 손에 들고 축복 기도(blessing)를 한다.[84] 그리

---

83) The Synod of New York and Philadelphia, *A Draught of the Form of the Government and Discipline of the Presbyterian Church in the United States of America*, pp. 79-85.
84) 웨스트민스터 예배모범에서는 성별과 축복 기도(sanctifying and blessing)를 하도록 하고 있다. 그러나 미국 장로교 예배에서는 성별이란 단어가 사라지고 축복이란 단어만 사용되고 있는 것이 눈에 띈다. 이것은 전통적으로 성만찬의 떡과 빵이 성령의 임재하심으로 거룩케 해 달라는 축성 기도(epiclesis, 또는 성령 임재를 위한 기도)와 관련된 것인데, 장로교 예배모범에서 이 기도가 생략되기 시작한 것이다. 따라서 최근 예배

고 떡과 잔을 나눈 후 몇 마디 말씀으로 성찬에 관한 의미를 다시 한번 가슴에 새기도록 한다. 그리고 성찬 후에는 헌금 순서가 있다. 웨스트민스터 예배모범에 비해서 1787년 미 장로교 예배모범에서는 마지막 부분에 형편을 따라서 성찬을 위하여 금식하면서 준비할 수도 있음을 첨가하고 있다.

1997년 미 장로교 예배모범은 성만찬에 대한 신학적 내용들이 크게 보강되었음을 볼 수 있다.[85] 웨스트민스터 예배모범과 최초 미 장로교 예배모범이 성만찬의 실제 집례에 초점을 맞추게 됨으로써, 성만찬에 관한 이론적 내용들을 제시하지 못하고 있는 것에 비추어, 1997년 예배모범은 이론적 부분을 먼저 진술하면서 실제에 관한 언급을 하고 있다.

먼저 주님의 만찬은 십자가에 못 박혀 죽으시고 부활하신 주님과 함께 교통하며 먹고 마시는 표시요 확증(the sign and seal)이다(W-2.4001.a.). 예수님은 죽으시기 전 최후의 만찬에서 제자들과 함께 떡과 잔을 가지고 나누시면서, 새 언약의 표징(signs of the new covenant)으로서 자신의 몸과 피를 말씀하셨다. 그리고 자신의 죽으심을 기리고 선포하기 위해서 떡을 떼고 잔을 나누도록 명령하셨다(W-2.4001.b.). 그리고 부활하신 후에도 떡을 떼시는 가운데 제자들에게 자신을 알리셨다(W-2.4001.c.). 또한 신약성경에서 교회는 사도들의 가르침을 받고, 교제하며, 떡을 떼고, 기도하기를 힘썼음을 기록하고 있으며, 이 음식을 하나님 나라에 대한 기대 속에 주님 안에서 다른 이들과 함께 참여하는 것이요, 메시야 향연(the messianic banquet)을 미리 맛보는 것으로 묘사하고 있다(W-2.4002).

주님의 만찬 속에서 교회는 하나님께서 그리스도 안에서 이 세상에 행하신 일들에 감사를 드리고, 주님의 성찬상에서 그리스도의 생애와 죽으심과 부활과 재림의 약속을 기념하게 된다(W-2.4003~4). 하나님의 백성들이 성부 하나님께 감사를 드리고, 성자 예수님을 기념하면서, 또한 성령을 초대한다(W-2.4005).[86]

신학자들은 다시 개신교의 예배에서 축성 기도가 회복되어야 한다는 것을 주장하고 있다.

85) The Office of the General Assembly, *The Constitution of the Presbyterian Church (U.S.A), Part Ⅱ Book of Order*, W-2.4000.

그리고 주님의 성찬상에 앉은 하나님의 백성들은 성만찬을 통해서 그리스도와 교제하며 또한 그리스도께 속한 모든 이들과 교제를 이룬다. 그리스도와의 화해(reconciliation)는 다른 모든 이들과 화해를 이루도록 한다. 여기는 인종, 성, 나이, 경제적 수준, 사회적 위치, 장애, 문화나 언어의 차이, 그리고 인간들의 불의에서 비롯된 모든 장벽을 초월한다(W-2.4006).

성만찬이 거행되는 곳에서는 반드시 하나님의 말씀이 봉독되어지고 선포되어지도록 해야 한다(W-2.4008). 그리고 주님의 만찬(Lord's Supper)은 주님의 날(Lord's Day)에 거행하며, 장소는 정규 예배를 드리는 곳에서 하고, 가능하면 매 주일 시행하는 것이 좋다고 본다. 그러나 환자 심방과 같은 특별한 경우에는 예외일 수 있다(W-2.4009~10). 성찬에 참예할 수 있는 자격은 세례를 받은 자에 한하며(W-2.4011), 세례의 집례는 말씀과 성례전을 집례할 자격을 가진 목회자가 한다(W-2.4012.c.).

1997년 미국 장로교 예배모범은 성만찬의 이론과 실제에 대한 균형과 조화를 이루고 있다는 점에서 그 가치를 높이 평가할 수 있으리라고 본다. 성만찬에 대한 정의와 성서적 근거들을 명확히 제시하고 있으며, 특별히 성찬의 신학적 의미 가운데 하나인 교제의 개념을 그리스도와의 교제, 성도들과의 교제와 연합으로 언급하면서, 여기에는 인종이나 성, 나이, 언어나 문화, 경제적 사회적 지위, 신체적 장애 등을 초월한다는 점을 강조하고 있다. 그리스도 안에서 성찬을 받는 사람들은 세상의 어떤 조건을 초월해서라도 그들과 연합하며 화해하는 삶을 이루어야 한다는 것은 많은 장벽과 괴리 속에서 소외되어 살아가는 현대인들의 상황에 매우 적절한 내용이라고 생각된다. 그리고 1997년 예배모범에서 다시 성령 임재를 구하는 기도에 대하여 언급한 것은 기독교 예배의 전통적 요소를 회복했

---

86) 이것은 성령 임재를 구하는 기도(epiclesis)의 성격을 갖는 것이다. 미국 초기 예배모범에서 이것이 생략된 후 다시 1997년 예배모범에서 성찬에 성령의 임재를 구하는 기도가 회복되고 있는 것이다. 여기서는 자신들을 그리스도의 임재 안으로 들어가게 하도록, 떡과 잔의 봉헌이 열납되도록, 떡을 떼고 잔을 나눔으로써 그리스도의 몸과 피에 참여하도록, 자신들을 그리스도와 다른 이웃들과 연합되도록, 또한 하늘과 땅에 있는 모든 신실한 자들과 연합되도록, 그리스도의 몸과 피를 먹고 자라 그리스도의 충만까지 성숙하도록, 그리스도의 몸으로서 신실한 가운데 세상에서 그리스도를 드러내고 하나님의 일을 할 수 있도록 하기 위해서 성령의 임재를 구하는 것이다.

다는 점에서 매우 가치 있는 일이라고 평가된다.

그러면 한국 장로교 예배모범에서는 성만찬에 관하여 어떻게 기술하고 있는가? 1919년 예배모범에서 성찬에 관한 내용은 웨스트민스터 예배모범을 그대로 수용한 미국 장로교 예배모범 내용과 거의 일치한다.[87] 성찬은 간혹 베푸는 것이 좋고, 횟수는 당회에서 작정하도록 한다. 교회를 알지 못하는 자나 교회를 부끄럽게 하고 훼방할 기회를 만드는 자들은 성찬에 참여할 수 없다. 성찬을 베풀기 일주일 전에 광고를 하는 것이 좋고, 그 날이나 그 주간에 예비 예배를 드리어 성찬의 의미를 알고 준비하게 한다(제11장 1~3).

설교를 마치고 성찬을 시작할 때 먼저 목사가 성찬은 예수 그리스도께서 세우신 것임을 말하고, 고린도전서 11장을 읽고 설명을 하도록 한다. 그리고 성신을 거스리는 자와 거룩한 뜻을 깨닫지 못한 자와 교회를 부끄럽게 하며 훼방하려는 자와 은밀한 중에 범죄한 자들을 경계하여 성찬에 참여치 못하게 한다. 그리고 성찬에 성도들을 초대하도록 한다(제11장 4). 성찬상에는 떡과 포도즙이 준비되어 단정히 덮고, 성찬받을 사람들은 성찬상 주변에 둘러앉든지 아니면 자기가 앉은 자리에서 받도록 한다. 이때 장로들은 적당한 장소에 모여 있고, 목사가 감사와 기도를 한 후에 성찬을 나누어 준다. 떡을 먼저 나누어 주고 다음에 잔을 나눈다. 성찬을 받는 순서는 교우가 받은 후에 목사가 받고 그 다음에 장로들에게 준다. 목사가 먼저 받은 경우는 그 다음에 교우에게와 장로에게 줄 수 있다(제11장 5). 떡과 잔을 받은 교우들은 잠깐 동안 감사와 간구하는 기도를 하도록 한다. 그리고 목사는 몇 마디 말로 성찬에 참여한 자들의 마음에 박히도록 권면을 한다(제11장 6, 7). 형편에 따라서는 성찬을 받기 전에 금식을 하며 준비할 수도 있다(제11장 8).

1919년 한국 장로교 예배모범에서 특이한 것은 성찬을 받는 순서를 교우-목사-장로 순으로 제시하고 있다는 점이다(물론 집례하는 목사가 먼저 받고 집례하는 방법에 대해서도 언급하고 있다). 이것은 성찬 집례를 보다 순조롭게 하기 위한 방법으로 생각할 수도 있겠고, 목사가 섬김의 위치에서 성찬을 집례하는 의미도

---

87) 조션 예수교 쟝로회, 『조션 예수교 쟝로회 헌법』, pp. 214-22.

있다고 하겠다. 그러나 기독교 예배에서는 전통적으로 집례자가 먼저 성찬을 받고 나서 교우들에게 나누는 형태를 취하여 왔으며,[88] 웨스트민스터 예배모범에서도 집례자가 먼저 받도록 하고 있다. 따라서 성찬을 받는 순서에 대해서는 그 배경과 함께 다시 한번 생각해 볼 필요가 있다고 본다.

그리고 성찬에 참여치 못할 자로서 "교회를 부끄럽게 하며 훼방할 기회를 만드는 자"를 첨가하고 있는데, 이는 주님의 몸으로서의 교회 공동체에 대한 책임과 의무를 강조한 것이라 생각된다.

다음으로 2002년 한국 장로교 예배모범을 살펴보도록 하겠다.[89] 이 예배모범에서는 성찬에 관하여 일곱 개 항목으로 정리를 하고 있는데, 먼저 성찬은 세례받은 교인들의 영적 성장을 위해서 유익한 것이며, 이 예전의 주인은 예수 그리스도라는 것을 언급하고 있다(2-2-3-1). 성찬 성례전은 예수님께서 제정하신 것으로 이를 통해서 예수 그리스도의 죽으심을 기념하며(2-2-3-2), 주님과 연합을 이루고, 또한 성도들과 연합을 이루며, 하나님 나라의 잔치를 미리 맛보게 된다(2-2-3-3). 성찬의 집례는 예수님의 최후 만찬과 바울이 기록한 성만찬(고전 11 : 23-29)의 유형을 따르며, 말씀을 읽고 선포하는 일이 선행되어야 한다(2-2-3-4). 그리고 성물은 떡과 포도즙을 사용하고, 성령의 임재를 구하는 기도가 있은 후 떡과 잔을 분배하는데, 이때 순서는 집례자-성찬 위원-회중 순으로 한다(2-2-3-5). 그러면서 성찬에 참여하는 자들의 자세와 집례자의 자세를 언급하고 있다(2-2-3-6).

2002년 예배모범에서 눈에 띄는 것은 "성령 임재를 위한 기도"를 성찬 집례시 해야 한다는 점을 명시하고 있다는 점이다.[90] 전술했듯이 기독교 예배에서

---

88) 동, 서방 교회나 개혁교회 예배 모델이 된 스트라스부르크의 마틴 부처(Martin Bucer) 및 존 낙스(John Knox)의 예배 의식에서도 집례하는 목사가 먼저 성찬을 받고 있다. William D. Maxwell, *A History of Christian Worship* (Grand Rapids : Baker Book House, 1982), pp. 89f, 123f.
89) 대한예수교장로회 총회, 『대한예수교장로회 헌법 개정안』(노회 수의용), 2-2-3. 성찬 성례전. pp. 38-40.
90) 1983년 예배모범에서는 성별의 기도라는 언급을 하고 있다. 총회 헌법 개정위원회 편, 『대한예수교장로회 헌법』(서울 : 대한예수교장로회 총회 출판국, 1988), 제12장 성찬 3항, 5항.

"성령 임재를 위한 기도"(축성 기도, epiclesis)는 성만찬의 필수적인 요소였었다. 그러나 그것이 중간에 사라졌다가 다시 회복이 되었는데, 최근 한국 장로교 예배 모범에서 이를 회복한 것은 예배에 대한 신학적 연구의 결과라고 평가하겠다. 또 하나는 1919년 예배모범에서는 성찬을 받는 순서가 회중-목사-장로 순이었는데, 이를 다시 집례하는 목사-성찬 위원-회중 순으로 정리를 하고 있다.[91] 이것은 기독교 성만찬에 대한 전통적 순서를 따른 것으로 여겨진다. 그리고 1983년 예배모범에 이어서 2002년 예배모범에서도 성찬을 받는 사람과 집례하는 사람의 자세에 대하여 언급하고 있는데, 이것은 한국 장로교 예배모범에서만 특별히 있는 것으로서 좋은 지침이 된다고 본다. 최근의 한국 장로교 예배모범 역시 미국과 마찬가지로 『예식서』가 별도로 만들어지면서, 성만찬에 대한 구체적 집례 방법은 예배모범에서 생략되고 있다.

장로교 예배모범을 전체적으로 볼 때, 초기 웨스트민스터 예배모범 등에서는 주로 집례하는 부분에 초점을 맞추고 있음을 보게 된다. 그러나 후에는 차츰 성만찬의 의미나 목적과 같은 내용으로 방향이 전환되고 있음을 알 수 있다. 이것은 장로교가 예배모범 외에 장로교 예식서를 별도로 갖게 되면서 오게 된 현상이라고 분석된다. 성만찬의 집례나 형식에 관한 것은 예식서에서 취급을 하게 되면서 자연스럽게 예배모범에서는 성만찬의 이론적인 부분을 주로 다루게 된 것이다.

그러나 여기서 한 가지 지적할 것은 장로교 예배모범에서 성찬 신학에 대한 자신의 입장을 분명하게 진술하고 있지 않다는 점이다. 기독교는 성만찬 현장에 그리스도가 어떻게 임재하시는가에 대한 문제로 많은 논란을 거듭해 왔다. 성만찬의 떡과 포도주가 실제 그리스도의 살과 피로 변한다(본질적 변화)는 가톨릭의 화체설(transubstantiation), 물질로서의 떡과 포도주에 그리스도의 살과 피가 함께 한다는 루터(Martin Luther)의 공재설(consubstantiation), 떡과 포도주를 통해서 단지 그리스도의 살과 피를 기념할 뿐이라는 쯔빙글리(Zwingli)의

---

91) 한국 장로교 예배모범에서는 1919년 순서(회중-목사-장로)를 1934년 개정판에서도 그대로 따르다가, 1983년 개정판에서는 아예 순서에 대한 언급이 생략되고 있다. 그러다가 2002년 예배모범에서 다시 집례하는 목사-성찬 위원-회중 순으로 되었다.

기념설(Memorialism), 그리고 물질로서의 떡과 잔에 그리스도께서 영적으로 임재하신다는 칼빈(John Calvin)의 영적 임재설(spiritual presence) 등이 그 대표적인 이론들이라고 하겠다. 그러나 장로교 예배모범에서는 웨스트민스터 예배모범에서부터 현재에 이르기까지 성만찬에 대한 신학적 입장을 명확하게 기록하고 있지 않음을 보게 된다. 이것은 장로교가 성찬에 대하여 어떤 입장을 가지고 있는가를 매우 모호하게 하고 있다. 물론 이론적으로 보자면 개혁교회 신학의 입장에 따라서 칼빈의 이론을 견지한다고 하겠지만 예배모범에서 이를 확실하게 언급하고 있지 않은 것만은 사실이다.

떡과 잔의 표식(sign)으로 이루어진 주님의 만찬은 우리에게 영의 양식(spiritual food)을 제공한다.[92] 세례로 믿음의 공동체에 들어온 신자는 성찬을 통해서 자신의 믿음을 지키고 견고하게 해 나간다. 세례가 그리스도 안으로, 교회 공동체 안으로 한 사람이 들어오는 입교 예식(initiation)이라면, 성만찬은 그리스도와 교회 공동체 안에서 믿음을 향유한 사람이 자신의 믿음을 더욱 견고히 하도록 하기 위한 은총의 예전이라고 할 수 있겠다.

개신교는 전통적으로 이 두 예전을 성례로 인정하고 오늘까지 계속 지켜 오고 있다. 장로교 역시 개신교의 이런 전통을 계승하면서 보다 성경에서 원하는 성례전이 무엇인가를 찾고 예배 현장에서 그것을 실천하고자 힘써 왔다. 그런 노력의 일환으로 예배모범을 만들었고 이를 지금까지 준수하고 있는 것이다. 오늘의 교회는 세례와 성만찬의 의미와 진정한 가치를 다시 한번 새기고, 성경과 예배모범에서 제시된 원리와 정신을 구현하는데 진력해야 할 것이다. 그렇게 함으로써 한 개인으로서의 신자들의 신앙을 확고히 하고, 교회 공동체의 신앙 역시 더욱 견고하게 할 것이라 본다.

5) 헌금

기독교는 전통적으로 예배를 통해서 하나님께 예물을 드려 오고 있다. 이것은

---

92) *Calvin's Institution*, Ⅳ-xvii-1~3.

비단 신약 이후에만 해당하는 것이 아니라 이미 구약 시대에도 하나님 앞에 나아갈 때 예물을 준비하여 나갔던 것이다. 하나님께 십일조를 드리며, 감사의 예물을 준비하여 그들은 하나님을 예배하여 왔었다. 그리고 초대교회 이후에는 봉헌(offertory)의 개념으로 이 순서를 가졌는데, 이때 성찬에 사용할 떡과 포도주를 제단에 드리면서 성도들은 예물(헌금)을 바쳤다.

개혁교회 예배 전통에서도 역시 헌금을 예배 순서 중에서 가졌었다. 그러나 개혁교회에서의 헌금에 대한 해석은 구제 헌금(alms)에 더 강조를 두었음을 볼 수 있다. 마틴 부처(Martin Bucer, 1492-1551)는 사도행전 2장 42절 "저희가 사도의 가르침을 받아(teaching) 서로 교제하며(fellowship) 떡을 떼며(the breaking of bread) 기도하기를(prayer) 전혀 힘쓰니라"라는 말씀을 따라, 예배는 설교와 가르침, 구제 헌금, 성찬, 그리고 기도를 포함하여야 한다고 보았다.[93] 여기서 주목되는 것은 부처가 교제(fellowship)를 구제 헌금(alms)과 연결하여 해석하고 있다는 점이다. 이런 해석은 교제를 의미하는 헬라어 코이노니아(κοινωνία)가 교제(communion or fellowship)라는 의미와 함께 궁핍한 사람들에게 물질을 나누는 일(the sharing of material goods)을 내포한다는 데 근거하고 있다.[94] 따라서 진정한 코이노니아는 주님과 성도들과의 교제를 이루면서, 더 나아가 이웃들과 나누는 것이라고 보았다. 이러한 관점에서 그 후 개혁교회는 예배에서 구제 헌금을 중요한 순서로 보게 된 것이다.

그러면 웨스터민스터 예배모범에서는 헌금에 대하여 어떻게 기록하고 있는가? 먼저 웨스트민스터 예배모범에서는 헌금에 관하여 별도의 항목으로 취급을 하고 있지 않고 있음을 볼 수 있다. 헌금에 관하여는 성만찬 항목의 끝 부분에서 "가난한 자들을 위한 헌금(Collection)은 공중 예배에서 지장이 되지 않는 부분에

---

93) Hughs Oliphant Old, *Guides to the Reformed Tradition : Worship* (Atlanta : John Knox Press, 1984), p. 149. 칼빈의 예배는 사실 부처의 예배를 거의 그대로 모방하고 있다. 그러므로 개혁교회 예배의 근원적 배경은 부처라는 점을 고려해야 한다. 칼빈 역시 예배가 성경에서 근원을 찾아야 한다고 하면서, 사도행전 2 : 42을 그 모델로 보고 있는데, 이것은 부처의 입장을 그대로 수용한 것이라고 하겠다.

94) Gerhard Kittel, ed., *Theolohisches Wörterbuch zum Neuen Testament*, trans. and ed. Geoffrey W. Bromiley, *Theological Dictionary of the New Testament* (Grand Rapids : WM. B. Eerdmans Publishing Co., 1974), pp. 797- 809.

서 그 순서를 가진다."고 간단히 되어 있다.[95] 그리고 "감사절을 지키는 것에 관하여"라는 항목에서 가난한 자들을 위하여 헌금을 할 수 있다고 언급하고 있다.[96] 이러한 입장은 개혁교회 전통에 따라서 헌금을 가난한 이웃들과 나누는 데 강조를 두고 있는 것이다.[97] 그러나 헌금이 예배의 중요한 요소임에도 불구하고 이렇게 간략하게 언급하고 만 것은 보다 신중을 기하지 못한 결과라 생각된다.

다음으로 미국 장로교 예배모범을 보면, 1787년 예배모범 역시 헌금에 대하여 간단히 언급하고 있다. 성만찬 항목에서 "가난한 자들을 위해서, 그리고 성찬 비용을 위해서 헌금(collection)을 성만찬 후나 혹은 기타 시간에 가진다."[98]고 말하고 있다. 특별한 것은 웨스트민스터 예배모범이 가난한 자들을 위한 헌금을 언급하고 있는데 비해서, 미국 장로교 예배모범에는 가난한 자들과 함께 성찬 비용(the expense of the elements)을 위해서 헌금한다는 것이 약간의 차이라고 하겠다. 대신 미 장로교 예배모범에서는 "금식일과 감사절을 지키는 일에 관하여" 항목에서는 헌금에 대한 언급을 하고 있지 않다.

1894년 남장로교 예배모범에서는 봉헌(offering)에 관한 내용이 두 군데서 나오고 있는데, 하나는 제6장 "설교에 관해서"(Of the Preaching of the Word) 6항에서 '교회 업무를 지원하고, 국내외에 복음을 전파하며, 가난한 자들을 구제하기 위해서' 헌금을 한다고 언급하고 있으며, 다른 하나는 제11장 "성만찬의 집례에 관하여"(Of the Administration of the Lord's Supper) 6항에서 '가난한 이들과 신령한 일을 위하여' 헌금을 여기서 할 수 있다고 기술하고 있다.[99] 남장로

---

95) Thomas Leishman, ed., *The Westminster Directory*, p. 53.
96) 위의 책, p. 76.
97) 헌금은 가난한 자들을 위할 뿐만 아니라 교회의 운영을 위해서도 필요한 것이다. 그러나 교회의 비용을 위한 헌금에 관하여 언급이 없는 것은 당시 교회가 교인들의 일상적인 기부에 의하여 운영할 수 있었거나 아니면 정부의 지원이 있었기 때문이 아닌가 추측된다.
98) The Synod of New York and Philadelphia, *A Draught of the Form of the Government and Discipline of the Presbyterian Church in the United States of America*, p. 84.
99) 두 군데서 헌금에 관한 언급이 나오는 것은 당시의 예배 상황과 관련이 있다고 본다. 매 주일 성만찬 예전을 가지지 않았기 때문에, 성찬이 없는 예배에서는 설교 후에, 성찬이 있을 때는 성찬식 때에 봉헌을 하게 됨으로써, 봉헌에 관한 내용을 두 군데서 언

교 예배모범의 특징은 헌금의 목적을 보다 구체적으로 명시하여, 교회 업무와 선교와 구제를 위한 헌금을 한다는 것을 명시하고 있다는 점이다.

그리고 1997년 미국 장로교 예배모범에서는 제2장 "기독교 예배의 요소"의 제5항에서 봉헌(self-offering)에 대하여 기록하고 있다.[100] 먼저 그리스도인의 삶은 하나님께 자기 자신을 드리는 것(offering)이라고 정의를 하면서, 그리스도인들은 우리를 위해서 값진 희생을 지불하시고(the costly self-offering) 우리를 구원하신 예수 그리스도께 자신의 삶과 은사와 능력, 그리고 물질을 드려 응답한다고 진술하고 있다(Response to Christ, W-2.5001). 그리고 예배는 성령께서 각자에게 주신 영적 은사들을 인식하게 하고, 그것을 교회와 세상 가운데서 그리스도를 섬기는 데 드리도록 기회를 부여해야 한다(Offering Spiritual Gifts, W-2.5002). 예배에서 물질을 드리는 것은 하나님께 응답하여 자기 자신을 공적으로 헌신하는 행위(a corporate act of self-dedication)이다. 그것은 생명과 모든 물질을 주시고, 죄악으로부터 우리를 구원하신 하나님께 대한 감사를 표현하는 것이다(W-2.5003-a). 구약에서 이스라엘 백성들은 수입의 십일조를 하나님의 집의 사역을 지원하는 데 드리도록 했으며, 신약에서도 사도들이 교회의 사역을 위해서 지원해야 한다는 것을 언급하고 있다. 또한 이스라엘과 초대교회에서는 가난한 자들을 돕는 일을 하도록 하고 있다. 하나님은 지금도 모든 믿는 자들로 하여금 교회의 이런 사역들을 지원하기를 요구하신다(W-2.5003-b). 그리고 공중 예배에서 적당한 시간에 회중들은 감사의 의미로 십일조와 예물(Offerings)을 드리도록 한다(W-2.5003-c).

1997년 미국 장로교 예배모범은 봉헌에 대한 의미를 분명하게 정립하고, 교회가 여기에 대하여 어떻게 해야 할 것인가를 체계적으로 잘 제시해 주고 있다. 봉헌은 우리 자신을 하나님께 드리는 것으로서, 그것은 우리의 삶과 영적인 은사와 물질을 함께 드리는 것임을 정의하고 있다. 그리고 거기에는 십일조와

급한 것으로 추정된다. Presbyterian Church in the United States, *The Constitution of the Presbyterian Church in the United States*, pp. 108, 122.
100) The Office of the General Assembly, *The Constitution of the Presbyterian Church (U.S.A), Part Ⅱ Book of Order*, W-2.5000.

각종 예물(헌금)이 함께 포함됨을 언급하고 있다. 과거 웨스트민스터나 미국 초기 예배모범이 주로 구제 헌금에만 초점이 맞추어진 데 비해서, 1997년 예배모범에서는 교회의 헌금에 대하여 그 범위와 내용을 종합적으로 잘 정리하였다고 하겠다.

그러면 한국 장로교 예배모범에서는 헌금을 어떻게 정리되고 있는지 살펴보도록 하자. 1919년 예배모범에서는 헌금을 예배모범의 한 장(제19장 연보)으로 취급을 하고 있다.[101] 이것은 지금까지 예배모범에서 볼 수 없었던 새로운 면이라고 하겠다. 웨스트민스터 예배모범이나 초기 미국 장로교 예배모범에서는 헌금을 성찬 항목에서 잠깐 언급하고 있을 뿐이다. 그러나 한국 장로교 예배모범에서 이런 시도를 한 것은 매우 의미 있는 일로 평가된다.

물론 1919년 한국 장로교 예배모범에서도 헌금에 관한 내용을 1894년 미국 남장로교의 예배모범에서처럼 설교와 성만찬 항목에서 간단히 언급을 하고 있다. "성경에 분명히 가르친 대로 교회의 비용을 유지하기 위하며 내지와 외지에 복음을 전하며 빈궁한 자를 구제하기 위하여 규칙적으로 기쁘게 헌금하는 것을 힘쓰되 은혜 받을 목적과 예배의 일부분으로 알고 행할 것이니 이와 같은 일을 하는 시간은 당회에서 정하여 예배 시간 중 편리한 때를 택하여 하는 것이 좋다."[102] "빈궁한 자를 위하여 연보하는 것이나 혹 기타 신령한 일을 위하여 이때에 연보하는 것도 가하니 이도 또한 당회의 명령으로 정할지니라."[103] 그러면서 제19장 "연보"에서 구체적으로 헌금에 대한 기록을 하고 있다. 1. 교회에서 각 신도는 주께로부터 받은 재물을 가지고 연보하는 일을 배양하여 주 예수 그리스도의 명하신 복음 전파하는 일을 돕는다. 이 일을 위하여 주일마다 연보하는 기회를 정하는 것이 합당하다. 2. 연보를 어떤 예배에서 언제 할 것인가는 목사와 당회의 결의로 한다. 연보는 예배의 한 부분으로서, 연보 전후에 목사는 복을 주시도록 간단히 기도한다. 3. 헌금을 교회 부서와 자선하는 일과 그리스도의 사업을 위해서 분배하는 것은 당회의 감독 아래서 한다. 어떤 개인이 특별한 뜻을 두고 연보한

---

101) 조션 예수교 쟝로회, 『조션 예수교 쟝로회 헌법』, pp. 243-45.
102) 위의 책, pp. 201-02.
103) 위의 책, p. 221.

것은 그 뜻에 맞게 사용한다. 4. 주일 학교나 기타 부서에서의 헌금은 당회에 보고하고 인가를 얻어야 하며, 당회의 허가 없이는 헌금을 할 수 없다. 5. 목사는 즐거운 마음으로 연보하도록 배양하고, 성도는 다소를 물론하고 힘대로 바치도록 한다.

  1919년 연보 항목을 보면 연보의 목적, 그 시행 방법, 연보의 사용, 연보에 대한 교육과 자세 등을 정리하여 기록함으로써, 교회로 하여금 헌금하는 일에 대하여 보다 구체적 지침을 알 수 있도록 기여하였다고 하겠다. 이는 초기 한국 장로교회로 하여금 하나님께 드리는 헌금에 대하여 분명한 이해와 그 실천 방법을 깨닫게 하는 좋은 토대로 작용하였던 것이다.

  2002년 한국 장로교 예배모범에서는 초기 장로교 예배모범의 내용을 이어받으면서, 헌금(봉헌)의 정의, 헌금하는 자세, 방법, 그리고 헌금의 사용에 대하여 진술하고 있다.[104] 봉헌은 하나님의 주신 은총에 대한 감사의 표시이며, 모든 것이 주께로부터 온 것임을 고백하는 신앙적 행위이다. 성도들은 기쁨과 감사의 응답으로 이 예물을 드린다. 예물의 봉헌은 예배의 한 순서로 정중하게 행하며, 목사는 헌금 전이나 후에 하나님께서 성도들의 정성을 받아 주시도록 기도한다. 헌금은 당회의 감독 하에 주님의 복음 사업에 사용되도록 하며, 그 과정과 결과를 성도들이 알 수 있도록 한다.

  헌금은 우리가 하나님으로부터 받은 모든 풍성한 은혜와 구원의 은총에 대한 기쁨과 감사의 표현이다.[105] 그러므로 교회는 예배를 통해서 오늘까지 하나님께 예물을 드리는 일을 기쁨으로 행해오고 있는 것이다. 장로교 전통 역시 예배 안에서 하나님께 봉헌하는 순서를 가지고 있으며, 그 지침을 예배모범 안에 담고 있다. 특별히 장로교는 개혁교회의 전통을 따라서 물질로 이웃과 교제를 이루는 헌금(구제 헌금, alms)의 의미를 강조했던 것을 다시 한번 새기고, 오늘의 예배 현장에서도 이런 정신을 이어받아 실천함으로써 하나님의 영광을 세상에 더욱

---

104) 대한예수교장로회 총회, 『대한예수교장로회 헌법 개정안』(노회 수의용), 2-2-4. 봉헌, p. 40.
105) Hughs Oliphant Old, *Guides to the Reformed Tradition : Worship*, p. 155.

드러낼 수 있었으면 한다.

6) 주일 성수

기독교는 시간의 종교라고 할 수 있다. 기독교는 정해진 절기(seasons), 정해진 날(day), 정해진 시간(time)을 통해서 하나님께 예배드리며, 그분을 섬겨 왔다. 특별히 기독교 예배에 있어서 주일은 모든 날의 중심에 있다. 그래서 장로교는 어느 교회의 전통보다도 주일 성수를 강조하고 있음을 보게 된다. 예를 들어 웨스트민스터 예배모범 같은 경우에는 예배에 관련된 순서들(설교, 기도, 성례 등) 다음으로 제일 먼저 주일 성수에 대하여 언급을 하고 있으며, 초기 미국 장로교회나 한국 장로교회는 주일 성수를 예배모범의 가장 앞에다 두고 있다.

구약 시대는 안식일(the Sabbath, שַׁבָּת)이 하나님께 지켜야 할 중요한 날이었다. 유대인들이 이 날을 지킨 것은 하나님께서 6일 동안 천지를 창조하시고 제7일에 안식하셨다는 사실(창 2:2)과 또한 하나님께서 십계명을 통해서 이 날을 거룩하게 지키도록 하셨다는 데에 기인한다(제4계명, 출 20:8-11). 그러나 이러한 구약의 안식일이 신약 시대로 들어서면서 새로운 변화를 맞게 되는데, 그것은 모든 율법(구약)의 완성이 되신 예수 그리스도로 인한 것이었다(마 5:17).

구속사(die Heilsgeschichte)의 중심에 예수 그리스도가 서게 되신 것처럼 이제 기독교 시간의 중심에도 예수 그리스도가 위치하게 되신 것이다. 따라서 기독교는 예수 그리스도가 십자가에서 인류 구속의 대 역사를 이루시고 부활하신 날을 모든 날의 중심에 두게 되었다. 그래서 신약 시대부터 교회는 예수님께서 부활하신 안식 후 첫 날(일요일)을 주님의 날(the Lord's Day, τῇ κυριακῇ ἡμέρᾳ)로 부르며 지키게 된 것이다. 고린도전서 16:2(매 주일 첫 날에), 사도행전 20:7(안식 후 첫 날에), 요한계시록 1:10(주의 날에)에 언급된 날들은 이미 초대교회가 주님의 날을 지키고 있음을 증거해 주는 구절들이라고 하겠다.

주일이 갖는 의미는 무엇보다도 예수 그리스도 우리 주께서 그날 온 인류의 죄를 구속하시고 승리하신 부활을 기리기 위한 것이며, 그날은 한 주간의 첫 날로서 우리는 첫째 것을 하나님께 먼저 드리고, 또한 그날은 하나님의 창조와 안식을 기리면서 우리들도 함께 안식하게 된다. 그러므로 주일은 구약의 안식의 의미를 포함하면서, 신약적인 새로운 개념을 갖게 된 것이다. 더 나아가서 주일은 제8일(the Eighth Day)로서, 성부 하나님의 '창조와 안식의 7일'에서 이제 예수 그리스도의 부활을 통해서 새로운 역사가 시작되는 제8일, 곧 성자 예수 그리스도에 의해서 시작되는 첫날을 기리는 것이기도 하다.[106]

개혁교회는 어느 다른 교단이나 교회보다 주일을 거룩하게 지키는 것을 가장 강조하는 전통을 가지고 있다. 그러면 이런 개혁교회의 전통을 이어받은 장로교는 주일에 대하여 어떤 정신과 자세를 가져왔는지 알아보도록 하겠다.

먼저 1644년 웨스트민스터 예배모범에서는 제7장에서 "주일 성수에 관하여"(Of the Sanctification of the Lord's Day)를 언급하고 있다.[107] 주일은 미리 기억하여 준비함으로써, 주일을 거룩하게 지키는 데 방해가 되지 않도록 한다. 주일은 그리스도인의 안식일로서 공적으로나 사적으로 온전하게 하루를 주님께 거룩히 지켜야 한다. 하루 종일 불필요한 노동을 그치고, 모든 운동이나 오락뿐만 아니라 세속적인 말이나 생각까지도 삼가도록 한다. 음식도 미리 준비하여, 하인이나 집안의 어느 누구도 주일을 거룩하게 지키는 데 지장을 받지 않도록 한다.

각 개인이나 가족은 기도로 개인적 준비를 하며, 목회자를 위하여 기도한다. 그리고 모든 사람은 공중 예배 시간을 준수하며, 시작에서부터 마칠 때까지 모든 순서에 함께 한다. 나머지 빈 시간에는 성경을 읽거나 묵상하고 설교를 되새긴다.

---

106) 이런 의미는 물론 기독교 초기에 사용되다가 차츰 사라지게 되었는데, 후에 제 2차 바티칸공의회(the Second Vatican Council)에서 다시 이 용어가 주목을 받게 된다. 제 8일의 의미는 성부 하나님에 의한 7일간의 창조(6일간 창조 사역, 제7일에 안식하심)가 처음 창조(the First Creation)라면, 성자 예수 그리스도가 인류를 구속하시고 부활하심으로써 이제 새로운 창조(New Creation)의 역사가 시작되었다는 데 의미를 부여한 것이다. 예수 그리스도를 통한 새로운 창조의 역사를 통해서 인류는 죄와 사망에서 해방되어 영원한 안식(eternal sabbath rest)으로 들어갈 수 있게 된 것이다. 초대교회 문서인 "바나바 서신"에서는 "그러므로 우리는 그리스도께서 죽음으로부터 부활하신 날, 곧 제8일을 기쁨으로 지킵니다."(The Epistle of Barnabas, Chap. xv)라고 기록하고 있다. Alexander Robert and James Donaldson, ed., *Ante-Nicene Fathers*, vol. 1 : *The Apostolic Fathers, Juntine, Irenaeus*, p. 147 ; Adolf Adam, *The Liturgical Year : Its History and Its Meaning after the Reform of the Liturgy*, trans. Matthew J. O'Connell (New York : Pueblo Publishing Co., 1981), pp. 40-42.

107) Thomas Leishman, ed., *The Westminster Directory*, pp. 53-55.

특별히 가족들을 불러 들은 말씀을 설명하고 문답도 하며, 환자 심방이나 가난한 이들을 구제하는 일을 하여 주일을 기쁘게 보낸다.

웨스트민스터 예배모범은 신자가 주일 하루를 어떻게 보낼 것인가에 초점이 맞추어져 있다. 주일을 준비하고, 그날을 온전히 거룩하게 지키며, 자신과 가족뿐만 아니라 함께 있는 모든 사람까지도 같이 지키도록 하며, 예배에 정성껏 임하고, 예배 후에도 경건하게 주일에 합당한 일들을 하도록 규정하고 있다. 이런 내용 속에서 당시 영국을 중심하여 청교도 신앙을 가졌던 사람들이 얼마나 주일을 철저하게 지켰는가를 짐작할 수 있다고 본다.

그 후 1787년 미국 장로교 예배모범은 주일 성수에 대한 입장이 더욱 강화된 느낌이다. 왜냐하면 그들은 "주일 성수"(Of the Sanctification of the Lord's Day) 항목을 예배모범의 가장 앞자리에 두고 있는 것을 볼 수 있기 때문이다.[108] 주일을 기억하는 것은 모든 사람의 의무로서, 그날이 오기 전에 미리 준비를 하여야 한다. 모든 세상적인 일은 정리하고 성경이 요구하는 대로 주일을 거룩하게 지키도록 해야 한다.

주일은 온 종일 공적이나 사적인 신앙 활동에 참여하여 주님께 거룩히 지키며, 불필요한 노동이나 오락은 피하고, 세속적인 말이나 생각까지도 삼가도록 한다. 그리고 가족과 하인들과 함께 있는 사람들이 주일을 지키는 데 지장이 없도록 한다.

아침에 모든 개인이나 가족은 자신과 다른 사람들을 위해서 기도하며, 특별히 목회자를 위해서 기도한다. 사람들은 약속된 시간에 모이도록 하고, 처음부터 끝까지 마음을 다해서 참여한다. 예배가 끝난 후에는 성경을 읽거나 묵상을 하거나 설교 말씀을 다시 생각해 보고, 문답을 하거나, 신앙적 대화를 하거나 기도, 찬양, 병자 심방, 구제하는 일들을 하도록 한다.

1787년 미국 장로교 예배모범은 1644년 웨스트민스터 예배모범과 내용적인 면에서 큰 차이가 없다. 그러나 1997년 미국 장로교 예배모범은 초기 미 장로교 예배모범과 너무나 현격한 차이를 보이고 있다. 1787년 미국 장로교 예배모범에

---

108) The Synod of New York and Philadelphia, A *Draught of the Form of the Government and Discipline of the Presbyterian Church in the United States of America*, pp. 56f.

서는 주일 성수에 대한 항목이 예배모범의 제일 첫 머리에 위치를 하였지만, 1997년 예배모범에서는 주일 성수에 관한 항목을 특별히 두지는 않고 있다. 이것은 오늘의 미국 장로교 신앙 행태를 분석해 볼 수 있는 매우 분명한 증거라고 하겠다. 청교도들은 주일 성수만을 주장하면서, 교회력의 모든 절기를 거부할 정도로 주일 성수를 강조하였었다. 이런 청교도적인 신앙이 미국 이민 초기에도 그대로 적용되어서, 미국 장로교회도 주일 성수를 엄격하게 지켰던 것이다. 그러나 약 200년의 시간이 흐르면서, 미국 장로교 예배모범에는 주일 성수라는 단어가 퇴조해 가고 있음을 여실히 볼 수 있다.

1997년 예배모범에서는 주일과 관련하여 세 곳에서 언급을 하고 있는데, 제1장 기독교 예배의 역동성(The Dynamics of Christian Worship) 제3항에서 "시간"(Time)과 관련하여, 제3장 기독교 예배 순서 제2항 날과 절기 중 "날"(Day)에 관한 부분에서, 그리고 제5장 예배와 개인적 훈련 제5항에서 주의 날에 대하여 간단하게 언급을 하고 있다.

먼저 제1장 3항에서 그리스도인은 어느 때나 예배할 수 있다고 하면서, 그러나 하나님께서는 칠 일 중의 하루를 주님께 거룩하게 지키도록 하셨다고 한다. 구약에서 안식일은 완전하게 하나님께 드려지는 날로 이해되었다. 신약에서는 신자들이 부활의 날이요, 주간의 첫날인 이 날에 모여 그리스도 안에서 하나님께 예배를 드렸는데, 그들은 이 날을 주일(the Lord's Day)이라고 불렀다. 초기부터 기독교회는 하나님의 말씀의 선포와 성례전을 행하기 위해서 주님의 날에 모였으며, 특별히 개혁교회 전통(the Reformed Tradition)은 하나님의 말씀을 듣고 성찬을 거행하는 시간으로 주일의 중요성을 강조하였다.[109]

제3장 2항에서는 하나님께서 칠 일 중의 한 날을 하나님의 백성들이 함께 예배하는 날로 지정하셨다고 하면서, 이 날 외에도 하나님은 또한 공동으로나 가정에서 모여 매일 예배를 드리라고 명령하셨다고 언급을 하고 있다(W-3.2001). 그리고 제5장 5항에서는 먼저 그리스도인들이 주님께 거룩하게 지키도록 주일을

---

109) The Office of the General Assembly, *The Constitution of the Presbyterian Church (U.S.A), Part Ⅱ Book of Order*, W-1.3011.

받았다고 하면서, 이 날을 지키기 위해서는 공중 예배에 참석하고, 전도와 봉사 활동에 함께 하며, 영적인 활동을 하면서, 일상적인 일에서는 휴식을 취하도록 한다고 하고 있다(W-5.5001).

그러면 한국 장로교회의 예배모범에서는 주일에 대한 지침을 어떻게 표현하고 있는가?

먼저 1919년 예배모범에서는 미국 초기 장로교 예배모범과 같이 주일 성수를 맨 앞 장에 위치시키고 있으며, 그 내용은 웨스트민스터나 1787년 미국 장로교 예배모범과 거의 같다.[110] 제1장 "주일을 거룩하게 지킬 것"은 여섯 가지 문항으로 정리를 하고 있는데, 그 내용을 간추리면 다음과 같다. 1. 주일을 기억하는 것은 모든 사람의 당연한 의무로서, 전 날부터 준비하도록 한다. 2. 이 날은 거룩한 날인즉 반드시 종일토록 거룩하게 지키며, 예배를 드리는 일에 사용하도록 한다. 긴급하지 않은 일은 폐하고, 다른 날에 해도 될 육신적 즐거운 일은 그날에 하지 않도록 하며, 세상 생각과 이야기는 하지 않는 것이 좋다. 3. 음식은 전일에 준비하여 집안 사환이나 기타 사람들도 예배에 참여하는 데 지장이 없게 한다. 4. 주일 아침에는 개인으로나 가정적으로 모여 자기와 타인을 위해서 기도하되, 특별히 목사를 위해서 기도한다. 5. 예배는 정한 시간에 모이고, 일심단합하여 예배를 드리고, 특별한 일이 없는 한 끝까지 함께 한다. 6. 공식 예배 후에는 그날 남은 시간을 기도하며, 성경을 읽고 묵상하며, 성경 문답이나 종교적인 담화를 하고, 병자 심방이나 구제하는 일 등을 한다.

한 가지 눈에 띄는 것은 1919년 예배모범에서 현실적 상황을 고려하는 표현들이 나오고 있다는 점이다. 제2항에서 긴급치 아니한 사무를 폐하며, 다른 날 해도 될 육신적 즐거운 일은 그날에 하지 않는 것이 좋다고 언급하고 있는데, 이것은 어느 정도 세상일이나(급할 경우), 꼭 필요한 행사(운동이나 친교 등)는 할 수 있음을 인정하는 표현이라고 하겠다. 그러나 웨스트민스터 예배모범에서는 주일에 모든 운동이나 오락을 삼가도록 하고 있다. 또한 제5항에서도 예배 시간에는 특별한 연고가 없으면 끝까지 함께 해야 한다고 하는데, 이것도 어느

---

110) 조선 예수교 쟝로회, 『조선 예수교 쟝로회 헌법』, pp. 187-89.

정도 융통성을 인정하는 말로 보인다. 어떠한 경우에도 끝까지 함께 해야 한다는 것이 아니라, 특별한 일이 있을 때는 예외를 인정한다는 의미를 담고 있기 때문이다. 아마 이런 것들은 처음 한국에 선교를 하면서, 주일 성수에 익숙하지 못한 사람들을 위한 배려가 아닌가 추정되기도 한다.

  2002년 한국 장로교 개정 예배모범은 제1장 "교회와 예배"의 제3항 "예배의 시간"에서 주일에 관한 내용을 정리하고 있는데, 그 내용은 1983년 장로교 예배모범과 거의 유사하게 되어 있다.[111] 먼저 기독교는 사도시대부터 예수 그리스도께서 부활하신 안식 후 첫날을 주님의 날로 정하여 예배를 드리며(1-3-1-1), 이 날을 성별하여 육신의 생업을 중지하고, 예배를 드릴 준비를 하며, 말씀을 묵상하고 기도하되 하나님의 종을 위해서도 기도한다(1-3-1-2). 예배는 정한 시간에 한마음으로 참여하되, 처음부터 끝까지 경건한 마음으로 질서 있게 임하도록 한다(1-3-1-3). 공중 예배를 마친 후에는 기도, 찬송, 성경 공부, 신앙적 대화, 병자 위문, 구제, 전도하는 일을 통해서 은혜를 이어가도록 한다(1-3-1-4).

  2002년 예배모범을 보면 그 내용의 큰 틀은 웨스트민스터 예배모범과 닿아 있음을 알 수 있다. 이것은 전통을 계승하여 지켜간다는 점에서 긍정적으로 볼 수 있겠으나, 또 한편으로는 현대적인 감각을 반영하지 못하고 있다는 아쉬움도 없지 않다. 문장의 표현이나 내용들이 과거의 것보다 오늘의 상황에 맞게 재해석 될 수 있었다면 그 의미가 한층 돋보이게 되었을 것이라고 본다. 또 하나 2002년의 예배모범에서 아쉬운 것은 주일에 관한 성서적인 배경이나 신학적 정의가 분명했으면 하는 점이다. 주일은 주님의 부활의 날이기도 하지만 안식일로서의 구약적 배경이 없는 것이 아니다. 예배모범에서 생업을 중지하고 주일을 거룩하게 지키라는 것은 구약의 안식일 개념을 내포하고 있는 것이라고 볼 수 있다. 따라서 이런 성서적 배경이 보다 심도 있게 다루어지면서, 신학적 해석을 첨가했다면 개정판의 의미가 더욱 살아나게 되었으리라고 평가된다.

  "주일을 지키는 것은 언제나 개혁교회 예배의 강력한 특징이었다."[112]

---

111) 대한예수교장로회 총회, 『대한예수교장로회 헌법 개정안』(노회 수의용), 1-3-1. 예배의 날, p. 30.
112) Hughs Oliphant Old, *Guides to the Reformed Tradition : Worship*, p. 29.

주일을 거룩하게 지키는 것은 분명한 성서적 근거를 가지고 있으며, 그것이 개인과 교회의 신앙에 주는 유익은 말할 수 없이 크다고 하겠다. 현대 사회에 접어들면서, 많은 교회와 신자들이 주일에 대한 개념을 상실해 가고 있음을 깊이 느끼게 된다. 이런 때일수록 다시 한번 장로교 예배 전통에 주일 성수가 얼마나 중요시되어 왔는가를 발견하고, 오늘의 우리 역시 그것을 본받고 실천해야 할 이유를 깨달을 수 있어야 할 것이다. 우리 신앙의 선진들이 그토록 주일 성수를 강조했던 것은 그것이 갖는 의미와 가치가 무엇인가를 누구보다도 잘 알았기 때문인 것이다.

이상과 같이 장로교 예배모범에 나오는 몇 가지 중요한 내용들을 시대적 변천 과정에 비추어서 분석하고 평가를 해 보았다. 그 외에도 다른 많은 요소들이 있지만 여기서 선택하여 비교 분석한 것들은 주로 예배와 관련된 항목들로 국한하였다. 어느 것은 시대의 변화에도 불구하고 그 내용과 의미가 지금까지 그대로 계승되어 오기도 하고, 어떤 것들은 내용과 해석이 변한 것들도 있으며, 또 어떤 것들은 시대의 변화와 함께 사라진 것들도 없지 않았다. 1644년 웨스트민스터 예배모범이 작성된 이후 미국 장로교회를 거쳐 그것이 한국 장로교회에까지 이어지면서 예배모범은 오늘 우리 장로교 예배의 위대한 유산이 되고 있다. 이런 훌륭한 전통을 다시 한번 인식하면서, 지금의 교회들이 예배의 본질과 그 정신을 회복하는 데 더욱 진력해야 하리라 생각된다.

2. 새로운 세기 새로운 예배

새로운 날이 시작되었다. 이제 신세대(new generation)가 성년이 되었다. 이 신세대는 후기 크리스천(post-Christian)이요, 계몽주의 이후의 세대(post-Enlightenment)요, 포스트모던(postmodern)의 시대에 있다. 지금 교회는 새로운 도전에 직면하고 있는 것이다.[113]

---

113) David S. Dockery, ed., *The Challenge of Postmodernism : An Evangelical Engagement* (Grand Rapids : Baker Books, 1997), p. 11.

과거에 대한 역사적 통찰은 오늘의 현상을 분석하고 진단할 수 있게 할 뿐만 아니라 미래의 나아갈 방향을 볼 수 있도록 한다. 특별히 오늘의 시대는 급속한 변화의 소용돌이 속에 서 있을 뿐만 아니라 여기에 대한 대응을 적절히 하느냐에 따라 엄청난 결과의 차이를 불러오게 된다.

예배에 대한 역사를 연구하는 것 역시 과거를 통해서 오늘의 예배 현장을 살피고 내일의 방향을 정립하기 위한 것이다. 예배모범의 역사는 과거 장로교회가 어떤 정신과 원리를 가지고 예배를 드렸으며, 어떻게 그것들이 변화의 과정을 거쳐 왔는가를 보면서, 오늘의 장로교 예배가 새롭게 지향해야 할 좌표가 무엇인지를 설정할 수 있도록 도울 것이다. 이제 우리는 이런 변화하는 사회 속에서 기독교 예배가 지향해야 할 방향과 함께 예배모범을 이 시대에 적절히 활용해야 할 방안을 찾아보도록 하겠다.

1) 변화하는 사회와 교회를 향한 도전

우주 시대(Space Age), 정보화 시대(Information Age), 전자 공학 시대(Electronic Era), 지구촌(Global Village), 탈산업 사회(Post-industrial Society) 등 『제 삼의 물결』의 저자 앨빈 토플러(Alvin Toffler)가 자신의 저서[114]에서 사용한 단어들이 1980년대만 하더라도 한국적 상황에서 우리가 직접 피부로 느낄 정도는 아니었다. 그러나 약 20년 사이에 이런 추상적 단어들은 이제 우리의 눈앞에 구체적인 현실로 나타나고 있다. 더욱 놀라운 것은 이러한 변화가 더욱 가속화되고 있다는 사실이다.[115] 세상은 급속도로 변화하고, 사람들은 이 변화를 따라가느라 정신없이 살아가고 있다.

이 시대의 가장 큰 특징은 과학 기술의 발달이라고 하겠다. 물론 이것은 산업 사회의 과정을 통해서 진행된 것이기는 하지만 오늘의 과학과 기술의 진보는 몇 십 년 전만 해도 가히 상상하기 어려울 정도로 그 수준들이 발달하였다. 컴퓨터

---

114) Alvin Toffler, *The Third Wave* (New York : Morow, 1980).
115) 토플러는 변화의 속도에 대해서, 제 일의 물결인 농업혁명은 수천 년에 걸쳐서 서서히 이루어졌지만, 제 이의 물결인 산업 혁명은 약 300년 사이에 이루어졌고, 제 삼의 물결은 불과 2, 30년 내에 완성되지 않을까 예측하였다. 위의 책, chapter 1. 참조.

와 통신 기술의 발달, 의학의 발전, 고부가 산업의 증가 등은 인간의 생활 수준을 향상시키고, 편리를 제공하는 기여를 하였다. 유전 공학의 발전은 인류의 식량난까지도 해결할 수 있는 희망으로 다가오고 있다. 하지만 이러한 유익함과 함께 과학 기술의 발달은 또 다른 문제들을 야기하고 있다. 환경의 오염과 생태계의 파괴는 우리가 사는 지구의 생존을 위협하고 있으며, 유전 공학의 발전은 이제 인간을 복제하려는 단계에까지 이르고 있다. 이런 현상은 인간의 존엄에 대한 도전이요, 더 나아가서는 하나님의 창조 질서에 대한 도전이라는 데 문제의 심각함이 있다. 오늘의 교회는 이러한 시대적 상황 속에서 어떻게 세상에 복음을 증거하고, 창조주이신 하나님을 소개할 수 있을까? 과학이 종교처럼 우상화되어 있는 사람들에게 교회는 어떻게 대응해야 할 것인가?

또 하나 오늘의 시대를 가장 잘 표현하고 있는 단어 중의 하나는 '정보화 시대'라는 것이다. 과학 기술의 발달은 컴퓨터, 멀티미디어, 통신 시설 등에 지대한 영향을 미치게 되었다. 인터넷 등을 통한 커뮤니케이션 수단의 발달은 이제 세계를 하나의 지구촌으로 만들고 있다. 또한 정보 기술의 발달은 정보의 공급과 교환, 그리고 그 양과 속도에 있어서 엄청난 변화를 가져오고 있다. 그러면서 정보를 많이 소유한 사람이 이제는 힘을 갖는 사회로 변화되어 가고 있다. 그러나 이러한 현상은 정보의 독점 현상, 정보의 불균형, 개인의 사생활 침해 등의 문제를 일으키는 부작용도 함께 따르고 있다. 이러한 정보 사회에서 교회는 어떻게 대처해야 할 것인가? 전통적 교회의 방법론들이 이 시대에서도 계속 유효할 것인가? 아니면 정보화 시대의 발전된 기술들을 적극 활용해야 할 것인가? 새로운 변화들에 교회는 어떻게 대처해야 할 것인가에 고민하지 않을 수 없다.

그리고 지금 우리 사회는 '세계화'(Globalization)라는 거대한 물결에 휩싸이고 있다. 옥스포드 대학(University of Oxford)의 역사 신학 교수인 앨리스터 맥그래쓰(Alister E. McGrath)는 자신의 저서에서 "최근 몇 년 사이에 '세계화'는 하나의 유행어(a buzz word)가 되었다."[116]고 언급하고 있다. 세계화는 지구촌

---

116) Alister E. McGrath, *The Future of Christianity* (Maledn : Blackwell Publishers, 2002), p. 22.

문화(global culture)를 만들어 가면서, 이제 그것은 지역 문화(local culture)를 대체하고 있다.[117] 이러한 현상은 세계를 통합하는 결과를 가져오면서, 각 나라나 민족, 지역의 독특한 문화들을 소멸시키고 있다.[118] 그런가 하면 세계는 지금 기술의 향상과 지구촌의 재구조화 작업(global restructuring)을 통해서 엄청난 변화들을 겪고 있다. 세계화의 가장 현저한 분야는 언어에서 나타나고 있다. 지금 영어는 지구 공용어(global language)가 되어 버렸다. 이것은 세계화의 상징적 현상이라고 볼 수 있겠다.

세계화라는 통합의 개념은 이제 모든 고유한 영역들을 허물면서, 종교에도 같은 영향을 가져올 수 있다고 생각된다. 종교 간의 대화나 연대, 더 나아가서는 종교 간의 통합이 이루어지면서 절대적 진리는 상대적인 것으로 바뀌어 버릴 가능성이 있다. 기독교가 절대적 진리가 아니라 상대적 진리로 이해되고 받아들여진다면, 기독교의 미래는 어떻게 될 것인가?

오늘의 교회가 직면하게 되는 이러한 모든 문제들에는 포스트모더니즘(Postmodernism)의 영향과 관련이 되어 있다고 하겠다. 지금 우리 사회는 정치나 경제적인 면에서 세계화라는 거대한 물결과 함께 과학 기술의 급속한 발전을 경험하면서, 이념적으로는 포스트모더니즘의 영향 아래 있다. 모더니즘(modernism)이 산업화와 과학 기술의 발전, 인간의 이성과 합리적 사고, 절대적 진리의 추구라는 특징을 가진다면, 포스트모더니즘의 사회는 정보 지식의 발전, 절대적 가치의 붕괴에 따른 상대주의와 함께 가치관의 다양화, 그리고 이성적 기능보다는 육체적 본능과 욕구에 충실하고자 하는 경향들을 띠고 있다. 문제는 이러한 것들이 기독교 신앙에 대한 심각한 도전으로 작용하고 있다는 점이다. 절대적 가치보다는 상대적 가치관에 치우친 세대는 하나님에 대한 절대성도 인정하려 하지

---

117) 위의 책.
118) 맥그리쓰는 세계화는 서구의 영향력의 팽창을 말하는 것이라고 하면서, 그것은 다른 말로 지구촌의 서구화(westernization)라고 말할 수 있을 것이라고 한다(Ibid., p. 23). 세계화는 바로 여기에 문제가 있다 하겠다. 각 나라와 민족과 지역의 독특한 문화를 제거하고, 그것들을 서구식 문화로 대체함으로써 문화의 다양성이 사라지게 되고, 경제적으로도 서구 자본의 지배 구조에 놓이게 됨으로써 약소국가들로 하여금 경제적 종속을 피할 수 없게 만들고 있다.

않는다. 데이빗 도커리(David S. Dockery)의 지적대로 이제 이들의 질문은 "한 분 하나님(신)이 존재하느냐?"(Is there a God?)가 아니라 "어느 신이냐?"(Which God?)를 묻고 있다.[119] 이것은 기독교의 유일신 신앙을 부정하는 것이요, 기독교 신앙과 신학에 대한 엄청난 도전이 아닐 수 없다.

절대적 진리를 부정하는 태도는 종교에 대한 경향뿐만 아니라 전통적 가치관에도 변화를 가져오고 있다. 도덕적 상대주의, 본능에 충실하려는 사고 등은 이제 어떤 하나의 규범이 절대적 선이 될 수 없도록 하고 있다. 사고의 다양성, 다원화된 사회 체계 등은 기독교가 추구해 왔던 신앙들을 세상에 호소하고 접목시키는 데 많은 장애 요소가 되고 있다. 다원화된 세계에서 기독교 신앙은 어떠해야 하며, 그것을 세상에 어떻게 증거해야 하는가의 문제는 오늘의 교회와 신학으로 하여금 많은 연구와 노력을 필요로 하고 있다. 21세기의 높은 파고 앞에 선 교회는 여기에 과연 어떻게 대응해야 할 것인가?[120]

2) 기독교 예배의 새로운 지평

교회는 세상의 변화와 결코 무관할 수 없다. 교회가 드리는 예배 역시 이런 변화를 외면할 수 없다. 기독교 예배의 역사는 세상의 변화에 대하여 능동적이든 수동적이든 거기에 따른 대응을 하면서 지금까지 변천해 왔다. 그러면 21세기에 들어선 기독교 예배는 어떤 방향으로 나아가야 할 것인가?

먼저 21세기 기독교 예배는 **역사적 이해에 근거한 예배**(worship with the historical tradition)를 지향해야 할 것이다. 포스트모던 시대의 개성적 사고는 탈 권위와 탈 전통적 입장을 내세우면서, 다양성을 중요시하고 있다. 그러나 문제는 뿌리가 없는 나무는 아무리 화려해도 쉽게 넘어질 수밖에 없다는 사실이

---

119) David S. Dockery, ed., *The Challenge of Postmodernism : An Evangelical Engagement*, p. 11.
120) 오늘날 기독교 신학의 많은 분야들, 즉 기독교 선교학이나 윤리학, 교육학 등에서는 21세기에 대처하는 교회의 방향과 그 방법론들에 대하여 많은 연구와 논의들이 계속 진행되고 있다. 기독교 예배학 또한 예외가 아니다. 변화하는 세기의 상황에 기독교 예배가 나아가야 할 방향은 어떠한 것인가를 연구하는 것은 이 시대 기독교 예배학의 중요한 주제가 되고 있다.

다. 예배학자 로버트 웨버(Robert E. Webber)는 미래 기독교 예배를 위한 자신의 제안에서 오늘의 교회가 자신들이 속한 전통을 무시하지 말아야 할 것을 언급하고 있다.[121] 기독교 예배 전통과 나아가 자신이 속한 교회(교파)의 예배 전통은 오늘의 교회를 있게 하는 근간이 되는 것이다. 기독교 예배는 시대적 변화에 민감하면서도 어디까지나 그 전통에 기초하여 세워져 나가야 한다는 것을 언제나 잊지 않아야 할 것이다.

장로교 예배모범 역시 그런 의미에서 중요성을 갖는다. 장로교 예배모범은 장로교 예배 정신의 근간이 되는 것이다. 그러나 이러한 근본 정신을 무시하면서, 오늘 우리가 아무리 화려하고 매력적인 예배 형식들을 만들어 나간다고 할지라도 그것은 뿌리 없는 꽃에 불과한 것이다. 시대의 변화가 치열할수록 우리는 근본 정신과 전통의 가치를 더욱 존중할 수 있어야 할 것이다.

둘째로 21세기의 예배는 **문화적 변화를 수용하는 예배**, 즉 사람들과 함께 하는 예배(worship with people)를 추구할 수 있어야 한다. 교회는 하늘을 바라보고 있지만 이 땅을 떠나서 존재하지 않는다. 오늘의 다원화된 문화적 특징은 교회의 예배 역시 다원화되어야 할 것을 시사하고 있다. 지금의 시대에서 어느 지역, 어느 교회, 어느 그룹에서나 일률적인 예배를 드린다는 것은 불가능하다. 기독교 예배 전통과 자신이 속한 교회의 전통을 고려할 뿐만 아니라 자신의 교회가 속한 지역의 문화적 경향, 구성원들의 연령이나 어떤 특징에 따라서 예배는 얼마든지 다양한 모습으로 드려질 수 있어야 한다. 특별히 포스트모던 문화에서 예배는 부자연스러운 것으로 받아들여지기 쉬운데,[122] 이것은 바로 예배가 다양하지 못하고 어떤 전통적 형식에 얽매여 있을 때 사람들에게 심어 주기 쉬운 인상이라고 하겠다. 이제 교회는 자신의 교회를 구성하는 사람들을 이해하면서, 시대적 상황, 지역적 문화 요소, 연령이나 어떤 특성에 맞는 다양한 예배를 개발해 나감으로써,

---

121) Robert E. Webber, *Worship : Old and New* (Grand Rapids : Zondervan Publishing House, 1982), p. 194.
122) George Barna, "Worship in the Third Millennium," in *George Barna et al., Experience God in Worship : Perspectives on the Future of Worship in the Church* (Loveland : Group Publishing, 2000), p. 25.

시대에 뒤지지 않고 시대를 이끌어 나가는 원동력을 가질 수 있을 것이라고 본다.

셋째로 포스트모던 시대의 예배에서 가장 중요한 것은 **예배를 통한 영성의 회복**(worship with spirituality)이다. 이미 언급한 대로 포스트모더니즘(postmodernism)의 특징 중의 하나는 절대적 진리를 부정하려는 경향이다. 포스트모던 시대의 신학을 연구하는 학자들의 대부분은 이것을 극복하는 대안의 하나로 공통적으로 주장하고 있는 것이 영성의 회복이라는 것이다.[123] 조지 바르나(George Barna)는 자신의 글에서 오늘 미국 교회 예배의 문제점을 지적하면서, "대부분 미국인들에게 있어서 예배는 하나님을 영화롭게 하거나 기쁘게 하는 것이 아니라 자신들을 기쁘게 하고 만족하게 하려 한다."[124]고 말하고 있다. 하나님이 없는 인간들만의 예배, 인간들의 감정적 만족을 위한 예배는 진정한 의미에서 기독교의 예배라고 말할 수 없다. 여기서 우리는 최근에 유행하고 있는 예배의 형태들에 대하여 깊이 성찰할 필요가 있다. 누구를 위한 예배이며, 누가 그 예배의 중심에 있으며, 누구의 만족을 위해서 예배를 드리고 있는가?

예배에서 영성의 회복은 그리스도 중심의 예배(Christ-centered worship)가 드려질 때 가능하다. 그리스도의 생애와 수난과 죽으심과 부활의 감격이 성령의 역사 속에서 이루어질 때, 예배는 생명력을 지니게 된다. 이런 예배를 통해서 살아 계신 하나님을 체험할 때(experience God in worship), 오늘의 교회와 그 구성원들은 세속 문화의 어떤 파고나 도전도 능히 이기며 나아갈 수 있을 것이다. 기독교 영성은 하나님과 우리와의 생명력이 넘치는 관계의 삶을 어떻게 개발하느냐의 문제[125]라고 할 수 있는데, 예배를 통해서 우리는 바로 이런 관계를 회복해 나갈 수 있어야 한다.

넷째 21세기 기독교 예배는 **예배 형식과 자유의 균형**(worship with the

---

123) Frederic B. Burnham, ed., *Postmodern Theology : Christian Faith in a Plural World* (New York : Harper and Row Publishers, 1989) ; David Willis and Michael Welker, ed., *Toward the Future of Reformed Theology* (Grand Rapids : William B. Eerdmans Publshing Co., 1999) 참조.
124) George Barna, "Worship in the Third Millennium," in George Barna et al., *Experience God in Worship : Perspectives on the Future of Worship in the Church.*, p. 15.
125) 오성춘, 『영성과 목회』(서울 : 장로회신학대학교 출판부, 1997), pp. 6-7.

balance of form and freedom)이 이루어질 수 있어야 한다. 예배가 지나치게 형식만을 주장할 때 의식주의(ritualism)에 빠질 우가 있으며, 또한 지나치게 자유로운 자발성(spontaneity)을 주장할 때 무질서와 혼란(chaos)에 빠질 수 있다.[126] 기독교 예배는 이 두 가지 요소가 균형을 이루어야 한다. 양극단에 서 있는 예배는 예배의 본질을 벗어날 가능성이 언제나 크다고 하겠다. 오늘의 문화적 경향은 전술한 것처럼 지나친 의식에 대하여 매우 부자연스러워 한다. 따라서 예배자들로 하여금 보다 친근하고 부담 없이 예배의 자리에 임하도록 분위기를 조성하는 지혜가 필요한 것이다. 그러나 이러한 시도는 어디까지나 예배의 본질을 벗어나지 않는 한에서 이루어져야 한다. 예배자들로 하여금 자발적으로 참여할 수 있는 분위기를 조성하되, 하나님 앞에 드리는 예배의 경건한 형식들도 조화를 이루도록 할 수 있어야 할 것이다.

끝으로 **회중의 참여**(participation)가 활발히 이루어지는 예배를 실현할 수 있어야 한다. 오늘의 사회적 현상은 어떤 분야에서든 참여의 문화가 활발하게 이루어지고 있음을 보여주고 있다. 따라서 교회의 예배도 이제는 회중들의 참여를 보다 적극적으로 고려해야 할 때라고 본다. 중세의 예배는 사제의 독점 무대였다. 그 결과 회중들은 방관자로 전락하면서 예배의 현장은 생동력을 잃어버렸다. 이제 예배는 단지 집례자 혼자 진행하는 것이 아니라 회중과 함께 하는 자리가 되어야 한다. 예배를 통해서 회중이 함께 말하고, 노래하고, 움직이고, 자신의 감정을 표현할 수 있도록 하는 것은 매우 중요한 일이다.[127] 집례자의 인도와 함께 회중이 능동적으로 참여하는 순서와 분위기를 조성함으로써 집례자와 회중이 하나되어 하나님께 예배할 때 실로 그곳은 살아 있는 예배가 이루어질 것이다.

이제 21세기의 새로운 시대적 환경 속에서 기독교 예배는 이 시대에 적절한 방향을 설정하고, 예배를 통해서 현대인들로 하여금 살아 계신 하나님을 만나고 그분께 영광을 돌리도록 최선의 노력을 다해야 할 것이다. 그럴 때 교회는 능히 세상을 이기고 이 세상을 이끌어 가는 능력을 예배를 통해서 얻게 될 것이다.

---

126) Robert E. Webber, *Worship : Old and New*, p. 195.
127) Julius Melton, "Presbyterian Worship in Twentieth Century America," *Reformed Liturgy and Music* (Spring, 1989), p. 85.

3) 현대적 관점에서 예배모범의 재발견과 활용

오늘 우리 시대에서 예배모범은 어떤 의미와 가치를 가지는 것인가? 그것은 과거의 유물에 불과한 것이지 오늘의 예배 상황과는 별 관계가 없는 것은 아닌가? 그동안 한국 장로교회는 자신의 예배 전통에 대하여 무관심하거나 바른 인식을 하지 못한 채 오늘에 이르렀다고 해도 과언이 아닐 것이다. 이것은 예배모범에 대한 자세에서도 잘 드러나고 있다고 하겠다. 이 예배모범을 만들기 위하여 우리 신앙의 선배들은 수많은 땀과 피를 기꺼이 흘렸었고, 이 위대한 역사적 작품을 만들어 낼 수 있었던 것이다. 그러나 오늘 우리는 부끄럽게도 그 존재 가치를 망각하고 지내는 듯하다. 예배학자인 로버트 웨버(Robert E. Webber)는 이런 태도들이 갖는 문제점을 다음과 같이 지적하고 있다.

> 많은 복음주의자들의 반역사적 편견(antihistorical bias)은 일부 목회자들과 지도자들 사이에서 과거를 거부하도록 하는 오만함을 갖도록 하였다. 이러한 태도의 문제점은 역사적 관점(historical perspective)을 거부함으로써 현재의 문화(culture) 속에서 변화(movement)를 제한시켜 버리고 만다는 것이다. 이러한 구속(imprisonment)은 역사 속에 있는 현재를 획일적으로 규범화시키는 결과를 초래하게 되고, 그러한 결함과 함께 역사적 통찰들(historicalinsights)을 적절히 활용하는 것에 대하여 의심을 품도록 하고 있다.[128]

역사에서 교훈을 배우지 않는 개인이나 집단은 그 존재 기반을 결코 굳게 할 수 없다. 장로교 예배모범의 역사는 오늘 우리 장로교회의 예배가 어디에 근거해야 하는가를 제시해 주는 기준이요 규범으로서 중요한 의미를 가진다. 그것은 시대가 변한 오늘에도 역시 유효한 것이다.

예배모범이 현대 장로교회에서도 중요한 가치를 갖는 첫 번째 이유는 그것이 **성서에 근거한 예배를 실현하려는 정신**으로 만들어졌다는 것이다. 성경이 시대의 변화를 초월하여 오늘에 이르고 있는 것처럼 여기에 근거한 예배 원리와 정신

---

128) Robert E. Webber, *Worship Old and New* (Grand Rapids : Zondervan Publishing House, 1982), p. 12.

을 구체적으로 표현하고 실천하려 했던 것이 바로 장로교 예배모범이다. 이것은 정장복 교수의 언급처럼 "성경에 나타난 예배에 가장 충실한 모습을 보이고 있다."[129] 교회의 근거가 성경에 있듯이 교회가 드리는 예배의 근거 역시 성경에 있다. 장로교 예배모범은 바로 이 점을 실현하고자 만들어진 중요한 예배 규범이다. 그러므로 이것은 시대의 변화에 관계없이 오늘도 우리가 드리는 예배의 중요한 근거로 작용할 수 있어야 한다. 초대교회의 정신이 지금도 우리의 모델이 되고 있듯이 장로교 예배모범은 현대 사회와 문화 속에 있는 오늘의 교회들에게도 역시 중요한 기준이 되어야 한다. 그것은 오늘 우리 장로교회의 예배가 성서로부터 멀어지지 않도록 지켜 주는 길잡이가 될 것이기 때문이다.

둘째로 예배모범은 **장로교 예배의 전통을 계승**하고 있다는 점에서 오늘의 교회가 이를 적극 이해하고 활용해야 할 이유가 있다고 본다. 다시 말하면 이것은 장로교 예배의 정체성을 계승하는 중요한 틀이 되고 있다는 사실이다. 1644년 최초 웨스트민스터 예배모범이 작성되고, 그것은 역사의 흐름과 함께 스코들랜드 장로교회, 미국 장로교회, 한국 장로교회 등으로 이어지면서, 계승과 발전을 거듭해 왔다. 따라서 이것은 개혁교회(장로교회) 예배 예전의 중요한 이정표로서 이 시대에서도 마땅히 높이 평가되어져야 할 중요한 예배 규범인 것이다.[130] 자신의 정체성을 상실할 때 교회의 예배는 표류할 수밖에 없다. 오늘 장로교 예배가 진정으로 장로교 예배가 될 수 있는 길은 자신의 예배모범에 충실한 예배를 드릴 때 가능한 것이다. 그러므로 현대 장로교회는 자신들의 예배 원리와 정신이 무엇이며, 이를 어떻게 실현해야 할 것인가를 제시해 주고 있는 장로교 예배모범의 가치를 재발견하고, 이를 예배 현장에서 적극 활용하는 일에 관심을 기울여야 할 것이다. 지금 한국 장로교회의 예배 정신과 원리가 무엇인가를 질문할 때, 우리가 분명하게 말할 수 있는 대답은 예배모범에 담겨져 있다. 오늘 한국 장로교회의 예배가 분명하지 못한 이유 가운데 하나는 자신들의 예배에 예배모범 정신이 표현되지 않고 있기 때문이다. 이제 우리는 장로교에 속한 교회로서 자신의

---

129) 정장복, 『예배의 신학』(서울 : 장로회신학대학교 출판부, 1999), p. 190.
130) 위의 책, p. 195.

예배 정체성을 예배모범의 틀 안에서 발견하고, 이를 적극 활용해 가는 노력을 쉬지 않아야 할 것이다.

셋째로 장로교 예배모범이 오늘의 예배 현장에서도 실천되어야 할 것은 **예배의 혼란과 무질서를 막기 위함**이다. 이미 언급한 대로 현대 사회는 포스트모더니즘의 영향 아래 있다. 포스트모더니즘으로 대표되는 현상 가운데 하나가 다양성과 다원화라는 단어이다. 긍정적인 면에서 다양성은 존중되어야 하지만 그것이 무질서의 원인으로 작용한다면 교회는 이것을 단호히 거부해야 한다. 오늘의 예배 현장에서 우리는 이 같은 현상들을 목격하게 된다. 교회마다 드리는 예배의 형식들이 매우 다양해졌다는 점이다. 그러나 다양화된 예배의 모습들을 보면서, 우리는 때로 무질서한 예배를 발견하게 된다. 예배 신학도, 예배 정신도, 예배 원리도 없이 그저 남의 것을 모방하거나 흉내 내는 현장들은 교회의 예배를 더욱 혼란스럽게 하는 것이 아닌가 생각된다. 규범이 없는 예배는 필연적으로 무질서한 결과를 가져오게 되어 있다.

포스트모더니즘이 지배하는 사회 문화적 환경에 놓여 있는 오늘의 예배 현장에 그런 의미에서 정작 필요한 것이 바로 예배모범이라고 여겨진다. 우상으로 가득한 한국에 복음이 전해진 후 지금껏 한국 장로교회가 그래도 혼돈과 무질서함이 없이 온전한 예배를 드려 올 수 있었던 것은 바로 예배모범이 존재하고 있었기 때문이다.[131] 오늘의 다양하고 혼란스럽기까지 한 사회적 환경에서 예배모범은 우리의 예배가 어떠해야 하며, 교회로 하여금 진정한 예배를 드리는 길이 무엇인가를 가르쳐 주는 규범으로서 소중한 역할을 하게 될 것이다.

이상과 같이 우리는 예배모범이 과거적인 것이 아니라 오늘 우리 예배 현장에서도 충분히 가치 있게 활용되어야 할 이유들을 발견하게 되었다. 그러나 예배모범을 적용하는 데 있어서 한계도 없지 않다고 본다. 특별히 현대 교회들의 **예배모범에 대한 무관심**과 함께 **탈규범적인 사회적 현상들**은 커다란 장애 요인임에 틀림이 없다. 탈규범적이고 다양화된 사회 문화적 상황 속에서 하나의 규범으로서의 역할을 하는 "예배모범"을 현실에 적용하는 것은 많은 난관과 한계를 안고 있는 것이

---

131) 위의 책, p. 197.

사실이다. 따라서 이것을 극복하기 위해서는 신학적으로나 교회적으로 예배모범에 대한 연구와 함께 이에 대한 관심을 고취시키는 작업이 우선되어야 할 것이다. 예배모범의 내용을 현시대적 상황에 맞게 개정하는 작업과 교회들이 이의 필요성을 공감하고 인식하도록 하는 일들이 지속적으로 추진되어야 하리라 본다.

또 하나 미래에 대한 전망은 시간이 지나면서 '다원화에 따른 무질서'에 대한 반성의 시기가 올 것이라는 점이다. 변증법적으로 진행되는 역사의 과정들을 살펴볼 때 포스트모던 이후에는 다시 원칙과 규범을 필요로 하는 때가 올 것이라 예견한다. 우리의 예배 현장 역시 얼마의 과도기를 지나게 되면, 오히려 예배의 원리와 정신에 충실하고자 하는 움직임들이 일어나리라고 전망한다. 그런 미래를 위해서도 장로교 예배모범은 지금 충실히 준비되고 연구되어져 있어야 할 것이다.

그러면 이제 21세기를 맞는 한국 장로교회가 하나님 앞에 드리는 예배는 어떤 정신과 원리를 따라서 만들어지고 드려져야 할 것인가? 다음은 장로교 예배모범의 전통과 현대적 상황을 고려하면서, 필자가 그동안 연구한 내용들을 바탕으로 "21세기 한국 장로교 예배모범"(안)을 작성 제안한 것이다.

3. 21세기 한국 장로교 예배모범(안)[132]

---

132) 여기서 제시하는 예배모범(안)은 다섯 가지의 중요한 기준을 가지고 작성하려고 한다. (1) 웨스트민스터 예배모범이나 한국 최초 예배모범의 항목이나 내용들을 존중하면서 그것들을 계승하고, (2) 전통의 계승과 함께 오늘 우리 교회가 처한 상황을 반영하면서, (3) 가능하면 내용과 표현은 간결하고 분명히 하려고 한다. 이것은 예배모범이 누구나 보고 쉽게 이해할 수 있는 규범적 역할을 해야 하기 때문이다. 전체 장로교 예배모범들을 비교해보면 현대로 올수록 내용들이 복잡하고 간결하지 못함을 보게 되는데, 이것은 개선되어야 하리라 본다. (4) 각 항목들은 가능하면 실제 순서에 따라 정리하려 하였다. 예를 들어 세례는 "세례의 의미-세례 준비-집례-관리"와 같은 순으로 정리하여 보다 체계 있게 하려고 하였다. (5) 예배모범의 내용은 세부적인 사항이나 지시형보다는 원리를 제시하는 정도로 하였다. 이것은 현대의 다양한 문화 속에서 예배 집례자가 상황을 고려하면서 적용하도록 하는 것이 합리적이라고 생각하기 때문이다. 그리고 예배모범의 전체적인 구조와 내용은 크게 여섯 부분(기독교 예배-예배의 요소-예배 형식과 절기-교회와 예배-신자와 예배-예배와 사회)으로 나누어 구성하도록 하였다.

제1장 기독교 예배

1-1 예배

1-1-1(예배의 목적 : 삼위일체 하나님께 영광). 기독교 예배는 인간을 창조하시고 구원하신 성부 성자 성령 하나님께 대하여 피조물로서 구원받은 인간이 영광과 찬송과 경배를 드리는 것이다. 예배는 우리 인간이 하나님을 영화롭게 하는 최상의 방법이요 첫째 되는 사명이다. 그러므로 우리는 삼위일체되시는 하나님 앞에 감사와 기쁨으로 나아가 예배드리며, 예배의 중심은 인간이 아니라 하나님이 되시도록 해야 한다.

1-1-2(계시와 응답의 예배). 기독교 예배는 우리 인간에게 찾아오신 하나님께 대하여 죄인으로서 그 은혜를 입은 인간들이 겸손히 나아가 예배하는 것이다. 그러므로 예배의 자리는 하나님의 계시와 인간의 응답이 함께 이루어지는 거룩한 곳이다. 우리는 이 예배 안에서 하나님의 말씀과 은혜와 사랑과 용서를 체험하며, 동시에 하나님 앞에 우리의 죄를 고백하고 기도와 찬양과 헌신으로 응답한다. 하나님의 임재 속에서 우리는 새로운 변화를 입으며, 그분께 우리 자신을 드리게 된다.

1-1-3(예배와 그리스도). 하나님께 예배하는 자들은 예수 그리스도를 통해서만이 하나님께 나아갈 수 있다. 그러므로 예배자들은 예수 그리스도를 구주로 믿는 믿음과 함께 그분으로 인해 구원받은 은혜와 감격을 가지고 나아가야 하며, 예배를 통하여 예수 그리스도의 생애와 죽으심과 부활과 승천과 재림을 기릴 수 있어야 한다.

1-1-4(예배와 성령). 기독교 예배는 성령의 역사와 인도하심이 있을 때 영적 생동력을 가지게 된다. 그러므로 예배자들은 예배의 형식과 함께 성령의 인도하심이 예배 안에서 이루어지도록 겸손히 간구하고 의지하도록 한다.

1-1-5(예배와 형식). 하나님께 드리는 예배는 일정한 형식과 질서 속에서 이루어져야 한다. 성경은 예배 형식의 중요성을 분명하게 말씀하고 있다. 그러므로 기독교 예배는 성경과 기독교 예배 역사를 통해서 형성된 순서와 형식들에 근거하면서, 오늘의 시대적 상황에 맞는 예배 의식을 갖추도록 해야 한다. 예배 의식을 경시하는 자세나 지나친 의식주의는 경계해야 한다. 예배 형식을 갖추되 그것이 예배의 영적 생동력을 잃지 않도록 하여, 형식과 성령의 역사가 예배 가운데서 조화를 이루도록 한다.

1-2 예배 시간과 장소

1-2-1(일정한 시간과 장소). 기독교인은 어느 때, 어느 곳에서나 하나님께 예배드릴

수 있다. 그러나 하나님께 드리는 공중 예배는 정해진 시간과 장소에서 교회 공동체가 함께 하는 것이 기독교 예배 전통이다. 그러므로 교회는 정해진 날과 시간과 장소를 택하여 공동체 전체가 모여 하나님께 예배하도록 한다.

1-2-2(주일 성수). 주일은 하나님의 백성들이 모여서 예배드리는 거룩한 날이다. 이 날 인류를 구속하신 예수 그리스도께서 부활하심으로써, 기독교는 사도 시대 이후 지금까지 이 날을 거룩하게 지키며 예배를 드리고 있다. 그러므로 그리스도인들은 이 날을 특별히 기억하여 모든 생업을 중지하고, 하나님 앞에 나아가 예배를 드리며, 하나님의 일에 봉사하고, 이웃에게 복음을 전하며, 환자나 어려운 이웃들을 찾아 위로 하는 일을 한다. 특별히 이 날은 개인적인 일이나 육적인 오락을 삼가고, 경건한 가운데 영적 은혜를 입고 함께 나누는 일에 힘쓰도록 해야 한다.

1-2-3(예배 시간). 기독교 예배에 있어서 날과 시간은 매우 중요하다. 그러므로 주일 이 외에도 교회는 수요일이나 금요일, 또는 교회가 정한 특별한 시간에 공동체가 함께 하는 예배 시간을 마련하여 드릴 수 있다. 예배 시간에는 특별한 사유가 없는 한 공동 예배에 함께 참여하도록 한다. 대중 매체(텔레비전, 인터넷 등)를 통한 예배는 공동체 예배에 참여할 수 없는 특수한 환경에 있는 신자들을 위하여 활용할 수 있으며, 일반 신자는 교회 공동체가 함께 하는 예배에 참여하는 것을 원칙으로 한다.

1-2-4(예배 장소). 교회 공동체가 함께 모여 예배를 드리는 장소는 세상으로부터 성별된 곳이다. 그러므로 교회는 예배하는 장소를 마련하고 그 곳에서 하나님을 찬양하고 예배를 드리게 된다. 따라서 교회는 예배하는 장소가 하나님을 예배하고, 말씀을 선포하며, 성례를 집례하기에 적합한 구조를 갖추어서 온 회중이 함께 예배드리도록 한다.

1-3 예배의 자료

1-3-1(예배 자료의 활용). 하나님께서는 천지만물을 창조하시고 그 모든 것이 보시기에 심히 좋으셨다고 하셨다. 그러므로 기독교 예배에서 우리는 하나님의 만드신 모든 물질들을 사용하여서 하나님께 영광을 돌리는 일에 사용할 수 있다. 교회는 전통적으로 예배와 관련한 많은 재료들을 사용하여 왔다. 성찬에 사용하는 떡과 잔, 세례수, 찬양을 위한 악기, 그림, 조각, 상징, 의상 등은 하나님의 영광을 나타내는 도구로 사용되며, 그 자체가 상징적 의미들을 가지고 사용될 수 있다. 교회는 이러한 재료들을 적절히 활용함으로써 예배를 더욱 의미 있게 할 수 있다.

1-3-2(상징물의 의미와 사용). 예배 장소에서 사용되는 상징물은 경배의 대상이 아니다. 상징은 기독교 신앙의 의미를 보다 깊이 전달할 수 있는 수단이다. 그러므로 교회는 그림이나 조각, 건축물 등을 활용하여, 복음과 신앙의 의미를 효과적으로 전달할 수 있도록 하는 것이 좋다.

1-3-3(악기의 사용). 기독교 예배는 언제나 음악적 요소들과 함께 해왔다. 그러므로 예배를 돕기 위한 악기의 사용은 매우 유익한 것이다. 교회는 예배에 악기들을 적절히 사용함으로써, 하나님께 드리는 예배를 돕고 예배 분위기를 조성할 수 있도록 한다. 그러나 악기의 선정은 교회 공동체의 예배 분위기에 적합한 것이어야 하며, 때로는 악기 없이 예배를 드릴 수도 있다.

1-3-4(예배 복장). 예배에 참여하는 자들은 적절한 예배 복장을 착용함으로써, 예배의 자리를 성별하게 된다. 집례자나 찬양대, 예배 위원들은 구별된 복장을 할 수 있다. 그러나 이것은 신분을 나타내는 것이 아니라 하나님 앞에서 인간의 모습을 감추는 데에 의미가 있다. 예배 집례자가 예배에서 사용하는 복장은 교단이 권장하는 성의를 착용하는 것을 원칙으로 하나 상황에 따라서 적절한 의복을 착용할 수도 있다.

1-3-5(예배 용어). 인간은 언어를 통해서 서로 의사소통을 한다. 그러므로 예배에서 사용되는 언어는 매우 중요하다. 특별히 예배 인도자는 예배에 사용되는 용어들에 대한 이해와 함께 경건하고 절제된 언어를 사용함으로써, 하나님께 드리는 예배의 의미를 잘 표현할 수 있어야 한다. 지나치게 세속적인 용어나 경건을 해치는 말, 또는 반복적이고 지루한 표현 등은 삼가도록 한다.

1-3-6(대중 매체의 활용). 교회는 예배에서 텔레비전이나 인터넷, 기타 음향 및 영상 매체들을 활용함으로써 그 의미를 전달하는 데 효율을 기할 수 있다. 그러나 이러한 것들은 하나님께 드리는 예배에 방해가 되거나, 어떤 인위적인 효과를 위해서 사용되어서는 안 된다.

1-4 예배 자세와 준비

1-4-1(예배자). 하나님께 예배를 드리는 자들은 준비된 마음과 자세를 가지고 나아가야 한다. 하나님 앞에 정해진 날과 시간을 지키며, 경건한 마음으로 예배를 드리도록 준비한다. 예배 시간 전에 미리 나가서 그 날의 예배와 말씀을 전할 목회자와 함께 예배드릴 교우들을 위해서 기도한다. 예배 시간에는 처음부터 끝까지 온 마음을 예배에 집중하여 순서 하나하나에 임하며, 예배를 마칠 때까지 모든 순서에 함께 하도록 한다.

1-4-2(인도자). 예배를 인도하는 자는 제사장으로서의 자신의 직무를 인식하고, 기도로 예배를 위하여 준비하며, 성령님께서 예배 가운데 역사하시도록 간구한다. 자신의 몸과 마음가짐을 단정히 하고, 예배 중 언어를 사용하는데 있어서도 경건과 절제함이 있어야 한다.

1-4-3(예배 위원). 그 외에 예배에서 성경 봉독이나 기도, 찬양 등의 순서를 맡은 자들도 자신이 맡은 순서가 하나님께 드리는 중요한 예배의 일부분임을 알고, 정성을 다하여 준비를 하도록 한다.

제2장 예배의 요소

2-1 공중 기도

2-1-1(공중 예배 기도). 기독교 예배는 전통적으로 기도하는 순서를 가진다. 공중 예배에서 드리는 기도는 개인적인 기도와는 그 성격이 다르다. 공중 기도는 예배를 받으실 성삼위 하나님께 대한 영광과 공동체의 죄를 자복하는 것과 교회와 목회자와 교우들을 위한 기도와 그 날의 예배를 위해서 기도하는 내용을 포함한다.

2-1-2(기도의 내용). 공중 기도에 포함될 기도 내용은 다음과 같다.

* 영광 : 하나님의 창조와 구속과 그분의 섭리와 인도하심에 찬양과 영광을 돌린다. 존귀하신 하나님의 이름을 먼저 높이도록 한다.

* 감사 : 하나님의 구원의 은혜와 돌보심과 공동체에 베풀어주신 여러 가지 일들을 생각하면서 감사를 드린다.

* 고백 : 하나님의 말씀에 불순종하고, 사명을 게을리하며, 이웃을 사랑하지 못한 죄를 고백한다. 마음과 입술과 행위로 지은 개인의 죄뿐만 아니라 교회나 국가 등 공동체의 죄악도 함께 고백하면서, 자비로우신 하나님께 용서를 구한다.

* 간구 : 먼저 예수 그리스도를 통하여 구속함을 받은 무리들이 하나님의 말씀에 순종하여 살며, 하나님의 나라와 의를 이룰 수 있도록 성령의 도우심을 간구한다. 그리고 세상에 사는 동안 어떤 역경 속에서도 하나님의 도우심과 보호를 얻도록 구한다.

* 중보 기도 : 중보 기도는 다른 이웃들을 위하여 기도하는 것이다. 여기서는 고난과 질병 중에 있는 사람들, 사회적 약자들과 소외된 자들, 교회와 교회

지도자들, 사회와 국가와 지도자들, 인류의 구원과 평화를 위해서 하나님의 도우심을 구하는 기도를 한다.

　＊ 예수의 이름 : 모든 기도는 예수 그리스도의 이름으로 마치도록 한다. 우리는 감히 하나님께 구할 자격과 공로가 없는 자들이나 우리를 피 값으로 사시사 용서의 은혜를 입혀 주신 예수 그리스도의 공로를 의지하여 하나님께 기도를 드리는 것이다(요 15 : 16).

2-1-3(기도의 종류). 그 외에 공중 예배 중에 드리는 기도는 설교 전 기도와 설교 후 기도, 봉헌 기도, 축도(또는 강복 선언, 降福 宣言) 등이 있으므로, 그 목적에 적절한 내용으로 기도하도록 한다.

2-1-4(기도의 형태). 기도의 형식은 다양하다. 말로 할 수도 있고, 노래로 할 수도 있으며, 침묵으로 할 수도 있다. 서서 기도하거나 무릎을 꿇고 할 수 있으며 손을 들고 기도할 수 있다. 그러나 이런 것들은 분위기에 적절하게 맞도록 하는 것이 좋다.

2-1-5(기도자의 준비). 공중 예배에서 기도를 담당하는 사람은 미리 자신을 준비하며 기도하고, 공동체를 위하여 드려야 할 기도가 무엇인가를 생각하며, 정성을 다해서 기도할 수 있어야 한다. 기도는 사람에게 하는 것이 아니라 하나님께 하는 것임을 기억하고 겸손한 자세로 하며, 중언부언하지 않고 간결하면서도 꼭 필요한 내용을 정한 시간 내에 하도록 한다.

2-1-6(회중의 기도 참여). 기도를 맡은 자뿐만 아니라 기도에 함께 참여하는 모든 신자들도 기도자와 더불어 마음을 같이하여 경건한 태도로 기도에 동참하고, 기도가 끝날 때는 아멘으로 화답한다.

2-2 찬송

2-2-1(찬송의 의의). 기독교 예배에서 찬송은 매우 중요한 부분이다. 구약 시대부터 하나님께 예배하는 자들은 언제나 예배 속에서 찬양하는 시간을 가졌다. 예배를 통하여 하나님께 찬양과 감사를 드리는 것은 구속의 은혜를 입은 하나님의 백성들이 마땅히 드려야 할 본분이다. 찬송을 통해서 우리는 하나님께 영광을 돌리고, 우리의 신앙을 고백하며, 자신의 결단을 표하게 되는 것이다.

2-2-2(찬송하는 자세). 찬송을 할 때는 심령에서 우러나오는 자세로 하고, 찬송가의 의미를 새기며, 곡조에 맞추어서 부르도록 한다. 마음으로 하나님을 찬송함과 동시

에 아름다운 음성으로 함께 찬송하는 것이 좋다.

2-2-3(찬송가 선정). 찬송하는 순서, 시간, 곡 등은 교회의 전통 등을 고려하면서, 예배 시간에 따라서 적절하게 선택하도록 한다. 예배의 시작 부분, 말씀과 연관된 부분, 봉헌, 그리고 예배의 끝 부분에 따라서 알맞은 곡을 선정하도록 하며, 특별한 목적을 가진 예배는 거기에 맞는 내용의 찬송을 하도록 한다.

2-2-4(찬양 사역자). 특별히 교회는 찬양을 위해 봉사할 지휘자나 반주자, 찬양대원, 찬양 인도자 등을 신중하게 선별하여 하나님께 영광을 돌리고, 예배를 돕도록 하며, 성도들이 함께 은혜를 나누도록 한다. 또한 교회는 찬양을 담당하는 사람들의 신앙과 기술적인 면들이 향상되도록 훈련하는 일을 병행하여야 한다.

2-2-5(찬양의 생활화). 또한 찬양은 공중 예배 시간뿐만 아니라 개인의 사적인 예배나 가정, 일터 등에서도 계속함으로써, 그리스도인이 어디서나 하나님을 영화롭게 하는 것은 생활을 하도록 한다.

2-3 말씀

2-3-1(말씀의 분류). 말씀은 '기록된 말씀'으로서의 성경과 '선포된 말씀'으로서의 설교가 있다. 성경은 하나님 자신의 계시를 기록한 것이며, 설교는 기록된 말씀인 성경에 기초하여 말씀의 종으로 부름받은 설교자가 선포하는 것이다.

2-3-2(본문의 선택). 기독교 예배에서 하나님의 말씀인 성경은 반드시 봉독되어져야 하며, 성경 본문의 선택은 목사가 정하되 성서정과에 따라서 구약, 서신서, 복음서를 읽거나, 아니면 교회의 절기나 목회적 관심, 세상의 사건 등과 관련하여 정하도록 한다. 목사는 하나님께서 자신이 속한 신앙 공동체에 들려주시기를 원하는 말씀이 무엇인가를 기도하면서 생각하고 선택하도록 한다.

2-3-3(말씀의 봉독). 성경의 봉독은 목사나 목사의 허락을 받은 사람이 하며, 봉독자는 경건한 자세로 그날의 본문을 미리 읽고 이해하여 봉독하도록 한다.

2-3-4(설교의 정의). 설교는 기록된 말씀인 성경에 근거해야 하며, 하나님으로부터 부름받은 종을 통하여 오늘의 회중들에게 선포, 해석, 적용되는 하나님의 말씀이다. 그러므로 설교를 하는 사람이나 듣는 사람 모두 하나님의 말씀으로 알고 잘 준비하고 전달하며 듣도록 한다. 믿음은 하나님의 말씀을 듣는데서 자라게 된다.

2-3-5(설교자의 자세). 설교는 인간을 구원하기 위한 하나님의 방편이므로 설교자는 언제나 신중하고 주의 깊게 설교를 준비하고, 온 힘을 다하여 그 말씀을 전하도록

해야 한다. 그러기 위해서는 말씀에 대한 철저한 연구와 개인적인 기도와 경건한 영성, 학문적 연구와 회중들의 삶에 대한 관심을 지속할 수 있어야 한다.

2-3-6(설교 시간과 자격). 설교 시간은 예배 시간과 균형 있게 적당히 하도록 하며, 강단에서 설교를 하는 것은 담임 목사나 당회의 허락이 없이는 할 수 없다.

2-3-7(설교 방법). 하나님의 말씀을 효과적으로 전달하기 위해서는 강단에서 설교자가 음성으로 전달하는 방법 외에도 드라마나 노래, 춤 등의 다양한 방법과 함께 매스 미디어를 활용할 수도 있다. 그러나 어떤 방법일지라도 하나님의 말씀을 전하는 기준을 벗어나서는 안 된다.

2-4 봉헌

2-4-1(봉헌의 의미). 하나님의 구속의 은총을 값없이 받은 신자들이 예배 중에 하나님께 예물을 준비하여 드리는 것은 마땅히 행할 일이다. 이 예물을 드리는 것은 하나님으로부터 받은 은혜에 대한 감사의 표시이며, 또한 자신의 몸과 마음과 정성을 바치는 헌신의 표시이다.

2-4-2(봉헌 순서). 예물의 봉헌은 예배 중에 정중히 행하도록 하며, 목사는 그 예물에 대하여 하나님께서 성도들의 정성을 받아주시도록 기도드린다. 봉헌하는 시간에 봉헌송을 함께 부를 수도 있다.

2-4-3(헌금의 사용). 봉헌된 예물은 당회의 감독 아래 복음을 전하는 일과 교회의 필요한 사업을 위해서 사용하도록 주의를 기울이며, 모든 성도들이 그 과정과 결과를 알 수 있도록 한다.

2-5 세례

2-5-1(세례의 의미). 세례는 예수 그리스도 안에서 죄의 용서와 함께 그리스도의 사람으로 거듭나는 하나님의 은총의 표시이다. 그리스도의 보혈로 죄 사함을 받은 사람은 이제 그리스도와 연합하여 옛 사람은 십자가에 못 박혀 죽고 그리스도와 함께 새로운 피조물로 부활하는 것이다. 또한 세례를 통하여 그는 그리스도의 몸의 지체로서 교회의 정식 일원이 되는 것이다.

2-5-2(세례 준비). 세례는 예수 그리스도에 대한 분명한 신앙이 있어야 한다. 그러므로 교회는 세례 후보자들을 미리 선정하여 교육하고 그들의 신앙이 확고하게 된 후에 문답을 거쳐 확인을 하고 세례를 주도록 한다.

2-5-3(세례의 집례). 세례는 전체 교회의 예전으로서, 회중들이 참여하는 공중 예배에서 베풀어져야 한다. 성경 봉독과 세례의 의미를 설명하고 권면을 한 후 공중 앞에서 세례받을 사람들의 신앙을 문답으로 확인하고 세례를 주도록 한다. 이때의 신앙 문답은 교단이 작성한 것을 사용하도록 한다.

2-5-4(세례자 관리). 교회는 세례받은 사람들에 대하여 그 명단을 별도로 작성하여 관리하며, 세례를 축하하는 간단한 순서를 가질 수 있다.

2-5-5(세례의 유효성). 세례는 일생에 한 번 받는 것이며, 교단이 인정하는 교회에서 세례를 받은 자들에 대하여 다시 세례를 베풀지 아니한다.

2-5-6(세례수). 세례 시 사용하는 물은 죄 씻음과 구원의 은총을 의미하는 것으로서, 성부와 성자와 성령의 이름으로 머리에 붓거나, 세 번 뿌리거나, 아니면 흐르는 물에 잠기도록 할 수 있다.

2-5-7(유아세례). 아브라함의 자손이 할례를 받는 특권이 있듯이 예수 그리스도의 복음의 은혜 아래 있는 성도의 자손들이 세례를 받는 것은 합당한 일이다. 유아세례는 부모가 아이의 신앙을 대신하여 고백하고, 믿음 안에서 잘 양육할 것을 다짐함으로써 받게 된다. 이 세례는 부모 가운데 한 사람 이상이 세례 교인일 때 베풀 수 있다.

2-5-8(입교문답). 입교는 유아세례를 받은 사람이 장성해서 스스로 신앙을 고백할 수 있을 때 행하는 예식이다. 목사는 당회 앞에서 입교 후보자의 신앙을 확인하고, 공중 예배에서 문답을 한 후 세례 교인으로 선포하게 된다. 유아세례자가 입교 문답을 통과함으로써, 그는 이제 정식 교인으로서의 권리와 의무를 갖게 된다.

2-5-9(양육). 세례받은 사람들에 대하여 교회는 기도와 사랑으로 그들의 신앙이 잘 자라가도록 돕고 보살펴서, 그리스도의 일꾼이요 제자로 성장해 가도록 양육한다.

2-6 성만찬

2-6-1(성만찬 예전). 성만찬은 떡과 잔을 받으면서 십자가에 죽으시고 부활하신 그리스도와 함께 영적 교제를 이루는 거룩한 의식이다. 그러므로 이 예전의 주인은 성령으로 임재하시는 예수 그리스도 자신이시다.

2-6-2(성만찬의 역사). 성만찬은 예수 그리스도께서 십자가 수난을 당하시기 전날 밤 제자들과 함께 떡을 떼고, 잔을 나누시면서 친히 제정하신 것으로서, 우리는 떡을 먹을 때마다 우리를 위해서 상하신 주님의 몸을 기리고, 잔을 받을 때마다 우리의 죄를 위해서 흘리신 주님의 보혈을 기리게 되는 것이다. 따라서 교회는 그 후로 지금까

지 성만찬을 성례로 지키며 이를 통해서 주님의 죽으심을 전하고 있다.

2-6-3(성만찬의 의미). 우리는 이 성만찬을 통해서 먼저 성부 하나님의 창조와 구속의 은총을 감사하고, 성자 예수 그리스도의 수난을 기념하며, 성령 안에서 주님과 성도들과의 교제를 이루고, 장차 임하게 될 하나님 나라에서의 잔치를 미리 맛보게 되는 것이다.

2-6-4(성찬과 말씀). 성만찬 예전에서는 언제나 말씀이 읽혀지고 선포되어야 한다. 예배하는 회중들에게 말씀과 성례는 불가분리의 관계이기 때문이다. 성찬은 말씀과 함께 임하는 눈에 보이는 은총이다.

2-6-5(성만찬 집례). 성만찬에서 사용하는 성물은 떡과 포도즙을 사용한다. 준비된 성찬상 앞에서 집례자는 성령 임재를 간구하는 기도를 드리고, 떡을 손에 들고 주님께서 말씀하신 대로 "이것은 너희를 위한 내 몸이니 너희는 이것을 행하여 나를 기념하라."고 한 후 떡을 나눈다. 이어서 잔을 손에 들고 "이 잔은 내 피로 세운 새 언약이니 이것을 행하여 마실 때마다 나를 기념하라."고 말한 후, 잔을 나눈다. 이때 떡과 잔의 분배는 집례자-분잔 위원-회중 순으로 할 수 있다.

2-6-6(성만찬 준비). 교회는 성만찬 예전을 미리 광고하여 성도들로 하여금 준비하게 하며, 성찬에 참예하는 자들은 자신의 죄와 허물을 돌아보고 겸손히 회개한 후 주님의 은혜를 사모하는 마음으로 기쁨과 감사 속에 참여토록 한다. 그리고 성만찬을 집례하는 목사도 자신의 몸과 마음을 정결케 하며, 주님의 거룩한 예전을 위해서 기도로 준비하면서 성령의 도우심을 구하도록 한다.

제3장 예배 형식과 절기

3-1 예배의 분류

교회가 드리는 예배는 그 내용과 형식에 따라서 다양하게 분류할 수 있다. 그러나 어떤 예배에서든 하나님을 찬양하고, 그분의 말씀이 전해지며, 하나님을 향한 감사와 기도가 함께 있어야 함을 잊지 않아야 한다.

3-1-1(주일 예배). 주일 예배는 기독교 예배의 가장 기본이 되고 중요한 예배다. 주님의 부활하신 날을 기리면서 드리는 이 예배는 초대교회로부터 시작되어서, 창조와 구속의 주가 되시는 성부 성자 성령 하나님을 찬양하고 경배하며, 기독교 신앙을 이어가는 가장 중요한 예배이다. 정해진 시간과 정해진 장소에서 정해진 예배 의식을 따라

서 예배를 드리도록 하며, 주님의 말씀과 성찬 등을 통해서 하나님의 주시는 은혜를 경험하고 영적인 새 힘을 얻으며, 더 나아가 하나님께 감사와 기도와 예물을 드림으로 그분을 영화롭게 한다.

3-1-2(찬양 예배). 주일 오후나 저녁에 모이는 찬양 예배는 교회 공동체의 신앙과 교제와 훈련을 위해서 중요하다. 이 예배를 통해서 교인들 간의 신앙 체험을 간증하고 고백할 수 있으며, 신앙 생활을 통해서 얻은 은혜와 기쁨을 찬양으로 표현한다. 예배 형식은 찬양 예배의 분위기에 맞도록 구성하는 것이 좋다고 본다.

3-1-3(수요 기도회). 수요 기도회의 목적은 주일의 중간에 성도들로 하여금 다시 하나님의 말씀을 듣고 기도하며 영적으로 무장하는데 있다. 그러므로 이 날 기도회에서는 하나님의 말씀과 함께 성도 개인과 교회 공동체와 이웃과 국가 등을 위하여 함께 기도하는 시간을 갖도록 한다.

3-1-4(새벽 기도회). 새벽 기도는 예수님께서 친히 본을 보이신 것이요, 특별히 한국 교회의 귀한 전통이다. 성도가 하루의 일과를 시작하기 전에 먼저 하나님께 기도하며, 영적 교제를 갖는 것은 자신의 영성 생활에 매우 중요하다. 그러므로 교회는 적당한 시간을 정하여 성도들이 함께 기도하도록 격려하며, 목사는 잘 준비된 하나님의 말씀으로 영의 양식을 나누도록 한다.

3-1-5(구역 예배). 주 중의 한 날을 정하여 같은 구역 안에 있는 교인들이 모여 하나님께 예배하며 말씀을 나누며 기도하며 음식을 먹으며 교제하는 것은 초대교회로부터 내려오는 아름다운 전통이다. 그러므로 구역 예배 시간을 통하여 어려운 교우를 위해서 서로 합심하여 기도하며, 성도의 교제를 깊이하고, 하나님의 일에 힘을 합하여 협조함으로써 교회를 섬기는 일에 기여하도록 한다.

3-1-6(가정 예배와 개인 기도). 성도는 개인적으로나 가정적으로 모여 기도하고 예배함으로써 삶의 현장에서도 신앙의 유익과 영적 성장을 위하는 일에 힘쓰도록 한다. 하나님의 말씀과 기도로 가정 공동체를 신앙 안에 세우며 자신의 영적 생활을 지속해 나가는 것은 경건에 매우 유익한 일이다.

3-1-7(교회 학교 예배). 예배는 그 대상에 따라서 적절한 형태를 선택할 수 있어야 한다. 교회 학교 예배는 연령과 수준에 알맞도록 하되, 기도와 찬송과 성경 봉독과 설교가 포함되도록 한다. 또한 교회 학교는 전체 교회와 분리되어 있는 것이 아니라 한 공동체 안에 속해 있음을 기억하고, 드리는 예배 역시 교회 공동체 안에서 함께 드리는 것으로 이해되어야 하며, 이를 위해서 전체 교인들과 함께 드리는 예배에 참여

하는 기회도 갖도록 한다.

3-1-8(기타 집회). 교회는 이상과 같은 정기 집회 외에도 필요에 따라서 특별 집회를 가질 수 있다. 특별 집회는 성도들의 성경 지식을 증진하고 신앙을 성장케 하며 기도와 경건한 생활을 돕는데 그 목적을 둔다. 이를 위해서 사경회나 철야 기도회, 금식 기도회, 봉사를 위한 모임 등을 가질 수 있다.

3-2 교회의 예식

교회는 개인이나 교회 공동체가 기념해야 할 만한 일들이 있을 경우 그것을 예배를 통하여 신앙적인 의미로 승화시켜 함께 나눌 필요가 있다. 그렇게 함으로써 교회의 직분을 세우거나, 개인의 출생, 결혼, 장례 등이 단순한 인간의 일이 아니라 하나님 앞에서 더욱 고귀한 것임을 기리게 한다.

3-2-1(임직 예식)

3-2-1-1. 교회는 합법적 절차를 거쳐 목사, 장로, 집사, 권사로 세움받은 자들에게 임직 예식을 거행한다. 이것은 하나님께서 주신 직분의 소중함을 알게 할뿐만 아니라 하나님과 교회 앞에서 자신의 헌신을 다짐하는 시간이요, 더 나아가 전체 교회가 그들의 직분과 직분에 따른 권위를 인정하는 중요한 의식이다.

3-2-1-2. 그러므로 교회는 교회의 일꾼으로 부름 받은 자들에게 먼저 직분자로서 합당하게 하나님을 섬기고 교회를 섬기는 법을 교육하며, 교회가 정한 예식 절차에 따라 그 의식을 거행하도록 한다.

3-2-2(봉헌 예식)

3-2-2-1. 교회는 개인의 헌신뿐만 아니라 교회 공동체가 함께 하나님께 봉헌하는 예식들을 가지게 된다. 교회가 자신의 사명을 수행하기 위해서 예배당이나 교육관, 선교관 등을 건축하고 먼저 하나님께 그것을 드리는 예식을 가지는 것은 의미있는 일이다. 왜냐하면 그곳은 바로 하나님의 일들을 이루는데 있어서 신앙적으로 중요한 장소가 되기 때문이다.

3-2-2-2. 따라서 교회는 이를 위해 기공 예식, 정초 예식, 입당 예식, 헌당 예식 등을 전 교인과 함께 드리도록 한다.

3-2-3(결혼 예식)

3-2-3-1. 결혼은 하나님께서 온 인류에게 주신 하나의 선물이요, 동시에 그것은 한 남자와 여자 사이에 이루어지는 사회적 계약이다.

3-2-3-2. 따라서 신자의 결혼은 주 안에서 이루어지는 것이 마땅하며, 합법적으로 세워진 목회자에 의해 예식을 통해서 거행되어야 한다. 결혼을 집례하는 목회자는 이 예식을 잘 준비하고, 결혼에 대한 의미와 소중함을 특별히 권고하고 기도로 진행하도록 한다.

3-2-3-3. 목회자는 남녀가 각각 일정한 연령에 도달하고 부모나 보호자의 동의를 얻었을 때 이를 확인하고 집례하도록 한다.

3-2-3-4. 결혼 예식은 반드시 충분한 증인들 앞에서 행해져야 하며, 목회자는 결혼 명부 등을 작성하여 행정적으로 잘 관리하도록 한다.

3-2-4(장례 예식)

3-2-4-1. 신자의 죽음은 육적인 면에서의 슬픔과 영적인 면에서의 소망이 함께 하는 일이다. 그러므로 집례하는 목회자는 슬픔을 당한 사람들의 고통을 헤아리면서 그들에게 부활의 소망을 신앙 안에서 증거할 수 있도록 한다.

3-2-4-2. 이를 위해서 목회자는 소망과 위로의 말씀과 함께 기도와 적절한 찬송으로 예식을 집례한다.

3-2-4-3. 장례 예식은 임종, 입관, 장례, 하관 예식을 교회의 정해진 예식서에 따라 진행하도록 한다.

3-2-5(기타 경축 예식). 이 외에도 출생, 생일, 성년, 개업 등 교회 공동체가 함께 축하할 일들을 예식으로 진행할 수 있다.

3-3 교회력

기독교 예배에 있어서 시간은 중요한 의미를 가진다. 교회는 일 년을 주기로 예수 그리스도의 탄생과 생애와 수난과 부활에 초점을 맞춘 절기를 구성하여 시간에 대한 신앙적 의미를 부여하면서 이를 기리고 있다. 따라서 교회는 이 절기들의 의미를 하나님 앞에 드리는 예배 속에서 구체적으로 표현하도록 한다. 교회력에 따라 작성된 성서 일과나 예전색을 예배에서 사용하는 것이 좋다.

3-3-1(대림절). 대림절은 주님의 오심을 기다리는 절기다. 첫째는 예수님의 처음 탄생인 성탄절을 기다리면서 교회와 성도 개인의 신앙을 돌아보도록 하고, 두 번째로는 다시 오실 예수 그리스도를 맞을 준비를 하는 절기이다. 교회는 이 기간을 통해서

주님의 오심의 의미를 다시 한번 새기도록 하며, 전체 교인들이 주님을 맞을 신앙적 준비를 하도록 한다.

3-3-2(성탄절). 죄와 어두움에 빠져 있었던 인류에게 예수 그리스도의 나심은 빛과 소망의 기쁜 소식이 아닐 수 없다. 교회는 이 절기 동안 다시 한번 인류를 구원하러 오신 그리스도의 탄생을 축하하면서, 소망의 메시지를 교회와 세상을 향하여 전하도록 한다.

3-3-3(주현절). 주현절의 의미는 예수 그리스도께서 자신의 모습을 세상에 나타내심을 기리는 절기이다. 세례를 받으시고 예수님은 공생애를 공식적으로 시작하셨다. 그리고 천국 복음을 전하시고 병든 자를 고치시며 사람들을 가르치셨다(마 9 : 35). 따라서 교회는 이 절기를 통해서 교회와 신자들의 선교적 사명을 강조하고 이를 실천하는 일을 적극적으로 하도록 한다.

3-3-4(사순절). 사순절은 인류를 구원하시기 위해서 십자가 고난의 길을 가신 주님의 수난과 죽으심과 희생을 기리는 절기이다. 교회는 이 기간을 통해서 주님의 고난의 의미를 다시 깊이 새기도록 하며, 자신을 돌아보고 참회와 절제와 경건의 시간을 갖도록 한다. 사순절을 위한 특별 집회나 기도회를 갖는 것도 유익하며, 고난 주간에는 예배나 의식들을 마련하여 주님의 고난에 동참하도록 하는 것도 좋다(성목요일, 성금요일 예배 등).

3-3-5(부활절). 기독교는 십자가와 함께 부활이 있는 종교다. 십자가 고난 후에 부활하신 우리 주님 예수 그리스도의 승리와 부활의 기쁨을 함께 나누며, 소망의 메시지를 교회는 전하도록 한다. 부활과 승리를 기리는 축하 의식을 온 교회가 함께 갖는 것도 신앙적 확신과 기쁨을 나누는 계기가 될 것이다.

3-3-6(오순절). 부활하신 주님은 재림을 약속하시면서 하늘로 승천하셨다. 그리고 하나님께서는 성령을 이 땅에 보내셔서 교회와 성도들의 신앙을 굳게 세우셨다. 그러므로 오순절 성령 강림은 교회와 성도의 신앙에 생동력을 불어넣어 주시는 성령님의 역사와 충만함을 통해서 온 교회가 힘을 얻고 새롭게 일어나는 계기가 되도록 해야 한다. 성령, 교회, 선교 등에 관한 메시지를 전하여서 교회의 사역들이 더욱 활발하게 이루어지도록 하는 것이 좋다.

3-4 기념일

교회는 교회력에 나타난 절기 외에도 교회가 속한 국가나 문화, 교단 등이 정한 기념일들을 지킬 수 있다. 따라서 이런 기념일들에는 교회가 신앙적으로 그 의미를 해석하고 기념할 수 있도록 하여, 교인들이 그날을 신앙 안에서 지키도록 한다. 한국의 경우 국가 기념일로서는 삼일절과 광복절 등을 고려할 수 있으며, 교회가 지키는 어린이 주일, 어버이 주일, 총회 기념 주일, 종교개혁 주일, 성서 주일 등이 있다. 그리고 한국 문화와 관련하여서는 설날이나 추석과 같은 명절을 기독교적으로 재해석하여 지키는 것도 타당하다고 본다.

제4장 교회와 예배

4-1 교회 : 예배하는 공동체

4-1-1(예배 공동체). 예수 그리스도 안에서 구원받은 신앙 공동체인 교회는 또한 자신을 구원하여 주신 하나님께 예배를 통하여 영광과 존귀를 돌려드리는 예배하는 공동체이다. 교회의 존재 근거는 하나님을 예배하는데 있다. 예배가 없는 교회는 존재할 수 없다. 따라서 교회의 첫째되는 사명은 하나님께 예배하는 것임을 잊지 않아야 한다.

4-1-2(신자의 의무). 하나님의 백성이 되어 교회에 속한 모든 신자들은 성부, 성자, 성령 삼위 하나님께 예배 가운데서 영광과 찬양과 감사를 드리는 것이 마땅한 일이다. 하나님께서 그 백성을 택하여 부르신 첫째되는 이유는 그분의 백성들을 통하여 자신이 영광을 받기 위하심이다. 그러므로 하나님의 백성된 신자들은 자신이 해야 할 첫째되는 의무가 하나님께 예배하는 것임을 기억하고, 이 일을 위해서 최선을 다하도록 한다.

4-1-3(말씀과 성례전). 교회는 예배를 통하여 하나님의 말씀이 바로 선포되어지고 성례전이 바르게 집례되어짐으로써 성도들의 신앙이 바르게 형성되어 가도록 하고, 그들이 세상에서 그리스도의 증인으로 살아가도록 해야 한다. 예배에 있어서 핵심이 되는 두 부분은 말씀과 성례전이다.

4-1-4(예배의 준비와 진행). 전체 교회는 예배를 집례하는 목회자와 예배를 준비하고 돕는 예배 위원, 예배 순서 담당자, 그리고 예배에 참여하는 모든 성도들이 정성을 다하여 하나님께 드리는 예배를 준비하고 진행하도록 한다. 특별히 목사는 예배를 인도하고 설교와 성례전을 집례하며, 당회는 모든 회중들을 대표하여 예배의 준비와 질서를 맡아 수행한다. 그렇게 함으로써 온 교회가 하나님이 기뻐받으시는 예배를 이루도록 한다.

4-2 예배와 교육

4-2-1(예배 교육). 교회는 하나님께 드리는 예배를 위해서 예배에 관한 교육을 실시해야 한다. 하나님께 드리는 예배는 무엇이며, 왜 우리는 예배를 드려야 하는가 하는 것들에 대하여 성도들이 성서적으로나 신학적으로 알고 예배에 참여해야 한다. 이를 위해서 설교나 특별한 교육 시간을 갖고 예배에 관한 내용을 가르치고 배우도록 할 수 있다.

4-2-2(신자의 예배). 예배에 관한 교육을 통하여 하나님을 예배하는 것이 그리스도인의 최우선된 사명이요 또한 영광스런 특권인 것을 알도록 하여, 신자들로 하여금 하나님을 예배하는 일에 최선을 다하도록 한다.

4-2-3(예배의 참여). 또한 교회는 성도들로 하여금 예배하는 자세를 가르치고, 각 순서에 대한 의미를 이해하고, 예배에 능동적으로 참예하도록 하며, 신령과 진정한 예배가 되도록 한다. 특별히 예배는 인도자 한 사람에 의해서 이루어지는 것이 아니라 회중과 함께 진행하는 것임을 알고, 신자들의 자발적 참여가 예배 속에서 나타나도록 한다.

4-3 예배와 영성

4-3-1(예배와 성령). 예배는 신령과 진정으로 드려져야 한다. 예배가 신령하게 드려지기 위해서는 성령의 역사와 인도하심이 있어야 한다. 예배는 인간에 의해 이루어지는 의식이 아니라 하나님의 임재와 영광과 은혜가 함께 하는 의식이다. 그러므로 교회는 예배 가운데 성령의 임재와 인도하심이 있도록 기도하며 준비하여야 한다.

4-3-2(하나님을 체험하는 예배). 예배는 하나님과 인간이 만나는 자리로서, 예배를 통해서 성도들은 하나님을 만날 수 있어야 한다. 하나님의 주시는 은혜와 사랑과 용서를 경험하고, 그 하나님 앞에 겸손히 회개와 응답과 순종을 다짐하는 시간이 되어야 한다. 예배는 하나님과의 만남을 통해서 영적 관계를 회복하는 감격적인 자리가 되도록 해야 한다. 그러기 위해서는 찬양과 기도와 말씀과 성례전 등 모든 예배 순서에서 진정한 하나님의 임재하심이 있도록 준비하여야 한다.

4-3-3(그리스도 중심 예배). 예배에서 영성은 그리스도 중심 예배가 드려질 때 이루어진다. 예배 속에서 그리스도의 생애와 수난과 죽으심과 부활의 감격이 성령의 역사와 함께 표현되어질 때, 예배는 영적 생명력을 가지게 된다. 그러므로 기독교 예배는 의식이나 순서, 예배 집례자나 순서를 담당하는 사람이 중심이 아니라 예수

그리스도가 중심이 되도록 해야 한다. 모든 의식이나 사람은 예배 속에서 예수 그리스도를 나타내기 위한 도구로서 자리해야 한다.

제5장 신자와 예배

5-1 개인과 예배

기독교 신앙은 예배를 통해서 표현된다. 예배는 교회 공동체뿐만 아니라 개인의 신앙에 있어서도 가장 핵심이 되는 요소이다. 그러므로 기독교 신앙 공동체에 속한 모든 개인은 예배 생활에 충실해야 하며, 예배를 통해서 하나님의 은혜를 체험하고, 신앙이 성장토록 하며, 하나님께 대한 감사와 헌신을 배우고 실천하도록 한다. 예배는 모든 신자들에게 영적 생활의 원동력이다.

5-2 예배 훈련

하나님께 예배드리는 신자는 마땅히 자신이 하나님께 예배를 드려야 할 이유와, 예배가 무엇인가에 대한 이해와, 예배를 어떻게 드리는 것이 합당한 것인가에 대하여 배우고 훈련해야 한다. 또한 교회 공동체와 함께 드리는 예배뿐만 아니라 개인적으로나 가정적으로도 예배를 드릴 수 있도록 준비되어져야 한다.

5-3 성경과 기도

신자는 개인적으로 하나님의 말씀인 성경을 읽고 묵상하며 기도하는 생활을 실천해야 한다. 이를 통해서 개인적으로 하나님을 만나고 교제함으로써, 자신의 영적 생활을 보다 풍성하게 할 수 있다. 개인이 정규적으로 시간을 정해서 말씀을 읽고 기도하는 것은 자신의 신앙에 큰 유익을 준다.

5-4 가정과 예배

5-4-1(가정 예배). 그리스도인들이 가족과 함께 살 때는 가족들과 같이 예배드리는 시간을 가져야 한다. 이것은 개인뿐만 아니라 가정을 신앙 공동체로 세워나가는 중요한 일이다. 족장들은 가정을 중심한 예배를 하나님께 드렸으며, 이스라엘은 가족을 중심으로 유월절 의식을 하나님께 지켰었다. 그리고 기독교 전통에서 가정 예배는 경건을 위한 매우 중요한 역할을 하였다. 따라서 신자들은 가정에서 하나님께 예배를 드리며,

하나님의 말씀을 읽고 기도하는 일을 통해서, 가정 공동체를 신앙으로 세워나가도록 해야 한다.

5-4-2(부모와 자녀의 책임). 가정에서 부모는 자녀들과 함께 예배하면서 예배의 본을 보이고, 예배에 대하여 가르치며, 하나님의 말씀과 기도와 찬양을 통해 하나님의 은혜를 나누도록 한다. 그리고 자녀들은 부모를 통해서 하나님의 말씀과 기도와 예배하는 것을 배우고, 신앙적 성숙을 기하도록 한다.

5-5 예배와 생활

5-5-1(예배의 생활화). 하나님은 예배의 자리뿐만 아니라 우리의 삶의 자리에도 함께 하신다. 그러므로 예배는 생활로 이어져야 한다. 거룩한 예배는 거룩한 삶을 통해서 결실되어진다. 예배는 예배하는 공간에서 끝나는 것이 아니라 우리의 삶이 산 제사로 드려질 때 그 진정한 의미를 지니게 된다. 따라서 교회는 교인들의 예배가 가정이나 직장, 일터 등 삶의 현장에서 생활화되어지도록 가르치고 지도하여야 한다.

5-5-2(개인적 실천). 이를 위해서 성도는 개인적인 경건의 삶을 실천함과 동시에, 이웃들에 대한 돌봄과 화해와 그리스도를 증거하는 삶을 매일 실천하도록 한다.

제6장 예배와 사회

6-1 예배와 선교

6-1-1(예배와 선교). 교회는 자신의 사역과 예배를 통하여 세상을 향한 하나님의 선교에 참여한다. 예배가 예수 그리스도 안에서 살아 계신 하나님의 통치를 나타내는 것이라면, 선교는 교회가 세상을 향한 복음 전도와 봉사와 청지기 사역을 통해서 하나님의 통치를 증거하는 것이다.

6-1-2(교회와 전도). 하나님은 성령의 권능 안에서 모든 민족과 족속들에게 예수 그리스도의 복음을 전하고, 그들이 회개하고 돌아와 예수 그리스도를 구주로 믿고 그를 따르게 하도록 하기 위하여 교회를 파송하신다.

6-1-3(선교의 사명). 예배에 참여한 회중은 세상에 나아가서 사람들이 하나님 앞에 나아와 구원을 얻도록 인도하는 선교의 사명을 감당하도록 한다. 그들이 예수 그리스도를 구주로 영접하고, 동일하신 하나님께 함께 예배하며 살도록 하는 사명이 우리 그리스도인들에게는 주어져 있다.

6-1-4(선교 교육). 교회는 때를 따라서 온 교회가 선교의 사명을 감당하도록 힘쓸 뿐만 아니라 교인들로 하여금 선교적 사명을 가지고 실천하며 살도록 교육하여야 할 책임이 있다. 이를 위해서 예배 가운데 선교에 관한 설교나 특별 순서를 가지고 선교적 사명을 고취하며, 선교 사역을 위한 기도와 헌금 등으로 참여할 수 있도록 한다.

6-2 예배와 사회적 책임

6-2-1(예배와 봉사). 기독교는 초대교회로부터 나눔을 실천하는 공동체였다. 개혁 교회 역시 이런 정신을 실천해 왔는데, 칼빈은 자신의 예배에서 구제 헌금 등을 통해서 이웃에 대한 사랑과 나눔을 실천하였다. 예배를 통해서 하나님과 수직적 교제를 이룬 교회는 수평적으로 이웃과 세상을 향한 사랑의 교제를 이루도록 해야 한다. 이것은 교회가 봉사를 통해서 사회에 실천하는 것으로, 이를 위해서 교회는 예배를 통해서 드려진 물질과 예배자인 교회 구성원들의 지식, 재능, 은사 등을 세상에 나누도록 해야 한다.

6-2-2(정의와 평화의 구현). 교회는 세상에 하나님의 정의를 실현하도록 부름받았다. 따라서 예배를 통해서 하나님의 뜻을 깨달은 교회는 불의와 죄악이 가득한 세상 속에서 하나님의 의를 실현하도록 해야 한다. 또한 미움과 갈등과 싸움과 전쟁이 있는 세상 속에서 교회는 예배를 통해 하나님과 교인들 간의 화평을 성취하고, 이러한 평화를 세상에서 실천하는 예배자로서 살도록 해야 한다.

6-2-3(환경의 보존). 모든 자연은 하나님의 창조물로서, 하나님은 이런 만물을 통해서 영광을 받으신다. 따라서 하나님을 예배하는 자들은 모든 만물로 더불어 하나님의 영광을 찬양하고, 하나님의 주신 자연의 세계를 잘 보존하고 돌보아야 한다. 창조주 하나님께 예배하는 자들은 그 하나님께서 만드신 모든 피조물의 청지기로서 마땅히 살아야 한다.

6-3 예배와 문화

6-3-1(교회와 문화). 교회는 세상과 함께 있다. 그러므로 교회는 세상의 문화와 어떤 형태로든 영향을 주거나 받으면서 존재하도록 되어 있다. 따라서 교회는 세상 문화와 바른 관계를 정립하여 기독교 공동체에 유익하게 활용하는 지혜를 가져야 한다.

6-3-2(예배와 문화). 기독교 예배 역시 세상 문화와 일정한 관계 속에 놓여 있다. 기독교 예배는 성서와 예배의 역사 속에서 형성된 예배의 본질과 전통을 지키되, 그것

을 교회가 자리하고 있는 문화에 접목시켜 나갈 수 있어야 한다. 문화에 대하여 배타적이거나 문화에 대하여 동화되어 버릴 때, 기독교는 그 뿌리를 깊게 내릴 수 없다. 그러므로 기독교 예배는 문화적인 요소를 기독교적으로 재해석하여 그것을 복음을 전하는데 효과적으로 활용할 수 있도록 해야 한다. 그러나 기독교 복음의 본질에 위배되는 문화적 요소나 비신앙적인 내용, 미신적이거나 타종교의 잘못된 의식들은 언제나 경계해야 한다.

6-3-3(문화의 표현). 한국 교회는 한국의 문화를 이해하면서, 예배를 통해서 그것을 표현할 수 있을 때 진정한 민족의 종교로 뿌리를 내릴 수 있다. 교회는 하나님 앞에 드리는 예배의 본질을 지키면서, 우리의 음악이나 미술, 건축, 의상, 절기 등을 기독교 예배에 적극 활용하도록 그 방법들을 고려할 필요가 있다. 이를 위해서 교회는 각 분야에 대한 연구와 함께 이를 적용하려는 노력을 계속할 수 있어야 한다.

제8장

마치면서

The Spirit

and Principles

of

Presbyterian

Worship

마치면서

"교회는 예배 안에서 자신의 궁극적인 터전(the ultimate ground)이시요, …… 영이신 하나님께로 향하여 나아간다."[1]

예배는 기독교 신앙의 중심에 있다. 예배가 없는 교회, 예배가 없는 신앙이란 존재할 수가 없다. 개인이든 교회든 예배가 없다면 이미 그것은 자신의 존재 의미와 가치를 상실한 것이다. 왜냐하면 예배는 교회와 개인에게 있어서 신앙의 궁극적인 터전이 되기 때문이다. 역사적으로 봐도 하나님 앞에 드리는 예배가 온전할 때 교회 또한 온전하였고, 예배가 바르게 되지 못했을 때 교회의 신앙 또한 바르게 설 수 없었음을 쉽게 발견할 수 있다.

그러므로 기독교는 이 땅에 그 모습을 드러내는 순간부터 하나님께서 원하시는 진정한 예배가 무엇인가에 대한 관심을 가지고 끊임없는 노력을 해 왔었다. 즉 하나님께 드리는 예배를 하나님의 말씀인 성서에 근거해서 세우려는 시도들, 기독교 예배의 역사와 전통에 대한 관심과 이해, 그리고 예배에 대한 신학적 연구 등을 통해서 교회는 부단한 노력을 지속해 왔던 것이다. 때로는 이로 인한

---

1) Paul Tillich, *Systematic Theology*, vol. Ⅲ (Chicago : The University of Chicago Press, 1950), p. 190.

갈등과 희생의 값진 대가를 치르면서도 바른 예배를 드리고자 하는 열망은 변함없이 이어져 왔던 것이다.

장로교 예배모범 역시 이러한 노력의 일환이라고 말할 수 있다. 중세교회 예배가 하나님의 말씀에서 벗어난 것을 발견한 개혁교회는 누구보다도 하나님의 말씀에 근거한 예배를 회복해야 한다는 사명감을 가지게 되었다. 그리고 과감하게 이를 추진하면서 얻게 된 산물이 바로 장로교 예배모범인 것이다. 지금까지 우리는 이 장로교 예배모범이 만들어져 발전되어 온 과정을 그 배경과 함께 살펴보았다. 과거에 대한 분석과 평가는 새로운 미래를 전망하고 준비하는 기회로 작용하리라 믿는다.

이미 언급하였듯이 예배는 교회의 모든 활동의 중심에 있다. 그리고 그것은 교회의 생명력을 좌우할 수 있는 중요한 요인이 된다. 하나님께 드리는 예배가 살아 움직일 때 교회와 개인의 신앙도 살아 움직인다. 그러나 예배가 생명력을 잃어버리면 교회 또한 생명력을 잃게 되고 만다. 예수님은 "아버지께 참으로 예배하는 자들은 신령과 진정(진리, ἀλήθεια)으로 예배할 때가 오나니 곧 이때라(the time is coming, and it is here already.)"(요 4 : 23)라고 말씀하신다. 이것은 물론 인류의 구세주로 오신 예수님 당시를 언급하심으로써 새로운 예배가 시작될 것임을 말씀하는 것이기도 하지만, 그것은 오늘 우리에게도 현재형으로 주어지는 말씀이라고 하겠다. 교회는 지금 "이때"(νύν, now) "하나님이 원하시는 예배"를 드려야 한다. 하나님이 원하시는 예배를 위해서는 진리(바른 예배의 원리)를 알아야 하는데, 그 진리는 하나님의 말씀인 성경과 기독교 예배의 전통 속에서 찾아질 수 있는 것이다.

그러므로 기독교 예배는 무엇보다도 먼저 성경 속에서 그 원리와 정신을 발견할 수 있어야 하고 동시에 예배의 역사와 전통 속에서 참된 예배를 배울 수 있어야 한다. 구약 유대교에서는 유대교 나름대로의 예배 전통이 있고, 기독교는 기독교의 전통이 있으며, 개신교는 개신교대로, 장로교는 장로교대로 예배의 전통이 있는 것이다. 특별히 장로교 예배의 전통은 종교개혁 이후 칼빈의 신학과 사상을 이어받은 개혁교회의 전통과 함께 웨스트민스터 예배모범이 가장 중요한 근거가 되어 왔었다. 이 웨스트민스터 예배모범은 장로교 예배모범의 효시로서, 최초 장로교 예배의 정신과 원리를 제시함으로써 그 후 모든 장로교회가 여기에 근거하여 자신들의 예배모범을 작성하면서 그 정신을 계승해 나가게 되었다. 물론 웨스트민스터 예배모범에는 개혁주의 신학과 함께 청교도적 경건과 엄숙함이 담겨 있지만, 지나치게 경건성을 상실한 오늘 우리의 신앙 실태를 볼 때 오히려 이 예배모범의 의미가 이 시대에 더욱 중요한 것이 아닌가 하는 생각이 든다. 그토록 하나님 앞에서 바른 예배를 드리기를 원하여서 값진 대가와 희생을 치른 그들의 경건을 오늘 우리는 결코 가볍게 보아 넘겨서는 안 될 것이다.

이 웨스트민스터 예배모범은 그 후 종교의 자유를 찾아서 신대륙으로 떠났던 청교도들과 함께 미국으로 그대로 전해지게 되었다. 초기 미국의 장로교회 역시 이 예배모범을 자신들의 예배 지침으로 삼고 거기에 충실한 예배를 이루기를 힘썼고, 시간이 흐르면서 자신들의 상황에 보다 적합한 예배모범을 개발해 나갔다. 그 후 미국의 대각성 운동은 영적 부흥과 함께 세계 선교에 대한 열정을 고취시켰으며, 그 결과 그들은 아시아의 조용한 나라 한국에까지 그리스도의 복음을 들고 찾아오게 되었던 것이다. 이들의 복음을 위한 수고와 헌신, 그리고 한국 민족에 대한 사랑은 이 땅에서도 풍성한 결실을 이루도록 하였다. 한국에 교회가 세워지고 성장을 거듭하면서, 한국 교회는 자신들의 신학과 예배와 제도를 확립하여 나가게 되었다. 그 결과 예배에 있어서도 보다 구체적인 지침이 필요하게 되었으며, 이것은 한국 장로교회의 예배모범을 작성하는 계기가 되었던 것이다.

한국 장로교회는 1919년 아직 초창기이기는 하지만 자신들의 예배모범을 최초로 마련하는 귀한 일을 성취하였다. 물론 이것이 대부분 선교사들에 의해서 주도된 관계로 미국 장로교회의 예배모범을 거의 그대로 수용한 것이기는 하였지만 그래도 한국 장로교회를 위해서는 매우 긴요하고 시급한 일이기도 하였다. 예배모범이 작성됨으로써 한국 장로교회는 예배에 대한 기본적 틀을 마련할 수 있게 되었고, 그 정신과 원리를 배움으로써 하나님 앞에 드리는 예배를 보다 뜻깊게 할 수 있었던 것이다.

그뿐만이 아니라 이미 전술하였듯이 예배모범은 장로교회의 일치를 위해서도 많은 기여를 하게 되었다. 장로교인들이 예배에 대한 일체감을 가지고 어디서나 예배를 드릴 수 있었으며, 그 후 분열의 과정에서도 예배로 인한 문제는 제기되지 않았다. 신학과 정치적 문제가 갈등의 요인이 되기는 했을지라도, 예배로 인한 갈등과 분열은 없었는데, 이것은 바로 예배모범이 일찍이 작성됨으로써, 예배에 대한 동일한 정신과 원리를 한국 장로교회가 소유하게 된 증거라고 하겠다. 아마 예배모범이 없었다면 한국 교회는 그 후에 예배로 인한 많은 문제들과 갈등이 발생되었을 것이라는 사실은 얼마든지 추론이 가능한 일이라고 하겠다.

그러나 아쉬운 것은 이렇게 소중한 예배모범이 한국 교회 초기에 이미 작성이 되었지만 그 후 그 가치를 망각하고 한국 장로교회가 예배모범을 소홀히 하여 왔다는 사실이다. 현대에 이르러서는 예배모범의 존재 여부까지도 모르는 사람들이 많으리라고 본다. 이런 의미에서 잊혀진 예배모범의 소중한 가치를 다시 인식하게 하고, 그것을 연구하여 한국 장로교회가 다시 활용하도록 하는 것은 매우 중대한 일이 아닐 수 없을 것이다. 이제 우리 한국 장로교회는 다시 한번 우리의 예배에 대한 역사와 전통에 대하여 관심을 가지고, 하나님 앞에 드리는 예배가 참으로 신령과 진정이 되기 위해서는 어떻게 해야 할 것인가를 진지하게 고민하면서, 우리의 새로운 미래를 준비할 수 있어야 할 것이다.

1. 장로교 예배, 그리고 예배모범

지금까지 기독교 예배와 장로교 예배모범에 대한 내용들을 연구하면서 그 과정 속에서 발견한 내용들을 몇 가지 정리하면 다음과 같다고 하겠다.

먼저 우리 장로교 예배는 **기독교 예배의 보편성과 함께 장로교 예배의 특수성이 조화**를 이룰 수 있어야 한다는 점이다. 기독교회는 어느 교회나 교파를 초월하여 신학(theology)과 실천(practice)에 있어서 보편적으로 일치하는 요소들이 있는가 하면 교회나 교파에 따라서 독특한 요소들이 존재하고 있다. 예배에 있어서도 교회나 교파에 관계없이 보편적인 것들이 있는가 하면 또한 각자의 특수한 것들이 있기 마련이다. 이런 면에서 볼 때 장로교회는 기독교의 범주에 속한 교회로서 세계 교회와 함께 기독교의 보편성을 공유할 수 있어야 하며, 동시에 장로교회로서 자신의 특수성을 살려 나갈 수 있어야 한다. 교회가 보편성만을 강조하다 보면 자신의 독특성을 잃어버릴 수 있고, 특수성만을 강조하다 보면 교회의 일치성을 상실해 버릴 수 있다. 그러므로 교회는 교회로서의 보편성과 자기 정체성을 언제나 조화시키면서 발전시켜 나갈 수 있어야 할 것이다.

예배 역시 세계 어느 교회에서나 통용될 수 있는 것들이 있고, 자신의 교회나 교파에서만 특별히 존재하거나 또는 강조하는 요소들이 있다. 각 교회는 이 두 가지 측면을 언제나 고려하면서 균형 있는 예배를 드릴 수 있어야 할 것이다. 장로교회는 기독교에 속한 한 교파라는 점에서 세계 기독교회와 함께 할 수 있는 예배를 드릴 수 있어야 하고, 동시에 장로교회로서 자신의 전통과 신학을 반영한 예배의 내용과 형식들을 예배 가운데서 표현할 수 있어야 한다.

둘째로 장로교 예배 전통은 **하나님의 말씀에 중점**을 두고 있다는 사실이다. 장로교회 예배의 출발은 그 동기가 어떻게 하면 하나님의 말씀에 근거하여 거기에 합당한 예배를 드릴 수 있을 것인가 하는 데서부터 이루어졌다. 종교개혁을 통해서 개신교(Protestantism)가 이 땅에 출현하게 되었고, 그 개신교 안에서 가장 하나님의 말씀을 강조하였던 곳이 바로 장로교회가 속한 개혁교회(the Reformed Church)의 전통이었다. 그 결과 영국의 청교도들은 영국 교회(성공회)의 예배가 하나님의 말씀에 적합하지 않다는 이유 때문에 하나님의 순수한(pure) 말씀에 근거한 예배를 만들고자 많은 희생을 치르면서도 한 치의 양보 없이 투쟁을 계속하였다. 장로교회의 산실이라고 할 수 있는 스코틀랜드 교회 역시 영국 정부와 갈등과 싸움을 벌이게 되는데, 그 중심에는 바로 예배의 문제가 있었던 것이다. 이들은 당시 영국 교회가 드리는 예배는 하나님의 말씀에서 동떨어진 것이라고 보았다. 그래서 그들은 하나님의 말씀에 근거한 예배를 드리기 위해서 영국 교회를 개혁하고자 분연히 일어섰던 것이다.

바로 이런 과정에서 나오게 된 것이 저 유명한 웨스트민스터 예배모범이다. 거기에는 하나님께 드리는 예배가 하나님의 말씀에 따라서(according to the Word of God) 이루어져야 한다는 예배 정신과 원리가 철저하게 반영되고 있으며, 만물의 창조자시요 주권자가 되시는 하나님께 우리 인간은 겸손히 찬양과 영광을 드려야 한다는 신학적 입장이 나타나고 있다. 이러한 신학과 예배 정신을 담은 웨스트민스터 예배모범은 이제 장로교회 예배의 최초 지침으로서 역할을 하게 되었고, 그 후 장로교회는 이 예배모범을 토대로 하여 자신들이 드리는 예배 지침을 마련하여 오늘까지 사용하고 있는 것이다.

셋째로 장로교회, 특별히 한국 장로교회의 **예배모범에 대한 새로운 인식과 장로교 예배의 정체성 확립**이 절실하다는 점이다. 웨스트민스터 예배모범은 세계 장로교회 예배모범의 효시(嚆矢)라고 할 수 있다. 그러므로 오늘의 장로교회는 자신의 예배모범의 근본이 되는 웨스트민스터 예배모범에 대한 새로운 인식과 관심을 가지고 자신의 예배 정체성을 확립할 수 있어야 한다. 불행스럽게도 그동안 우리는 예배모범에 대한 관심이 크지를 못했다. 그 결과 특별히 한국 장로교회는 자신의 예배가 어떠해야 하는가에 대하여 그 정체성을 확립하지 못하고 지내오고 있다. 장로교회지만 그 예배를 보면 장로교회의 예배 원리나 정신은 보이지 않는다. 이것은 한국 장로교회뿐만 아니라 대부분의 다른 교회들에서도 똑같이 일어나는 현상이라고 생각된다. 기독교의 보편성을 가지면서 자신들의 교회가 갖는 신학과 특수성을 예배에서 표현할 수 있어야 하는데, 한국의 대부분 교회들은 이런 정체성을 상실한 채 혼합된 예배 양상을 보이고 있다. 그러므로 예배 자체만을 보면서 그 교회가 어느 교파에 속해 있는지를 구분하기는 쉬운 일이 아니다. 그 원인은 바로 한국 교회가 교파에 따라 자신들이 갖는 예배의 신학과 원리에 대한 이해가 없이 예배를 진행해 온데 있을 것이라고 본다.

이제 우리는 자신의 근본에 대하여 새로운 인식을 가져야 할 때다. 자신의 교회에 대한 전통과 신학을 이해하면서, 거기에 바탕하여 세계 교회들과 함께 하는 노력이 있어야 할 것이다. 그런 의미에서 한국 장로교회는 이제 예배모범에 대한 가치와 그 중요성을 재인식하고, 자신의 예배 정체성을 확립할 필요가 있다고 생각한다. 오늘의 혼란은 우리가 근본을 무시한 데서 연유하고 있는지도 모를 일이다. 그러므로 오늘의 한국 장로교회는 웨스트민스터 예배모범 이후 장로교회의 예배 전통으로 이어져 내려오는 "예배모범"(Directory for Worship)에 대하여 새로운 관심을 가지고 거기에 근거하여 자신의 정체성을 보다 분명히 확립할 필요가 있다고 본다.

2. 한국 장로교 예배를 위한 제언

선교 2세기에 접어든 한국 장로교회는 이제 모든 면에서 보다 성숙해야 할 전환점에 서 있다. 그동안 우리 한국 교회는 복음의 확장과 교회의 외적 성장에 많은 노력과 심혈을 기울여 왔으며, 그 결과 많은 결실을 맺은 것이 사실이다. 그러나 이제는 교회의 내적 성숙이 절실히 요구되어지고 있는 현실에 한국 교회는 직면해 있다. 물론 100년의 짧은 선교 역사에서 교회가 모든 면에서 성숙하기를 기대한다는 것은 시간적으로 한계가 있다고 하겠다. 그렇지만 교회가 이제 보다 그 본질적인 면들에 충실하지 않는다면 지금까지 쌓아 온 외적인 성과는 쉽게 무너져 버릴지도 모른다는 우려들이 여기저기서 나오고 있다. 그런 점에서 오늘의 교회는 기독교 복음의 본질과 신학, 그리고 역사적 전통을 확고하게 견지하고, 더 나아가 현대 문화를 이해하면서, 그곳에 기독교 복음이 깊이 뿌리를 내리도록 해야 할 것이다.

기독교 예배는 이런 맥락에서 매우 중요한 비중을 차지하고 있다. 그동안 한국 교회가 예배에 대하여 많은 관심을 갖지 못했던 것은 부인할 수 없는 사실이다. 장로교회 역시 선교 초기에 만들어진 예배들을 거의 그대로 답습해 오고 있었다. 그러나 이제는 우리의 역사적 전통을 이해하고 그것을 현실에 적용할 수 있는 교회적 노력들이 보다 절실하게 요구되어지는 시점이라고 하겠다. 교회와 신학은 이러한 시대적 상황과 요구들에 대하여 정확하게 진단을 하고 거기에 대한 답을 내놓을 수 있어야 할 것이다.

이제 장로교 예배모범에 대한 역사를 정리하면서 오늘의 교회가 예배에 대하여 어떠한 신학적 자세와 입장을 취하여야 할 것인가에 대한 몇 가지 방향을 제언함으로써 결론을 맺고자 한다.[2]

첫째는 **예배의 본질과 원리**가 형식에 앞서야 한다는 사실이다. 그동안 예배학

---

2) 다음의 내용들은 필자가 예배학 분야를 연구하면서 얻은 신학적 통찰이요, 또한 일관되게 주장해 온 것들을 다시 한번 종합적으로 정리한 것이다. 따라서 표현의 중복이 있음도 밝혀 둔다. 이현웅, "기독교 예배 예전의 발달과 변천"(미간행 석사학위 논문, 장로회 신학대학 신학대학원, 1986). 이현웅, "현대 기독교 성만찬 예전에 관한 연구 : Lima Liturgy를 중심으로"(미간행 석사 학위 논문, 장로회 신학대학 대학원, 1988) 참조.

분야는 예전을 중심한 예배 형식을 연구하는데 더 많은 노력들을 기울여 온 것이 사실이다. 그러나 장로교 예배모범을 보면서 중요한 것은 형식보다 예배의 본질적인 것이 우선되어야 한다는 사실이다. 형식(form)은 시대를 따라서, 문화적 환경에 따라서 얼마든지 변할 수 있음을 2,000년 기독교 예배 역사는 잘 증명해 주고 있다. 그러나 예배의 본질은 어느 시대 어느 장소에서나 결코 변할 수 없는 것이다. 장로교 예배모범은 예배의 형식에 관한 지침이 아니라 예배의 정신과 원리에 관한 지침이다. 장로교회로서 어떤 예배의 원리와 정신을 가지고 하나님께 예배를 드려야 할 것인가 하는 본질적인 문제를 취급하고 있는 것이다.

오늘도 교회와 신학의 관심이 예배의 본질적인 문제보다는 형식을 어떻게 할 것인가에 더 얽매여 있지 않은지 깊이 성찰해 볼 일이다. 한국 교회의 예배 현장도 형식적인 면에서 보면 매우 복잡한 양상을 띠고 있다. 그러나 그 형식들이 어떤 것이냐를 비판하기 전에 우리는 먼저 그 형식들이 예배의 정신과 원리에 적합한 것인가를 물어야 할 것이라고 본다. 아무리 어떤 형식이 사람의 흥미를 끌고 사람들을 모을 수 있게 한다고 할지라도, 그것이 인간 중심의 예배, 인간의 감정이나 어떤 욕구를 충족시켜 주기 위한 예배라면 그것은 출발부터가 잘못된 예배다. 특별히 몇 가지 새로운 예배 운동들이 긍정적인 면도 갖고 있지만 이런 위험스런 요소들을 가지고 있지 않은지 냉정하게 평가할 수 있어야 할 것이라고 본다. 인간 중심의 예배는 잠시 바람을 일으킬지 모르지만 그것은 결코 오래 가지를 못한다는 점을 잊지 않아야 할 것이다.

오늘 한국 교회는 상당한 위기 상황 속에 처해 있다. 이런 교회의 위기는 교회가 그 본질을 상실한 데서 온 것이라 생각된다. 본질을 잃어버릴 때 그 존재 기반은 무너질 수밖에 없다. 교회의 본질을 회복하는 것은 교회가 드리는 예배의 본질을 회복하는 데서부터 시작되어야 한다. 종교개혁가들이 중세교회를 개혁하기 시작하면서 먼저 중세교회의 예배를 개혁했다는 것은 오늘 우리들에게도 시사하는 바가 크다.

지금 우리에게는 기독교 예배의 본질이 무엇인가를 이해하고, 그 정신과 원리에 따라서 합당한 예배 형식을 추구해 가는 것이 무엇보다도 중요한 신학적 과제요 교회의 사명이라고 하겠다. 신학자와 목회자들은 당연히 이러한 근본적 요구에 응할 준비를 갖추고, 오늘의 예배 현장이 보다 하나님께서 원하시는 모습으로 변화되어 가도록 신실하게 노력해야 할 것이다. 하나님 앞에 드리는 예배가 회복될 때, 하나님은 예배 공동체인 교회를 회복하여 주실 것이기 때문이다.

둘째는 한국 장로교회가 **예배의 전통성**에 대한 이해와 인식을 새롭게 할 수 있어야 한다는 점이다. 예배에 대한 전통성과 관련하여서는 두 가지의 요소, 즉 성서와 역사에 대한 이해가 있어야 한다. 먼저 기독교 예배의 근원은 성서에서 출발한다. 성경은 하나님의 계시를 기록한 책임과 동시에 하나님께 드리는 예배에 대하여 기록한 책이다. 구약의 레위기를 비롯하여 마지막 요한계시록까지 성경에서는 예배에 관한 수많은 내용과 자료들을 언급해 주고 있다. 그런 의미에서 성경은 하나의 "예배서"라고 말해도 지나치지 않을 것이다. 기독교의 모든 예배는 그 원리와 정신이 성서에서 나와야 하며, 그 내용들이 성서에 위배되어서는 안 된다. 따라서 우리는 기독교 예배의 본질을 언제나 성서 속에서 찾으려는 노력을 아끼지 않아야 할 것이다.

다음으로 역사적 전통인데, 여기서는 기독교 전체 예배에 대한 역사적 이해와 자신의 교회가 속한 전통에 대한 이해가 있어야 한다는 점이다. 기독교 예배 전체에 대한 바른 역사적 이해를 가질 때 예배의 보편성을 상실하지 않게 되며, 자신의 교회가 속한 전통을 바로 이해할 때 자신의 정체성을 잃지 않게 된다. 한국 장로교회는 기독교 예배에 대한 역사적 이해와 함께 개혁교회의 후예로서 개혁교회의 예배를 바로 이해하고 그 전통에 보다 충실할 수 있어야 할 것이다.

이미 기술한 대로 우리는 개혁교회 예배의 근간이 되고 있는 웨스트민스터 예배모범에 대한 이해마저도 제대로 되어 있지 않은 실정이었다. 웨스트민스터 예배모범이 작성되기까지 우리 개혁교회의 선조들은 이것을 쟁취하기 위해 수많은 희생과 값진 대가를 치러야만 했었다. "오직 하나님의 말씀"에 충실한 예배를 드리고자 그들은 많은 박해 속에서도 결코 자신들의 예배에 대한 입장을 포기할 수가 없었던 것이다. 개혁교회 예배는 이와 같이 값진 역사의 산물이다. 오늘 우리는 개혁교회 예배의 소중한 가치를 다시 인식하고, 그 전통을 우리의 예배 현장에서 끊임없이 계승해 나갈 수 있어야 하리라 본다. 그리고 개혁교회의 전통뿐만 아니라 더 나아가 성서와 역사 속에 나타난 기독교 예배 전통들도 함께 고려하면서 이를 균형 있게 발전시켜 나갈 수 있어야 할 것이다. 기독교 예배의 본질에 대한 이해, 역사적 형성과 발전 과정, 전통을 통해서 내려오는 예배의 유산들을 소중하게 계승하면서 이를 우리 시대에 창조적으로 적용할 수 있을 때 오늘 우리가 드리는 예배는 분명 그 차원을 달리 할 것이라 믿는다.

셋째로 예배에 우리의 **문화를 표현**하는 일에 보다 적극적 관심을 기울일 수 있어야 한다. 즉 우리의 예배에 현재 우리가 존재하는 시간과 공간에 대한 문화적 요소들이 고려되어야 한다는 사실이다. 예배학자인 로버트 웨버(Robert E. Webber)가 주장한 것처럼 예배는 고정불변의 명사형이 아니라 시대적 변화에 따라 언제나 변할 수 있는 동사형이어야 한다(Worship is a verb.).[3] 시간적으로 1세기의 문화와 21세기의 문화는 같을 수가 없다. 따라서 복음의 본질은 변할 수 없는 것이로되, 복음을 표현하는 방식은 달라져야 한다. 21세기는 21세기의 문화를 담을 수 있는 복음의 형식을 원하는 것이다. 따라서 오늘의 교회는 이러한 점을 사려 깊게 판단하면서, 예배에 있어서도 여기에 대응할 적절한 지혜를 모아야 할 것이다. 오늘 우리가 사는 상황 속에서 기독교 복음을 가장 적절하게 표현할 수 있는 예배는 어떤 것인가를 고민하면서, 거기에 맞는 개발을 끊임없이 시도할 수 있어야 한다. 만일 과거의 형식이나 전통에만 얽매여 그것을 고집하기만 한다면, 기독교는 시대에 뒤떨어진 종교로 외면당하고 말 것이다.

다음으로 생각할 것이 공간적 문화의 반영이다. 이스라엘과 한국의 문화가 다르며, 우리에게 복음을 전해 준 서구와 한국의 문화에는 분명한 차이가 있다. 그러나 그동안 우리는 서구인들이 전해 준 기독교 복음과 그들의 문화를 동일시하는 경향이 없지 않았다. 따라서 예배 형식이나 절기, 음악, 건축 같은 것들도 서구의 것을 그대로 모방하여 지켜 온 일들이 많았다. 하지만 이제 한국 교회는 복음의 본질을 지키면서, 우리의 문화와 상황을 예배에 반영할 수 있을 만큼 충분히 성장하였다. 따라서 한국 교회는 한국의 문화를 예배 가운데 표현하려는 노력을 아끼지 않아야 할 것이다. 한국인의 심성과 문화적 전통, 음악, 미술, 건축이나 의상에 이르기까지 다양한 방법으로 우리의 것들을 예배에 반영할 수

---

3) Robert E. Webber, *Worship is a Verb* (Waco : Word Books Publisher, 1985).

있어야 하리라 본다.

"개혁교회는 항상 개혁되어야 한다." 이 명제는 개혁이 기독교 복음의 본질을 회복하려는 노력과 함께 언제나 시대적 상황에 적절히 대응할 수 있어야 한다는 의미를 내포하고 있다. 전통만을 고수하려 하다가 시대에 뒤떨어져 버린다면 그것은 개혁교회의 정신에 어울리지 않는다. 그러므로 우리는 전통을 계승하되 그것이 또한 오늘의 시대에 적절히 조화를 이룰 수 있어야 한다는 점을 동시에 고려할 수 있어야 한다. 예배는 언제나 변할 수 없는 고정된 개념이 아니다. 기독교 예배는 그 본질을 잃지 않되 언제나 예배 속에 그 시대와 문화적 특성을 반영하여 왔다. 예배의 많은 요소들은 "사회적, 문화적 활동의 자료들"이기 때문이다.[4]

그러나 여기서 한 가지 주의해야 할 것은 우리의 문화를 예배에 반영한다는 의도로 기독교 복음의 본질을 훼손하는 일은 결코 없어야 한다는 사실이다. 우리 문화를 표현한다고 하여 샤마니즘적인 요소를 기독교 예배에 도입한다거나, 미신적인 것들을 끌어들일 수는 없는 것이다. 문화를 수용하되 그 경계 또한 분명히 해야 한다. 문화적 요소를 예배에 반영한다는 것은 복음을 보다 우리의 문화에 효과적으로 표현하려는 노력이지 복음이 문화에 동화되거나 변질되는 것을 의미하지 않는다는 점을 기억해야 할 것이다.

끝으로 **예배를 통한 교회들과의 일치**를 이루는 일이다. 한국의 장로교회는 개혁교회의 전통을 보존하면서 우리의 문화를 예배에 표현할 수 있어야 할 뿐만 아니라 동시에 세계 교회와 어깨를 함께 하는 예배의 세계성을 잃지 않아야 한다. 즉 장로교 예배 전통을 지키면서도 다른 교회와의 일치성을 고려해야 한다는 점이다. 장로교회의 전통만을 고집함으로써 세계 교회와의 일치를 상실하는 것은 지혜로운 일이 아니다. 보편성을 갖는 교회는 또한 예배의 세계성을 가질 수 있어야 한다.

지난 20세기는 세계 기독교회가 교회의 일치를 그 어느 때보다도 중요한 과제

---

4) Richard M. Spielmann, *History of Christian Worship* (New York : The Seabury Press, 1966), p. 162.

로 인식한 세기였고, 그러한 인식에 근거하여 세계 교회 일치의 역사적 산물을 예배를 통하여 실현한 세기였다. 그것이 바로 1982년 세계 교회 협의회(W.C.C.) 산하 신앙과 직제 위원회(Faith and Order)가 중심이 되어 작성한 리마 예전 (Lima Liturgy)이다.[5] 우리는 지금 어느 교파를 막론하고 교회 일치의 역사적인 자리로 부름을 받고 있다. "성령은 나뉘어졌던 교회들이 본질적으로 일치케 하기 위해 에큐메니칼 운동에 있어서의 한 카이로스(kairos)로 우리를 인도하고 계신다."[6] 이제 우리 한국 장로교회는 이러한 시대적인 부름에 합당하게 응답함으로써, 세계 교회와 함께 하는 교회로 발돋움할 수 있어야 할 것이다. 우리 것을 표현하되 그것이 우리만의 것이 되어서는 결코 안 된다. 우리의 것이 다른 교회들과도 이해되어지고 공유되어질 때 우리의 것은 진정한 우리의 것이 될 수 있을 것이기 때문이다.

세계 교회와의 일치와 함께 예배모범은 나뉘어진 한국 장로교회의 일치를 위해서도 좋은 기여를 할 수 있을 것이다. 예배모범에 있어서 같은 뿌리를 가진 한국 장로교회 각 교단들이 함께 고민하고 논의하고 참여를 한다면, 그 결과 "**한국 장로교 공동 예배모범**"을 만들 수도 있을 것이기 때문이다.

교회(ἐκκλησία)는 단순히 사회적 또는 법률적 용어가 아니라 매우 한정된 예배적 용어이다.[7] 하나요 거룩하고 보편적이며 사도적인(unam, sanctam, catholicam, et apostolicam) 교회는 예배의 역사적 전통을 계승하고, 문화적 상황을 반영하면서, 세계 교회와 일치를 이루는 예배를 창조적으로 실현해 나갈 수 있어야 할 것이다. 21세기를 맞는 한국 장로교회 역시 이제 예배에 대한 편견이나 닫혀진 마음을 개방하고, 성서와 문화 속에서 들려오는 음성을 겸허하게 들으면서, 오늘 우리에게 주어진 시대적 사명과 과제에 책임적으로 응답하여야 할

---

5) World Council of Churches, *Baptism, Eucharist and Ministry*, Faith and Order Paper, No. 111 (Geneva : World Council of Churches, 1982). 1982년에 작성된 리마 문서에 근거하여 리마 예전이 만들어졌다.
6) 위의 책, p. x.
7) J. J. von Allmen, *Worship : Its Theology and Practice* (New York : Oxford University Press, 1965), p. 21.

것이다.[8] 개혁교회 예배 전통에 대한 새로운 이해와 계승, 우리의 문화를 예배에 표현하는 일, 그리고 세계 교회들과 함께 하는 예배의 세계성 실현은 지금 21세기를 맞은 한국 장로교회에 주어진 시대적 사명이요 과제라 할 수 있겠다. 이 시대의 교회와 신학은 이 중요한 역사적 사명을 바로 인식하고 여기에 분명하고 적절한 응답을 예배를 통하여 할 수 있어야 하리라 본다.

"예배는 교회의 활동이 지향하는 바 그 정점(頂點)에 있으며, 동시에 그것은 교회의 모든 능력이 흘러나오는 원천이다."[9]

---

8) 이현웅, "기독교 예배 예전의 발달과 변천," pp. 148f.
9) 제2차 바티칸공의회(Vatican II) "거룩한 전례(典禮)에 관한 헌장(憲章)"(Sacrosanctum Concilium) 제1장 I-10. Walter M. Abbott, ed., *The Documents of Vatican II* (New York : GuildPress, 1966), p. 142.

〈참고 문헌〉

성서
대한성서공회. 『공동 번역 성서』. 서울 : 대한성서공회, 1977.
대한성서공회. 『성경 전서 개역 한글판』. 서울 : 대한성서공회, 1956.
대한성서공회. 『성경 전서 표준 새 번역』. 서울 : 대한성서공회, 1993.
생명의 말씀사. 『현대인의 성경』. 서울 : 생명의 말씀사, 1986.
Aland, Kurt et al. ed. *The Greek New Testament*. United Bible Societies, 1983.
American Bible Society. *Holy Bible New International Version*. New York : International Bible Society, 1978.
Deutsche Bibelgesellschaft Stuttgart. *Biblia Hebraica Stuttgartensia*. Germany, 1977.
Deutsche Bibelstiftung Stuttgart. *Das Neue Testament : Nach Der Übersetzung Martin Luthers*. Germany, 1976.
United Bible Society. *Good News Bible*. 1976.

사전
이기문 편. 『기독교 대백과 사전』. 제13권. 서울 : 기독교문사, 1984.
이병철 편. 『성서 원어 구약 신학 사전』. 제 I, II, III권. 서울 : 브니엘 출판사, 1995.
_____. 『성서 원어 신약 신학 사전』. 제 I, II, III권. 서울 : 브니엘 출판사, 1995.
_____. 『성서 원어 헬-한 완벽 사전』. 제 I, II, III, IV권. 서울 : 브니엘 출판사, 1995.
정장복 편저. 『예배학 사전』. 서울 : 예배와 설교 아카데미, 2000.
Botterweck, G. Johannes und Helmer Ringgren, hrsg. *Theologisches Wörterbuch zum Alten Testament*. Bd. II. Stuttgart : W. Kohlhammer GmbH, 1977.
Botterweck, G. Johannes, Helmer Ringgren und Heinz Josef Fabry, hrsg. *Theologisches Wörterbuch zum Alten Testament*. Bd. V. Stuttgart : W. Kohlhammer GmbH, 1986.
Brown, Colin, ed. *The New International Dictionary of New Testament Theology*. Vol. 2. Grand Rapids : Zondervan Publishing House, 1981.
_____. *The New International Dictionary of New Testament Theology*. Vol. 3. Grand Rapids : Zondervan Publishing House, 1986.
Cross, F. L. and E. A. Livingstone, ed. *The Oxford Dictionary of the Christian Church*. New York : Oxford University Press, 1977.
Gesenius, William. Translated by Edward Robinson. *The New Hebrew and English Lexicon*. Lafayette : Associated Publishers and Authors, 1978.
Harris, R. Laird, ed. *Theological Wordbook of the Old Testament*. Vol. 1. Chicago : The Moody Bible Institute, 1981.
_____. *Theological Wordbook of the Old Testament*. Vol. 2. Chicago : The Moody Bible Institute, 1981.
Holladay, William L. *A Concise Hebrew and Aramaic Lexicon of the Old Testament*. Leiden : E. J. Brill, 1971.
Jenni, Ernst and Westermann, Claus, ed. *Theologisches Handwörterbuch zum*

Alten Testament. Translated by Mark E. Biddle, *Theological Lexicon of the Old Testament*. Vol. 1. Peabody : Hendrickson Publishers, 1997.
_____. *Theologisches Handwörterbuch zum Alten Testament*. Translated by MarkE. Biddle. *Theological Lexicon of the Old Testament*. Vol. 2. Peabody : Hendrickson Publishers, 1997.
Kittel, Gerhard, hrsg. *Theologisches Wörterbuch zum Neuen Testament*. Bd. Ⅰ. Stuttgart : W. Kohlhammer GmbH, 1990.
Kittel, Gerhard. *Theologisches Wörterbuch zum Neuen Testament*. Bd. Ⅵ, hrsg. von Gerhard Friedrich. Stuttgart : W. Kohlhammer GmbH, 1990.
Koehler, Ludwig and Walter Baumgartner, Translated by M. E. J. Richardson, *The Hebrew and Aramaic Lexicon of the Old Testament*. Vol. Ⅳ. Leiden : Brill,1999.
Kohlenberger, John R., and James A. Swanson. *The Hebrew English Concordance to the Old Testament*. Grand Rapids : Zondervan Publishing House, 1998.
Spicq, Ceslas. *Theological Lexicon of the New Testament*. Vol. 2. Translated and Edited by James D. Ernest. Peabody : Hendrickson Publishers : 1996.
Turnbull, Ralph G., ed. *Baker's Dictionary of Practical Theology*. Grand Rapids : Baker Book House, 1982.
Unger, Merrill F. and William White, ed. *Nelson's Expository Dictionary of the Old Testament*. Nashville : Thomas Nelson Publishers, 1980.
VanGemeren, Willem A., ed. *New International Dictionary of Old Testament Theology and Exegesis*. Vol. 2. Grand Rapids : ZondervanPublishing House, 1997.
_____. *New International Dictionary of Old Testament Theology and Exegesis*. Vol. 3. Grand Rapids : ZondervanPublishing House, 1997.

서적

곽안련 편. *Constitution of the Presbyterian Church of Chosen 1919*. Seoul : Presbyterian Publication Fund, 1919.
곽안련 편. 『조선예수교장로회 헌법』. 경성 : 조선 야소교 서회, 1922.
김인수. 『한국 기독교회의 역사』. 서울 : 장로회신학대학교 출판부, 2000.
대한예수교장로회. 『예식서-가정 의례 지침』. 서울 : 예수교장로회 총회 출판국, 1987.
_____. 『헌법』. 서울 : 대한예수교장로회 교육부, 1934.
대한예수교장로회. 『대한 예수교 쟝로회 로회 회록』(1908). 경성 : 야소회 서회, 1914.
대한예수교장로회. 『대한 예수교 쟝로회 로회 회록』(1908). 부산 : 부산노회 회의록 발간 편집위원회, 1990.
대한예수교장로회(고신) 총회 헌법위원회. 『헌법』. 서울 : 대한예수교장로회 총회출판국, 2005.
대한예수교장로회 총회. 『대한예수교장로회 백년사』. 서울 : 예수교장로회 총회 교육부, 1984.
_____. 『대한예수교장로회 제86회 총회 회의록』. 서울 : 한국장로교출판사, 2001.
_____. 『대한예수교장로회 헌법』. 서울 : 예수교장로회 총회 출판국, 1987.

_____. 『대한예수교장로회 헌법』. 서울 : 한국장로교출판사, 2007.
_____. 『표준 예식서』. 서울 : 한국장로교출판사, 1997.
_____. 『헌법』. 서울 : 한국장로교출판사, 2004.
대한예수교장로회(합동) 총회, 『헌법』. 서울 : 대한예수교장로회 총회 출판부, 2005.
민경배. 『한국 기독교회사』. 서울 : 대한기독교서회, 1983.
박용규. 『평양 대 부흥 운동』. 서울 : 생명의 말씀사, 2000.
예수교쟝로회 죠션 총회. 『예수교 장로회 조선 총회 데 일회 회록』. 경성 : 예수교 서회, 1913.
오성춘. 『영성과 목회』. 서울 : 장로회신학대학교 출판부, 1997.
이영헌. 『한국 기독교사』. 서울 : 컨콜디아사, 1983.
이현웅. 『21세기에 다시 본 존 칼빈의 설교와 예배』. 서울 : 이레서원, 2009.
_____. 『설교학 이야기』. 서울 : 예배와 설교 아카데미, 2011.
이형기. 『세계 교회사』(Ⅱ). 서울 : 한국장로교출판사, 1994.
_____. 『종교개혁 신학 사상 : 루터와 칼빈을 중심하여』. 서울 : 장로회신학대학 출판부, 1988.
임택진. 『장로 교회 정치 해설』. 서울 : 기독교문사, 1986.
정장복. 『예배학 개론』. 서울 : 예배와 설교 아카데미, 1999.
_____. 『예배의 신학』. 서울 : 장로회 신학대학 출판부, 1999.
조선예수교장로회 총회. 『조선예수교장로회 헌법』(1934년 수정판). 서울 : 조선예수교장로회 총회, 1948.
_____. 『조선예수교장로회 헌법』(1934년 수정판). Presbyterian Publication Fund, 1948.
조숙자, 조명자. 『찬송가학』. 서울 : 장로회 신학대학 출판부, 1981.
총회예식서개정위원회 편. 『대한예수교장로회 예배·예식서』. 서울 : 한국장로교출판사, 2008.
총회 헌법 개정 위원회 편. 『대한예수교장로회 헌법』. 서울 : 대한예수교장로회 총회출판국, 1988.
한국기독교장로회 총회, 『헌법』. 서울 : 한국기독교장로회 출판사, 2001.
_____. 『헌법』. 서울 : 한국기독교장로회 출판사, 2005.
한국천주교중앙협의회. 『제2차 바티칸공의회 문헌』. 서울 : 한국천주교중앙협의회, 1992.
홍치모. 『스코틀랜드 종교개혁과 영국 혁명』. 서울 : 총신대 출판부, 1991.
Abba, Raymond. *Principles of Christian Worship*. New York : Oxford UniversityPress, 1957.
Abbott, Walter M., ed. *The Documents of Vatican Ⅱ*. New York : Guild Press, 1966.
Adam, Adolf. *The Liturgical Year*. Translated by Matthew J. O'Connell. New York : Pueblo Publishing Co., 1981.
Allmen, J. J. von. *Worship : Its Theology and Practice*. New York : Oxford University Press, 1965.
Baird, Charles W. *The Presbyterian Liturgies : Historical Sketches*. New York : M. W.Dodd Publisher, 1855.

Barna, Goorge et al. *Experience God in Worship : Perspectives on the Future of Worship in the Church.*. Loveland : Group Publishing, 2000

Barth, Karl. *Church Dogmatics* Ⅳ. New York : Holt, 1964.

Beasley-Murray, G. R. *Baptism in the New Testament.* Grand Rapids : William B. Eerdmans Publishing Company, 1962.

Bright, John. *A History of Israel.* London : SCM Press LTD, 1960.

Burnham, Frederic B., ed. *Postmodern Theology : Christian Faith in a Plural World.* New York : Harper and Row Publishers, 1989.

Butterfield, H. *Christian and History.* New York : Charles Scribner's Sons, 1950.

Buttrick, David. *A Captive Voice : The Liberation of Preaching.* Louisville : Westminster/John Knox Press, 1994.

_____. *Homiletic.* Philadelphia : Fortress Press, 1987.

Campbell, Thomas D. *One Family Under God, A Story of Cumberland Presbyterians in Black and White.* Memphis : Frontier Press 1982.

Carr, Edward Hallett. *What is History?* Harmondsworth : Penguin Books, 1961.

Clifford, Alan. "The Westminster Directory of Public Worship" in *The Reformation of Worship.* London : Westminster Conf., 1990.

Craddock, Fred B. *As One without Authority : Essay on Inductive Preaching.* Enid : The Phillips University Press, 1974.

_____. *Overhearing the Gospel.* Nashville : The Parthenon Press, 1981.

_____. *Preaching.* Nashville : Abingdon Press, 1985.

Cullmann, Oscar and F. J. Leenhardt. *Essays on the Lord's Supper.* Translated by. J. G. Davies. Atlanta : John Knox Press, 1975.

Davies, Horton. *Worship and Theology in England.* Vol. Ⅱ. Grand Rapids : William B. Eerdmans Publishing Co. 1996.

_____. *The Worship of the English Puritans.* Glasgow : The University Press, 1946.

Davis, Henry Grady. *Design for Preaching.* Philadelphia : Fortress Press,1958.

Delling, Gerhard. *Worship in the New Testament.* Translated by Percy Scott. Philadelphia : The Westminster Press, 1962.

ΔΙΔΑΧΗ ΤΩΝ ΔΩΔΕΚΑ ΑΠΟΣΤΟΛΩΝ, 정양모 역. 『열두 사도들의 가르침』. 왜관 : 분도출판사, 1998.

Dixon, Richard Watson. *History of the Church of England.* Vol. Ⅰ. London : Smith, Elder, & CO., 1878.

_____. *History of the Church of England.* Vol. Ⅲ. London : George Routledge and Sons, 1885.

Dockery, David S. ed. *The Challenge of Postmodernism : An Evangelical Engagement.* Grand Rapids : Baker Books, 1997.

Flemington, W. F. *The New Testament Doctrine of Baptism.* London : S.P.C.K., 1953.

George S. M., A. et al. *Baptism in the New Testament.* Translated by David Askew. Baltimore : Helicon Press, 1964.

Gonzalez, Justo L. *A History of Christian Thought*. Vol. Ⅲ. 이형기, 차종순 역. 『기독교 사상사』(Ⅲ). 서울 : 대한예수교장로회 총회 출판국, 1988.
Gunneweg, Antonius H. J. *Geschichte Israel bis Bar Kochba*. 문희석 역, 『이스라엘 역사』. 서울 : 한국신학연구소, 1986.
Handerson, G. D. *The Church of Scotland*. 홍치모, 이은선 공역. 『스코틀랜드 교회사』. 서울 : 한국로고스연구원, 1991.
Hetherington, W. M. *History of the Westminster Assembly of Divines*. Edinburgh : Johnstone and Hunter, 1843.
Hickman, Hoyt L et al. *The New Handbook of the Christian Year*. Nashville : Abingdon Press, 1992.
Hindson, Edward, ed. *Introduction to Puritan Theology*. Grand Rapids : Guardian Press, 1976.
Hodge, Charles. *The Constitutional History of the Presbyterian Church in the United States of America* (Part Ⅱ). Philadelphia : Presbyterian Board of Publication, 1840.
Hoon, Paul Waitmann. *The Integrity of Worship*. Nashville : Abingdon Press, 1971.
Jones, Ilion T. *A Historical Approach to Evangelical Worship*. New York : AbingdonPress, 1954.
Jungmann, Joseph. *Pastoral Liturgy*. New York : Herder and Herder, 1962.
Kavanagh, Aidan. *The Shape of Baptism : The Rite of Christian Initiation*. Collegeville : The Liturgical Press, 1991.
Kraft, Charles H. *Christianity in Culture*. Maryknoll : Orbis Books, 1980.
Leishman, Thomas, ed. *The Westminster Directory*. 정장복 역. 『웨스트민스터 예배모범』. 서울 : 예배와설교아카데미, 2002.
_____. ed. *The Westminster Directory*. Edinburgh and London : William Blackwood and Sons, 1901.
Leith, John H. *Introduction to the Reformed Tradition*. Atlanta : John Knox Press, 1981.
Lindsay, Thomas M. *A History of the Reformation*. Vol. Ⅱ. Freeport : Books for Libraries Press, 1972.
_____. *A History of the Reformation*. Vol. Ⅰ. Freeport : Books for Libraries Press, 1972.
Loetscher, Lefferts A. *A Brief History of the Presbyterians*. Philadelphia : The Westminster Press, 1983.
Lowry, Eugene L. *The Homiletical Plot : The Sermon as Narrative Art Form*. Louisville : Westminster John Knox Press, 2001.
_____. *How to Preach a Parable : Designs for Narrative Sermons*. Nashville : Abingdon Press, 1990.
Marcel, Pierre CH. *The Biblical Doctrine of Infant Baptism : Sacrament of the Covenant of Grace*. Translated by Philip E. Hughes. London : James Clarke & Co. Ltd., 1953.

Maxwell, W. D. *A History of Worship in the Church of Scotland*. London : Oxford University Press, 1955.
_____. *A History of Christian Worship : An Outline of Its Development and Forms*. Grand Rapids : Baker Book House, 1982.
McArthur, A. Allan. *The Evolution of the Christian Year*. Greenwich : The Seabury Press, 1953.
McDonnold, B.W. *History of the Cumberland Presbyterian Church*. Nashville : Board of Publication of the Cumberland Presbyterian Church, 1888.
McGrath, Alister E. *The Future of Christianity*. Maledn : Blackwell Publishers, 2002.
McKee, Elsie. "Calvin : The Form of Church Prayer, Strassburg Liturgy (1545)." in *The Complete Library of Christian Worship*. Vol. 2. Edited by Robert E. Webber. Nashville : Star Song Publishing Group, 1994.
McNeill, John T. ed. *The Library of Christian Classics*. Vol. XX, *Calvin : Institutes of the Christian Religion* 1. Translated by Ford Lewis Battles. Philadelphia : The Westminster Press.
_____. ed. *The Library of Christian Classic*. Vol. XXI, *Calvin : Institutes of the Christian Religion* 2. Philadelphia : The Westminster Press.
_____. *The History and Character of Calviniam*. New York : Oxford University Press, 1954.
Metford, J .C. J. *The Christian Year*. New York : The Crossroad Publishing Co., 1991.
Mick, Lawrence E. "Baptism in the Early Church", in *The Complete Library of Christian Worship*. Vol. 6. Edited by R. E. Webber. Nashville : Star Song Pub., 1994.
Neve, J. L. *A History of Christian Thought*. Vol. 1. 서남동 역. 『기독교교리사』. 서울 : 대한기독교서회, 1983.
_____. *A History of Christian Thought*. Vol. 2. 서남동 역. 『기독교 신학사』. 서울 : 대한기독교서회, 1982.
Nicholls, William. *Jacob's Ladder : The Meaning*. Richmond : John Knox Press, 1958.
Nichols, James Hastings. *Corporate Worship in the Reformed Tradition*. Philadelphia : The Westminster Press.
Niebruegge, Stanley. "A Reformed Theology of Worship." in *The Complete Library of Christian Worship*. Vol. 2. Edited by Robert E. Webber. Nashville : StarSong Publishing Group, 1994.
Niebuhr, H. Richard. *Christ and Culture*. New York : Harper and Brothers, 1951.
Noth, Martin. *The History of Israel*. New York : Harper and Row Publishers, 1960.
Oden, Thomas C. *Pastoral Theology*, 오성춘 역. 『목회 신학』. 서울 : 한국장로교출판사, 1987.
Okholm, Dennis. "A Reformed Theology of Baptism", in *The Complete Library of Christian Worship*, Vol. 6. Edited by R. E. Webber. Nashville : Star Song

Pub., 1994.
Old, Hughes Oliphant. *Guides to the Reformed Tradition*. Atlanta : John Knox Press, 1984.
_____. *The Reading and Preaching of the Scriptures in the Worship of the Christian Church*, Vol. 4 : *The Age of the Reformation*. Grand Rapids : William B. Eerdmans Publishing Company, 2002.
Olst, Evert H. van. *Bijbel en Liturgie*. Translated by John Vriend, *The Bible and Liturgy*. Grand Rapids : William B. Eerdmans Publishing Company, 1991.
Osmer, Richard Robert. Confirmation : Presbyterian Practices in Ecumenical Perspective. Louisville : Geneva Press, 1996.
P.C.U.S. *The Constitution of the P.C.U.S.* Richmond : Presbyterian Committee of Publication, 1894.
P.C.(U.S.A.). *Book of Common Worship*. Louisville : Westminster/John Knox Press, 1993.
_____. *The Book of Common Worship*. Philadelphia : the Board of Christian Education of PCUSA, 1946.
_____. *Book of Common Worship*. Louisville : Westminster/John Knox Press, 1993.
_____. *The Constitution of the P.C.(U.S.A.). Part II : Book of Order*. Louisville : The Office of the General Assembly, 1997.
_____. *The Constitution of the P.C.U.S.A.* Philadelphia : Presbyterian Board of Publication and Sabbath-School Work, 1905.
_____. *The Constitution of the P.C.U.S.A.* Philadelphia : The Board of Christian Education of P.C.U.S.A., 1955.
_____. *The Constitution of the Presbyterian Church (U.S.A.) : Part II Book of Order*. Louisville : The Office of the General Assembly, 1990.
Patton, Jacob Harris. *A Popular History of the Presbyterian Church in the United States of America*. New York : D. Appleton and Company, 1903.
Porter, Harry Boone. *Keeping the Church Year*. New York : The Seabury Press, 1977.
Presbyterian Church in the United States of America. *A Draught of the Form of the Government and Discipline of the Presbyterian Church in the UnitedStates of America*. New York : S. and J. London, 1788.
Presbyterian Church in the United States. *The Constitution of the Presbyterian Church in the United States*. Richmond : Presbyterian Committee of Publication, 1894.
Reed, R. C. *History of the Presbyterian Churches of the World*. Philadelphia : The Westminster Press, 1905.
Reid, W. Stanford. *John Calvin : His Influence in the Western World*. Grand Rapids : The Zondervan Corporation, 1982.
_____. "The Transmission of Calvinism in the Sixteenth Century", in *John Calvin : His Influence in the Western World*. Edited by W. Stanford Reid. Grand Rapids : The Zondervan Corporation, 1982.
Rhodes, Harry A., ed., *History of the Korea Mission(1884-1934)*. Vol. I. Seoul : The Presbyterian Church of Korea, 1984.

Rhodes, Harry A. and Archibald Campbell. ed., *History of the Korea Mission (1935-1959)*. Vol. Ⅱ. New York : Commission on Ecumenical Mission and Relations of the United Presbyterian Church in the U.S.A., 1965.

Rice, Charles L. *Interpretation and Imagination : the Preacher and Contemporary Literature*. Philadelphia : Fortress Press, 1970.

Rice, Howard L. and James C. Huffstutler. *Reformed Worship*. Louisville : Geneva Press, 2001.

Roberts, Alexander and James Donalson. ed., *Ante-Nicene Fathers*. Vol. 1 : *the Apostolic Fathers, Justin Martyr, Irenaeus*, Peabody : Hendrickson Publishers, 1999.

Rogers, Jack. *Presbyterian Creeds : A Guide to the Book of Confessions*, 차종순 역, 『장로교 신조』. 서울 : 한국장로교출판사, 1995.

Rowley, H. H. *Worship in Ancient Israel : Its Forms and Meaning*. London : S.P.C.K., 1981.

Schaff, Phillip. *History of the Christian Church*. Vol. Ⅰ. Grand Rapids : WM. B. Eerdmans Publishing Company, 1978.

_____. ed. *Nicene and Post-Nicene Fathers*. Vol. 3 : *Augustin : On the Holy Trinity, Doctrinal Treatises, Moral Treatises*. Peabody : Hendrickson Publishers, 1999.

_____. ed. *Nicene and Post-Nicene Fathers*. Vol. 4 : *Augustin : The Writings against the Manichaeans, and against the Donatists*. Peabody : Hendrickson Publishers, 1999.

Seeberg, Reinhold. *The History of Doctrines*. Grand Rapids : Baker Book House, 1983.

Segler, Franklin M. *Christian Worship : Its Theology and Practice*, 정진황 역. 『예배학 원론』. 서울 : 요단 출판사, 1984.

Senn, Frank C. *Christian Worship and Its Cultural Setting*. Philadelphia : FortressPress, 1983.

Smith, G. Barnett. *John Knox : Apostle of the Scottish Reformation*. Chicago : Moody Press, 1982.

Smylie, James H. *A Brief History of the Presbyterians*. Louisville : Geneva Press, 1996.

Spielmann, Richard M. *History of Christian Worship*. New York : The Seabury Press, 1966.

Spinks, Bryan D. "Brief and Perspicuous Text ; Plain and PertinentDoctrine : Behind 'Of the Preaching of the Word' in the Westminster Directory", in *Like a Two-Edged Sword*. Edited by Martin R. Dudley. Norwich : Canterbury Press, 1995.

Stevick, Daniel B. *Baptismal Moments ; Baptismal Meanings*. New York : The Church Hymnal Corporation, 1987.

Sweet, William W. *The Story of Religion in America*, 김기달 역. 『미국 교회사』. 서울 : 보이스사, 1994.

Talley, Thomas J. *The Origins of the Liturgical Year*. Collegeville : The Liturgical Press, 1991.

Taylor, Michael J. *The Protestant Liturgical Renewal*. Westminster : The Newman Press, 1963.
The Associate-Reformed Church in North America. *The Constitution and Standard of the Associate-Reformed Church in North America*. Pittsburgh : Johnston and Stockton, 1827.
The General Assembly of the P.C.U.S., *A Digest of the Acts and Proceedings of the General Assembly of the Presbyterian Church in the United States*. Atlanta : Office of the General Assembly, 1966.
The Joint Committee on Worship. *The Worshipbook*. Philadelphia : The Westminster Press, 1970.
The Office of the General Assembly. *The Constitution of P.C.U.S.A.* The Board of Christian Education of P.C.U.S.A., 1955.
_____. *The Constitution of the Presbyterian Church(U.S.A.) : Part Ⅱ Book of Order*. Louisville : The Office of the General Assembly, 1997.
The Synod of New York and Philadelphia. *A Draught of the Government and Discipline in the Presbyterian Church in the United States of America*. New York : S. and J. Loundon, 1787.
The Theology and Worship Ministry Unit. *Book of Common Worship*. Louisville : Westminster/John Knox Press, 1993.
Thomson, Bard. *Liturgies of the Western Church*. Philadelphia : Fortress Press, 1961.
Tillich, Paul. *Systematic Theology*. Vol. Ⅲ. Chicago : The University of Chicago Press, 1931.
_____. *Theology of Culture*. London : Oxford University Press, 1972.
Toffler, Alvin. *The Third Wave*. New York : Morow, 1980.
Underwood, Horace G. *Rev. Underwood's Missionary Letters*, 김인수 역. 『언더우드 목사의 선교 편지』. 서울 : 장로회신학대학교 출판부, 2002.
Vaux, Roland de. *Ancient Israel : Its Life and Institutions*. Translated by John McHugh. London : Darton, Longman & Todd, 1974.
Walker, Williston. *A History of Christian Church*. New York : Charles Scribner's Sons, 1970.
Wallace, Ronald S. *Calvin's Doctrine of the Word and Sacrament*. Edinburgh : Oliver and Body, 1953.
_____. *Calvin : Geneva and Reformation*. Edinburgh : Scottish Academic Press, 1990.
Warfield, Benjamin Breckinridge. *The Westminster Assembly and Its Work*. New York : Oxford University Press.
Webber, Robert E., ed. *The Complete Library of Christian Worship*. Vol .2. Nashville : Star Song Pub., 1994.
_____. *Worship Old and New*. Grand Rapids : Zondervan Publishing House, 1982.
Wedgwood, C. V. *The King's War*. New York : Macmillan, 1959.
White, James F. "Reformed Worship," in *The Complete Library of Christian Worship*. Vol.

2. Edited by Robert E. Webber. Nashville : Star SongPublishing Group, 1994.
_____. *Documents of Christian Worship*. Louisville : Westminster/John Knox Press, 1992.
_____. *Introduction to Christian Worship*. Nashville : Abingdon Press, 1983.
_____. *Protestant Worship*. Louisville : Westminster/John Knox Press, 1989.
Willis, David and Michael Welker. ed. *Toward the Future of Reformed Theology*. Grand Rapids : William B. Eerdmans Publshing Co., 1999.
World Council of Churches. *Baptism, Eucharist and Ministry, Faith and Order Paper No. 111*. Geneva : World Council of Churches, 1982.

논문, 편지, 보고서, 기타

「기독 공보」. 대한예수교장로회 총회. "대한예수교장로회 헌법 개정안"(노회 수의용), 2002.
이현웅. "기독교 예배 예전의 발달과 변천". 미간행 석사 학위 논문, 장로회신학대학, 1986.
_____. "현대 기독교 성만찬 예전에 관한 연구 : Lima Liturgy를 중심으로". 미간행 석사 학위 논문, 장로회신학대학, 1988.
_____. "한국 장로교 예배모범(禮拜模範) 비교 연구,"「신학논단」 72집(2013).
한국 교회사 문헌 연구원. *Annual Reports of Presbyterian Church U.S. in Korea Missionary*(장로회 신학대학교 도서관 소장).
Australian Presbyterian Mission's Secretary's Office, *The Records of the Australian Presbyterian Mission in Korea* (Fusanshin : Australian Presbyterian Mission's Secretary's Office, 1913).
Ericson, Craig Douglas. "Sacrament Theology among American Presbyterians : 1945-1979". Ph.D. diss., University of Notre Dame, 1982.
Hall, Stanley Robertson. "The American Presbyterian Directory for Worship : History of A Liturgical Strategy". Ph.D. diss., University of Notre Dame, 1990.
Kosanovich, William Theodore. "Confirmation in the Presbyterian Church in the Twentieth Century". Ph.D. diss., Princeton Theological Seminary, 1993.
Kim, Kyeng Jin. "The Formation of Presbyterian Worship in Korea". Th.D. diss., Boston University, 1999.
Kim, Unyong. "Faith comes from Hearing." Ph.D. diss., Union Theological Seminary and P.S.C.E., 1999.
Melton, Julius. "Presbyterian Worship in Twentieth Century America." *Reformed Liturgy and Music* (Spring, 1989).
Missionaries of the Presbyterian Church of U.S.A. Korea. *Records of Board of Foreign Missions of the Presbyterian Church of U.S.A. Korea, Letters and Reports* (장로회 신학대학교 도서관 소장).
The Archives for Korean Church History Studies, *Personal Reports of the Canada Presbyterian Missionaries in Korea* (장로회 신학대학교 도서관 소장).